冷戦と開発

自立経済建設をめぐる1950年代米韓関係

高賢来

法政大学出版局

はじめに

　韓国では,朴槿恵(パククネ)(韓国大統領,2013〜17年)元大統領の罷免を受けて行われた2017年5月9日の大統領選挙によって文在寅(ムンジェイン)(韓国大統領,2017年〜)政権が成立した。文政権は,経済格差や貧困に対処すべく,最低賃金の大幅引き上げを後押しし,再分配を強化し,大企業に富と権力を集中させる慣行の是正を試みる一方,内需を強化することで,やはり富を大企業に集中させる対外依存型経済のあり方を改めるためのさまざまな政策を実行に移そうとしている[1]。

　このように文在寅政権が是正しようとしている経済格差の問題は韓国の経済発展に伴い長い期間を経て形成されてきた。1960年代に韓国は輸出指向工業化を選択し,対外志向的で国外市場に依存する経済発展へとその端緒を開いた。そして,70年代には重化学工業建設が本格化する。韓国のこうした経済発展は国家によって主導され,そのパートナーであり輸出や重化学工業建設を担う財閥(チェボル)のような巨大企業集団の国内経済支配構造と富の集中を生みだした。さらに,このような富の集中は,80年代以降の韓国における新自由主義の導入で強化された。新自由主義によって韓国の輸出への依存は一段と拡大され,一部の財閥は競争力を強化する一方でその国内経済支配構造の改革は

---

[1] 例えば,文在寅政権発足直後の7月15日,最低賃金の一時間当たり1060ウォンの引き上げが決定された。韓国の最低賃金の引き上げ額を決めるのは最低賃金委員会であるが,委員会関係者はこの幅の引き上げ決定に関し,大統領選における文を含む各候補の公約を考慮に入れたと述べている。また,文政権は最賃引き上げに伴い影響を受ける中小企業のために3兆ウォンの直接支援の方針を打ち出した。他にも文政権は政府が公務員を増やすことで雇用を拡大するための支出を含む追加予算案を7月22日に国会で成立させた。さらには,低所得層の年金額拡大,失業に対するセーフティーネットや健康保険の拡充等の方針も打ち出している。『한겨레(ハンギョレ)』2017年5月10日;同上,2017年7月17日;同上,2017年7月24日;同上,2017年7月26日;同上,2017年8月10日。

なされず，労働市場の流動化も進行した[2]。以上のように，文政権が向き合っているのは，一貫して進行してきたわけではないにせよ，韓国の歴史を通じて長い時間をかけて形成されてきた構造なのである。

　そして，こうした過去の韓国経済の舵取りには米国が強い影響を与えてきた。1960年代における韓国の輸出指向工業化への転換は，米国との協議のもとに進められたものであった。その後も，国家主導の重化学工業建設こそ韓国政府が自律的に行ったものであったが，1980年代に始まる新自由主義の導入と国家主導の経済発展の仕組みである開発国家の解体には米国の影響力が強く作用した[3]。さらに，1997年の通貨危機後にIMF借款と引き換えに各種改革が行われた背景にも，米国の強い圧力があったことが分かっている[4]。2012年に発効した米韓FTAについては，もはや言うまでもないだろう。このように，米国は韓国経済の舵取りに強い影響を与えてきた。さらに踏み込んで言えば，そうした影響力は特に韓国に自由化を推進させる方向に作用することが多かったと言える。

　また，輸出は韓国のこの経済的路線の変遷において一貫して重要であった。韓国の経済発展の本格化は労働集約型工業製品を主力とする輸出指向工業化によって起こった。1970年代の重化学工業建設もその生産品の輸出をほぼ同時に伴うものであり，80年代以降に開発国家が解体されるなかでも，輸出は変わらずに重要であり続け，むしろ新自由主義政策導入によってその重要性は増していった。GDPにおいて輸出が占める比重が内需のそれを凌駕したのは2012年のことであるとされる[5]。

　本書では，このような韓国の輸出依存経済の形成に影響を与えた1950年代の米国の政策とそれをめぐる米韓関係について分析することを目的としている。50年代の米国の政策は，韓国や台湾の経済発展が50年代から60年代にかけて輸出指向工業化として本格化する過程に大きな影響を与えた。本書はそうし

2） 지주형（池柱馨）『한국 신자유주의의 기원과 형성（韓国新自由主義の起源と形成）』책세상（チェクセサン），2011年，260, 362, 373頁。
3） Woo Jung-en, *Race to the Swift* (New York: Columbia University Press, 1991), 117, 119, 131; 지（池），前掲書，121–47頁。
4） 同上，174–213頁。
5） Woo, *Race to Swift*, 130–33; 지（池），前掲書，362頁。

た政策が50年代に米国政府内で立案され，米韓協議を経て実行が試みられ，最終的に50年代にはその実行が頓挫し，または不十分に終わる過程を明らかにする。

　従来，政治史における韓国の輸出指向工業化の転換過程についての関心は，当然のことながらそれが始まった1960年代に注がれてきた。しかし，輸出指向工業化の転換過程に不可欠であった米国の政策が50年代に形成され，実際に台湾はその影響で輸出指向工業化に転換していることに鑑みれば，やはりこの転換をめぐる米韓間の政治過程は50年代と60年代の連続性のなかで見ることが必要だろう。

　他方で，この時期には1960年代の開発国家へとつながっていく国家資本主義的志向の原型が見られた。これには韓国政府側の意思が大きく作用していた。それに対し，米国側の姿勢は，一方で国家による経済への恣意的介入の抑制と自由化を好み，韓国をそうした方向に向かわせようとしながらも，他方で意図的な形と意図しない形の両方で韓国の国家資本主義的な試みを後押しするというアンビヴァレントなものとなった。そして，この時期の米国からの影響が後の韓国における開発国家の形成へとつながる要素をいくらか生み出したことも事実であった。

　以上のような観点から，本書では韓国の経済発展が本格化していく過程を米国の政策や米韓関係という観点から，1950年代と60年代の連続性に留意しつつ分析する。そうすることで，特に前述したような経済格差の問題も含む，現在の韓国の経済問題が形成されることとなったいくらかの契機を，その政治や外交とのかかわりにも目配りしつつ明らかにできるものと考える。

冷戦と開発／目 次

はじめに　　　　　　　　　　　　　　　　　　　　　　　　　　　　iii

序章　韓国経済発展史における1950年代の位置づけと米韓関係　3

第1節　問題提起　　　　　　　　　　　　　　　　　　　　　　　3
第2節　先行研究の整理　　　　　　　　　　　　　　　　　　　　7
　　1．1950年代の米韓関係　　　　　　　　　　　　　　　　　　7
　　　a）米韓関係と1950年代と60年代の開発をめぐる連続性　　　7
　　　b）1950年代における米国の開発主義と韓国　　　　　　　　13
　　2．米国外交史　　　　　　　　　　　　　　　　　　　　　　17
　　　a）近代化論研究　　　　　　　　　　　　　　　　　　　　17
　　　b）アイゼンハワー政権外交史　　　　　　　　　　　　　　20
第3節　分析の視角　　　　　　　　　　　　　　　　　　　　　　25
　　1．米国による経済開発重視政策の実行過程　　　　　　　　　26
　　2．輸出指向工業化と国家主導型工業化　　　　　　　　　　　29
　　　a）輸入代替工業化から輸出指向工業化への転換と新古典主義的視角　30
　　　b）国家中心的視角と開発国家　　　　　　　　　　　　　　33
　　　c）自由主義的制度主義的視角と国家の自律性　　　　　　　41
第4節　史料　　　　　　　　　　　　　　　　　　　　　　　　　48
第5節　本書の構成　　　　　　　　　　　　　　　　　　　　　　48

第1章　朝鮮戦争後米国の対外経済政策と李承晩政権の自立型経済建設　51

第1節　朝鮮戦争停戦直後におけるアイゼンハワー政権の政策的基調(1)
　　　　ドミノ理論，ニュールック戦略　　　　　　　　　　　　51
　　1．ドミノ理論　　　　　　　　　　　　　　　　　　　　　　51
　　2．アイゼンハワー政権のニュールック戦略と「援助より貿易」　53
第2節　朝鮮戦争停戦直後におけるアイゼンハワー政権の政策的基調(2)
　　　　開発主義　　　　　　　　　　　　　　　　　　　　　　　59

		1. CENISと開発主義的思考の形成	59
		2. アジア版マーシャルプランの頓挫とNSC5506	65
		3. 冷戦の性格的変化とアイゼンハワー政権における開発主義の受容	81

第3節　李承晩の自立型経済建設と輸入代替工業化　97

小　結　102

第2章　1956年大統領選挙と経済発展の模索　105

第1節　1956年大統領選挙と米国の脅威認識　105

第2節　1956年大統領選挙と経済の争点化　110

第3節　李承晩政権の輸出促進政策と外資導入促進法　120
1. 韓国における自立型経済建設と1950年代後半の輸出促進の試み　120
2. 韓国政府による綿紡織産業の輸出産業化の取り組み　128
3. 李承晩政権による通商外交　134
4. 外資導入促進法の制定　137

小　結　139

第3章　韓国における政治的混乱と経済的小康状態　143

第1節　1958年の国会議員選挙と李承晩政権の強硬化　143
1. 大統領選挙後の与野党対立の激化と李起鵬の仲裁　143
2. 改憲論争と革命の脅威　145
3. 1958年国会議員選挙と李承晩政権の強硬化　154

第2節　米韓の為替レートをめぐる確執　165
1. 1955年の米韓為替レート協議と「25％条項」の制定　165
2. 韓国における経済安定化政策と為替制度改革の相克　177
3. 1950年代米国の対韓政策における物価安定化の位置づけ　185

第3節　開発借款導入をめぐる米韓協議　189

小　結　195

第4章　李承晩政権末期の混乱と経済開発の模索　199

第1節　大使館の与野党間調停と京郷新聞廃刊・曺奉岩の処刑　199
1. 駐韓米国大使館による与野党間調停　199
2. 民主党内の派閥争いと与野党協議失敗の背景　202
3. 曺奉岩の処刑と米国による圧力行使の準備　208

第2節　ドレイパー使節団訪韓と輸出振興基金　212
第3節　韓国産業銀行と米国　225
第4節　産業開発委員会の設立と経済開発3ヵ年計画の作成　237
第5節　為替レート自動調整をめぐる米韓の確執　267
小　結　276

第5章　4月革命と米国の対韓政策　279

第1節　4月革命による李承晩政権の崩壊と米国の対韓政策の変化　279
1. 4月革命と米国の介入　279
2. 4月革命後の米国対韓政策の変化　281

第2節　新たな長期経済開発計画作成の動き　295
第3節　為替レートの適正化　297
小　結　309

第6章　アイゼンハワー政権の台湾に対する経済開発重視政策　311

第1節　第2次台湾危機と経済開発　311
第2節　国民党政府の開発諸政策　327
1. 第3次4ヵ年経済開発計画　327
2. 外資誘致　330
3. 国民党政府と輸出促進　332

第3節　韓国と台湾の比較　336

結　論　339

参考文献　353

あとがき　377

人名索引　381

事項索引　384

表目次

表1. 1950年代韓国の各種為替レート　167
表2. 1958年度防衛支援計画援助－優先順位1　190
表3. 開発借款基金からの融資のために提出する諸計画　192
表4. 韓国産業銀行の主要製造業に対する貸出実績　228
表5. 1950年代における韓国産業銀行の投融資主要財源調達実績　229
表6. 産業開発委員会関係者一覧　243
表7. 経済開発3ヵ年計画試案　258
表8. 経済開発3ヵ年計画案　259
表9. 経済開発3ヵ年計画（完成版）　259
表10. 経済開発3ヵ年計画試案における輸出計画　260
表11. 経済開発3ヵ年計画（完成版）における輸出計画　260
表12. 台湾の総輸出額と砂糖・米穀の輸出額（1956–1962）　334

冷戦と開発——自立経済建設をめぐる 1950 年代米韓関係

序　章

韓国経済発展史における
1950年代の位置づけと米韓関係

第1節　問題提起

　経済発展は現代韓国史を理解する上で最も重要な要素の1つである。そのため韓国の戦後経済発展の過程を明らかにすることは，現代韓国史を読み解き，ひいては現代において韓国が直面している政治的・社会的・経済的諸問題を考察する際にも重要だと考える。こうした観点から，本書は韓国の経済発展がどのように生じたのかを明らかにすべく，これを可能にした初期条件の形成過程について，特に1950年代を中心に分析することを目的としている。

　韓国の経済発展の形は，輸出が主導した工業化によるものであることから輸出指向工業化と呼ばれる。韓国が輸出指向工業化に突入した明確な時期は，第1次経済開発5カ年計画の補完作業が始まった1962年末以降とされ，それから60年代中盤にかけて本格的な輸出指向工業化への転換が起こった[1]。そして，本書が扱う50年代中盤から60年代初頭にかけては，輸出指向工業化が60年代中盤に開始されることを可能とした初期条件である労働集約型工業製品の輸出や為替制度改革等が米韓両政府間で議題に上り，不完全ながらも実行が試みられていた時期であった。また，韓国の経済発展を特徴づけるもう1つの重要な特徴である，国家が開発のために産業政策等によって積極的に市場に介入し工業化を促進する国家主導型工業化へとつながっていく変化もこの時期に

---

1)　기미야다다시（木宮正史）『박정희 정부의 선택——1960년대 수출지향형 공업화와 냉전체제（朴正熙政権の選択——1960年代輸出指向型工業化と冷戦体制）』후마니타스（フマニタス），2008年，162-63頁。

みられる。こうした50年代にみられる韓国経済発展の初期条件の形成過程を明らかにすることは，韓国の経済発展全体の歴史を理解する上で重要だと考える。

本書は，韓国経済発展の初期条件形成過程を分析するために，1950年代の李承晩（イスンマン）（韓国大統領，1948〜60年）政権期と60年代以降の経済発展期との間の連続性に着目する。そもそも李は朴正熙（パクチョンヒ）（韓国大統領，1963〜79年）ほど経済発展に関心を持っていたわけでもなく，その方針においても重化学工業建設を含む自立型経済建設を目標としていたため，輸出への関心も輸出指向工業化へと方針を転換した後の朴政権ほどではなかった。また，韓国の経済発展にとって不可欠な国である日本との国交正常化交渉や貿易を政治的理由から停滞させたように，経済よりも政治的考慮を優先することも多かった。そうした意味で，李政権期と経済発展が最優先事項となった60年代中盤以降との間には大きな断絶があったと考えていいだろう。他方で，李政権期には後の経済発展へと連続していくさまざまな変化も存在した。本書では，李政権期と60年代以降の経済発展が本格化した時期との間の断絶性に留意しつつも，特に連続性の側面に焦点を当てて，韓国経済発展の初期条件の形成過程を明らかにする。

この初期条件の形成過程を分析するにあたり，本書は米国の対韓政策と，韓国の経済政策，そして米韓関係を分析の中心に据える。米国の政策や米韓関係を重視する理由は，当時，米国が韓国の政策決定に多大なる影響力を保持しており，上述した韓国経済発展の初期条件の形成に大きな影響を与えたと考えるからである。特に決定的に重要であったと考えるのは，アイゼンハワー（Dwight D. Eisenhower，米国大統領，1953〜61年）政権による，同盟国を含む発展途上国の経済発展を重視し，それらの国の経済開発を促し支援する経済開発重視政策である。アイゼンハワー政権は1953年の政権発足当初から，対外援助を削減するために被援助国を援助ではなく貿易促進によって経済的に自立させることを政権の基本方針とした。その後，54年を境に米国政府内に開発主義が浸透していくことで，米国は発展途上国の経済発展の支援により積極的になっていく。その1つの帰結が57年の開発借款基金（Development Loan Fund, DLF）創設による米国の援助政策への開発援助の本格的導入であり，また，韓

国や台湾における長期的経済開発計画作成の支援であった[2]。さらに，こうした開発主義においては，同政権が従来より重視してきた貿易促進も重要な手段となった。そして，このアイゼンハワー政権期の経済開発重視政策は，62年末以降の，韓国における輸出指向工業化への転換や国家主導による経済開発を可能とした初期条件の形成に不可欠であった[3]。しかし，開発主義が台頭し始めた54年から61年5月16日に韓国で朴正熙らのクーデタによって軍事革命政権（1961～63年）ができるまでの期間において，経済発展や自立のための諸政策が米国政府内，もしくは米韓政府間でどのように議論され，実行され，そしてどのように韓国の経済発展の初期条件の形成に影響を及ぼしたのかは十分に明らかにされていない。

本書では，主に一次史料を使用した歴史学的手法によって，この研究の空白を埋めようと考える。そうすることで，1950年代における韓国経済発展の初期条件の形成過程と，経済発展をめぐる50年代と60年代，アイゼンハワー政権からケネディ（John F. Kennedy，米国大統領，1961～63年）政権，李承晩政権から張勉（チャンミョン）（韓国国務総理，1960～61年）政権を経て朴正熙政権までの時期の連続性を明らかにする。

---

2) 本書では，資料からの直接引用部分以外では，本書対象時期の台湾の政府の呼称を「国民党政府」とし，国名や地名としては「台湾」を用いる。また，中華人民共和国の呼称としては「中国」を用いる。ただ，この「中国」という単語は，中国共産党と国民党がその座を争った「正統な中国」や，「国連の中国代表権」との関連においてや，中台両方を含む地名として使用した際には，中華人民共和国を意味しない。

3) 内包的工業化戦略やそれに伴う諸改革については，기미야（木宮），前掲書を参照。同戦略について他にも以下の文献を参照。이병천（李炳天）「박정희정권과 발전국가 모형의 형성――1960년대 초중엽의 정책 전환을 중심으로（朴正熙政權と發展國家模型の形成――1960年代初頭・中盤の政策轉換を中心に）」『經濟發展研究』第5巻第2号，1999年2月; 이완범（李完範）『박정희와 한강의 기적――1차 5개년계획과 무역입국（朴正熙と「漢江の奇跡」――1次5個年計画と貿易立国）』선인（ソニン），2006年; 박태균（朴泰均）『원형과 변용――한국 경제개발계획의 기원（原型と變容――韓国経済開発計画の起源）』서울대학교출판（ソウル大学校出版），2007年。また，以上に挙げた研究以外で，朴正熙政権期に経済発展が本格化する過程について，米韓の政府内部文書を使用した代表的な研究には以下のものがある。Woo, *Race to the Swift*; David H. Satterwhite, "The Politics of Economic Development: Coup, State, and the Republic of Korea's First Five-Year Economic Development Plan (1962–1966)," (Ph.D. dissertation, University of Washington, 1994).

アイゼンハワー政権の発展途上の同盟国に対する経済開発重視政策が対韓政策へと反映され実行が試みられていく過程を扱う際に，本書はまず，国際情勢の変化とロストウ（Walt W. Rostow）ら在野の学者の提言を受け，米国政府内に発展途上国の経済発展を促進することを重視する開発主義が浸透し，そのための諸政策が 1957 年までに政権の基本方針となっていく過程を明らかにする。次に本書は，そうした米国の同盟国に対する経済開発重視政策が対韓政策に反映され，その諸政策が実行されていき，または，韓国との協議や韓国からの抵抗によってその実行の形が元の構想から変更されることで，韓国における経済発展の初期条件を形成していく政治過程を分析する。ただ，米国政府内でそれらの諸政策は 57 年には基本方針化されており，台湾においては輸出指向工業化への転換を促したものの，対韓政策に本格的に反映されるのは 60 年の 4 月革命以降となり，アイゼンハワー政権期には韓国において十分に実行されなかった。本書では，58 年には米国が経済開発重視政策を本格的に推進し始めた台湾との比較も行いつつ，この時期になぜ米国が対韓政策において輸出指向工業化へとつながっていくような諸政策も含む開発主義的政策を十分に採用・実行しなかったのかを分析する。そうすることによって，アイゼンハワー政権期に米国政府内で基本方針となった同盟国に対する経済開発重視政策が最終的に対韓政策に反映されるまでに働いた力学がどのようなものであったのかを明らかにする。

　本書は，アイゼンハワー政権期の経済開発重視政策が 1960 年代に韓国の輸出指向工業化の選択や国家主導の経済開発を可能にする条件の形成にとって不可欠であったと考える。その影響は，為替制度改革，輸出促進政策，国家主導の金融制度や外資導入制度，独立した水先案内人的官僚機構やそうした機構によって作成された長期経済開発計画，財閥といった諸要素の萌芽の形成にまで及ぶ。ただ，米国政府内で 57 年までには政府内の基本方針となった同盟国に対する経済開発重視政策がすぐに対韓政策に反映され，十分に実行されたわけではなかった。その理由としては，そもそもアイゼンハワー政権が，経済開発重視政策を基本方針にこそしたものの，それらをすぐに具体的に各途上国に対して実行していくほどには積極的ではなかったことが挙げられる。ただ，米国はラテンアメリカや，本書で比較対象として扱う台湾においては，経済開発重

視政策を実行しなければ冷戦を戦う上での自国の利益が深刻に損なわれるだろうという脅威を認識し，それらの諸政策を具体的に実行に移していった。しかし，米国は韓国においてはそうした脅威を60年に至るまであまり深刻に認識していなかった。さらに，自立型経済建設のための輸入代替工業化志向に立脚した李承晩政権の経済政策との対立，そして，米国の政策実行を阻害するような韓国の経済状況によって経済開発重視政策は積極的には実行されなかった。結局，アイゼンハワー政権が経済開発重視政策を対韓政策に本格的に反映させたのは，北朝鮮との経済開発競争の重要性や，貧困に起因して韓国における親米政権が革命やクーデタによって転覆される脅威を深刻に認識するようになった60年の4月革命以降であったと本書は考える。

以上のような観点から本書は米国ではアイゼンハワー政権期，韓国では李承晩・張勉政権期である1950年代から60年代初めにかけての，経済開発をめぐる米韓関係を分析する。

第2節　先行研究の整理

本節では，本書が分析するアイゼンハワー政権の発展途上国に対する経済開発重視政策と韓国の経済発展の初期条件形成との関係についての先行研究を整理する。それらは大きく2つのカテゴリーに分類される。1つめは李承晩政権期を扱った米韓関係史，2つめは米国外交史である。

1．1950年代の米韓関係

1950年代の米韓関係を扱う研究は多い。本書ではこれを，経済発展をめぐる60年代との連続性と断絶性についてどのように見ているのか，そして，アイゼンハワー政権の発展途上国に対する経済開発重視政策がどのように韓国において実行されたと考えるのかという2つの論点に分けて整理する。

a）米韓関係と1950年代と60年代の開発をめぐる連続性

本書は，韓国に対するアイゼンハワー政権の経済開発重視政策には，後の韓

国の経済成長との関連で重要な要素が存在し，それらの要素が米韓協議を通じて韓国の経済政策に影響を及ぼし，後の経済成長の初期条件を形成していったと考える。本書はそうした初期条件の形成過程を，為替制度改革，輸出促進政策といった輸出に直接関係する政策と，国家主導型工業化に関する代表的な議論である開発国家論が重視する金融の統制，外資導入，官僚機構と長期経済開発計画，財閥といった諸要素に焦点を当てて明らかにする。以下に，韓国経済との関係に注目して米韓関係を分析している諸研究について，1950年代と60年代の間に連続性があると考えているのかどうか，そして，もし連続性があるとしているならば，それを具体的にどのようなものと考えているのかに注目しつつ整理する。

　まず，1950年代の米韓関係の代表的な研究として李鍾元の研究が挙げられる。李鍾元はアイゼンハワー政権のニュールック政策の韓国への適用を，限定的ではあるが60年代以降の「開発主義」的政策の先駆けであり「前史」だとしている[4]。このように，李鍾元はアイゼンハワー政権期とケネディ政権期の韓国に対する経済開発重視政策に関する連続性に注目するが，主に韓国軍兵力削減に焦点を当てており，50年代中盤以降の韓国の輸出促進に関係する政策については触れていない。国家主導型工業化に関しては，李鍾元は李承晩政権の持っていた国家主導型工業化の萌芽とみられる「国家資本主義的」性格について指摘している。ただ，李鍾元は50年代後半にそうした性格を持つ李承晩政権と米国政府との間でどのような政策が議論され，実行に移されていったのかに関しては，官僚機構が整備され長期経済開発計画が作成されたことと外資導入促進法の成立に言及するのみにとどまっている[5]。

　アイゼンハワー政権とケネディ政権の間に連続性を見出す李鍾元の研究に対し，断絶の立場をとる代表的な研究として，朴泰均の研究が挙げられる。朴は，韓国において輸出指向工業化を内容とする経済開発計画を作成することとなる当事者たちの思想がどのように形成されていったのかを，主に1950年代と60年代を中心に扱っている。朴は62年末から64年初めにかけての第1次経済

4）　李鍾元『東アジア冷戦と韓米日関係』東京大学出版会，1996年，273-74, 285頁。
5）　同上，127-35, 155-57, 227-48, 279-83頁。

開発5カ年計画の補完作業を輸出指向工業化への転換の契機と位置づけている。そして，その過程に影響を与えた，発展途上国に輸出主導型への転換を促すという米国の方針をケネディ政権の特徴としており，アイゼンハワー政権期のそうした政策には注目していない。また，朴はアイゼンハワー政権期の対外経済政策については，「経済開発援助ではなく民間投資中心」であったとしてその開発主義的要素をそれほど重視していない[6]。

李哲淳の研究は，1956年以降に米国は経済開発重視を中心とした「対内安保」政策を韓国で実行しようとしたが，その実行は遅れ，結局本格的に実行されたのはケネディ政権期であるとしており，留保付きで連続性を認めている立場だと言える。まず，李によれば，50年代中盤における米国の対韓政策の変化は，外部からくる軍事侵略への対処を重視する「対外安保」から韓国内部からの崩壊への対処を重視する「対内安保」への転換であったのだという。その上で，李は，米国が政権内や韓国との間で協議したような長期経済開発計画や韓国軍兵力削減といった経済開発において重要な政策を，「対内安保」の一環であったと位置づけている。ただ，李は，これらの政策以外の後の輸出指向工業化や国家主導型工業化へとつながっていく政策や，そうした政策をめぐる米韓間のやりとりについては扱っていない[7]。

ウー（Woo）は開発国家論の視点に立脚しつつも，歴史学的手法を用いて米韓関係に焦点を当てて韓国の経済発展が本格化する過程を分析している。ウーは米国の政策については，1954年のロストウらの政策提言と57年の開発借款基金の設立による対外経済政策の変化の始まりに言及し，さらに，アイゼンハワー退任直前に採択された国家安全保障会議文書6018（NSC6018, NSCはNational Security Council, 国家安全保障会議）において韓国の輸出指向工業化が目指されることとなったと述べている[8]。確かに，NSC6018には為替制度改革のように，のちの輸出指向工業化に必要な政策の一部が反映されている。ただ，

---

6) 박태균（朴泰均）『원형과 변용（原型と変容）』119, 336–38頁。
7) 이철순（李哲淳）「이승만정권기의 미국의 대한정책 연구（1948–1960）（李承晩政権期の米国の対韓政策研究（1948–1960））」서울대학교박사논문（ソウル大学校博士論文），2000年，389–94頁。
8) Woo, *Race to Swift*, 69–76.

このNSC6018には，為替制度改革や長期経済開発計画作成のように，すでに米韓間で着手されていた改革を方針化したという側面もあるが，ウーは同文書の背景にあった50年代の経済開発をめぐる米韓の協議や交渉の過程には着目していない。

　鄭一晙の研究は韓国における開発国家の形成過程を米国との関係のなかで分析している。同論文は1950年代を「安保国家」から「開発国家」への移行期だとしている。ただ，同論文は，米国議会や駐韓米国当局者のなかで50年代に経済開発に関する議論が進んだことには注目しつつも，50年代と60年代における米国政府の政策的連続性はあまり重視していない。また，同論文が開発国家の条件として重視しているのは，産業化に目標を定めその方向へと社会勢力を動員していく能力である。そのため，同論文は分析のなかで経済企画院のような強力な官僚機構の形成過程については扱っているが，金融統制，外資活用，財閥といった本書が開発国家において重視する官僚機構以外の諸要素の観点から分析しておらず，本書とは視点が異なる。また，韓国の経済発展に重要であった輸出指向工業化という側面についても扱っていない。そのため，これらの開発国家や輸出指向工業化へとつながる諸要素の50年代における形成過程に米国が与えた影響については分析していない[9]。

　林采成の研究は，1950年代の経済政策をめぐる米韓関係を概観している。林は，戦災復興の終了や財政安定計画による経済的安定，長期経済計画の作成に言及して60年代以降の経済発展との連続性について指摘しているが概論的なものにとどまっている[10]。

　サターホワイトの研究は韓国において長期経済開発計画が作成される過程を，米国政府からの影響に焦点を当て明らかにしている。サターホワイトは長期経済開発計画の作成は5・16クーデタ後に始まったものではなく，李承晩政権や張勉政権の時代までさかのぼることができると指摘することで，1950年代

---

9) 정일준（鄭一晙）「미국의 대한정책 변화와 한국 발전국가의 형성, 1953–1968（米国の対韓政策変化と韓国の発展国家の形成, 1953–1968）」서울대학교박사논문（ソウル大学校博士論文），2000年。
10) 林采成「1950年代韓国経済の復興と安定化——合同経済委員会を中心に」『歴史と経済』第231号，2016年4月。

と60年代の連続性を明らかにしている。ただ，サターホワイトが扱っているのは，長期経済開発計画のみであり，韓国の経済発展と関係するほかの要素については扱っていない[11]。

崔相伍はその博士論文で，本書が米国の韓国に対する経済開発重視政策の重要な構成要素と位置づける為替制度改革をめぐる1950年代における米韓の協議を分析している。しかし，同論文が扱っているのは50年代中盤までで，それ以降の為替制度改革をめぐる米韓協議については扱っていない[12]。

鄭真阿の研究は米国の資料も使用しつつ，李承晩政権の経済政策がどのようなものであったのかを分析している。鄭は，同政権が国家主導で重化学工業建設を志向したという点に李政権と朴正熙政権の経済政策における連続性を見出しているが，米韓関係との関連での連続性についてはほとんど扱っていない[13]。

李眩珍の研究は李承晩政権期の米国の対韓援助政策を扱っている。李眩珍は，同時期の長期経済開発計画作成がそれ以降の韓国の経済発展において持つ意義については述べているが，米国の対韓政策における1960年代との連続性に関しては，基本的に朴泰均の議論に依拠しており，それほど重視していない[14]。

以上が李承晩政権・アイゼンハワー政権期の韓国経済をめぐる米韓関係に関する先行研究である。他にも，1960年代との連続性に注目した李承晩政権の経済政策に関する研究が近年多数登場しているが，それらは米国の対韓政策が及ぼした影響についてあまり重視していない[15]。

---

11) Satterwhite, "The Politics of Economic Development."
12) 崔相伍「1950年代 外換制度와 換率政策에 관한 研究（1950年代為替制度と為替レート政策に関する研究）」成均館大學校博士論文，2000年。
13) 鄭眞阿「제1공화국기（1948–1960）이승만정권의 경제정책론연구（第1共和国期（1948–1960）李承晩政権の経済政策論研究）」연세대학교박사논문（延世大学校博士論文），2008年，215–16頁。
14) 이현진（李眩珍）『미국의 대한경제원조정책 1948〜1960（米国の対韓経済援助政策，1948〜1960）』혜안（ヘアン），2009年，227, 267頁。
15) 李承晩政権の経済政策について1960年代との連続性に着目して分析した研究としては以下のものがある。李大根『韓國戰爭과 1950年代의 資本蓄積（朝鮮戦争と1950年代の資本蓄積）』까치（カチ），1987年；同『解放後–1950年代의 經濟——工業化의 史的背景 研究（解放後–1950年代の経済——工業化の史的背景の研究）』삼성경제연구소（三星経済研究書），2002年；崔相伍「이승만 정부의 경제정책과 공업화 전략（李承晩政権の経済政策と工業化戦略）」『경제사학（経済史学）』第35号，2003年12月；同

このように，1950年代の韓国経済をめぐる米韓関係に関する先行研究は，主にアイゼンハワー政権による韓国に対する経済開発重視政策を韓国軍兵力削減や長期経済開発計画の観点から扱っており，本書において輸出指向工業化の条件として重視する為替制度改革や輸出促進政策，そして開発国家論において国家主導型工業化の条件として重視される金融，外資（特に開発借款），財閥といった諸要素についてはほとんど注目していない[16]。これは，李承晩政権の経済政策がその任期中に顕著な成果を収めることができず，あまり着目されてこなかったことに原因があると思われる。しかし，本書はこれらの輸出指向工業化や国家主導型工業化の前提となる諸要素に関する変化を重要と考え，これら

「1950–1960년대 중반 무역・외환정책의 형성과 전환——수출정책을 중심으로（1950–1960年代中盤における貿易・為替政策の形成と転換——輸出政策を中心に）」공제욱（孔提郁）・조석곤（趙錫坤）編『1950～1960년대 한국형 발전모델의 원형과 그 변용과정——내부동원형 성장모델의 후퇴와 외부의존형 성장모델의 형성（1950～1960年代韓国型発展モデルの原型とその変容過程——内部動員型成長モデルの後退と外部依存型成長モデルの形成）』한울아카데미（ハンウルアカデミー），2005年；同「한국에서 수출지향공업화정책의 형성과정（韓国における輸出指向工業化政策の形成過程）」『경영사학（経営史学）』第25集第3号，2010年9月；同「이승만정부의 경제정책 연구 쟁점과 평가（李承晩政権の経済政策研究の争点と評価）」이주영（李柱郢）他『이승만 연구의 흐름과 쟁점（李承晩研究の流れと争点）』연세대학교출판문화원（延世大学校出版文化院），2012年；原朗・宣在源編『韓国経済発展への経路——解放・戦争・復興』日本経済評論社，2013年。

16）他に，李承晩政権期における朝鮮戦争停戦後の米韓関係を扱った研究としては以下を参照。Henry W. Brands, "The Dwight D. Eisenhower Administration, Syngman Rhee, and the "Other" Geneva Conference of 1954," *Pacific Historical Review* 56 no.1（Feb 1987）; Yong-Pyo Hong, *State Security and Regime Security: President Syngman Rhee and the Insecurity Dilemma in South Korea 1953–60*（New York: St. Martin's Press, 2000）; Stephen Jin-Woo Kim, *Master of Manipulation: Syngman Rhee and the Seoul-Washington Alliance 1953–1960*（Korea: Yonsei University Press, 2001）; 洪性囿『韓國經濟와 美國援助（韓国経済と米国援助）』博英社，1962年；차상철（車相哲）「이승만과 1950년대의 한미동맹（李承晩と1950年代の韓米同盟）」문정인（文正仁）・김세중（金世中）編『1950년대 한국사의 재조명（1950年代韓国史の再照明）』선인（ソニン），2004年；박태균『우방과 제국, 한미관계의 두 신화——8・15에서 5・18까지（友邦と帝国，韓米関係の２つの神話——8・15から5・18まで）』창비（創批），2006年；허은（許殷）『미국의헤게모니와 한국 민족주의——냉전시대（1945–1965）문화적 경계의 구축과 균열의 동반（米国のヘゲモニーと韓国の民族主義——冷戦時代（1945–1965）文化的境界の構築と亀裂の同伴）』高麗大學校民族文化研究院，2008年。

の諸要素の分析から入って，50年代における韓国の経済発展の初期条件の形勢過程をより総体的に描きだすことを試みる。そして，50年代におけるこれらの要素に関する変化が60年代以降の経済発展とどのように関係してくるのかも明らかにする。

b) 1950年代における米国の開発主義と韓国

1950年代の米韓関係に関する研究においては，アイゼンハワー政権の開発主義と韓国との関係，即ち，アイゼンハワー政権の開発主義がどれほどその対韓政策に反映されたのかが1つの焦点となっている。この問いは，50年代における経済発展の初期条件の形成がどのようなものであったのかに深く関連してくる。本書で使用する韓国の経済発展の初期条件の形成という言葉には，米国の経済開発重視政策の基本方針化，その対韓政策への反映，韓国におけるそれらの政策の実行のすべてが含まれるが，やはりどの政策がどの段階まで進んだのかは明確にする必要がある。そして，実行にまでいたらなかった政策は，どこまで進んだのか，そして，実行に至らなかった理由は何かまで明らかにしてこそ，その後に来る60年代との連続性がどのようなものなのかを考察する際の材料とすることができる。以下に，先行研究の議論を概観する。

まず，ウーの研究は，アイゼンハワー退任直前の対韓政策文書NSC6018が輸出主導型成長を目指したものであり，近代化論を反映したものだとしている[17]。ここでウーは，アイゼンハワー政権期に対韓政策は開発主義的特徴を持ったことを指摘しているのであるが，それは退任直前であったことから，ウーの主張にはアイゼンハワー政権期には韓国において経済開発重視政策はあまり実行されなかったという前提があることになる。

他方で，朴泰均は，アイゼンハワー政権はあくまで開発借款ではなく民間資

---

17) Woo, *Race to Swift*, 75-76. ウーの指摘する通り，アイゼンハワー政権最後の対韓政策文書であるNSC6018がある程度近代化論や後に輸出主導型成長へとつながる諸方針を含んでいたことは事実である。しかし，米国に輸出指向工業化という明確なアイディアがあったわけではなく，また，木宮正史が指摘する通り，米国の方針と韓国の実現した輸出指向工業化は完全に合致するものでもなかった。기미야（木宮），前掲書，184-85頁。

本を低開発国経済発展の主要な手段に据え，援助自体も軍事的な性格を帯びていた上に削減傾向にあったとしている。朴の指摘は対韓政策以前の問題であり，根本的なアイゼンハワー政権の対外経済政策に関するものであるが，結果として援助政策において開発主義は対韓政策に反映されていなかったと主張していることになる[18]。

李鍾元はアイゼンハワー政権が開発主義を政策に反映させていき，それが1960年代の「前史」となったとしつつも，韓国では韓国軍兵力削減が本格的に行われず，資源の流れを軍事から経済に転換できなかったと指摘している。李鍾元は，その理由として，米国が東アジア冷戦戦略において日本に経済，韓国に軍事を担わせる分業体制を想定していたことや，スプートニク打ち上げ成功や民族解放戦争支持によってソ連陣営のプレゼンスが増すなかで米国が弱みを見せられなかったこと，李承晩の兵力削減への強硬な反対を挙げている。そして，李鍾元は，アイゼンハワー政権期には対外経済政策は安全保障上の考慮に大きく影響を受けたため限界があったとし，特に米国の冷戦戦略の最前線にあった韓国においては経済開発重視政策の実行は遅れたとしている。李鍾元は，経済開発が政策の中心となり，こうした制約がなくなるのはケネディ政権になってからだとしている[19]。

李哲淳は軍事を対外安保とし，経済開発は対内安保に含まれるものとした。李は，米国の韓国に対する経済開発重視政策と関連する政策としては，韓国軍兵力水準の削減と長期経済開発計画を挙げている。そして，李は1956年以降，米国の現地当局者や国務省実務官僚たちは対内安保強化を志向するようになったが，その実行は遅延したと述べている。理由としては，長期経済開発計画については韓国政府が自由党強硬派を抑制できなかったことや，計画の前提となる財源確保のための韓国軍削減が進まなかったこと，韓国軍兵力削減については，米国が朝鮮半島ではまだ軍事的脅威が高いと考え，さらに，韓国が軍事的手段で共産化されたときに損なわれる米国の威信を考慮したことが挙げられている。また，李は結局アイゼンハワー政権は経済援助ではなく軍事援助中心の

---

18) 박태균（朴泰均）『원형과 변용（原型と変容）』119-21頁。
19) 李鍾元，前掲書，8, 242-47, 284-85頁。

政策を続けたことも指摘している。こうして，李は，長期経済開発計画作成の失敗以外では，アイゼンハワー政権が米国の威信を重視したことで，韓国に対して経済開発重視政策を十分に実行できなかったと結論付けている。李によれば，経済開発を主な内容とする対内安保志向的政策の本格的な実行はケネディ政権に持ち越されたという[20]。

以上のように，先行研究は論点こそさまざまであるが，アイゼンハワー政権期には経済開発重視政策は韓国において本格的に実行に移されなかったという点では一致している。本書は，アイゼンハワー政権の経済開発重視政策が韓国の経済発展に不可欠な初期条件を形成したという立場をとるが，他方で，やはり先行研究と同様に，アイゼンハワー政権が韓国に対して本格的にその経済開発重視政策の実行に乗り出したとは考えない。その上で，本書は，なぜアイゼンハワー政権がそうした政策の実行に乗り出せなかったのか，その理由を考察する。

ここまでに整理した通り，アイゼンハワー政権の対韓政策が十分に開発主義的であり得なかったと先行諸研究が結論付けた1つの理由は，アイゼンハワー政権が次のケネディ政権ほど開発を重視しなかったことである。しかし，先行研究の一部は，ケネディ政権と比べた際のアイゼンハワー政権の消極性という前提はありつつも，さらに，アイゼンハワー政権はそれなりに開発主義を採用しており，しかし，それさえ韓国では十分に実行できなかったとしている。本書もこの立場に立つ。李鍾元は，このような実行の不十分さの根本的な理由を，アイゼンハワー政権期には安全保障上の考慮が特に冷戦の最前線の韓国に対する経済開発重視政策に影響を与えたからだとしており，具体的には米国の東アジア冷戦戦略における日韓の分業体制を挙げている。それに対し，李哲淳はその理由を米国が威信を重視したことだとしている。ただ，これらはあくまで韓国軍兵力削減が進まなかった理由であり，アイゼンハワー政権の韓国に対する経済開発重視政策はそれだけではなかった。本書はアイゼンハワー政権の経済開発重視政策を，為替制度改革，輸出促進等，より多くの構成要素からなるものと捉える。しかし，経済開発重視政策を韓国軍兵力削減だけでなくより

---

20) 이철순（李哲淳），前掲論文，284, 392-93頁。

広範にとらえたとしても，やはり，ラテンアメリカや台湾と比べた時，アイゼンハワー政権期において明らかに米国の対韓政策が開発主義から受けた影響は小さかったと考える。そのため，アイゼンハワー政権の韓国に対する経済開発重視政策の遅れについて他の説明が必要になってくる。なぜならば，例えば，為替制度改革がなぜ早期になされなかったのかということについては，軍事的脅威や米国の冷戦戦略における日韓の分業体制では説明ができないからである。

　本書は米国の認識した冷戦戦略や安全保障等の国益に対する脅威とそれへの対策という観点から，このアイゼンハワー政権の韓国に対する経済開発重視政策実行の「遅れ」の要因を明らかにする。要するに，米国が認識した何らかの国益への脅威について，経済開発重視政策の実行がその適切な対策となると考えた場合に，さらに，そうした政策の実行の障害となる要素がなければ，経済開発重視政策は実行される。しかし，米国がその国益への脅威を認識しない場合や認識したとしても経済開発重視政策がそれらの脅威への適切な対策とならないと考えた場合，そうした政策の実行は促進されないということである。このような視点を採用することによって，李鍾元や李哲淳らが明らかにしたような他の政策とのトレードオフや政策実行を阻害する要素のみではなく，より根本的な，米国側の政策実行への動機づけや積極性という観点から対韓経済開発重視政策の立案・実行過程を分析することができる。

　以上，本項では経済開発をめぐる1950年代の米韓関係を扱った先行研究を整理した。先行研究は，輸出指向工業化や国家主導型工業化という60年代以降の経済発展の初期条件の形成という観点から，この時期の米韓関係を十分には分析していない。また，先行研究は50年代における経済発展の初期条件形成の進行を左右した，アイゼンハワー政権の発展途上国に対する経済開発重視政策の対韓政策への反映と実行の遅延の理由について十分に説明していない。本書はこれらを明らかにすることによって，アイゼンハワー政権期の韓国に対する経済開発重視政策がどのようなものであったのか，そうした政策の影響が現実にどのような変化をもたらしたのか，ここでもたらされた変化が60年代以降の経済発展の初期条件の形成にどのように関係したのかを明らかにする。

2. 米国外交史

　本書は，1950年代における韓国経済発展の初期条件形成過程を明らかにするために，アイゼンハワー政権の対発展途上国政策とそのなかでの対韓政策の位置づけを分析する。以下に先行研究として米国外交史に関する諸研究を扱うが，本書と関係する米国外交史の研究は，大きく2つに分類することができる。1つは近代化論に基づいた開発主義に関する研究であり，もう1つはアイゼンハワー政権期の米国外交史研究である。さらに，アイゼンハワー政権期の米国外交史研究は対発展途上国・第三世界政策に関する研究と対外経済政策に関する研究に分けることができる。以下に，これらの諸研究がアイゼンハワー政権の対韓政策をどのように扱っているのかを整理する。

a) 近代化論研究

　まず，米国の近代化論とそれに基づく開発主義的政策の研究について述べる。2000年代になると，米国の戦後外交における近代化論の影響やそれに基づいた開発主義や第三世界の国家建設を扱う研究が多数登場したが，これらの研究のほとんどは近代化論を批判的に扱うものであった[21]。ウェスタッドは近代化論を思想的基盤の1つとする冷戦期の米国の第三世界に対する介入が悲劇を招いたとし，レイサムは近代化論がそれが適用される世界各地の社会的，経済的，文化的文脈を無視していたとして，それぞれ批判的に分析を行っている。ピアースも，近代化論の経済発展モデルが政策的に実行可能な形へと変換されなかったことを，ラテンアメリカの「進歩のための同盟」の分析によって明らか

---

21) 2003年には，こうした研究に携わっている学者たちによる共著であるDavid C. Engerman et al., eds., *Staging Growth: Modernization, Development, and the Global Cold War* (Amherst and Boston: University of Massachusetts Press, 2003) が出版された。ここには，本項で言及しているギルマン，レイサム，ブラジンスキーらも寄稿している。また，冷戦期に援助によって第三世界諸国を政治的に発展させようとした米国の対外行動を，その前提となった自由主義的伝統という観点から最初に批判的に分析したものとしては以下を参照。Robert A. Packenham, *Liberal America and the Third World: Political Development Ideas in Foreign Aid and Social Science* (Princeton: Princeton University Press, 1973).

している。ギルマンは，政治的現実や政治的妥協にさらされる前の近代主義者の開発についての理念と，それらの理念が生成された状況を明らかにしようと試みつつも，近代化論が成功しなかったという認識は他の論者と共有している[22]。これらの研究に言えることは，近代化論をある程度失敗したものとして扱う一方で，米国の近代化論に基づく関与が比較的成功し，その国の在り方を大きく変えた韓国の事例にはあまり触れておらず，また，アイゼンハワー政権がほとんど扱われていないということである[23]。しかし，エクブラッドとブラジンスキーは，以上に言及した研究とは異なる視点を提示している。

エクブラッドは米国においてどのような認識が実際の政策や活動を動機づけ形作ったのかに焦点を当て，19 世紀初頭からヴェトナム戦争を経て，イラク戦争に至るまでの，近代化論と開発という思想の起源とそれらがたどった経緯を分析している[24]。エクブラッドは，米国の開発主義は少なくとも 1930 年代のニューディール以降，米国政府の政策のなかで展開が試みられてきたのであって，トルーマン（Harry S. Truman，米国大統領，1945～53 年）政権期にもポイント・フォア計画においてそうした前進が見られたとする。そして，ロストウらが公式化した近代化論はそれほど真新しいものではないが，開発主義と距離をとっていたアイゼンハワー政権に従来の開発主義への再関与を加速させたとエクブラッドは評価した[25]。韓国については，米国政府内では第 2 次世界大戦終結前から朝鮮の近代化は重視されていたとされている。ただ，エクブラッ

---

22) O・A・ウェスタッド（佐々木雄太監訳）『グローバル冷戦史――第三世界への介入と第三世界の形成』名古屋大学出版会，2010 年，11–41，400 頁; Michael E. Latham, *The Right Kind of Revolution: Modernization, Development, and U.S. Foreign Policy from the Cold War to the Present* (Ithaca and London: Cornell University Press, 2011), 4; Kimber Charles Pearce, *Rostow, Kennedy, and the Rhetoric of Foreign Aid* (East Lansing: Michigan State University Press, 2001), 5–6, 115; Nils Gilman, *Mandarins of the Future: Modernization Theory in Cold War* (Baltimore and London: The John Hopkins University Press, 2003), 22–23.

23) ウェスタッドは，結論部分においては，米国が冷戦期に第三世界に求めてきた安定的な成長と民主化という点において，韓国と台湾の成功について言及している。ウェスタッド，前掲書，407 頁。

24) David Ekbladh, *The Great American Mission: Modernization and the Construction of an American World Order* (Princeton and Oxford: Princeton University Press, 2010), 2, 11.

25) Ibid., 98, 187.

ドは韓国を米国の近代化の成功例としつつも,扱っている時期は韓国の経済成長が本格化する直前の60年までである。また,米国が韓国の近代化のために重視した政策としては,教育の普及や農業生産の改善を挙げており,輸出指向工業化や国家主導型工業化といった,本書が重視する韓国の経済発展の仕方との関係性にまでは言及していない[26]。

ブラジンスキーの研究は,韓国が米国の支援下にどのように国家機構や社会,経済を近代化していったのかについて,一次史料を使用して詳細に扱っている。ブラジンスキーによれば,アイゼンハワー政権は2期めからロストウのような学者の影響で開発主義を強調するようになっていった。しかし,ブラジンスキーは,この政策の変化がアイゼンハワー政権の対韓政策にどのような影響を与え,また,李承晩政権がどのような経済政策を志向しており,米韓の協議のなかでどのような政策が実行に移されたのかについて扱っていない。さらに,ブラジンスキーは朴正熙政権期については,輸出指向工業化に必要な為替制度改革や輸出促進政策が米韓協議のなかで実行されていく過程を扱っているが,李政権期・アイゼンハワー政権期にそうした政策についてどのような試みがあったのかには触れていない[27]。

以上,米国の近代化論に関する研究は,近代化論を政策に反映させ始めたアイゼンハワー政権の開発主義と,近代化論的開発主義の数少ない「成功例」である韓国の経済発展との関係性については扱っていない。その理由としては,アイゼンハワー政権への近代化論の影響がケネディ政権に対するそれほど顕著でないこと,近代化論に批判的な研究は「成功例」を扱わないこと,そして先行研究のほとんどがここでの近代化を単なる経済発展より広い概念として扱っていることが挙げられる[28]。

しかし,すでに韓国の経済発展の初期条件が形成され始めていた以上,アイゼンハワー政権期の経済発展をめぐる米韓関係を分析することなしに,近代化

---

26) Ibid., 121, 126-32.
27) Gregg Brazinsky, *Nation Building in South Korea: Koreans, Americans, and the Making of a Democracy* (The University of North Carolina Press: Chapel Hill, 2007), 104, 141-47.
28) 前掲のエクブラッド,レイサム,ブラジンスキーらの研究は近代化の範囲を経済だけでなく教育,社会,そして軍を含む政府機関等にまで広くとらえている。

論と韓国との関係性を十分に明らかにすることはできないと本書は考える。そして，米国の近代化論や開発主義に最も影響を受けた国の1つが韓国であり，その顕著な成果が経済発展である以上，韓国の経済発展にどのような影響を与えたのかを考察することなく，米国の近代化論や開発主義の全体像を明らかにすることはできないだろう。「失敗例」と「成功例」を二分せずにひとつらなりのものとして近代化論の全体像を明らかにすることは，先行研究が指摘してきた近代化論の内包する問題性や暴力性が「成功例」とされる韓国にどのような影響を及ぼしているのかを明らかにすることにもつながると考える。

本書は，先行研究では社会や政治機構の近代化といった広い範囲で議論されてきた，米国，特にアイゼンハワー政権期の開発主義について，経済発展，特に韓国の経済発展の形であった輸出指向工業化と国家主導型工業化にどのような影響を及ぼしたのかという観点から再検討しようというものである。

b) アイゼンハワー政権外交史

次に，アイゼンハワー政権期の米国外交史に本書がどのような位置を占めるのかについて述べる。アイゼンハワー政権期の外交に関する研究には膨大な蓄積があるが，特に本書と関係があるのは対発展途上国・第三世界政策と対外経済政策に関する研究である。まずは，対発展途上国・第三世界政策に関する先行研究について概観する。

アイゼンハワー大統領に対する任期中と退任直後の時点での評価は，内政をアダムス（Sharman Adams）大統領首席補佐官に，外交をダレス（John F. Dulles）国務長官に任せ，ゴルフに打ち興じていたというものであった[29]。しかし，1980年代にアイゼンハワー政権期の政府内部資料が本格的に公開されて分析がなされることで，そうした評価は覆り，アイゼンハワー修正主義と呼ばれるアイゼンハワー政権を再評価する研究が多く生まれた[30]。ただ，マクマホンは

---

29) 五十嵐武士「アイゼンハワー政権の対外政策の解剖——その構造的条件と主要な要因に関連させて」『国際政治』第105号，1994年1月。

30) 代表的なアイゼンハワー修正主義文献としては以下を参照。Robert Divine, *Eisenhower and the Cold War* (New York and Oxford: Oxford University Press, 1981); Fred I. Greenstein, *The Hidden-Hand Presidency: Eisenhower as Leader* (Baltimore and London: Johns Hopkins University Press, 1982); Stephen E. Ambrose, *The President, 1952-1969*,

こうした修正主義に関して2つの限界を指摘した。1つめは，修正主義文献の多くが大統領の目標や業績ではなく「効果的」とされるそのスタイルに焦点を当てている点である。2つめは，修正主義文献がアイゼンハワー政権の第三世界政策を軽視していることである。第三世界の新興国の新たなナショナリズムは50年代の国際関係における重要な要素であり，米国の政策や米ソ関係も大きく左右した。マクマホンは，アイゼンハワー政権は第三世界におけるナショナリズムをソ連の煽動によるものと単純化して見誤ったことで失敗したと述べている。例えば，マクマホンは，インドシナにおける米国の行動に関する研究を取り上げ，修正主義者はディエンビエンフーへの非介入のみを強調するが，実際にはケネディ以降の米国の失敗の起源がアイゼンハワーにあったという見解もあることを指摘している[31]。

　マクマホンがこうした指摘をして以降，アイゼンハワー政権の第三世界政策に関する多くの研究が生まれた。もちろん，ブランズのようにアイゼンハワーの第三世界政策をある程度評価する例外的な研究もあるが，それらの研究のほとんどは批判的なものとなった[32]。これらの批判的な研究における大体の共通

　　Vol.2 of *Eisenhower*（London and Sydney: George Allen & unwin, 1984）．アイゼンハワー修正主義の概要を整理した研究としては以下を参照。Vincent P. DeSantis, "Eisenhower Revisionism," *Review of Politics* 38（April 1976）; Richard H. Immerman, "Confessions of an Eisenhower Revisionist: An Agonizing Reappraisal," *Diplomatic History* 14 no.3（Summer 1990）; Stephan G. Rabe, "Eisenhower Revisionism: A Decade of Scholarship," *Diplomatic History* 17 no.1（Jan 1993）; Robert J. McMahon "Eisenhower and Third World Nationalism: A Critique of the Revisionists," *Political Science Quarterly* 10 no.3（1986）; 中逵啓示「アイゼンハワー，ダレス外交の評価と冷戦観」『立教法学』27号，1986年; 五十嵐，前掲論文。アイゼンハワーが再評価され，また政府内部史料が使用可能になったことで，国務長官であったダレスが同政権期に果たした役割も再検討され，再評価されるようになった。ダレス再評価の代表的なものとしては以下を参照。Immerman, ed., *John Foster Dulles and the Diplomacy of the Cold War*（Princeton: Princeton University Press, 1990）; Frederick W. Marks III, *Power and Peace: The Diplomacy of John Foster Dulles*（Westport and London: Praeger, 1993）; Immerman, *John Foster Dulles: Piety, Pragmatism, and Power in U.S. Foreign Policy*（Wilmington: Scholarly Resources Inc., 1999）; 松岡完『ダレス外交とインドシナ』同文舘，1988年。

31）　McMahon, "Eisenhower and Third World Nationalism," 455-60; 李鍾元，前掲書, 6-7頁。
32）　H. W. Brands, *The Specter of Neutralism: The United States and the Emergence of the*

認識として，アイゼンハワー政権の第三世界政策は，武力衝突こそ回避したが，ヴェトナム戦争を含むその後の米国の進路に及ぼした影響においてかなり問題があったとされる。

　次に，対発展途上国・第三世界政策と関連するテーマではあるが，アイゼンハワー政権の援助政策や対外経済政策に関する研究のなかでは，また異なるアイゼンハワー像が提示されている。アイゼンハワー政権期の発展途上国・第三世界に対する経済政策に関する最初の本格的な研究は，カウフマンによってなされた。カウフマンによれば，アイゼンハワー政権は発足当初，対外援助を削減し貿易促進により発展途上国を発展させることを目指していたが，1950年代中盤のソ連による経済攻勢を経て経済開発を最優先するようになり，また，ロストウら国際学研究所（Center for Intenational Studies, CENIS）の提言等を経て，開発援助にも積極的になったという[33]。ただ，カウフマンはアイゼンハワーの開発主義的な政策の成果については疑問を呈し，結局アイゼンハワーの辞任時には第三世界諸国の経済は就任当初より悪化したとしている。しかし，こうした評価にもかかわらず，カウフマンはアイゼンハワーについて，対外援助を軍事援助重視から経済援助重視に転換し，また地政学的にも発展途上国を重視した最初の大統領だと評価する。そして，カウフマンは，「後続の政権はただアイゼンハワーが残した遺産の上に建てられたに過ぎない」と結論付けている[34]。

　Third World, 1947–1960（New York: Columbia University Press, 1989），308．アイゼンハワー政権の対第三世界政策に批判的な研究としては以下を参照。ガブリエル・コルコ（岡崎維徳訳）『第三世界との対決――アメリカ対外戦略の論理と行動』筑摩書房，1992年；スティーブン・キンザー（渡辺惣樹訳）『ダレス兄弟――国務長官とCIA長官の秘密の戦争』草思社，2015年；Zachary Karabell, *Architects of Intervention: The United States, the Third World, and the Cold War, 1946–1962*（Baton Rouge: Louisiana State University Press, 1999）; Katharyn C. Statler and Andrew L. Johns, eds., *The Eisenhower Administration, the Third World, and the Globalization of the Cold War*（Lanbam, Boulder, New York, Toronto, and Oxford: Rowan & Littlefield Publishers, Inc., 2006）.

33）　Burton I. Kaufman, *Trade and Aid: Eisenhower's Foreign Economic Policy 1953–1961*（Baltimore and London: The Johns Hopkins University Press, 1982），6–7, 49.

34）　Ibid., 10, 208．実際にはこうした主張は，1966年の時点ですでにボールドウィンによってなされている。ボールドウィンは，ケネディとジョンソンの両政権は自らの援助政策を根本的に新しいものとして説明しようとしたが，本書で扱うような1954年の政策見直し以降，米国の援助政策の基礎にある基本的な考え方は同じであったと述べている。

カウフマン以降の研究も，アイゼンハワー政権期に援助政策において開発主義の導入や，より経済に比重を置く方向への変化が起こったという認識は共有している[35]。

　以上，本書と関係するアイゼンハワー政権期の外交政策に関する先行研究について概観した。対発展途上国・第三世界政策に関する研究においては，アイゼンハワーは武力衝突こそ回避したが，ヴェトナム戦争を含むその後の米国の進路に対して問題ある影響を残したという大まかな合意がある。他方で，対外経済政策に関する諸研究には，アイゼンハワー政権期に経済援助政策における転換があったという見解が共有されている。これらの研究に関して言えることは，韓国や台湾をどのように位置づけるのかということに関して注意を払っていないということである。アイゼンハワー政権は韓国や台湾では経済発展というある種の成果を出しているのであり，アイゼンハワー政権の対発展途上国・第三世界政策に関して否定的な評価をしている従来の諸研究の枠組みだけではこれを十分に評価できないだろう[36]。他方で，米国の対外経済政策においては，

　　David A. Baldwin, *Foreign Aid and American Foreign Policy: Documentary Analysis*（New York, Washington, and London: FREDERICK A. PRAEGER Publishers, 1966），25.
35)　カウフマン以降の研究としては以下を参照。Sergey Y. Shenin, *America's Helping Hand: Paving the Way to Globalization (Eisenhower's Foreign Aid Policy and Politics)*（New York: Nova Science Publishers, Inc., 2005）; William M. McClenahan Jr. and William H. Becker, *Eisenhower and the Cold War Economy*（Baltimore: The Johns Hopkins University Press, 2011）; Steven Wagner, *Eisenhower Republicanism: Pursuing the Middle Way*（Dekalb: Northern Illinois University Press, 2006）; Michael R. Adamson, "'The Most Important Single Aspect of Our Foreign Policy'?," in *The Eisenhower Administration, the Third World, and the Globalization of the Cold War*, eds. Statler and Johns. この他にも，戦後米国の対外援助政策を扱った代表的なものとして挙げられるクンツの研究はアイゼンハワー政権期についても扱っている。ただ，同書は，1940年代のマーシャルプランや60年代の「進歩のための同盟」を分析しているのに対し，アイゼンハワー政権期に関してはそうした援助政策はほとんど扱っていない。同政権の対外援助への消極性と貿易重視がナセルによるスエズ運河国有化の遠因の1つになったことを指摘し，また，アイゼンハワー・ドクトリン，米州開発銀行と社会進歩信用基金に個別に多少言及している程度である。Diane B. Kunz, *Butter and Guns: America's Cold War Economic Diplomacy*（New York, London, Toronto, Sydney, and Singapore: Free Press, 1997），73-78, 87-88, 124.
36)　マクマホンは両国に対する米国の政策を批判的に扱っているが，朝鮮戦争停戦交渉や台湾危機において核に頼りすぎた瀬戸際外交のみに注目している。McMahon "Eisen-

その転換によって最も影響を受けたのが韓国や台湾であるため，やはりこれらの国々を考慮に入れる必要があるだろう。本書では，アイゼンハワー政権期の対発展途上国・第三世界政策の文脈で，対韓政策がどのように位置づけられるのかを，韓国経済発展の初期条件の形成過程に焦点を当てて明らかにする。近代化論研究と同様，そうすることで，米国の対発展途上国・第三世界政策について先行研究で指摘されている問題点が「成功例」の韓国にどのような影響を及ぼしたのかという視点にも道を開くことができる。また，アイゼンハワー政権の対発展途上国・第三世界政策に関して従来よりも広い視野を持って分析することができるようにもなるだろうと考える。

　以上，本書と関連する米国外交史の先行研究について概観した。近代化論に基づいた米国の開発主義に関する研究は，韓国の近代化・経済発展の成功において重要であった近代化論と実際の韓国における経済発展の関係を扱っておらず，特にアイゼンハワー政権期に関する分析はなされていない。アイゼンハワー政権の対発展途上国・第三世界政策に関する先行研究の枠組みでは韓国について十分に説明できず，同政権の対外経済政策に関する研究は，そうした政策に大きな影響を受けた韓国における経済発展の初期条件が形成される過程との関係性については扱っていない。本書では，近代化論に影響を受けたアイゼンハワー政権の発展途上国・第三世界に対する経済開発重視政策と韓国の経済発展との間にどのような関係があるのかを明らかにすることで，こうした空白を埋めていくことを目的としている。

　本節では，本書と関係のある先行研究を，韓国現代史における 1950 年代と 60 年代の連続と断絶の観点，米国外交史における近代化論に基づいた第三世界に対する経済開発重視政策とアイゼンハワー政権期の外交政策の観点から整理した。50 年代の米韓関係に関する研究は輸出指向工業化や国家主導型工業化の初期条件の形成という観点から，アイゼンハワー政権期の韓国に対する経済開発重視政策や米韓関係を十分には分析していない。米国外交史は，近代化論に基づいた開発主義的政策の研究においても，アイゼンハワー政権期の第三

---

hower and Third World Nationalism," 458–59.

世界政策や対外援助・対外経済政策の研究においても，近代化論に基づく経済開発重視政策を採用した米国との関係のなかで経済発展を本格化させていく韓国を正しく位置づけられていない。

本書ではこうした先行研究の空白を埋めるために，アイゼンハワー政権期の発展途上国に対する経済開発重視政策が，李承晩政権期の1950年代韓国における60年代以降の経済発展の初期条件形成過程にどのように影響を与えたのかを明らかにする。

また，そうした初期条件の形成過程を明らかにするためには，アイゼンハワー政権の発展途上国に対する経済開発重視政策の対韓政策への反映とその実行をめぐる米韓協議の政治過程に着目することになるが，この過程は順調に進んだわけではない。先行研究ではそうした過程が順調に進まなかった要因について十分に分析できていない。本書では，その要因に着目して，1950年代における韓国経済発展初期条件の形成過程をその背景とともにより立体的に明らかにする。

第3節　分析の視角

本節では，本書における分析のための2つの視角について説明する。1つめは，開発主義に影響を受けた米国の政策が韓国で実行に移され，もしくはその実行を頓挫させられていく政治過程に働いた力学を明らかにするための視角である。具体的には，米国政府がどのような政治過程を経て開発主義をその基本方針に採用し対韓政策に反映させ米韓協議を通じて実行していったのか，それらの政策を本格的に実行しようという米国政府の動機はどのようにして生じたのか，李承晩政権の姿勢はどのようなものであったのかに留意して分析するということである。2つめは，韓国の経済発展の初期条件が形成される過程がどのようなものであったのかを分析するための視角である。ここでは，主に開発経済学や政治経済学の議論を援用する。

1. 米国による経済開発重視政策の実行過程

　本書は，アイゼンハワー政権期における発展途上国に対する経済開発重視政策が，韓国においてどのように実行され，もしくは頓挫していったのかについて，その背景に働いた力学を明らかにすることを1つの目的としている。そのために，本書は以下の3点に留意しつつ分析を進めていく。

(1) アイゼンハワー政権による開発主義の受容と実践

　1点めは，開発主義思想がどのようにアイゼンハワー政権の政策に取り込まれ，開発主義的な政策がどのように対韓政策に反映され，実行が試みられていくのか，政策立案・実行の過程を正確に明らかにするということである。そのために，まず，本書は1954年のロストウらによる政策提言の内容と，それらの提言が米国政府内で受け入れられ，政策に反映されていく過程を追う。その際に，本書は，特にアイゼンハワー政権の経済開発重視政策の重要な構成要素となった，米国当局者による途上国の経済開発の必要性の認識，長期経済開発計画，貿易促進，外資導入，開発援助，軍事費削減，地域統合がどのように政策に反映され，もしくは政策全体におけるその位置づけが変化していくのかに注目する。本書は，アイゼンハワー政権における第三世界に対する経済開発重視政策の基本方針への採用過程は57年までには一段落したと考える。こうした前提に基づいて，本書はさらに政権の基本方針となった経済開発重視政策が対韓政策にどのように反映され，米韓政府間の協議を経てどのように実行されていくのかを明らかにする。

(2) 米国の安全保障上の脅威認識と対処

　2点めは，1点めで述べた米国に第三世界に対する経済開発重視政策の対韓政策への反映と実行を促した動機がどのようなものであったのかということである。本書は，これを米国の国益に対する脅威の認識とその脅威への対処という観点から明らかにする。先述した通り，1957年までには米国政府内において第三世界に対する経済開発重視政策が基本方針として定着したが，それらは各地域・各国に対してすぐに実行に移されたわけではなかった。本書は，米国

政府内で基本方針として開発主義が採用されていく過程と，それが各地域・各国に対する政策に反映され，実行されていく過程を推進した力学はそれぞれ異なるものであったと考える。

開発主義が米国政府内の基本方針に取り入れられる際に働いた力学としては，主にソ連側の世界規模の経済攻勢が挙げられる。しかし，米国政府の開発主義を取り込んだ基本方針が各地域・各国に対して実行されていくには，米国がその各地域・各国に対する経済開発重視政策による対処が必要だと考えるような脅威を認識する必要があった。例えば，米国がラテンアメリカに対する経済開発重視政策を本格的に実行に移していく契機となったのは，各地で反米デモに遭った1958年のニクソンによるラテンアメリカ諸国歴訪と59年のキューバ革命であった。米国政府はこれらの事態に対処する必要性を感じ，同地域に対する経済開発重視政策を検討し始めた。また，米国が台湾の国民党政府に輸出指向工業化へとつながるような政策パッケージを実行させていったのは，蔣介石の中国との対決手段を，米国を戦争に巻き込みかねない軍事的なものから経済発展へと転換させる必要性を感じたことが大きかった。以上のような，ソ連の経済攻勢とは別に，各地域・各国と関係する米国の安全保障等の国益に対する脅威に経済開発重視政策によって対処することが必要だと米国側が認識することによって，それらの地域や国に対する経済開発重視政策が実行されていくという力学については，韓国も例外ではなかったと本書は考える。

そして，韓国においてこの力学が働いていく過程を，本書では，第2章から第5章まで4つに区切った各時期に，米国政府当局者が対韓政策において何を脅威と感じ，どのように対処しようと考えたのかに着目することで明らかにする。その際，記述の仕方として，本書は韓国国内外の政治的事件と，それらの各事件に直面して米国がどのような脅威を認識したのかと，その脅威にどのように対処しようと考えたのかを時系列で扱う。なぜ政治的事件を時系列で扱うのかと言えば，特に以下の3つの理由によって，米国の認識において国内外の政治的事件と経済政策は不可分であったからである。1つめは，国民の経済的不満が米国の国益を損なう可能性を強く感じさせるような政治的事件が，米国の韓国における経済開発重視政策実行へのインセンティヴとなったことである。1956年の大統領選挙や60年の4月革命といった政治的な事件は，さらな

る混乱につながり得る韓国国民の経済状況に対する不満を，それを代弁する政党の勢力伸長や大衆の直接行動により可視化し，米国に対応を迫った。2つめは，政局の紛糾を抑えるために韓国の経済的状況の悪化を伴うような，つまり援助供与の先延ばし等を通じた圧力の行使が米国政府内で考慮されたことである。実際に実行されなかったとしても，米国政府内で経済的な圧力手段が議論されたことは，経済状況の改善に二義的な重要性しか見出していないことの表れとなる。3つめは，国際的な政治状況の変化が米国の脅威認識に大きな影響を及ぼしたということである。米国の対韓政策は，本書の対象期間において南北朝鮮の経済競争に大きく影響された。以上のような3つの理由によって，本書は各章の第1節で各章が扱っている時期における韓国内外の政治的な出来事とそれに対する米国の脅威認識，そして，そこで米国が選択した対策を時系列で扱う。各章の第2節以降では第1節において明らかにした米国の認識を念頭に置きつつ，特に注目すべき当該時期の米韓による経済政策の立案と実行の試みの過程を扱う。ただ，第2章以降第4章までは，基本的に第1節においては，米国の対韓政策に特に大きな影響を与えた韓国国内政治上の変化を中心に扱うこととなる。

そして，第6章では，韓国の事例と台湾の事例を比較する。韓国と同じく米国の同盟国・被援助国であり，発展途上国であった台湾は，アイゼンハワー政権期に米国との協議のもとに輸出指向工業化へと転換した。本書では，まず台湾において米国が試みた経済開発重視政策を検討することで，アイゼンハワー政権期のそうした政策が，台湾において見られるように，輸出指向工業化を可能とする条件を形成するものであったことを明らかにする。さらに，韓国と台湾の両事例を比較することによって，米国が開発主義を第三世界政策の基本方針に取り入れた後でそれを具体的に各国に実行していく際に働いた力学について，韓国の事例における分析結果を補強することを試みる。

(3) 李承晩政権の経済政策と米国との確執

3点めは，李承晩政権の経済政策がどのようなものであったのかということである。李政権期における1960年代以降の経済発展の初期条件の形成過程を明らかにするには，当然，米国側の政策だけでなく韓国側の政策も考慮に入れ

なければならない。当時，李政権が追求した韓国経済の将来像とは，軽工業と重工業を共に備え，国際収支を均衡させた自立型経済であった。こうした目標の実現には，50年代後半の軽工業の輸入代替工業化がある程度終わった時点でも，重化学工業のためのさらなる輸入代替工業化が必要であり，米国の援助に依拠した輸入代替工業化の体制を解体するわけにはいかなかった。もちろん，重化学工業建設への積極性に関しては朴正熙政権と比べるべくもなかったが，李はそうした輸入代替工業化の可能性を損なうような政策転換を拒否することとなる。他方で，当時の韓国には，輸入代替工業化に必要な外貨を稼ぎ，また，李政権の考える自立型経済の一要素である国際収支均衡を達成するために輸出を促進する必要も生じた。本書では以上のような李政権の姿勢に注目しつつ，米国が対韓政策に反映させていった経済開発重視政策の立案と実行に関する米韓協議において，李政権が一方で米国によって実行を促される政策に抵抗し，他方で米国と協議し米国の政策を利用することで，輸出を促進し，国家主導の工業化政策に必要な環境を整えていく過程を明らかにしていく。そうすることで，開発主義を反映した米国の対韓政策が米韓協議のもとにどのように実行され，どのように李に阻まれ，どのように李に利用されて米国が考えたのとは別の形で経済発展の初期条件を形成していくのかを分析する。

2. 輸出指向工業化と国家主導型工業化

　本書は，韓国の経済発展の初期条件が形成される過程を明らかにする。本項ではその際に重要となる輸入代替工業化，輸出指向工業化，開発国家といった諸概念を，開発経済学や政治経済学における韓国の経済発展をめぐる議論を概観しながら説明したい[37]。

---

37)　開発経済学と政治経済学における韓国をめぐる議論を整理したものとしては以下を参照。絵所秀紀『開発経済学——形成と展開』法政大学出版局, 1991年; ロバート・ウェード（長尾伸一他訳）『東アジア資本主義の政治経済学——輸出立国と市場誘導政策』同文舘, 2000年; 기미야（木宮），前掲書．

a) 輸入代替工業化から輸出指向工業化への転換と新古典主義的視角

　本書では韓国における輸入代替工業化から輸出指向工業化への転換について扱う。輸入代替工業化とは，多くの開発途上国によって採用された戦略であり，保護主義的な戦略である。輸入代替工業化戦略を選択した国家は，自国市場を国際市場から隔離し，輸入制限等によって保護し，国内市場から生じる需要を輸入ではなく国内生産によって充当する「内向き」の工業化を試みることとなる。また，輸入代替工業化を選択した国家における輸入制限以外の特徴として，その工業生産における投入財をより安価に輸入できるように為替レートを自国通貨の価値が過大になるように設定する傾向が挙げられる[38]。

　しかし，戦後新興国の輸入代替工業化は相次いで行き詰ることとなる。渡辺利夫によれば，その最大の要因は国内市場が狭小であることだという。輸入代替工業化は国内市場を国際市場と隔離して国内産業を育成する戦略なので，それらの産業の想定する市場はおのずから国内市場となる。しかし，新興国の国内市場は狭く未発達でありすぐに飽和状態となる。また，重化学工業建設においては規模の経済が決定的に重要であるが，やはり国内市場が狭く需要がないため，十分な大きさの生産規模を確保できない。こうして，新興国の輸入代替工業化はすぐに停滞してしまうのである。それは韓国も例外ではなかった[39]。

　以上に説明した輸入代替工業化に対し，輸出指向工業化とは輸出を原動力とした工業化であり，アジア NIES の経験した工業化過程を分析することで導き出された戦略モデルと言える[40]。同モデルは，1970年代後半から80年代にかけて多くの新古典派の研究者が韓国や台湾の経済発展と貿易政策が強い関連をもっていると指摘することによって構築されていった[41]。輸出指向工業化は，

---

38) 渡辺利夫『開発経済学――経済学と現代アジア』日本評論社，1986年，176-77，184頁。
39) 渡辺利夫『現代韓国経済分析――開発経済学と現代アジア』勁草書房，1982年，105-06頁。
40) 渡辺『開発経済学』196頁。韓国の輸出指向工業化の特徴について扱ったものとしては以下も参照。同『現代韓国経済分析』; 絵所秀紀，前掲書。また，韓国と台湾の輸出指向工業化を比較したものとしては，服部民夫・佐藤幸人編『韓国・台湾の発展メカニズム』アジア経済研究所，1996年を参照。
41) Bela Balassa, "Industrial Policies in Taiwan and Korea," *Weltwirtshaftliches Archiev* 106 heft.1 (1971); Balassa, "Export Incentives and Export Performance in Developing Countries: A Comparative Analysis," ibid. 114 heft.1 (1978); Larry E. Westphal, "The

輸入代替工業化の段階でとっていた保護主義的政策の自由化から始まる。即ち，輸入代替のための投入財輸入を優先する輸入制限の除去，為替レートの自由化（つまり自国通貨の過大評価の見直し），そして，輸入代替産業に有利だった金融体制の自由化である[42]。さらに，輸出指向工業化は，このような市場自由化と

Republic of Korea's Experience with Export-led Industrial Development," *World Development* 6 no.3 (1978); Anne O. Krueger, "Trade Policy as an Input to Development," *The American Economic Review* 70 no.2 (May 1980); Westphal, "Korea," in *Development Strategies in Semi-industrial Economies*, ed. Balassa (Baltimore and London: The Johns Hopkins University Press, 1982).

42) 本書では，これらの措置のなかでも特に為替制度改革に焦点を当てる。本書が輸出指向工業化において重要な為替制度改革，輸出促進，開発国家論において重要な金融の統制，外資導入，財閥の形成を扱うのは，これらの各要素から入って1950年代における韓国の経済発展の初期条件が形成される過程を総体的に明らかにするためである。ただ，本書でなされるこれらの各要素の個々の分析自体も先行研究では明らかにされなかった新たな知見を含んでいる。以下に，李承晩政権期と張勉政権期の為替問題をめぐる米韓関係について，先行研究を整理し，本書が新たに明らかにする知見について述べる。李鍾元の研究は，53年までの為替レートをめぐる米韓協議過程を分析しているが，その後の協議は扱っていない。崔相伍の研究は李承晩政権の為替政策を一次資料を使って分析しているが，55年以降は制度の変化を概観するにとどまっている。また，崔は米国側の一次資料を使っておらず，米国政府内でどのような政策議論がなされてそうした為替に関する変化が生じたのかについては説明していない。朴鎮希の研究も61年の為替制度改革の過程を扱っているが，やはり米国側の資料を使っていない。柳尚潤の研究は，50年代中盤における韓国の為替政策を扱っており，米国側の資料も使用しつつ本書でいう「25％条項」を分析している。しかし，柳の研究は，50年代中盤以降の米国側の対韓為替レートに関する認識の変化や，根本的改革に関する議論が始まった59年以降の米韓間の協議を扱っていない。本書は，先行研究でなされてこなかった，55年の「25％条項」制定以降の米国側の韓国の為替の在り方に関する認識の変化と，59年から61年までの為替制度改革をめぐる米韓協議を両国政府の内部史料を使用して明らかにする。李鍾元，前掲書; 崔相伍「1950년대 外換制度와 換率政策에 관한 硏究 (1950年代為替制度と為替レート政策に関する研究)」; 同「1950–1960년대 중반 무역・외환정책의 형성과 전환 (1950–1960年代中盤における貿易・為替政策の形成と転換)」; 朴鎮希「민주당 정권의 '경제제일주의'와 경제개발 5개년계획 (民主党政権の『経済第一主義』と経済開発 5 ヵ年計画)」『國史館論叢』第 84 集，1999 年 6 月; 류상윤 (柳尚潤)「이승만 정부의 환율정책 재론 ── 안정화 프로그램과 영구 환율 (李承晩政権の為替政策再論 ── 安定化プログラムと永久為替レート)」『경제사학 (経済史学)』第 53 号，2012 年 12 月。他に，1950 年代の韓国の為替政策を概観した研究としては，以下を参照。金光錫・래리・E・웨스트팔 (ラリー E. ウェストパル)『韓國의 外換・貿易政策 (韓国の為替・貿易政策)』韓國開發研究院，1976 年; 柳東吉「1950年代 韓國外換政策의 分析과 評價

ともに輸出促進政策を伴うものとなる[43]。輸出指向工業化を選択した国では，まず，輸出産業化の条件が整っており，また廉価で優秀な労働力によって国際分業的に比較優位をもつ労働集約型工業製品の輸出が拡大することとなる[44]。

本書は，こうした1960年代以降に韓国が輸出指向工業化へと転換することを可能にした初期条件が50年代に形成される過程について分析する。本書は，特に，輸出指向工業化への転換の際にとられる諸政策のなかでも重要であり，50年代に米韓の協議によって大きな変化があった為替制度改革と労働集約型工業製品の輸出促進政策について扱う[45]。

（1950年代韓国為替政策の分析と評価）」韓國外國語大學校博士論文，1987年；김낙년（金洛年）「1950년대의 외환정책과 한국경제（1950年代の為替政策と韓国経済）」문（文）・김（金）編，前掲書；Gilbert T. Brown, *Korean Pricing Policies & Economic Development in the 1960s* (Baltimore and London: The Johns Hopkins University Press, 1973).

43) 本書では，李承晩政権期の労働集約型工業製品の輸出促進政策をめぐる米韓関係について扱う。李政権期の輸出促進政策に関してはいくらかの研究があるが，米韓関係の観点から一次史料を使って分析した研究はほとんどない。本書では特に，綿紡織産業の輸出産業化や，輸出振興基金をめぐる米韓間の協議過程を一次史料を通じて明らかにする。前者に関しては後の輸出指向工業化転換後に韓国の主要な輸出品となったという点と，開発国家論の一要素である財閥との関連で大企業の輸出への参加を国家が後押ししたという点において重要である。後者は輸出金融という点で，輸出促進という観点からだけではなく開発国家論における国家の金融統制という観点からも重要である。しかし，これらを米韓関係の観点から扱った先行研究はない。1950年代韓国の貿易政策の制度や動態について分析したものとしては，以下を参照。Anne O. Krueger, *The Developmental Role of the Foreign Sector and Aid* (Cambridge: Harvard University Press, 1979); 金・ウェストファル（ウェストパル），前掲書；정중재（鄭重宰）「제1・2공화국의 무역정책（第1・2共和国の貿易政策）」유광호（兪光浩）他『한국제1・2공화국의 경제정책（韓国第1・2共和国の経済政策）』한국정신문화연구원（韓国精神文化研究院），1999年；車喆旭「李承晩政權期 貿易政策과 對日 民間貿易構造（李承晩政権期貿易政策と対日民間貿易構造）」釜山大學校博士論文，2002年；同「1950년대 미국의 대한 원조정책 변화와 이승만 정권의 수출정책（1950年代米国の対韓援助政策の変化と李承晩政権の輸出政策）」『지역과 역사（地域と歴史）』第11号，2002年12月；崔相伍「1950-1960년대 중반 무역・외환정책의 형성과 전환（1950-1960年代中盤における貿易・為替政策の形成と転換）」。

44) ここで述べている自由化と輸出促進という輸出指向工業化への転換過程に見られる特徴については以下を参照。渡辺『開発経済学』196-202頁。

45) 経済発展と自由化の関係を重視する新古典主義の議論は後述するように開発国家論によって批判されることとなるが，為替改革や輸出促進政策の重要性については否定されていない。ウェード，前掲書，75-81, 103, 252頁。

なお，韓国や台湾では輸出指向工業化初期から，いくつかの選択された重要な工業部門における輸入代替が，主に輸出部門から生じる後方連関効果を利用して同時に行われていたことは多くの研究者によって指摘されるところである[46]。つまり，両国の工業発展は，労働集約型工業への特化というような単線的な性格のものではなく，中間財の国内生産化をも同時に伴う複線的な成長パターンを示していた。今岡日出紀らは，このような韓国や台湾の工業化過程を複線型工業化と呼んだ[47]。即ち，複線型工業化とは，輸出促進政策と輸入代替政策の同時進行という特徴を強調し，より正確に表現する際に使用される輸出指向工業化の別名だと言える。しかし，本書では韓国の工業化過程におけるこの輸出促進政策と輸入代替工業化の並行について，前者がどのように始まったのかに焦点を当てることを目的としており，前者によって可能となった後者が実行されていく過程については扱わない（重化学工業建設は開発国家論というまた異なる観点から扱う）。よって本書は，韓国の輸出を原動力とする経済発展の形態について，輸出指向工業化という呼称を用いる。

b) 国家中心的視角と開発国家

ここまで，輸入代替工業化と輸出指向工業化に関する議論について概観しつつ，本書の位置づけを明らかにした。ただし韓国の経済成長を分析する際，輸出指向工業化の視点だけでは十分ではない。1980年代以降になると，NIESは自由市場に立脚して経済成長を遂げたという命題を疑う研究が登場する。例え

---

[46] Westphal, "The Republic of Korea's Experience with Export-led Industrial Development," 365–66; M. K. Datta-Chaudhuri, "Industrialization and Foreign Trade: The Development Experiences of South Korea and the Philippines," in *Export-led Industrialization & Development*, ed. Eddy Lee (Singapore: Asian Employment Programme, 1981), 50–60; Westphal, "Korea," 255–57; Hubert Schmiz, "Industrialization Strategies in Less Developed Countries: Some Lessons of Historical Experience," *Journal of Development Studies* 21 no.1 (Oct 1984), 14; Kwang-Suk Kim, "Lessons from South Korea's Experience with Industrialization," in *Export-oriented Development Strategies: The Success of Five Newly Industrializing Countries*, eds. Vittorio Corbo, Anne O. Krueger, and Fernando Ossa (Boulder and London: Westview Press, 1985), 68.
[47] 今岡日出紀・大野幸一・横山久「複線型成長の論理と背景」同編『中進国の工業発展』アジア経済研究所，1985年。

ば，ウェードは新古典派の主張について，その後さまざまな再検証によって必ずしも東アジアの経済成長を十分に説明できているわけではないことが明らかになったと指摘している。新古典派の主張が再検討されるなかで着目されていったのは国家が経済発展に果たした指導的な役割であった[48]。

　経済開発における国家中心的視角の登場に最も大きな役割を果たしたのは，ジョンソンによる日本研究である。ジョンソンは日本の経済発展を開発国家，あるいは計画合理的国家という概念を使用して説明しようと試みた。これらの概念によって，日本は，イデオロギー的計画によって経済を運営するソ連や，経済競争の形式と手続きには関わるが本質的な事柄には関わらない規制的国家であり市場合理的国家である米国とは区別された。ジョンソンは，工業化が遅れた国は国家自体が工業化の推進，すなわち発展志向型機能を担ったとする。開発国家とは，経済発展を最優先し，開発のために市場に介入して工業化を推進するが，その経済政策において産業政策，すなわち国内産業の構造，しかも国際競争力を高めるような構造の振興を最優先するとされる[49]。

　このジョンソンの視点は韓国の経済発展に関する研究にも持ち込まれることとなる。こうして，国家が経済成長をどのように主導したのかを明らかにする開発国家論や，そうした国家の行動を可能とした国家を構成する制度的条件を明らかにする制度主義的観点から韓国の経済発展を分析した多くの研究が登場する。例えば，チャンは，韓国の国家が産業政策を通じて工業化に果たした役割を分析している。アムスデンは工業化には国家の強い主導が必要だとし，韓国においては国家が成果主義の賞罰によって大企業中心の工業化を遂行したと主張した。エヴァンスは，国家は自律しつつも具体的な社会的つながりの中に埋め込まれていてこそ工業化を主管する開発国家になりえるとしつつ（「埋め

---

[48] ウェード，前掲書，24–31, 36頁。韓国の経済発展における政府の役割を強調した初期の研究として以下を参照。Parvez Hasan, *Korea: Problems and Issues in a Rapidly Growing Economy* (Baltimore: Johns Hopkins University Press, 1976), 29–30; Edward S. Mason et al., *The Economic and Social Modernization of the Republic Korea* (Cambridge: Harvard University Press, 1980), 244–49.

[49] チャーマーズ・ジョンソン（矢野俊比古監訳）『通産省と日本の奇跡』TBSブリタニカ，1982年，21–23, 342–43頁。

込まれた自律性」），韓国はその条件を備えていたと指摘している[50]。

　もちろん，李承晩政権期の韓国は経済発展を最優先にしたとは言えず，この点で根本的に開発国家とは異なる。このことは，経済発展に必要な日本との国交正常化よりも日本に対する警戒感を優先させるなど，経済発展とのトレードオフで優先すべき政策があったということのほかに，朴正煕と比べて相対的に経済発展のための政策実行に消極的であったことに起因する。この消極性の理由として，個人的な性格や資質や年齢以外でまず1つめに挙げられるのは，李政権期にはまだ米国の大量の贈与援助を受け取ることができたが，朴政権期には米国による援助の減少から，より自立した韓国経済を建設する必要があったということである。2つめに，李は独立運動家としての経歴や建国の父としてのカリスマ性によって選挙で大統領に選ばれることが可能であったが，朴はそうではなかったということが挙げられる。そのため朴は経済発展のような別の実績をあげることで正統性を確保しなければならなかった[51]。3つめには，本書でも扱うが北朝鮮による国際社会における経済的成功の誇示が1960年を前後してより露骨になっていったことが挙げられるだろう。

　ただ，一方で，このことは李承晩が経済政策において全くの無策であったことや，後の経済発展と李政権期が完全に断絶していることを意味しない。李政権は，本書でも述べる通り，軽工業と重化学工業の両方を備え輸出促進によって国際収支を均衡させることによる自立型経済の建設を目指していた。開発国

---

50) Ha-Joon Chang, *The Political Economy of Industrial Policy* (New York: St. Martin's Press, 1994); Alice H. Amsden, *Asia's Next Giant: South Korea and Late Industrialization* (New York and Oxford: Oxford University Press, 1989), 11–15; Peter Evans, *Embedded Autonomy: State and Industrial Transformation* (Princeton: Princeton University Press, 1995), 12–13. 他にも，経済発展における国家の役割に焦点を当てつつ韓国を扱った研究としては以下を参照。Frederic Deyo, ed., *The Political Economy of the New Asian Industrialism* (Ithaca and New York: Cornell University Press, 1987); Meredith Woo-Cumings, ed., *The Developmental State* (Ithaca and London: Cornell University Press, 1999); 司空壹・L・P・존스（L. P. ジョーンズ）『經濟開發과 政府 및 企業家의 役割（経済開発と政府及び企業家の役割）』韓國開發研究院，1981年；金錫俊「국가능력과 산업화정책의 변동──한국과 대만의 비교（国家能力と産業化政策の変動──韓国と台湾の比較）」『한국정치학회보（韓国政治学会報）』第23集第2号，1989年。

51) 木村幹『韓国における「権威主義的」体制の成立』ミネルヴァ書房，2003年，244–45頁。

家の特徴である国際競争力の向上を最も重視した産業政策とは異なるが，李政権には李政権なりの狙いがあり，それに向けた通商・産業政策が存在しており，そのなかには朴正熙政権期以降の開発国家へとつながっていく要素も多くみられた。さらに，1950年代中盤以降の米国の低開発国に対する経済開発重視政策は，これらの開発国家の萌芽となる変化にも影響を与えていると本書は考える。

本書は，こうした1960年以降の開発国家との連続性という観点から李承晩政権期の米韓関係を考察する。本書が分析の際に留意する開発国家の特徴としては大体において以下のようなものがある[52]。

1つめは，開発国家論において最も重視される金融である。国家は金融政策を通じて，その経済の投資パターンに影響を行使できるとされる[53]。韓国においては，1961年のクーデタ後，朴正熙はすべての銀行を国有化し，また，植民地期に発展した特殊銀行制度を本格的に復活させ，金利を引き上げて国内の貯蓄の動員を可能とすることで，金融における強いリーダーシップを国家が発揮できるようにした[54]。李承晩政権期の金融政策は，朴正熙時代の徹底した政府主導のそれとは比べるべくもなかったが，それでも，韓国産業銀行（以下，産銀）が54年に創設されたことは重要であった。産銀は韓国政府の産業政策に資金を供与するための特殊銀行であり，国家主導の工業化に不可欠な手段となっていった。そして，50年代においては，米国が使途について影響力を行使できる援助が産銀の財源の大きな割合を占めており，さらに，50年代後半に盛んになった駐韓米国当局者内の産銀改革をめぐる議論は，5・16クーデタ後の産銀の機能強化へとつながるものだった。本書はこうした議論がどのようなものであったのかを明らかにすることに重点を置きつつ，国家の金融統制を象徴する産銀に着目する。

---

52) 開発国家の特徴については以下を参照。ジョンソン，前掲書; Chalmers Johnson, "Political Institutions and Economic Performance: the Government-Business Relationship in Japan, South Korea and Taiwan," in *The Political Economy of the New Asian Industrialism*, ed. Deyo; Meredith Woo-Cumings, "Introduction: Chalmers Johnson and the Politics of Nationalism and Development," in *The Developmental State*, ed. Woo-Cumings; ウェード，前掲書, 38–39頁。
53) Woo-Cumings, "Introduction," 11.
54) Woo, *Race to the Swift*, 84, 103.

金融について，本書が輸出指向工業化との関係でもう1つ注目したいのは労働集約型工業製品輸出を促進するための輸出金融の優待制度である。輸出金融が本格化するのは1960年代に入ってからであり，50年代においてはまだ微々たる規模であったが，それでも，輸出振興基金という形でこの種の制度が創出されたことは注目される[55]。本書は同基金の設立過程を明らかにする。

　開発国家の2つめの要素として外資の活用が挙げられる。ジョンソンは日本とは異なる韓国と台湾における開発国家の特徴として外資の活用を挙げている[56]。李承晩政権期には，韓国の経済状況と法的受け入れ態勢の不十分さに起因して，ほとんど外国企業からの投資はなされなかった。他方で，開発借款導入が始まり，不十分な内容ではあるが外資導入法が成立したのもこの時期であった。本書は李政権期に行われたこれらの初期の外資活用の試みに注目する[57]。

　3つめに，開発国家にとって重要なこととして，短期的な利益を追求しがちな外部の政治的圧力からある程度自律的で，産業政策を実行できる権限を持ち，

---

[55] 産銀がその財源の多くを米国の援助に負っているにもかかわらず，先行研究において産銀と米国の対韓政策との関係についての分析はほとんどなされてこなかった。内橋賢悟は産銀をめぐる米韓関係について考察しており，米国政府側が韓国の金融改革のために派遣したブルームフィールドの1950年代後半における意見の変化に触れている。ただ，内橋はあくまで米国の米国型金融制度を韓国に移植する試みの失敗を分析するためにブルームフィールドの見解を扱っているのであり，米国政府側の産銀をめぐる多様な議論や，5・16クーデタ後の産銀改革につながる米韓の取り組みについては扱っていない。本書はその後の時期との連続性を重視しながら50年代の産銀改革をめぐる米韓関係を分析する。内橋賢悟『50-60年代の韓国金融改革と財閥形成』新評論，2008年。また，先行研究においては，李政権期の輸出金融である輸出振興基金の成立過程についても，その財源が米国の援助であるにもかかわらず，米韓関係の観点から明らかにされていない。本書はこれを明らかにする。他に李承晩政権の金融政策を扱ったものとしては以下を参照。Woo, *Race to Swift*; 공제욱（孔提郁）「1950년대 국가의 재정-금융 정책과 대기업의 성장（1950年代国家の財政・金融政策と大企業の成長）」한국사회사연구회（韓国社会史研究会）編『한국 자본주의와 재벌（韓国資本主義と財閥）』文學과知性社（文学と知性社），1992年；李明輝（林栄成訳）「金融制度と金融市場――フォーマルとインフォーマルの二重金融構造の視点から」原・宣編，前掲書。
[56] Johnson, "Political Institutions and Economic Performance," 162-63.
[57] 1950年代の外資導入法立法過程をめぐる米韓関係については李鍾元の研究があるが，借款導入をめぐる米韓協議について米国政府の内部文書を使用して分析した研究はない。本書では，国家による借款導入の統制にも注目しながらその過程を分析する。李鍾元，前掲書，155-57頁。

高い能力を持つ人員によって構成される官僚機構が挙げられる[58]。ジョンソンは，特に産業政策を実行できる権限を持つ官僚機構を「水先案内人的機関（pilot agency）」と呼んだ。ジョンソンはそうした官庁には日本の通産省が備えていたような計画策定，エネルギー，国内生産，国際貿易及び金融の一部を合わせて所管する権限が必要であるとしている[59]。まず，官僚の能力に関してであるが，李承晩政権期には，高い能力のある人員を確保するための実力主義的な採用試験制度や内部昇進制度は整備されていなかったとされる[60]。また，官僚機構の政治からの自律性は李政権期にはかなり弱いものであった[61]。韓国における「水先案内人的機関」としては，5・16クーデタ後に創設された経済企画院が挙げられるが，これは副総理を長官とし，計画作成や予算編成の権限を持った強力な機関であり，李政権期にはそうした機関はなかった[62]。ただ，その前身の復興部やその下に創設された産業開発委員会（以下，産開委）が，開発国家の重要な政策の1つである長期的経済開発計画作成を行ったことは注目される[63]。産開委はその構成員の多くが政府外の知識人からなり，予算等に関する強い権限は持たず，さらには作成した計画自体も実行性には乏しいものではあった。しかし，本書はそれでも経済的考慮のみによって経済政策を立案しており，かなり政治的圧力からの自律性を保持した機関であった点で同機関は重要であったと考える。よって，本書は，特に経済開発3カ年計画の作成過程

---

58) ジョンソン，前掲書，355–56頁; Johnson, "Political Institutions and Economic Performance," 152. 産業政策の効果への懐疑など，経済成長に国家が果たした役割についてかなり割り引いて考えている世界銀行も同様の主張をしている。世界銀行（白鳥正喜監訳）『東アジアの奇跡――経済成長と政府の役割』東洋経済新報社，1994年，156–70頁。
59) ジョンソン，前掲書，361頁。
60) Evans, *Embedded Autonomy*, 51–52; 정용덕（鄭用德）「이승만 정부의 관료제（李承晩政権の官僚制）」문（文）・김（金）編，前掲書，131-33頁。ただ，カンは，李承晩政権と朴正煕政権において官僚機構の制度的違いはそれほど大きなものではなかったとしている。David C. Kang, *Crony Capitalism: Corruption and Development in South Korea and the Philippines* (Cambridge: Cambridge University Press, 2002), 63–64.
61) 例えば，木村，前掲書，196-203頁を参照。
62) 金元重「第1次経済開発5カ年計画と経済開発体制の成立」小林謙一・川上忠雄編『韓国の経済開発と労使関係――計画と政策』法政大学出版局，1991年，175頁。
63) ジョンソン，前掲書，359頁; Johnson, "Political Institutions and Economic Performance," 142.

を通じて産開委を分析する[64]。本書では，特に産開委がどれほど外部の影響力から独立して計画作成を行ったのかを考察するために，計画作成過程をできる限り詳細に分析する。

　開発国家論において重視な要素として4つめに，国家と協力して経済発展を担う日韓の財閥のような大規模企業が挙げられる。1950年代にみられる財閥の起源の形成は，アイゼンハワー政権が開発主義に影響を受ける前から，李承晩政権が米国の援助を利用することで始まっていた[65]。例えば，米国がより自由主義に則った実行を望んでいた援助物資の配定を李政権が恣意的に統制することで，その恩恵にあずかった一部の企業が生産力を拡大していった。また，米国は韓国政府に帰属財産の払い下げを促したが，払い下げ対象者の選択には韓国政府の恣意性が介在し，一部の企業が財閥としての基礎を築く契機となった[66]。さらに，米国の援助を主要財源とする産銀の融資が財閥の起源を育てたことも先行研究で指摘されているが，もちろん産銀は政府の産業政策を補助するための特殊銀行であった。このように，1950年代における財閥の起源の形成は，本書が重視する50年代中盤以降の米国による対韓経済開発重視政策の漸進的採用を待つまでもなく李承晩政権によって進められていた。そのため，

64）　経済開発3ヵ年計画についての研究には以下のものがある。유광호（兪光浩）「1950년대『경제개발3개년계획』의 주요 내용과 그 특징（1950年代『経済開発3個年計画』の主要内容とその特徴）」유（兪）他，前掲書；최상오「한국의 경제개발과 미국，1948-1965──경제계획과 공업화정책을 중심으로（韓国の経済開発と米国，1948-1965──経済計画と工業化政策を中心に）」『미국학논집（米国学論集）』第37集3号，2005年12月，298-306頁；박태균（朴泰均）『원형과 변용（原型と変容）』；정진아「이승만정권기 경제개발3개년계획의 내용과 성격（李承晩政権期経済開発3個年計画の内容と性格）」『한국학연구（韓国学研究）』第31集，2009年11月；신용옥（辛容玉）「이승만정권기 수산업계획의 추이에 관한 연구（李承晩政権期水産計画の推移に関する研究）」『해양정책연구（海洋政策研究）』第28巻第1号，2013年6月。

65）　内橋賢悟は，その過程を金融制度の「移植の挫折」に注目することで明らかにしている。内橋，前掲書。

66）　例えば，1958年の財政安定計画では，米国は韓国側の恣意的な援助物資の配定（実需要者制）を競売入札に変えることを主張している。また，同計画は韓国に帰属財産払い下げを促す内容になっている。「1958年度財政安定計劃」『復興月報』第3巻第4号，1958年4月，74頁。1950年代に大企業が成長していく過程に関する包括的な研究としては，공제욱（孔堤郁）『1950년대 한국의 자본가연구（1950年代韓国の資本家研究）』백산서당（ペクサン書堂），1993年を参照。

本書は財閥の起源の形成過程を包括的に扱うことはしない。ただ，1つだけ注目したいのは，この時期にみられる，大企業の工業製品輸出との関わりである。後に韓国の主要な輸出製品となる綿製品の輸出が大企業によって始められたのは50年代であった。そして，この輸出は韓国政府の強いリーダーシップのもとに米国の支援を得て行われたものであった[67]。

　なお，開発国家論において他に重要とされる要素としては，労働運動の統制が挙げられる[68]。ただ，本書はあくまで1950年代中盤以降に米国が採用していくこととなる経済開発重視政策との関係で李承晩政権期と60年代以降の経済発展との連続性を分析することが目的なので，米国の経済開発重視政策と直接的な関連の薄い労使関係については扱わない。

　以上が本書で注目する開発国家の諸要素である。李承晩政権期の韓国は開発国家とは言い難かったが，国家主導の金融政策，外資導入の方針，官僚機構による自立した計画作成過程，大企業の工業製品輸出において，朴正熙政権との連続性は見られる。少なくとも，李政権期の韓国はエヴァンスが言うような，

---

67)　李承晩政権期の大企業の資本蓄積過程については多くの研究がある。本書ではその過程を包括的に扱うことはせず，韓国の大企業の輸出への参加についてのみ扱う。その際，具体的な事例として綿紡織産業の輸出産業化をめぐる米韓関係を扱う。これについて扱った先行研究はない。李政権期の大企業の成長過程に関する代表的な先行研究としては以下のものがある。内橋，前掲書；金大煥「1950년대 韓國經濟의 연구——工業을 중심으로（1950年代韓国経済の研究——工業を中心に）」陳德奎他『1950年代의 認識（1950年代の認識）』한길사（ハンギル社），1981年；金泳謨「해방후 大資本家의 社會移動에 관한 연구（解放後，大資本家の社会移動に関する研究）」同上；공（孔），前掲書；金洋和「1950年代製造業의 大資本의 資本蓄積에 관한 研究——綿紡，梳毛紡，製粉工業을 中心으로（1950年代製造業の大資本による資本蓄積に関する研究——綿紡，梳毛紡，製粉工業を中心に）」서울大學校博士論文（ソウル大学博士論文），1990年。李承晩政権期の綿紡織産業についての研究には以下のものがある。九州経済調査協会編『韓国の工業』アジア経済研究所，1967年；花房征夫「韓国綿工業の展開過程——1950年代を中心にして」山田三郎編『韓国工業化の課題』アジア経済出版会，1971年；徐文錫（呂寅満訳）「綿紡織業」原・宣編，前掲書；Jong-Tae Choi, "Business Climate and Industrialization of the Korean Fiber Industry," in *The Textile Industry and Its Business Climate*, eds. Akio Okochi and Shin-Ichi Yonekawa (Japan: University of Tokyo Press, 1982)；金洋和，前掲論文，12–108頁。

68)　Johnson, "Political Institutions and Economic Performance."

開発国家と対比させられる略奪国家であったとはいえないだろう[69]。

c) 自由主義的制度主義的視角と国家の自律性

本書で1950年代における韓国の経済発展の初期条件が形成される過程を分析する際に輸出指向工業化と開発国家論の議論を援用することはすでに述べた。しかし，近年，韓国の経済発展をめぐる重要な議論としては，もう1つ自由主義的制度主義的視角における国家の自律性の議論が挙げられる。ただ，本書ではこの国家の自律性の議論については扱わない。その理由について以下に説明する。

開発国家論についてはすでに述べたが，その後，さらに国家の役割に注目した議論を発展させる形で，どのような条件を備えた国家が輸出指向工業化へと経済開発戦略を転換できるのかに焦点を当てた，自由主義的制度主義的観点からの研究が登場した[70]。そのなかで最も重要な論点の1つが国家の自律性であろう。1960年代の輸出指向工業化への転換における政府の役割を扱った研究がなされていくなかで，とくに注目された転換の条件は，国家の政策決定における外部の利害関係からの自律性（もしくは社会勢力を国家の目標へと動員していく能力）である。こうした自律性の議論は，元来社会的政治的現象における国家の役割に関する研究のなかで早い時期から注目されており，政治経済学においても，アジアNIES国家間やアジアNIESとラテンアメリカ諸国との比較研究によってその重要性が認識されていった[71]。当然，自律性の議論は60年代

---

69) Evans, *Embedded Autonomy*, 52.
70) 기미야(木宮)，前掲書，30頁。
71) 早くから社会的政治的現象における国家の役割について注目していた研究として頻繁に参照される，Peter B. Evans, Dietrich Rueschemeyer, and Theda Skocpol, eds., *Bringing the State Back In*（Cambridge: Cambridge University Press, 1985）は，この支配的な社会経済的な利害からの国家の隔離性に注目している。政治経済学においてこのような自律性に注目し，複数国家を比較した研究としては，例えば，以下を参照。Deyo, *The Political Economy of the New Asian Industrialism*; Suk Joon Kim, *The State Public Policy & NIC Development*（Seoul: Dae Young Moonwhasa, 1988）; Gary Gereffi and Donald L. Wyman, eds., *Manufacturing Miracles: Paths of Industrialization in Latin America and East Asia*（Princeton: Princeton University Press, 1990）; Stephan Haggard, *Pathways from the Periphery: The Politics of Growth in the Newly Industrializing Countries*（Ithaca:

の朴正熙政権における輸出指向工業化への転換の条件としても注目されることとなる。こうして，李承晩政権にはなかった自律性をもって朴政権は輸出指向工業化に必要な改革を実行していったと主張する研究が登場することとなる。

ここでいう国家の自律性の内容は，大体において，(1) 外国の政権や外資に対する国益の優位性を確保することのできる対外的自律性，(2) 議会や政党等の政治的抑圧に対する経済官僚たちの経済政策決定の自律性，(3) 国内の支配階級に対する国家としての自律性，(4) 労働者階級をはじめとする民衆部門に対する政治的排除と整理される[72]。以下に，先行研究の李政権期におけるそれぞれの自律性に関する議論を概観しつつ，本書の議論において自律性という概念がどのように位置づけられるのかについて説明したい。

まず，外国の政権や外資に対する国益の確保である。デヨ（Deyo）は米国の韓国への影響力は認めているが，それが自律性を損なってはいなかったと主張する[73]。しかし，ハガードは韓国が米国からの圧力によって輸出指向工業化に必要な改革を実行することになったと主張している。また，木宮正史も，朴正熙政権の輸出指向工業化への転換過程における米国の影響を明らかにし，国家の外国政府からの自律性を経済成長の条件とすることに疑問を呈している[74]。

Cornell University Press, 1990）; Rhys Jenkins, "Learning from the Gang: Are There Lessons for Latin America from East Asia?," *Bulletin of Latin American Research* 10 no.1 (1991); Evans, *Embedded Autonomy*; Richard Boyd, Benno Galjart, and Tak-Wing Ngo, eds., *Political Conflict and Development in East Asia and Latin America* (London and New York: Routledge, 2006). 例えば，ハガードは，ブラジルとメキシコは社会的な利害関係からあまり自律性が確保できず，輸出促進のための政策を十分にとることができなかったとしている。Haggard, *Pathways from the Periphery*, 179. 複数の国家の事例を比較した研究ではないが，李承晩政権期と朴正熙政権期の国家の自律性を扱った代表的研究である朴鍾喆の論文は，やはり，エヴァンスらの主張を念頭にこうした自律性の議論を展開している。朴鍾喆「韓國의 産業化政策과 國家의 役割, 1948～1982──1 공화국과 3 공화국의 비교연구（韓国の産業化政策と国家の役割，1948～1982──第 1 共和国と第 3 共和国の比較研究）」高麗大學校博士論文，1987 年，30 頁。

72) Frederic Deyo, "Coalitions, Institutions, and Linkage Sequencing," in *The Political Economy of the New Asian Industrialism*, ed. Deyo, 230-31; Kim, *The State Public Policy & NIC Development*; 木宮正史「韓国における内包的工業化戦略の挫折──5・16 軍事政府の国家自律性の構造的限界」『法学志林』第 91 巻第 3 号，1994 年，15 頁。
73) Deyo, "Coalitions, Institutions, and Linkage Sequencing," 233.
74) Haggard, *Pathways from the Periphery*, 74; 木宮，前掲論文，74-75 頁。

少なくとも輸出指向工業化への転換という局面においては，韓国政府の外国政府からの自律性が経済発展の条件であったという命題は先行研究ではすでに否定されていると言ってよいだろう。本書も米国の韓国に対する経済開発重視政策の観点から韓国の経済発展を論じるため，外国政府からの自律性という論点からの議論はしない。外資からの自律性については，そもそも李承晩政権期にはほとんど外資は導入されなかった。他方で，李承晩政権期には朴正熙政権以降の外資からの自律性確保につながるような変化が開発借款導入と外資導入立法の両方の試みにおいて見られる。本書においてはこの過程を開発国家論との関連で扱うことはすでに述べた。

　次に，李承晩政権期における，議会や政党等の政治的外圧に対する官僚機構の経済政策決定の自律性に関する議論は以下のとおりである。ここで主に注目されているのは，その結党以来李政権の崩壊まで国会において過半数を維持した与党自由党との関係である。朴正熙政権においては，与党民主共和党は行政府の政策決定にあまり強い影響力を及ぼすことができなかったが，李政権期には与党自由党は行政府に多大なる影響力を及ぼしたとされている[75]。実際に，李政権期後半においては，自由党中央委員会議長である李起鵬(イ ギブン)が権力を行使し，本来の閣議である国務会議は形骸化した状態にあったとされる[76]。また，与党と企業の癒着によって汚職事件が起こり，韓国政府が目指した緊縮政策に抵触するような金融政策が強要されることもあった[77]。こうした観点から，先行研究では李政権の官僚機構の自律性は外部の利害関係によってかなり浸食されて

---

75) Jang Jip Choi, *Labor and the Authoritarian State: Labor Unions in South Korean Manufacturing Industries, 1961-1980* (Seoul: Korea University Press, 1989), 218-22; Chung-in Moon and Sang-young Ryu, "'Overdeveloped' State and the Political Economy of Development in the 1950s: A Reinterpretation," *Asian Perspective* 23 no.1 (1999): 187-89, 198; Tun-Jen Cheng, Stephan Haggard, and David Kang, "Institutions and Growth in Korea and Taiwan: The Bureaucracy," *Journal of Development Studies* 34 no.6 (1998). 他にも，例えば，朴鍾喆，前掲書，74, 84 頁。

76) 木村，前掲書，196-203 頁。

77) Moon and Ryu, "'Overdeveloped' State and the Political Economy of Development in the 1950s," 190-92; 문정인 (文正仁)・류상영 (柳相栄)「자유당과 경무대──정치사회의 출현과 붕괴의 정치학 (自由党と景武台──政治社会の出現と崩壊の政治学)」문 (文)・김 (金) 편, 前掲書, 33-37 頁。

おり，そのため，朴政権のような適切な経済政策がとれなかったとされている[78]。

実際に，本書が扱う韓国政府の経済諸政策においても自由党の介入が見られる。平価切り下げのような例では，確かに輸入代替工業化やレントシーキングの柱となる韓国の通貨過大評価の是正に関する米韓の協議で韓国側の代表であり同政権期の代表的な経済官僚であった宋仁相（ソンインサン）に対し，自由党の影響下にあったであろう閣僚たちは平価切り下げ反対の圧力を加えていた[79]。また，産銀改革にも自由党は介入している。しかし，自由党の権力闘争によって非経済的要素に左右されたとして，韓国の経済発展の歴史において李承晩政権期の経済政策の持つ意味をすべて捨象してしまうことはできない。経済政策の立案と実行において，自由党が介入した領域と，自由党が介入しなかったか，介入したとしてもそれがあまり意味のなかった領域は慎重に実証的な区分けを行うことが必要であろう。例えば，産開委に関しては自由党の委員もいたものの，自由党自体の影響力はそれほど大きくなかった。また，本書で述べるように，官僚たちが議会の説得に動いた外資導入法の制定は，少なくとも米国の評価ではある程度の成功とされている。さらに，為替制度改革に関しては，もちろん自由党は反対しただろうが，それ以上にそもそも最高意思決定者である李承晩がこれには反対しており，自由党の反対が実質的にどれほど意味を持ったのかは疑問である。このように，本書は自由党による官僚への影響力の強さは認めつつも，少なくとも本書で扱う経済政策立案のほとんどは自由党の影響力から独立していたと考える。

次は，国内の支配階級に対する国家の自律性である。国家がその経済政策を実行していくには国内の有力なエリートの意図に縛られることなく意思決定が

---

78) Haggard, *Pathways from the Periphery*, 61; Moon and Ryu, "'Overdeveloped' State and the Political Economy of Development in the 1950s," 189, 198; Stephan Haggard and Chung-in Moon, "The Politics and Economic Development in Postwar South Korea," in *State and Society in Contemporary Korea*, ed. Hagen Koo (Ithaca and London: Cornell University Press, 1993), 58.

79) From McConaughy to the Secretary of State, Jan 8, 1960, G-57, Box.9, Entry 478, Record Group（以下，RG）469, National Archives and Records Administration（以下，NA）.

できることが必要であるとされた[80]。まず，李承晩政権が大規模な土地改革により伝統的な地主エリート層を政治勢力として弱体化させたことはよく知られている[81]。資本家階級に関しては，李政権は帰属財産の払い下げや米国援助の配分を通じて階級自体を作り出す立場にあった[82]。しかし，文正仁らはこの時期政府と財界の間で大規模なレントシーキングが生じたことで，財界とつながっていた与党自由党が政権の政策決定に大きな影響力を与えたことを指摘している[83]。とはいえ，前述したように，少なくとも，自由党を通じた財界からの圧力は，本書で扱う李政権の経済政策をそれほど阻害しなかったと本書は考える。

また，開発国家の財界との関係性に関する議論については，朴正煕政権は，自律性だけではなく政府の方針にもとづいて企業を行動させる協力関係ないしは強制手段を持っていたことが指摘されている[84]。それに対し，李承晩政権に関しては，政府の経済政策目標の方向に民間企業を向かわせるための協力関係

---

80) Johnson, "Political Institutions and Economic Performance," 156; Haggard, *Pathways from the Periphery*, 40.
81) 朴鍾喆，前掲論文，72頁；김일영（金一栄）「농지개혁을 둘러싼 신화의 해체（農地改革をめぐる神話の解体）」김유남（金裕南）編『한국정치연구의 쟁점과 과제（韓国政治研究の争点と課題）』한울（ハンウル），2001年。カイはラテンアメリカとの比較のなかで韓国における土地改革のもたらした効果について指摘している。Cristóbal Kay, "East Asia's Success and Latin America's Failure: Agrarian Reform, Industrial Policy and State Capacity," in *Political Conflict and Development in East Asia and Latin America*, eds. Boyd, Galjart, and Ngo, 28–29.
82) 崔章集（中村福治訳）『現代韓国の政治変動――近代化と民主主義の歴史的条件』木鐸社，1997年，161–62頁。
83) Haggard and Moon, "The State, Politics, and Economic Development in Postwar South Korea," 58.
84) Woo-Cumings, "Introduction," 15–16; Amsden, *Asia's Next Giant*, 14–15; Evans, *Embedded Autonomy*, 41; Karl Fields, "Strong States and Business Organization in Korea and Taiwan," in *Business and the State in Developing Countries*, eds. Sylvia Maxfield and Ben Ross Schneider (Ithaca and London: Cornell University, 1997), 124; Kang, *Crony Capitalism*, 119; Akio Hosono and Neantro Saavedra-Rivano, eds., *Development Strategies in East Asia and Latin America* (Basingstoke: Macmillan Press LTD, 1998); Patricio Silva, "Government-Business Relations and Economic Performance in South Korea and Chile: A Political Perspective," in *Political Conflict and Development in East Asia and Latin America*, eds. Boyd, Galjart, and Ngo, 109.

は創出されなかったとする研究も多く存在する[85]。しかし，少なくとも輸出指向工業化への転換のために李政権が企業から協力を得られたのかという問いは成り立たない。そもそも李政権は，輸入代替工業化から輸出指向工業化への転換を図ったわけではないからである。また，言うまでもなく消費財の輸入代替工業化においては，李政権は財界にそのための生産をさせられるだけの協力関係は築いていた。

最後に国家の労働者階級をはじめとする民衆部門に対する政治的排除である。輸出指向工業化を選択した国家は，国際市場において競争力を確保するために，労働コストを低く抑える必要があった[86]。そして，使われた手法や抑圧と動員の強度については朴正熙政権期ほどではないが，すでに李政権期には労組は御用化され，国家は労働運動からかなり自律的な政策決定が可能であったという点で先行研究の見解はほぼ一致している[87]。ただ，先述したように，本書では開発をめぐる米韓関係と直接関係ないので労使関係は扱わない。

以上のように，先行研究における自律性の議論を概観する限りで，李承晩政権が政策決定における自律性を保持したのは労働者階級をはじめとする民衆部門に対してのみであり（それでも，最終的に民衆の蜂起によって李政権は崩壊した），議会や政党，財界に対しての自律性は弱かったとされていることが分かる。しかし，そもそもそうした自律性の欠如が，後の輸出指向工業化や国家主導型工業化との連続性を持つ李政権の政策決定をどれほど縛るものであったのかとい

---

85) Evans, *Embedded Autonomy*, 51–52; Silva, "Government-Business Relations and Economic Performance in South Korea and Chile," 82; 趙潤済（Cho Yoon Je）「韓国の政府介入，レント配分と経済発展」青木昌彦・金瀅基・奥野正寛（白鳥正喜監訳）『東アジアの経済発展と政府の役割』日本経済新聞社，1997年，237–38頁。

86) Frederic C. Deyo, "State and Labor: Modes of Political Exclusion in East Asian Development," in *The Political Economy of the New Asian Industria!ism*, ed. Deyo, 182; Deyo, *Beneath the Miracle: Labor Subordination in the New Asian Industrialism* (Berkeley and London: University of California Press, 1989), 4; Hagen Koo, "The Irony of Labor Strength and Income Inequality: A Comparison of Brazil and South Korea," in *Political Conflict and Development in East Asia and Latin America*, eds. Boyd, Galjart, and Ngo.

87) 崔章集（中村福治訳）『韓国現代政治の条件』法政大学出版局，1999年，5–6頁；金洛中『韓國勞動運動史――解放後篇』青史，1982年，225–26頁；中尾美知子「1950・60年代，労使関係と労働争議の展開」小林・川上編，前掲書，256–59頁。

う点については慎重な議論が必要である。また，李政権期に輸出指向工業化への転換そのものが起こらなかったのは，李政権がより高次の輸入代替工業化に固執していたことや，輸出指向工業化というアイディアが韓国政府内に存在しなかったことが主因である。さらに，外国政府からの自律性については1960年代の実際の輸出指向工業化への転換過程においてさえ十分には存在しておらず，むしろそうした転換は米国の影響下に起こっている。要するに，国家の自律性という観点から経済発展をめぐる李政権と朴正煕政権との連続と断絶を考察することには無理があるのである。本書では対外関係については自律性という観点からではなく，むしろ，米国の影響が韓国の経済発展の初期条件にどのような影響を与えたのかという観点から分析する。また，官僚機構の政党・議会や財界からの自律性については，慎重に留意はするが，先述した通り本書が扱う経済政策の実行や変更においてはそれほど大きな影響力はなかったのではないかと考える。特に産開委に関しては，与党からの自律性についても考慮しつつ，その政治過程を分析することは先述した。

　以上に，開発経済学・政治経済学において韓国を扱った新古典派，開発国家論，自由主義的制度主義的視角の議論を整理しつつ，本書の分析枠組みを明らかにしてきた[88]。整理するならば，本書は新古典派によってその重要性が指摘され，実際に米国との関係のなかで1950年代にも大きな動きのあった韓国の為替制度改革と輸出促進政策，そして開発国家論によって指摘されやはり米国との関係のなかで変化のあった韓国における金融政策，外資導入，独立的官僚機構と長期経済開発計画作成，大企業の工業製品輸出について，50年代中盤以降に米国が採用した低開発国に対する経済開発重視政策と米韓関係という視点から分析する。本書は，そうすることで50年代における韓国の経済発展の初期条件が米国との関係のなかで形成される過程を総体的に明らかにし，さら

---

88) 政治経済学の領域における韓国の工業化過程を扱った最近の研究としては，コリの研究が挙げられる。コリは他の事例との比較のもとに，韓国のような経済発展を可能とする国家モデルとして中央集権的で目的主義的イデオロギー的権力構造を持つ凝集的資本主義国家という概念を導き出し，そうした国家形態の形成過程を分析している。Atul Kohli, *State-Directed Development: Political Power and Industrialization in the Global Periphery* (New York: Cambridge University Press, 2004).

に，李政権期と60年代以降の韓国の経済発展との間の連続性を浮き彫りにしようとするものである。

第4節　史料

本書は一次史料，特に米韓両国の政府内部文書によって実証を行う歴史学的アプローチを用いる。本項では，分析に使用する資料について述べる。

まず，米国政府の内部資料について述べる。米国側の公刊史料としては，米国政府内部文書を選り抜いて掲載した *Foreign Relations of the United States* シリーズと，大統領の書簡や演説を掲載した *Public Papers of the Presidents of the United States* がある。未公刊史料としては米国国立公文書館（National Archives and Records Administration, NARA）所蔵資料がある。そのなかでも特に本書では，国務省の文書である Record Group59，在外公館の文書である RG84，国家安全保障会議の文書である RG273，援助担当機関の文書である RG469 を使用する。さらに，アイゼンハワー大統領図書館所蔵文書，プリンストン大学所蔵のダレス文書も使用する。

次に韓国政府の内部資料について述べる。まず，国家記録院所蔵の国務会議録をはじめとする政府内部資料を使用する。さらに，外交関連の資料に関しては韓国の外交史料館所蔵文書を使用する。長期経済開発計画や産開委の資料に関しては，企画財政部図書室と韓国開発研究院が所蔵しているものを使用する。

これらの内部文書の他にも，政府公刊物，当事者の回顧録，雑誌，新聞等も使用する。

第5節　本書の構成

以下に，本書の構成について説明する。第1章では米韓両国の行動原則となる政策基調について述べる。第1節と第2節では，アイゼンハワー政権の政策基調について分析する。即ち，ドミノ理論，ニュールック戦略，開発主義であるが，開発主義は本書において分析の主軸となるので前の2つとは別に節を割いて分析する。第3節では，米国の対韓政策に対する韓国政府側の対応の基

礎となった，李承晩政権の自立型経済建設方針について分析する。

　第2章から第5章では，前述した通り韓国国内外の政治状況との関係に着目しつつ米国の対韓経済政策の立案・選択・実行過程を分析する。そのために，韓国内外の政治状況とその変化の過程を時期を区切って各章の第1節で扱い，各時期に立案・実行された経済政策をその後の節で扱っていく。まず，第2章では，1956年の韓国における正副大統領選挙の結果が引き起こした波紋と，同時期における米韓の経済政策の変化について述べる。第1節では，韓国における正副大統領選挙とその結果に影響を受けた米国当局者の脅威認識の変化について述べる。第2節では，正副大統領選挙後に駐韓米国当局者が本国に向けて行った，韓国における経済開発重視政策推進の提言について分析する。第3節では，米国からの影響も受けつつ50年代中盤以降に始まった韓国側の輸出促進政策について述べる。

　第3章では1956年後半から59年前半にかけての時期を分析する。この時期は政治的に不安定である一方で，経済的には小康状態を保った時期であり，そうした状況下で米国政府が対韓政策において生じた脅威にどのように対処しようとしたのか，経済開発重視政策の韓国での実行についてどのように考えたのかを分析する。第1節では，56年後半に始まる韓国国内での与野党間対立の激化とその後の事態収拾から，58年の総選挙を経て同年末の国家保安法改正による与野党間対立の再度の激化という政治状況の展開について述べる。第2節では，この時期の為替レート改革をめぐる米国政府内，米韓間の議論について述べる。ただ，その際に，この時期の韓国の為替政策分析に必須である25％条項が米韓間で55年に合意される過程を先に扱う。第3節では，DLFからの借款供与をめぐる米韓の協議を扱う。

　第4章では，1959年から60年の4月革命直前までの韓国における政治的混乱に直面して米国の認識した脅威と，それへの対策の立案過程，そして，特に米議会からの圧力を受け，アイゼンハワー政権が韓国に促した経済政策について扱う。第1節では駐韓米国大使館の韓国における与野党調停の失敗と政権・与党による野党弾圧の激化，そして，それに伴う米国側の認識の変化について述べる。第2節では，ドレイパー（William H. Draper）委員会の訪韓と，それをきっかけに始まる輸出振興基金の設立過程について述べる。第3節では産銀

をめぐる米韓関係，第4節では長期経済開発計画作成，第5節では60年初頭の為替レートの自動調整について述べる。

　第5章では，4月革命による李承晩政権の崩壊への米国のかかわり方と，その後の米国側の認識と政策の変化について扱う。第1節では4月革命と李承晩の失脚，そして，4月革命以降の韓国内外における政治的な変化と，そのなかで米国当局者が抱いた脅威認識，そして，米国がその脅威に対して開発主義の本格的な採用を選択していく過程について扱う。第2節では，4月革命と政権交代を経て，米国政府内で韓国の長期経済開発計画に関してどのような議論があったのかを明らかにする。第3節では，韓国における為替制度改革が完遂される過程について述べる。

　第6章では，韓国の事例と比較するために，アイゼンハワー政権が経済開発重視政策を対台湾政策に反映させ，実行していく過程を考察する。まず，第1節において，第2次台湾危機を前後して米国が抱いた脅威認識と，それへの対処として台湾に対する経済開発重視政策を採用していく過程を明らかにする。そして第2節では，経済開発促進のための諸政策が，台湾において米国との協議のもとにどのように実行されていくのかを明らかにする。最後に，第3節で台湾の事例を韓国の事例と比較することで，米国が韓国と台湾において経済開発重視政策を実行していく過程で作用した力学を浮き彫りにする。

第 1 章

朝鮮戦争後米国の対外経済政策と
李承晩政権の自立型経済建設

第1節　朝鮮戦争停戦直後におけるアイゼンハワー政権の政策的基調（1）ドミノ理論，ニュールック戦略

1．ドミノ理論

　本項では，アイゼンハワー政権の対東アジア政策の基礎となっていたドミノ理論を検討することで，米国が韓国や台湾に強く関与する前提となった認識について明らかにする。

　アイゼンハワー政権は，対東アジア政策における大前提として，米国の生存のためには同地域の中心となり得る日本を共産主義から守り，自らの陣営に所属させておくことが必要と考えた。例えば，アイゼンハワーは1954年12月14日の民主・共和両党の指導者との会談で次のように述べている。

> 以前，核爆弾と長距離爆撃機が発明される前は大洋は我々の防壁であり，われわれが良好で堅実な海軍の働きを維持する限りは，現実に大したことは起こらなかった。今日にはそうした防壁はもう存在せず，代わりにドイツと日本が自由防衛における2つの重要な支えであり，共産主義世界が獲得しようとする重要な戦利品である。[1]

---

1) Robert H. Ferrell, ed., *The Diary of James C. Hagerty: Eisenhower in Mid-course, 1954–1955* (Bloomington: Indiana University Press, 1983), 138–40.

そして、アイゼンハワー政権は日本以外の北東アジアの国々を西側に所属させておくことが日本と関連して重要だと考えていた。アイゼンハワーは1954年4月7日の記者会見で自由主義陣営にとってのインドシナの重要性について尋ねられた際に、後に「ドミノ理論」と呼ばれる主張を展開した。質問への回答において、まず、アイゼンハワーは最初の1つが倒れれば、最後の1つが倒れる「ドミノ倒し」に言及した。そして、アイゼンハワーはドミノ倒しの喩えを利用して、インドシナ、ビルマ、タイ、マラヤ、そしてインドネシアといった東南アジアを失えば、そのあとには、日本、台湾、フィリピンの喪失が続き、最終的にはオーストラリアやニュージーランドが脅かされるだろうと主張した[2]。

　このような認識はアイゼンハワー政権2期目に入っても変わらなかった。1958年8月初旬、金門・馬祖といった沿岸島嶼をめぐって台湾海峡で中台間の緊張が高まった時のことを、アイゼンハワーは以下のように回顧している。

> 沿岸島嶼が占領されることにより、実際に台湾の喪失という事態が起きるならば、日本、フィリピン、タイ、ベトナム、それに沖縄さえも危険な状態におかれ、合衆国の重要な利益が手痛い打撃を受けることになるだろう。こうした一連の災厄がすぐさま起こることはないだろうが、中国が最初の一撃に成功すれば、数年以内に崩壊現象が引き続いて起きるだろうと我々は考えた。こうした現代風の「靴くぎがないため靴がだめになる」可能性から、金門と馬祖はアメリカの安全保障にとり不可欠であるとの結論を再確認することになった。[3]

　以上のように、アイゼンハワー政権期には「ドミノ倒し」がもたらす脅威が米国の対東アジア政策を規定し続けた。

　このドミノの列に韓国が入っていないのは、単に地理的にインドシナから日

---

2) Ambrose, *The President*, 179–80.
3) ドワイト・D. アイゼンハワー（仲晃他訳）『アイゼンハワー回顧録Ⅱ——平和への戦い』みすず書房、1968年、259頁。

本までの間に存在しないためだと思われる。アイゼンハワーにとって，当然韓国は直接的に日本の安全と関わっていた。1953年7月24日，朝鮮戦争の停戦を目前に控えていたアイゼンハワーは，李承晩の停戦に対する激しい抵抗に辟易とし，日記に以下のように書き残している。

　　韓国を明け渡すと日本を危険にさらすことになるという事実さえなければ，今そこで戦っている国連軍の多くはとうの昔に撤退しようとしていただろうことを私は確信している。[4]

このように，アイゼンハワー政権は，共産主義者によって東アジアにおける同盟国が一国でも陥落させられれば，それは日本の陥落につながり，最終的に米国の生存が脅かされることになるだろうという認識を持っていたのである。

2．アイゼンハワー政権のニュールック戦略と「援助より貿易」

まず，アイゼンハワーの安全保障政策における基礎であるニュールック戦略について概観する。

アイゼンハワーが1952年の大統領選出馬を決意した第一の理由は，孤立主義者であるタフト（Robert Taft）上院議員が共和党の大統領候補に指名されるのを防ぐ必要があると考えたことであった。しかし，同時に，大統領になって現在トルーマンが遂行している冷戦戦略をより「長期運用」のできるものに作り替えようと考えていたことも，アイゼンハワーが立候補した理由の1つだった。アイゼンハワーは冷戦における米国の勝利を信じて疑わなかったが，それはすぐに達成できるものではないと考えていた。そのため，米国の冷戦戦略を

---

[4] Robert H. Ferrell, ed., *The Eisenhower Diaries* (New York and London: W. W. Norton & Company, 1981), 248. もちろん，数あるアイゼンハワー政権当局者のドミノ理論に則った発言や文書のなかには，このドミノの列に韓国が含まれる場合もある。例えば，ダレスが作成した以下の文章を参照。"Memorandum Prepared by Secretary of State Dulles," Sep 4, 1958, *Foreign Relations of the United States*（以下，FRUS）*1958-1960* Vol.19 (Washington: United States Government Printing Office, 1996), 133.

より長期的な基盤の上に打ち立てることが必要だったのである[5]。

アイゼンハワーはトルーマン政権の安全保障政策を批判したが、その主要な論点は、政権が対共産主義封じ込めにかける際限のないコストについてのものであった。アイゼンハワーは、朝鮮戦争によって課されているような際限のないコストは米国国民のなかに孤立主義を育てていくと考えた。さらにアイゼンハワーは、際限なき軍事支出がインフレーションと経済統制を増大させ米国社会の特徴を変質させてしまうだろうことも懸念した。このような軍事支出が課す米国社会の変質は、最終的には自由や民主主義といった米国的価値をむしろ破壊する可能性があった。これに対し、アイゼンハワーは「守ろうとしているものを破壊してはならない」と考えたのである。アイゼンハワーにとって、ソ連が核兵器を含む米国と対決するのに十分な軍備を保持すると予想されていた1954年を「最大の危機の年」とするトルーマン政権の安全保障戦略は、まさに批判の対象であった。このアプローチは軍事コストを際限なく増大させ、米国をはじめとする西側の経済を悪化させるものだったからである[6]。

こうした思考のもとにアイゼンハワー政権の戦略の中心に据えられたのが「ニュールック」戦略だった。ニュールック戦略は、アイゼンハワーらがトルーマン政権期に失われていたと考えた米国の「冷戦における主導権」を、低いコストで取り戻すための構想であった。同戦略の主軸とは、高コストの米陸上兵力の削減と、核兵器による対共産主義侵略の抑止と要約することができる。そして、この核戦略を効果的に心理戦、秘密活動、交渉と併用していくことがニュールック戦略の骨子であった。

1953年10月30日に、ニュールック戦略を反映した基本的国家安全保障政

---

5) John L. Gaddis, *Strategies of Containment: A Critical Appraisal of American National Security Policy during the Cold War*, Revised and Expended Edition (New York: Oxford University Press 2005), 125; Robert R. Bowie and Richard H. Immerman, *Waging Peace: How Eisenhower Shaped an Enduring Cold War Strategy* (New York and Oxford: Oxford University Press, 1998), 11, 47; ドワイト・D. アイゼンハワー（仲晃他訳）『アイゼンハワー回顧録I――転換への負託』みすず書房、1965年、399-409頁。

6) Ambrose, *The President*, 88; Gaddis, *Strategies of Containment*, 131-34; John W. Sloan, *Eisenhower and the Management of Prosperity* (Kansas: University Press of Kansas, 1991), 19, 75; Bowie and Immerman, *Waging Peace*, 3-4.

策文書 NSC162/2 が承認されたが，その主な結論は以下の通りである。①米軍は戦略計画において「長期的」という思考を採用すべきである。これによって，米国は共産主義の侵略が「最も危険」となる特定の年に直面するだろうというNSC68（トルーマン政権期の安全保障政策における基本文書）の予想は放棄される。②世界中に展開している米軍は大幅に削減されなければならず，米国の防衛は経済的安定を危険にさらさず，その「根本的な価値と制度」を侵すことなく確保されなければならない。③米国は必要であれば，共産主義の攻撃を抑止したり，これに失敗したなら，反撃するために，核兵器を使用すると脅したり，実際に使用する準備をすべきである。④米国は将来，より一層集団安全保障に頼るべきである。同盟の団結と，同盟による地域防衛責任の受け入れは，共産主義の攻撃から世界を守るだけでなく，米国の安全保障の目標を達成するためにも同様に不可欠である[7]。

特に，長期的に維持可能な戦略という観点からは上記の②の経済安定を危機にさらさないということはニュールックの最優先事項の1つだった。そして，軍事や国家安全保障とならんでアイゼンハワーが裏でそのリーダーシップを最も発揮した政策が財政運営であった。アイゼンハワーはその任期中，1956，57，60年と，三度にわたる均衡予算を達成している。そして，アイゼンハワーが強く志向したこのような保守的財政政策には，朝鮮戦争以来莫大な額に上っていた対外援助の削減が必須だった[8]。

さらに，アイゼンハワーは貿易によって世界経済の発展が可能だという強い信念をもっており，そうした経済発展によって米国の対外援助を削減しようと考えていた[9]。前述した NSC162/2 には，「近い将来に，適切な米国の経済・貿易政策と合わせて，全体的に贈与経済援助の大部分を無くすべきである（第

---

[7] Saki Dockrill, *Eisenhower's New-Look National Security Policy, 1953–61*（Basingstoke and London: Macmillan Press LTD, 1996），2.

[8] Sloan, *Eisenhower and the Management of Prosperity*, 3, 52; Iwan W. Morgan, *Eisenhower Versus 'The Spenders': The Eisenhower Administration, The Democrats and the Budget, 1953–60*（London: Pinter Publishers, 1990），1; Gerard Clarfield, *Security with Solvency: Dwight D. Eisenhower and the Shaping of the American Military Establishment*（Westport: Praeger, 1999），23–24.

[9] Kaufman, *Trade and Aid*, 14.

12パラグラフd)」という記述がある[10]。さらに,アイゼンハワーは就任直後に援助に代わる貿易自由化について研究するグループを設立した。アイゼンハワーは,上下両院の承認を受けて設立されることとなったこの「対外経済政策に関する大統領委員会」の議長に,自由貿易主義者であったランダル(Clarence B. Randall)を任命する[11]。同委員会が1954年1月に提出した報告書は,①援助の終結,②米国の対外民間投資の促進,③自由貿易の奨励,④対共産圏貿易の制限を提言していた。こうして,アイゼンハワー政権は最初の18カ月はランダル報告書に見られる「援助より貿易」という方針に基づいて対外経済政策を推進していくこととなる[12]。

また,政権初期の対外経済政策方針の策定に大きな役割を果たしたランダルは,1956年12月に省庁間の対外経済政策に関する調整機関である対外経済政策会議(Council on Foreign Economic Policy, CFEP)の議長に就任し,アイゼンハワー政権期後半も対外経済政策の中枢を担うことになる。CFEP議長就任直後,ランダルは米国が目指すべき東アジア諸国の経済的在り方として,日本を中心とした分業体制に言及している。さらにランダルは,地域貿易の拡大によって民族主義の激化と,新興国にありがちな完全自給自足経済志向を防がなければならないとした[13]。このような考え方はランダルのみのものではなく,基本的には米国の貿易促進政策の本質であり,本書を通して見ていくように,李承晩の輸入代替工業化政策との葛藤を生み出すこととなる。

最後に,本書が重視するアイゼンハワー政権の貿易促進政策について,トルーマン政権との違いを簡単に整理したい。フランクリン・ルーズヴェルト

---

10) "Report to the National Security Council by the Executive Secretary (Lay)," Oct 30, 1953, *FRUS 1952-1954* Vol.2 pt.1 (Washington: United States Government Printing Office, 1979),584. その前の1953年6月9日にアイゼンハワー政権が採択した基本的国家安全保障政策文書であるNSC153/1にはこうした記述にない。"Report to the National Security Council by the Excutive Secretary (Lay)," Jun 10, 1953, ibid., 378–86.
11) Kaufman, *Trade and Aid*, 19.
12) Ibid., 24-25, 34;李鍾元,前掲書,107頁。
13) "Japan," Jan 7, 1957, 894.00/1-7157, Central Decimal File(以下,CDF), RG59, NA; "Report by the Chairman of the Council on Foreign Economic Policy (Randall)," Dec, 1956, *FRUS 1955-1957* Vol.9 (Washington: United States Government Printing Office, 1989),38.

(Franklin D. Roosevelt, 米国大統領, 1933~45年) 大統領は国際政治経済における自国の指導的立場を自覚し, 自由主義的な対外経済政策の遂行に努めた。こうした姿勢はその後継者であるトルーマン政権にも受け継がれており, アイゼンハワー政権で急に登場した政策ではなかった[14]。本書の論旨において重要な両政権の間の差異は以下のとおりである。

まず注目すべきは, 前述したとおりアイゼンハワー政権が財政保守主義路線をとり, 国内でのインフレーションを抑えるために均衡予算実現をその経済政策の中心に据えたことである。前任者のトルーマンも財政に関して保守的ではあった。しかし, 在任中に朝鮮戦争が勃発したことで同盟国の軍事力を支えるために米国の対外援助は膨れ上がっており, 政権を引き継いだアイゼンハワーにとって均衡予算達成のためには援助削減は必須であった[15]。このような状況下で, アイゼンハワー政権は援助削減と均衡予算実現のために, 被援助国に援助に依らない国際収支改善・自立経済を達成させる必要があり, それらの国々の貿易, 特に輸出の促進がより一層喫緊の課題となっていった[16]。

こうして, トルーマン政権が地域の中心である日本で志向したような貿易促進のための環境整備を, アイゼンハワー政権は新興地域で試みるようになっていった。輸出促進に有利な対ドル単一為替レートの設定を例に挙げるならば, 戦後初期から貿易が重視され, ある程度の条件も備えていた日本では, トルーマン政権期に360円対1ドルでレートが設定された。しかし, 自立経済建設との関連で韓国, 台湾においてこの問題が本格的に考慮されるのはアイゼンハワー政権期の1950年代中盤以降であった。このような政策的な変化を特に象徴しているのが, 第4章第2節で述べる, 占領期日本の為替を含む経済・財政改革に携わったドレイパーによる59年の韓国, 台湾訪問である。積極的な貿易促進政策が発展途上国に適用された理由としては, 前述したような国際収

---

14) 石井修「冷戦・アメリカ・日本 (三) ——アイゼンハワー時代初期における米国の通商政策と日本」『広島法学』第9巻4号, 1986年3月, 1-2頁。
15) Sloan, *Eisenhower and the Management of Prosperity*, 18–19, 69. トルーマンが, その強い財政保守主義的傾向にもかかわらず, 朝鮮戦争をきっかけに米国の軍事支出を増大させていく過程については以下を参照。デイヴィッド・ハルバースタム (山田耕介・山田侑平訳)『ザ・コールデスト・ウィンター——朝鮮戦争 上』文藝春秋, 2009年, 253–55頁。
16) Kaufman, *Trade and Aid*, 14.

支改善・自立経済の達成に必要であったことに加え,これらの国・地域がこの時期になって比較的安定し,また,輸出に貢献し得る産業を備え始めたことが挙げられる。

さらに,米国が想定した東アジア各国の輸出産業の構成もトルーマン,アイゼンハワー両政権では異なった。韓国に関して言えば,トルーマン政権は日本と韓国で各々工業製品と農業製品を相互に輸出しあうという分業体制を念頭に置いていた。例えば,東アジア内国際分業の主唱者であるアチソン (Dean G. Acheson) 国務長官は,やはりこうした日韓の相互補完関係を構想しており,さらに実際に,対日占領期に米国が関わった両国間貿易もこの構図を反映していた[17]。もちろん,日本は資本集約型工業製品輸出を,そして周辺国は労働集約型工業製品輸出を,という考え方も同政権の一部になかったわけではない。1947年に日本の米占領当局は,日本の輸出を織物から資本財へと転換させることで他のアジア諸国に織物を生産させようと考えた。また,ダレスは朝鮮戦争直前の国務省の顧問であった時期にはすでに,アチソンへの書簡で日本を資本財輸出国とすることを提言している[18]。しかし,当時はまだこうした国際分業構想を実行に移すことができるほどに各国において工業が発展していなかった。戦後日本で重化学工業建設が本格的に始まるのは50年代中盤であり,周辺国においても例えば当時韓国で輸出を見込むことができた品目は米穀であった[19]。しかし,50年代中盤以降,日本で鉄鋼のような資本集約型工業製品輸出が伸び,さらに,韓国でも輸出を望むことができる程度には労働集約型工業が発展する。このような状況のなかで,米国は韓国の労働集約型工業製品の輸出を支持し後押しするようになっていく。米国が想定する日本,韓国,台湾の輸出産業はアイゼンハワー政権期に一段階高度化したのである。

---

17) Ronald McGlothlen, "Acheson, Economics, and the American Commitment in Korea, 1947–1950," *Pacific Historical Review* 58 pt.1 (Feb 1989); 太田修「大韓民国樹立と日本」『朝鮮学報』第173号,1999年10月,35頁。
18) William S. Borden, *The Pacific Alliance* (Madison: The University of Wisconsin Press, 1984), 73; Bruce Cumings, *The Roaring of the Cataract 1947–1950*, Vol.2 of *The Origins of the Korean War* (Princeton: Princeton University Pressm, 1990), 553–54.
19) 篠原三代平「戦後わが国工業の構造的変化」篠原三代平・藤野正三郎編『日本の経済成長』日本経済新聞社,1967年,182–85頁;太田,前掲論文,35頁。

以上のように，アイゼンハワー政権では，北東アジアにおける新興国・地域の自立経済達成や米国の対外援助削減のために，労働集約型工業製品輸出促進とそのための各国・地域における制度の整備が志向されたのであった。

第2節　朝鮮戦争停戦直後におけるアイゼンハワー政権の政策的基調(2)　開発主義

　本節では，本書の分析においてドミノ理論，ニュールック以上に重要となる開発主義がアイゼンハワー政権に受容されていき，さらには，対外経済政策へと反映されていく過程について，主にワシントンにおける政治過程を中心に考察する。同盟各国において具体的な政策がどう実施されていくのかは第2章以降で分析することになる。

1．CENISと開発主義的思考の形成

　朝鮮戦争が停戦となり冷戦の軍事的対立の性格が和らぐとアイゼンハワー政権内の対外経済政策は変化の兆しを見せ始める。1954年3月に，アイゼンハワーは議会に対し行った相互安全保障計画に関する報告のなかでその方針の転換を示唆した。アイゼンハワーは，援助政策における欧州からアジアへの重点の転換を望むとし，「不可欠な場合は経済援助も伴う」と述べた。また注目すべきは，アイゼンハワーが同報告において，米国の対外経済政策の基本的手段として民間投資を実践的に適用することは時期尚早だと強調したことであった。これは，就任から1年にして政府内で「援助より貿易」という方針に疑問符が付けられたことを示していた[20]。

　アイゼンハワーの議会報告と同じ月に，ダレスは大統領特別補佐官を辞職したばかりのジャクソン（C. D. Jackson）に新たな冷戦戦略について意見を求めた。ジャクソンはこのころまでには，ミリカン（Max F. Milikan）やロストウ

---

20)　Shenin, *America's Helping Hand*, 27.

らマサチューセッツ工科大学（Massachusetts Institute of Technology, MIT）の CENIS の中心人物と米国の対外経済政策をはじめとするさまざまな政治的懸案について意見を交換するようになっていた。インドシナでの「後退」と，ソ連の国際社会における経済・政治的攻勢について不安を抱いていたダレスに対し，ジャクソンは世界経済の成長のための「世界経済計画」の必要性を提言した。ダレスから好反応を得たジャクソンは 5 月 15 日から 16 日にかけて，ミリカンやロストウ，カトラー（Robert Cutler）国家安全保障問題担当大統領特別補佐官，そして米国の対外援助を主管する対外活動局（Foreign Operations Administration, FOA）のスタッセン（Harold E. Stassen）長官らとプリンストンにおいて会議を開催した[21]。

すでに，このプリンストン会議以前から，元 CIA 副長官であったミリカンを含む MIT の一部の教授陣は，ヴォイス・オブ・アメリカでソ連にどのような情報を送り込むかを研究するプロジェクト・トロイによって国務省とかかわりを持っていた。ミリカンら研究チーム側は，1951 年 2 月に国務省に提出した最終報告書で，ヴォイス・オブ・アメリカ以外にも「鉄のカーテンに穴をあける他の方法」に目を向け，「政治戦争」を遂行することを提唱した。そして同報告書は，「もしわれわれが現在，積極的で，統合され，包括的な政治戦争計画で攻勢に出るならば，われわれは戦闘部隊なしに我々の目的を達成することすらできる」と主張した。同報告書の想定する政治戦争とは，映画，諜報旅行，学生交換，出版物，貿易等を通じたものであった。同報告書は，早い時期からこうした冷戦の政治領域における競争に注意を向けたものであるとともに，冷戦期米国における MIT を含むアカデミズムと政府の外交・情報機関との密接な連携の嚆矢であった。また，54 年初頭には，ミリカンとロストウが，後に政権に大きな影響を与えることとなる 7 月の報告書の原型となるような報告書を CIA のアレン・ダレス（Allen W. Dulles）長官に提出している[22]。

---

21) Walt W. Rostow, *Eisenhower, Kennedy, and Foreign Aid* (Austin: University of Texas Press, 1985), 95-97, 250-51.
22) Allan A. Needell, "Project Troy and the Cold War Annexation of Social Sciences," in *Universities and Empire: Money and Politics in the Social Sciences during the Cold War*, ed. Christopher Simpson (New York: The New Press, 1998), 13-15; Max F. Millikan and Walt W. Rostow, "Note on Foreign Economic Policy," ibid.

さらに，本項で述べるようなプリンストン会議以降のロストウらの開発主義の議論にはもう1つ重要な背景があった。開発主義を米国政府の政策のなかに初めて恒久的な一部分として位置づけたのは，トルーマンの1949年の大統領就任演説において打ち出された大々的な発展途上国開発への協力構想である「ポイント・フォア」であった。この構想は，後に近代化論で言及されることとなる核心要素について明言していたが，トルーマンの意に反してしばらくは十分な制度的基盤を得ることができなかった。50年には国際開発法が成立し技術協力局が設立されるが，その過程で野党共和党の反対に遭った結果，同構想には3500万ドルの予算しか充てられなかった。また，同法は51年には相互安全保障法に統合され，軍事援助の一端を担うものとして位置づけられることとなった[23]。さらに，53年に発足したアイゼンハワー政権は「援助より貿易」を掲げて援助を削減の対象とした。しかし，このような開発重視の援助への逆風のなかで，発展途上国の経済発展のための大々的な援助を主張したのがCENISであった。同機関はトルーマン政権期に援助機関の長であったホフマン（Paul G. Hoffman）が理事長を務めたフォード財団とCIAから資金を得て設立された[24]。54年以降，米国政府とCENISは発展途上国開発のための新たな援助の形を模索することになるが，これにはフォード財団等を通じたトルーマン政権期の開発主義的思考の復活とさらなる理論化という側面があった。

　以上の様な背景を持つプリンストン会議であったが，最終的に参加者の間で，米国が開発援助に関して世界的な新規構想を促進する必要があると合意されることとなる。この合意を背景にミリカンとロストウは対外経済政策に関する政権への提案を作成し，7月23日には「アメリカ新対外経済政策に関する一提案」が完成した[25]。以下に，ロストウらの提言の内容を概観したい。

---

23) Ekbladh, *The Great American Mission*, 98-99; Latham, *The Right Kind of Revolution*, 11; 小川裕子『国際開発協力の政治過程──国際規範の制度化とアメリカ対外援助政策の変容』東信堂, 2011年, 117-25頁。

24) Ekbladh, *The Great American Mission*, 168-73; Michael E. Latham, *Modernization as Ideology: American Social Science and "Nation Building" in the Kennedy Era* (Chapel Hill and London: The University of North Carolina Press, 2000), 54.

25) Rostow, *Eisenhower, Kennedy, and Foreign Aid*, 95-97. プリンストン会議について詳しくは以下を参照。Pearce, *Rostow, Kennedy, and the Rhetoric of Foreign Aid*, 53-61. 以下，

ロストウらは報告書のなかで従来の米国の冷戦戦略が軍事に偏っていることを指摘し，国際社会における米ソ間の政治的影響力をめぐる競争において勝利するために，経済的手段が不可欠であると主張した。ロストウらによれば世界中の人々のなかで生活水準の向上に対する期待が「歴史上例を見ないほどに高まっている」という。そして，共産主義陣営が自らの工業化の経験を利用して，この生活の向上を望む人びとに対し影響を及ぼそうとしていることが指摘された。ロストウらはソ連の第三世界への経済援助もそうした文脈から警戒していた。そして米国が目標とすべきことについては以下のように述べられている。

　　短期的には共産主義者は軍事的に封じ込められなければならない。長期的には我々はほかの国々との協力のもとに，われわれの社会に直接的・間接的に悪意を持つ社会が発展しないような環境の発展に頼らなければならない。長期的に，われわれは軍事力に頼った安全保障から解放されなければならない。我々は確固たる経済成長の達成がそうした環境に不可欠だと考える。我々は，物質的な進歩は必然的に，われわれ自身の革命以来米国が自らのものとしてきた，より遠大な人道的な希望の土台となると考える。

　こうして，ロストウらは共産主義側が低開発国に提示している経済発展の方法論に対する代案を米国が提示することを提案した。そして，ロストウらは米国が低開発国を経済発展させるためには，資本と社会の仕組みの根本的変革が必要だとした。特に，この資本とは米国のさらなる経済援助と外国資本を指している。
　さらに，ロストウらは低開発国を経済発展させる際に国際分業に留意しなければならないとしている。ロストウらは「低開発国が国内工業を建設するとしても，そして，いくらかより自己充足的になろうとも，彼らはアウタルキーを

　　ロストウらの提案原文としては次のものを使用した。"Proposal for a New United States Foreign Economic Policy," Jul 23, 1954, Attached to, From Marie Jackson to Dodge, Nov 24, 1954, Box.2 Folder.5, U.S. Council on Foreign Economic Policy: Office of the Chairman: (Joseph M. Dodge and Clarence B. Randall) Records 1954–1961: Dodge Series: Subject Subseries, Dwight D. Eisenhower Library（以下 DDEL）.

発展させてはならない」と述べている。こうした見解は，前述した「援助より貿易」が持論のランダルのような政権の経済政策担当者と同じである。ロストウらは続けて以下のように述べている。「持続的な（引用者注――生産部門における）専門化と貿易がなければ，彼らは確実に，その国民に増大していく収入を与えることはできず，彼らの現在の生活水準を維持することさえできないだろう」。

　以上の考え方に基づいて，ロストウらは米国がとるべき具体的政策について提言を行っている。その中心となるのは「自由世界の経済発展を持続させるための長期計画の作成」である。同計画は150億ドルの資本が低開発国の各開発事業へと援助として供与されることを前提としていた。そして，ロストウらはこの援助を供与するには，当該事業が被援助国の遂行能力や資本吸収能力に見合ったものであることと，国家経済全体のための適切な開発計画のもとで運営されることが必要だとした。

　そして，ロストウらはこの開発計画を援助供与の条件とすることを提言している。ロストウらは，援助の対象とする事業の基準をそれまでの軍事・政治的考慮から「返済可能であることを保証できる厳密に事務的な基準」へと見直すことを主張し，それには少なくとも4つの要素が考慮されなければならないとしている。それは，(a) 援助対象の事業を効果的に実行できる被援助国の技術・運用能力，(b) 事業を生産的に遂行するための市場やインフラの発展，(c) そうした事業を含む最も効果的な資源利用のための国家の全般的開発計画作成，(d) 援助を受ける事業や国家開発計画が国際分業の需要と一致することである。要するに，それまでの軍事関連の基準から援助を完全に切り離し，純粋に経済的な効果を基準にして供与の可否を決定するということである。

　つまり，ロストウらは，共産主義ではない経済発展の方策を低開発国に提示し，各国経済を国際分業に組み込み発展させるための開発計画によって，経済的に最も効率的な形で大量の資本を投入することを提案しているのである。また，同文書内では言及していないが，翌年に出版した対アジア政策に関する著書において，ロストウは開発の効率化や国際分業の促進のためにも各国の国家

開発計画の上に地域大の開発計画を据えるべきと主張している[26]。

このロストウらの作成した「提言」はその後 1954 年夏に政府内で広く回覧されることとなる。そして，ジャクソンは低開発国の経済発展のためにより多くの資本を動員するという内容のアイゼンハワーの演説草稿を作成した。同草案は NSC に提出されたが，さらに，ジャクソンは 8 月 11 日にはアイゼンハワーと直接会って，自らが提言する積極的な開発政策についての明確な返答を要求した。しかし，アイゼンハワーは「現在この考え方の路線を追求する必要はない」とこれを拒否する。アイゼンハワーのこうした態度は彼が重視する均衡予算に支出の増大が与える悪影響や，議会での反対を念頭に置いてのものだった。また，アイゼンハワーは，政権内の強硬な財政保守主義者であるハンフリー（George M. Humphrey）財務長官，フーヴァー（Herbert C. Hoover, Jr.）国務次官，ドッジ（Joseph M. Dodge）対外経済政策会議議長らの反対を押し切ってまでジャクソンらの提言に従うつもりはなかった。アイゼンハワーは，ジャクソンに対しその提案について「単に米国の『寄付』を包み込む新たなパッケージと主にみなされるだろう」，「同計画にはメリットがあるが目覚ましい訴求力に欠ける」とも述べており，ジャクソンの提案では議会や政権内の反対派に勝てるとは思っていなかったのであろう。アイゼンハワーが乗り気でないため，ダレスもそれ以上この構想を推進しようとはしなかった。11 月 2 日のミリカンへの書簡で，ジャクソンはダレスについて，提案に賛同していると言いながらも「彼は単純にこれを推し進める責任を引き受けることはできず，これにつぎ込む時間をもつ彼の仲間の誰かにこれを引き渡すこともしない」と不満を漏らしている。ジャクソンは，このままだとアイゼンハワーの演説が「ランダル報告に基づいた特別経済メッセージのように取るに足らない凡庸なもの」となると懸念した。ジャクソンはアイゼンハワーやダレスが開発政策を主導しようとしないことに失望しつつも，フーヴァーやドッジらに対し自らの提案を考慮

---

26) Walt W. Rostow and Richard W. Hatch, *An American Policy in Asia* (New York: Technology Press of M. I. T., 1955), 49. 後のアジア開発銀行は，こうした理念を体現したものであった。John Lodewijks, "Rostow, Developing Economies, and National Security Policy," in *Economic and National Security: A History of Their Interaction*, ed. Craufurd D. Goodwin (Durham and London: Duke University Press, 1991), 290.

するよう働きかけた。しかし，この2人の財政保守主義者はジャクソンの提言を一顧だにしなかった[27]。

このように，1954年の時点では，アイゼンハワーやダレスはロストウやジャクソンの路線に共鳴する姿勢を見せはしたが，状況がそれを実行に移すことを許さず，開発支持派にとって同年は失敗の年となったのである。

2. アジア版マーシャルプランの頓挫とNSC5506

前項では1950年代中盤におけるロストウらの開発主義について概観した。本項以降は，それが実際にどのようにアイゼンハワー政権の対外経済政策，対アジア経済政策に取り込まれていったのかについて分析する。本書はアイゼンハワーが政策に取り入れ，ケネディ政権の開発主義政策においても重要な要素となったものは，冷戦戦略において発展途上国の経済発展が必要だという基本的な認識に加え，①資源の開発への動員，②貿易促進，③被援助国の長期的国家経済開発計画作成，④地域的多国間主義アプローチ等であったと考える。本項ではこれらの要素が，1954年から55年にかけてアイゼンハワー政権内でどのように対外経済政策，そしてとくに対東アジア政策に取り入れられたかについて考察する。

1950年代中盤にロストウらの開発主義とも関連して，政権内で最も顕著な論争を引き起こしたのは「アジア版マーシャルプラン」構想だった。以下，こうした構想が浮上し，その後，政権内での論争を経て骨抜きにされ，開発主義の観点からはあまり急進的ではない内容のNSC5506が政権内で採択されるまでの過程について考察する。

このアジア版マーシャルプランをめぐる論争は政権内の対外経済政策に関する進歩派（progressives ないしは liberal developmentalists）と国際主義的伝統主義者（global traditionalists）の間で行われた。当時の米国政財界における進歩派グループとは，米国政府の主導によって米国型資本主義を世界に拡大すること

---

[27] Rostow, *Eisenhower, Kennedy, and Foreign Aid*, 95–108; Ambrose, *The President*, 204; Dulles, "Meeting with the President," Aug 20, 1954, Box.9 Folder.1, Dulles, John Foster: Papers, 1951–59: JFD Chronological Series, DDEL.

で，世界経済を発展させ市場を生成し，米国の企業家が操業できる全世界的な経済・政治的環境を作り出すことを志向する人々である。それに対し，国際主義的伝統主義グループの目標も同様に世界において企業にとって望ましい経済・政治的環境を作り出すことであった。しかし，伝統主義グループはその主要な手段に自由放任主義を据えており，米国政府の果たすべき役割は補助的なものとされた[28]。つまり，米国企業のための市場形成，グローバリゼーションを推進するという点で国際主義者たちの関心は共通していたが，そのために好ましいと考えられた手段についての見解が異なっていたのである。

　アイゼンハワー政権には，発足当初，ジャクソンの他にも，スタッセン対外活動局長官，ニクソン（Richard M. Nixon）副大統領，ロックフェラー（Nelson A. Rockefeller）保健教育福祉次官（のちに外交問題担当大統領特別補佐官）といった対外援助に積極的な進歩派が存在した。また，アジア版マーシャルプランの実現に奔走したボールドウィン（Charles F. Baldwin）経済問題担当国務次官補代理や，ボウィー（Robert R. Bowie）国務省政策企画室長もこの範疇に含まれると思われる。これらの人びとの対外援助政策に関する行動原理はロストウらの提言と軌を一にしており，実際にジャクソン，スタッセンのようにCENISと直接的なつながりをもつ人物もいた。他方，アイゼンハワーは共和党内の勢力図を反映させる形でカウンターバランスとして，ドッジ予算局局長やハンフリー財務長官，フーヴァー国務次官といった伝統主義グループに属する人々も政権内に配置した[29]。これら伝統主義グループは経済開発援助に強硬に反対することとなる。彼らの姿勢の裏にあった動機としては，まず何よりも歳出の削減を重視する財政保守主義的思考が挙げられる。さらに，伝統主義グループの代表格であるハンフリーの主張に典型的に見られる，自由放任主義の

28）　Shenin, *America's Helping Hand*, 3-4. アイゼンハワー政権の対外経済政策を分析したシェニンは，当時の米国の外交政策に影響を及ぼした国際主義者を，進歩主義者，国際主義的伝統主義者，国際主義的保護主義者（global protectionists）の3つの類型に分類している。本書では扱わないため本文では割愛したが，シェニンは国際主義的保護主義者を，国内企業が競合できないような国外の大企業以外による国際市場の発展を支持し，海外市場における国内企業の活動を守るための政府による直接的な支援と保護を求める人々と定義している。

29）　Ibid., 9, 17; Rostow, *Eisenhower, Kennedy, and Foreign Aid*, 95-96, 127-28, 232-44.

強い信奉も重要な動機の1つであった。その論理においては，個人の経済活動を尊重する資本主義と国家が経済を主導する共産主義が対立する冷戦において，民間の機会を奪うと考えられた国家介入を強化する経済援助は本末転倒とされた[30]。

そして，アイゼンハワー政権の対外援助政策の方向性は，アイゼンハワーやダレスが進歩派と伝統主義者のどちらに与するかにかかっていた。アイゼンハワーとダレス自身，国際市場の拡大を強く志向する国際主義者であった。1952年の大統領選挙戦において，孤立主義者のタフトが共和党候補者となるべく名乗りを上げた際の，共和党内国際主義者の切り札がアイゼンハワーであり，アイゼンハワーも孤立主義者に対する危機感を共有してその役割を引き受けた。また，アイゼンハワーの立候補を後押しした財界の要人たちは，共産主義圏も含む地球全体への米民間企業の進出を可能にするような国際自由貿易アプローチを米国政府が採ることを望んだ。もちろん，アイゼンハワーもこうした見解は共有しており，ニュールックの一要素である東欧の「解放」は，封じ込めの手段の1つであるとともに，この自由貿易拡大アプローチと表裏一体のものだった[31]。また，ダレスも，戦前から世界市場に乗り出す米国の産業家や銀行家を顧客とする弁護士として米国による世界市場拡大を支える役割を担ってきた。そして，戦時中である43年には，国際主義的な戦後秩序構想に関する政策提言である「平和のための6つの柱」の作成を主導し，当時のルーズヴェルト大統領に提出している[32]。ジャクソンとともにロストウの開発主義を政権内に持ち込んだのもダレスであった。アイゼンハワーもダレスも，進歩派の主張する方向へと援助を拡大する必要について認識してはいた。しかし，前項でも述べたように，アイゼンハワーは国家予算の膨張を恐れ，また，反対派と公然と論争するつもりもなかった。ダレスも大統領がはっきりと進歩派の政策支持という姿勢を明確にするまでは，それを支持しようとはしなかった[33]。以上の政権

---

30) "Letter from the Secretary of the Treasury (Humphrey) to the Chairman of the Council on Foreign Economic Policy (Randall)," Mar 20, 1957, *FRUS,1955–1957* Vol.10 (Washington: United States Government Printing Office, 1989), 176.
31) Shenin, *America's Helping Hand*, 6–7; Gaddis, *Strategies of Containment*, 125.
32) Immerman, *John Foster Dulles*, 5–12, 21–23.
33) Walt.W. Rostow, *The Diffusion of Power: A Essay in Recent History* (New York: The

内の権力関係を念頭に置きつつ，以下に54年に始まるアジア版マーシャルプランの立案と頓挫の政治過程について概観する。

　CENIS による新たな対外経済政策の模索が行われていた時期である54年4月，国務省内にも新たな対外経済政策を立案する，「ボールドウィン・グループ」が組織された。同グループがダレスとも協議を行いつつ8月30日付で作成した報告（後に「ボールドウィン計画」と呼ばれるようになる）は，アジアの貧困問題，経済的不安定，そして経済的停滞から生じる不満が共産主義者に利用され得ると指摘した。同文書はそうした共産主義の試みを防ぐためには各国における生活水準の改善による経済成長の促進が必要だと主張した。そのための手段として同報告書は，十分な規模による効果的な長期的計画が必要だと述べた[34]。さらに，同報告書はそのような長期計画のために例えば最初の数年に20億ドルを提供するような，大幅な援助額の増額が必要だとも述べている。

　また，同報告書とボールドウィン・グループ内のFOA代表が作成した付属文書のなかでは，多国間主義アプローチに基づいた地域的経済開発基金の設立や，地域大の長期的な援助計画が提言されている。これは，ボールドウィンによれば，「アジア版マーシャルプランだというどのような示唆」も避けたが，「欧州のマーシャルプランにある程度類似した心理的効果をもつ経済計画」を意図したものであった。この多国間主義アプローチに対する米国のかかわり方としては，具体的には，(1)投資目的の銀行的役割を果たす国際的な金融機関に大規模の支援を与えること，(2)米国が各国に借款を与え国際機関に返済させることでその財源とすることの2つが提言されている。そして，これらの多国間主義アプローチのための国際機関を構想するに当たり，返済期間を長期化することや現地通貨での返済を認めることなど，国際通貨基金（International Monetary Fund, IMF）や世界銀行とは異なる，「ソフト」な条件での借款を供与することが重視された。また，同文書では地域の中心である日本を健全な経済的基盤の上に乗せることの重要性も指摘されている。これは，多国間主義アプローチにおいて日本には被援助側ではなく拠出側になることが期待されたため

　　Macmillan Company, 1972)，88.
34)　李鍾元，前掲書，118–19頁; Shenin, *America's Helping Hand*, 42–44; Rostow, *Eisenhower, Kennedy, and Foreign Aid*, 233.

でもあった[35]。

　さらに，1954年春には，ロストウらとともにプリンストン会議に参加していたスタッセンも東南アジアへの地域統合アプローチ適用の可能性を研究し始めた。スタッセンは，8月20日には，ボールドウィン・グループが提出しようとしていた報告書についてFOA内で協議を行い，「好意的な返答」を与えるべきと決定した[36]。さらに，ボールドウィン計画における多国間主義アプローチの詳細を作成したのは駐比FOA使節団のマクダーミッド（Orville Mcdiarmid）であった。

　また，この時期には，ボウィー国務省政策企画室長によって持ち込まれたロストウやボールドウィンらの提言をNSC政策文書に反映することも試みられた。ボウィーは，ジャクソンやダレスとともにプリンストン会議を企画し，さらに，ダレスからボールドウィン・グループに注意を払っておくように命じられていた人物であった[37]。ボウィーは，ニュールック戦略を盛り込んだ安全保障政策基本文書であるNSC162/2の具体的な実行方針を作成し，1954年の6月14日付でNSC5422として関連省庁に配布した。

　同文書は，第20パラグラフで以下のように述べている。

> 共産主義勢力はインドシナのように自由諸国内の転覆活動，間接的侵略，内戦の教唆と利用を追求するだろう。もしうまくいくならば，そうした戦略の利点は，共産主義の力と名声を増大させ続けられることと，共産主義勢力の主要な本拠が巻き込まれることを避けながら自由世界の政治的軍事的両方における連携を漸進的に弱体化させられることにある。

35) "Memorandum by the Economic Coordinator of the Bureau of Far Eastern Affairs (Baldwin) to the Director of the Policy Planning Staff (Bowie)," Aug 30, 1954, *FRUS 1952-1954* Vol.12 pt.1 (Washington: United States Government Printing Office.1984), 808-20; "Memorandum by the Economic Coordinator in the Bureau of Far Eastern Affairs (Baldwin) to the Deputy Assistant Secretary for Far Eastern Affairs (Sebald)," Nov 2, 1954, ibid., 959-60.

36) "Memorandum by the Economic Coordinator in the Bureau of Far Eastern Affairs (Baldwin) to the Assistant Secretary of State for Far Eastern Affairs (Robertson)," Aug 26, 1954, ibid., 800-02.

37) Rostow, *Eisenhower, Kennedy, and Foreign Aid*, 95-96, 233.

そして，こうした戦略への対策の1つとして，ここでは，「間接的な侵略に晒されている国々を強化する政治的・経済的方策を採る」ことを挙げている

また，第29パラグラフでは，発展途上国の経済成長の加速を助けるべきだと述べられている。ここで注目すべきは，同文書が発展途上諸国の経済成長加速の手段として，ランダル委員会の報告書の内容に留まらず，ロストウらの提言をいくらか含んだ政策を採用しているということである。同パラグラフではさらに以下のように述べられている。

> 経済発展を早めるためにとる（米国の技術援助や交流計画，海外への民間投資と，さらなる自立の促進ような）措置の多くには一般的な合意があるが，主要な問題は，（借款と贈与の両方の）公的資金の使用の範囲，規模，期間と関連して生じる。

そして，同パラグラフの最後では2つの文案が提示されているが，1つめは公的援助を米国の安全保障に重要な国にのみ限定して額を減らすというもので，2つめは，減らすという表現を含まないものであった。つまり，「援助より貿易」というアイゼンハワー政権の最初の対外経済政策の見直しが早くも提言されたのである。さらに，同文書は第31パラグラフにおいて，ロストウが構想したような，貿易，技術協力，投資を増やすことや，健全な開発計画に協力するための「地域的経済行動」や地域統合の必要性も提言している[38]。しかし，その後，同文書を修正したNSC5422/2では援助の削減方針が強調され，最初に提出された草稿よりも貿易や民間投資の重要性が強調されることとなった。ただ，共同の経済計画を遂行するための地域統合の重要性に関する記述は，具体的な取り決めに関する記述が省略され，より地域の自主性が強調される形ではあるが残された。結局同文書が8月6日にNSCで採択されることとなる[39]。

---

38) "Study Prepared by the National Security Council Planning Board," June 14, 1954, *FRUS 1952–54* Vol.2 pt.1, 647–62.

39) "Statement of Policy by the National Security Council," Aug 7, 1954, ibid., 715, 721–22.

その後，開発主義的な思考を政策へと反映させる試みは政権内部で強い反対に直面する。10月8日，カナダのオタワにおけるコロンボ・プラン加盟国の会議において，スタッセンは，マーシャルプランを扱った欧州経済協力機構（The Organisation for European Economic Co-operation, OEEC）のように，コロンボ・プランの機関が多国間主義を基調とした援助を扱う地域的経済グループの基礎を提供し得ると公式に主張した。スタッセンはこの発表については，オタワに行く直前の10月5日にダレスと打ち合わせて合意を得ていた。ただ，ダレスはスタッセンに「現実的なものを超える望みを喚起することは賢明ではない」とも述べている[40]。

　スタッセンのオタワにおける発言には反発が起こった。まず，米国によるアジアへの寛大な約束とは対照的に米国からの援助を減らされたラテンアメリカが，1954年11月末にリオデジャネイロにおける西半球経済会議で強く不満を表明した。これに対応するため，米国の代表団はアジアのためのマーシャルプランはまったく用意されていないと明言することとなる。ラテンアメリカ諸国にアジア版マーシャルプランが「神話」であることを熱心に主張したのは財政保守主義者のハンフリー財務長官だった。

　また，ダレスの態度にも煮え切らないものがあった。ダレスは米国による対アジア経済政策におけるより効果的な行動が必要かつ重要だとは考えていたが，ボールドウィン計画で言及された米国が要請される支出額と，それによってもたらされる結果が曖昧にしか分からないことに困惑していた。特にダレスは援助を漸減させようとする議会との関係を懸念していた。さらに，アジア版マーシャルプラン構想が現実の政府戦略となるためには，まずはNSCを通過しなければならなかった。そのため，同構想に対する保守派の意見も聞かなければならないと考えたダレスは，国務省内の保守派であるフーヴァー国務次官にボールドウィン計画の修正を任せた。フーヴァーのボールドウィン・グループと

---

40) 李鍾元，前掲書，117頁; Shenin, *America's Helping Hand*, 44; "Editorial Note," *FRUS 1952–1954* Vol.12 pt.1, 925–26. スタッセンは同計画において日本とインドを重視していた。そのため，反日的な態度をとり日本との国交正常化交渉が一向に進まない韓国や，中国と国交を結んでいるインドとの間で問題を生じさせるであろう台湾の参加には反対だった。"Memorandum by the Director of the Foreign Operations Administration (Stassen) to the Secretary of State," Oct 11, 1954, ibid., 948.

の共同作業後,過度に単純化された計画(数値を伴わない純粋な全体的構想)を含む国務省のポジション・ペーパーが11月16日にNSCの特別委員会に提出された[41]。しかし,ボールドウィンは作成中から同文書に不満であった。ボールドウィンは同文書提出前の11月2日に,シーボルド(William J. Sebald)国務次官補代理への覚書で以下のように述べている。

> 私は,我々の構想が国務省を通り抜けるなかで,大幅に縮小されたと感じた。これは,部分的には,いくらかの部処における,まずは議会に受け入れられるのかという観点から,そして,2番目に米国の利益に最もかなうものかという観点から考える傾向のせいであると私は考える。私は個人的には,後者が国務省の同問題に関する行動を主導すべきものだと考え続けており,議会で展開されることとなる計画を売り込むすべての問題は,大統領と長官に残しておくべきだと考える。[42]

この記述がフーヴァーへの批判であることは明白だろう。

このようにボールドウィンが批判したフーヴァーとの共同作成による国務省のポジション・ペーパーは,ボールドウィン計画における詳細な提言をほとんど省いていた。例えば,地域的経済統合やそのための組織づくりについては一文のみを割き,組織の性格も曖昧にしており,さらには,長期的な視野をもった援助の必要性にも言及していなかった[43]。

上記のポジション・ペーパー提出後,NSC特別委員会の議長でもあるフーヴァーはアジア版マーシャルプランに関する政権内の意見調整のためにもう1つの「作業グループ」を組織した。作業グループの議長にボールドウィンが任命されたこともあってか,11月30日付で提出された同作業グループの中間報告書は上記のポジション・ペーパーよりは,元のボールドウィン計画の内容を

---

41) Shenin, *America's Helping Hand*, 47–48.
42) "Memorandum by the Economic Coordinator in the Bureau of Far Eastern Affairs (Baldwin) to the Deputy Assistant Secretary of State for Far Eastern Affairs (Sebald)," Nov 2, 1954, *FRUS 1952–1954* Vol.12 pt.1, 960.
43) "Draft of National Security Council Paper Prepared in the Department of State," Nov 12, 1954, ibid., 961–65.

反映していた。例えば同文書では，世銀や米国輸出入銀行よりも貸出条件の緩和された地域的借款基金を設立することや，年毎の議会承認を必要としない長期ベースの対外援助を使用可能にすることが提言されている。しかし，ボールドウィンが「妥協の産物」だとして同報告書に不満を持っていたのも事実であり，実際に，同報告書には所要資金等の詳細な数値は記入されなかった。中間報告作成後，ボールドウィンはフーヴァーに書簡を送り次の作業に関する指示を要請した。しかし，フーヴァーからの書簡や中間報告への返答やコメントはなく，作業グループが活動を続けるべきかについても何の通達もなかったため，それ以上同グループの会議は開かれなかった[44]。

　また，ハンフリー率いる財務省もフーヴァーのボールドウィン計画潰しに影響を及ぼしたように思われる。財務省はフーヴァーが議長を務めるNSC特別委員会に送った覚え書きでアジアの発展は民間部門が主導すべきだと強調した。さらに同覚書は，贈与や借款は被援助国の経済発展に「悪影響は及ぼしても，国内の人的・物的資源の効果的利用を促進したり，民間投資促進のための措置をとることを促さない」とまで述べている。そして，徐々に減らすべき贈与と借款の代案としては，技術援助と世銀，輸出入銀行の使用が挙げられている。同覚書においては地域的経済協力についても詳細は語られておらず，コロンボ・プランの協議委員会を強化した地域内諸国間の単なる協議・調整機関に関する記述しかない[45]。さらに，前述したようにラテンアメリカに対しアジア版マーシャルプランの存在を否定したのもハンフリーであった。

　11月30日の作業グループによる中間報告を黙殺したフーヴァーは，1954年12月30日付で対アジア経済政策についてのポジション・ペーパーを国務省経済局の官僚の助けを借りつつ自ら作成した。ボールドウィンは作成過程からは外されたようである[46]。同文書はスタッセンの提案したような地域大の多国間主義に基づいた大規模援助の供与ではなく，援助は各国別に供与し，その

---

44) Rostow, *Eisenhower, Kennedy, and Foreign Aid*, 237-39; "Memorandum by the Deputy Under Secretary of State (Murphy) to the Secretary of State," Undated, *FRUS 1952-1954* Vol.12 pt.1, 1019-22.

45) "Memorandum Found in Department of State Files," Dec 6, 1954, ibid., 1026-27.

46) Rostow, *Eisenhower, Kennedy, and Foreign Aid*, 239; Shenin, *America's Helping Hand*, 51-52.

規模も共産圏の経済攻勢の規模を勘案して決めるよう規定していた[47]。

結局,同文書はいくらか修正されつつドッジが議長を務める CFEP を経てNSC に提出され,政策文書 NSC5506「将来の米国による対アジア経済援助」として2月3日に承認される[48]。以下に,同文書の内容を,ロストウらの提言した開発主義政策や,ボールドウィン,スタッセンらのアジアにおける地域的経済統合による開発計画がどのように扱われているかという観点から考察する。

同文書は第2パラグラフで,米国の政策目的として同地域における「さらなる経済力と成長の達成」と,経済発展の必要性を強調している。そして,第7パラグラフで「個別の国々は可能である限り,同地域全体への最大限の長期的な影響力生成を達成することを考慮に入れて援助されるべきである」と述べている。まずここで注目すべきは「長期的」な視野への言及である。ほかにも,第13パラグラフにおいて,政策と計画の作成に際して「長い年月に何ができるかが考慮されるべき」という文章があり,政権内で同地域の経済開発促進における長期的視野が必要だという認識がコンセンサスになっていたことは注目すべきである。こうした長期的視野への言及は,ボールドウィン計画において「同地域への新たな長期的援助計画(new long-range program of assistance to the area)」,付属文書では「より長期的な経済発展(longer range economic development)」という表現ですでになされていた[49]。しかしその後,前述したボールドウィンとフーヴァーが共同でボールドウィン計画を修正して作成した11月12日付の国務省のポジション・ペーパーからは,そうした長期的な視野の必要性に関する記述は削除されていた[50]。ただ,その直後に11月19日付でNSCに提出された米国の対東アジア政策文書である NSC5429/3 には,ボールドウィン計画と多少ニュアンスは異なるが,南・東南アジア統合のために「長期の経

---

47) 李鍾元,前掲書,120頁。
48) "NSC5506: Future United States Economic Assistance for Asia," Jan 21, 1955, NSC Series, Policy Paper Subseries, DDEL.
49) "Memorandum by the Economic Coordinator of the Bureau of Far Eastern Affairs (Baldwin) to the Director of the Policy Planning Staff (Bowie)," Aug 30, 1954, *FRUS 1952–1954* Vol.12 pt.1, 810, 815.
50) "Draft of National Security Council Paper Prepared in the Department of State," Nov 12, 1954, ibid., 961–65.

済・技術援助（economic and technical aid over an extended period）を提供する」という記述が加えられた。ボールドウィン計画が完成する直前の 1954 年 8 月 20 日に NSC に提出された，1 つ前の対東アジア政策文書である NSC5429/2 にはこうした記述はなかったことを考えると，ボールドウィン計画に影響を受けた可能性もある[51]。さらに，前述したアジア版マーシャルプランに関する作業グループが 11 月 30 日付で作成した中間報告にも，「長期的な借款（loans would be long term）」や「長期ベース（on a longer run basis）の米国の援助」の供与に関する記述が入った[52]。その後，フーヴァーはこの中間報告を破棄して作成スタッフからボールドウィンを外し，後に NSC5506 となる草稿を作成したが，ボールドウィン計画以降の潮流である長期的観点への言及は盛り込まれたのである。

　他方で，そうした長期的経済開発促進のための具体的な手段については同文書内ではまったく提示されていない。例えば，同文書はボールドウィン計画以降の一連の文書に含まれていたような，長期的な援助供与を担保するための，1 年ごとではなく複数年にわたって一定水準の援助を支出できる権限を議会から得る立法については否定的だった。第 29 パラグラフでは，「米国議会の歳出に依存しなければならない財政的貢献の持続について約束はできないと明らかにすべき」と述べることでそうした立法を否定している。

　また，地域経済統合のための機関や援助についても同文書は消極的な態度をとっている。第 12 パラグラフにおいては，米国の援助は各国家，もしくは各国家間に選択的に適用されるべきであり，「地域全体に比例配分的に前もって決められた金額を撒くやり方」であるべきではないと述べられている。これは明らかにアジア版マーシャルプランへの批判だと思われる。また，地域統合機関の設立については第 18 パラグラフでコロンボ・プランの協議委員会の強化について述べてはいる。ただ，ここでは米国の同機関への援助投入については

---

51) "Note to the National Security Council by the Executive Secretary (Lay)," Nov 19, 1954, ibid., 972–79; "Note to the National Security Council by the Executive Secretary (Lay)," August 20, 1954, ibid., 769–75.
52) "Memorandum by the Deputy Under Secretary of State (Murphy) to the Secretary of State," Undated, ibid., 1021.

「同機関の支出の支払いを助けるために，もしそうすることが適切であれば，適度の額で貢献すべきである」とのみ述べられている。この記述は，前述のFOAが主張したような，米国による地域大での経済開発に向けた援助供与のための地域的経済機構，もしくは地域経済開発を後押しするための借款供与機関の設立とは程遠い。

また，同文書内で目立つのは米国の援助拠出額増大への懸念である。例えば第13パラグラフでは，米国の援助水準の決定過程において，共産主義陣営のアジアにおける経済計画の規模と効率性を考慮に入れるべきことが述べられている。ここには，開発計画そのものにいくら必要かという純粋な経済的観点からの考慮とは異なり，支出を必要最小限に抑えようという意図が垣間見える。また，第29パラグラフでは，米国の財政事情やアジア諸国の米国援助に対する限られた使用能力を理由に，米国の財政的な貢献は「現実的で穏当な額であるべき」と述べている。このように，同文書には，伝統主義者・財政保守派による支出削減という目的意識が強くみられるのである。他方で，同文書は第11パラグラフで「自由アジア諸国の開発のための需要への国内と国外の民間資本の利用，適用を増やす」ことを主張し，第22パラグラフでは「米国は同地域諸国に，民間投資の流入を招く法と政策を採用するよう促すべきである」と述べている。結局のところ，同文書では援助よりも民間の投資に任せるというランダル委員会による提言以降のアイゼンハワー政権の政策基調がそのまま採用される形になったのである。

また，同文書の第16，25パラグラフには米国の援助を貸し付けベースで行うべきとの記述がみられる。そもそも，援助を借款にする提案自体はボールドウィン主導で11月30日付で作成されたNSC特別委員会事務グループによる中間報告から存在した。ただ，同文書ではアジアの地域的借款供与機関の文脈で語られていたのであり，12月30日付のフーヴァー案では地域機関に関する記述が抜け落ち，米国援助を借款にするという内容のみが残った。つまり，1957年における開発借款基金（Development Loan Fund, DLF）の設立のように，米国政府内において効果的な経済開発のために借款が活用されるようになっていくことも事実であるが，NSC5506のこの借款の記述に関しては保守派が支出削減のために設けたものとも解釈できるのである。

次に，貿易促進についてであるが，同文書の第21パラグラフには以下のような記述がある。

> 米国は同地域における諸国の相互貿易，もしくは他の自由諸国との貿易を増大させるために以下のことを含む支援を与えるべきである。(a) GATT加盟国への適切な対策，(b) そのような貿易への障害となるような規制を維持する国家への二国間アプローチ。

このような貿易促進の記述は，同文書だけでなくNSC5501のような歴代の基本的国家安全保障政策文書にも見られたものである。そして，NSC5501には(c) として，「通貨交換性の回復」も貿易促進の手段として述べられている。通貨交換性の回復とはすなわち，ある個人や法人がその目的に必要な外貨をいつでも入手することができるようになることであり，各国通貨制度を国際貿易に適した形にすることである。なぜNSC5506にこうした記述がないのか，理由は定かではない。ただ，基本的国家安全保障政策文書に記述がある以上，当然通貨改革は東アジアにおいても米国の経済政策の方針であったとみていいだろう。また，両文書が採択されたのと同じ時期である1955年1月10日，アイゼンハワーは議会に対して米国の対外経済政策に関する演説を行い，通貨の交換性回復の必要性に言及している。このことから見ても，通貨交換性の回復が同政権の対外経済政策において重要であったことが分かる。ただ，当時の韓国や台湾においては，複数レート制や通貨の過大評価，インフレーションの進行等，交換性回復を考えられる状況ではなかった。しかし，交換性の回復には至らないまでも，韓国や台湾で国際貿易に適応するための通貨改革が行われたことが，このアイゼンハワーの方針に基づいていたことは明らかである[53]。

以上のように，1954年から55年にかけての政権内でのアジア開発論争は

---

[53] "National Security Report: NSC5501: Basic National Security Policy," Jan 7, 1955, *FRUS 1955–1957* Vol.19 (Washington: United States Government Printing Office, 1990), 24–38; "Special Message to the Congress on the Foreign Economic Policy of United States," Jan 10, 1955, *Public Papers of the Presidents of the United States: Dwight D. Eisenhower, 1955* (Washington: U.S. Government Printing Office, 1959), 34–40.

NSC5506へと収斂されていった。同文書の採択過程と内容に関して言えることは、ロストウらが提言した開発主義的方針が一応は政権内に取り込まれる契機となったということである。具体的な手段こそ提起されなかったが、対外経済政策において場当たり的にではなく長期的展望をもって低開発諸国を発展させていかなければならないということでは、政権内にコンセンサスが生まれた。また、あいまいな表現ではあるが、後の開発借款基金につながる記述も見られた。さらに、国際主義者の連合体的性格をもっていたアイゼンハワー政権において、貿易促進による経済発展という考え方は進歩派にも伝統主義者にも当然受け入れられるものであった。他方で、大規模援助や複数年にわたる援助支出権限、そしてそれらの受け皿としての地域経済統合機関の設立といった、米国にさらなる負担を強いると思われる考え方は協議過程で削ぎ落とされた。そのため、NSC5506は政権の本格的な開発主義の採用といえるような変化はもたらさなかった。これは、アイゼンハワーやダレスが政権内や議会における伝統主義者・保守派グループとの衝突を避けようとしたためであった[54]。ただ、アイゼンハワーやダレスが消極的な姿勢を示した一方で、極東局や北東アジア課の実務官僚のなかには開発主義を受容した者も多かった。例えば、マックラーキン（Robert J. G. McClurkin）北東アジア課長は、ボールドウィン計画に「完全に同意」しており、NSC5506に不満であった。また、極東局のステグマイ

---

[54] このように、NSC5506によって政権内の条件がかなり厳しいものとなった後も、スタッセンはアジア地域の経済開発計画を推進しようと努めた。1955年2月からアジアへの長期外遊を行ったスタッセンは、帰国後にインド、パキスタンから東南アジアを抜けて台湾、韓国、日本へと至る「自由アジアの弧」の経済開発計画を喧伝し始めた。同計画は、アジアにおける西側への脅威が、ソ連から、同地域におけるプレゼンスを増大させ経済発展を成功させているように見える中国に転換したというスタッセンの認識に基づいていた。同計画は、日本を中心とする国際分業体制の促進のために、地域内で複数の国家に恩恵を与える計画に使う2億ドルの地域基金を設立することをその中心的な内容としていた。スタッセンは同計画に割り当てられる資金は最初こそ少ないが年ごとに拡大されていくことを期待していた。同計画が伝統主義者たちとの間の妥協的な性格をもっていたことで、深刻な反対は起こらないと予測されたため、アイゼンハワーはこれを積極的に支持し、4月20日には、同計画実行に必要な大統領アジア経済開発基金の設立のために2億ドルを議会に要求した。しかし、結局、議会の支出承認過程を通過したのは1億ドルのみであった。Shenin, *America's Helping Hand*, 53–57; Kaufman, *Trade and Aid*, 54–55.

ヤーもロバートソン（Walter S. Robertson）に対し，マックラーキンの態度を支持する旨伝えている[55]。

さらに，NSC5506 の文面自体にこそ示されなかったが，長期国家開発計画という開発主義政策の一要素が政権内に浸透する契機もこの時期に作られたことを指摘しておきたい。ノルティング（Frederick E. Nolting, Jr.）相互安全保障問題担当国務長官特別顧問は 1954 年 12 月 15 日，フーヴァーに，当時フーヴァーが作成中だった前述の 12 月 30 日付のポジション・ペーパーに関する意見を盛り込んだ覚書を送った。ここでノルティングは，被援助国が健全な包括的開発計画を提案することができず援助に対する「吸収能力」を高められないでいることが開発における「制約要素」となっていると指摘している。続けて，ノルティングはそうした計画が存在するインドやパキスタンを例に挙げる。ノルティングによれば，これらの国々の開発計画は国家を基礎としており，地域的な貢献への考慮はないとしながらも，このような計画があった方が米国の貢献できる能力がより明確になるとした。そして，ノルティングはよりよい構想を被援助国がもつまでは援助を増やすべきではないとする一方で，インドの 5 カ年計画を成功させることは米国の国益となると述べている[56]。

その後，採択された NSC5506 に長期的国家開発計画に関する条項は盛り込まれなかった。しかし，政権の底流にはその必要性への認識は残っていた。NSC に各政策の進捗状況を報告することをその機能の 1 つとする活動調整委員会（Operations Coordinating Board, OCB）は，NSC5506 の進捗報告書を 1955 年 12 月 13 日付で作成した。そこではアジア諸国における「開発の長期的な思考に，より大きな重点が置かれる必要がある」ことや，各国において大使館が貿易促進に取り組んでいることが述べられている。そして，ここで注目すべきは，「分散した諸計画よりも，長期的な経済成長の観点から正当化でき，容

---

55) From McClurkin to Stegmaier, Feb 14,1955, Box.1, 58D184, 58D208 & 59D476, Lot File（以下，LF），RG59, NA; From Stegmaier to Robertson, "Mr. McClurkin's Memorandum to You on NSC5506, "Future United States Economic Assistance for Asia"," Jan 31, 1955, ibid.
56) "Memorandum by Frederick E. Nolting, Jr., Special Assistant to the Secretary for Mutual Security Affairs, to the Under Secretary of State（Hoover），" Dec 15, 1954, *FRUS 1952–1954* Vol.12 pt.1, 1040–44.

易にその国民に理解され支持される開発型計画に集中するかどうかは，それぞれの国家計画の内容によって個々に考慮する」ように提言されていることである[57]。OCBの議長がフーヴァー国務次官であることを考えれば，ノルティングの提言は有効であったようである。このように，ロストウらの提言が政権内で回覧されて以降，米国政府内部文書には時としてこうした長期的国家開発計画に関する記述がみられた。NSCの政策方針文書においてこそ述べられなかったが，長期的国家開発計画の必要性は国務省の中ではある程度認識されていたと考えてよいだろう。

最後に，1954年には開発主義が提唱されるなかで米国の冷戦戦略における貿易促進政策の位置づけが変化したことも指摘しておきたい。53年に出された基本的国家安全保障政策文書であるNSC162/2においては，貿易促進政策は西側諸国の自立と防衛の能力を高めて米国の贈与・援助を減らすことにその目的の主眼が置かれていた[58]。しかし，その後，前述した通り，54年にはロストウらの提言において国際分業内における各国の貿易促進が経済発展のための主要な手段として提示されることとなる。そして，同年12月に作成されたNSC162/2の後継文書であるNSC5440の草稿では貿易の目的における変化が見られる。

NSC5440はロストウやボールドウィンらの開発主義の影響を受けた前掲のNSC5422/2を参考にしており，初めて開発主義の影響を受けた基本的国家安全保障政策文書であった。同文書は第10パラグラフで以下のように述べている。

> ソ連の経済的進歩は，生活水準の低い多くの人々に印象的な手本を提供し，おそらく，特にアジアにソ連の影響力を拡大する際の重要な要素を構成するだろう。共産中国も，もしその工業化がアジアの他の諸国と比べて相対的に早い速度で行われると期待され続ければ，特に自由主義アジアにおいて経済的改善が遅いか起こらない場合に，アジアの人々にとって相当な魅力を行使するだろう。

---

57) "Progress Report on Future United States Economic Assistance for Asia," Dec 7, 1955, OCB Series, Subject Series, DDEL.
58) "Report to the National Security Council by the Executive Secretary (Lay)," Oct 30, 1953, *FRUS 1952–1954* Vol.2 pt.1, 584, 592.

また，同文書は先述したNSC5422/2と同様に発展途上国の共産主義者の転覆活動に対する脆弱性に関する指摘を含んでいる。

　一方，こうした状況に対処するための方策については，NSC5440は経済成長と貿易拡大を必要としている工業国と，経済近代化と発展を必要とする低開発国という西側陣営内における2つの問題を相互補完的に結合することで経済発展のための資産に変えるという姿勢をとっている（第39パラグラフ）。そして，同文書は経済発展にとって国際貿易が必要条件だとしており，「そうした貿易の障壁の全体的な削減」を主張している（第40パラグラフ）。また，同文書は投資についても，経済発展のためには新規投資が前提条件であり，海外からの公・民間両方の投資や世銀等の借款の投入を促進すべきとしている（第41パラグラフ）[59]。

　以上のように，1954年に始まったアイゼンハワー政権内への開発主義的思考の浸透は，政権発足当初から援助削減の手段として対外経済政策の基本方針とされていた貿易と投資に，東西間の経済競争を闘うための経済発展の手段という新たな役割を与えたのであった。

3. 冷戦の性格的変化とアイゼンハワー政権における開発主義の受容

　アイゼンハワー政権内に開発主義が浸透する契機は米国外部から訪れた。ソ連の経済攻勢である。

---

[59] "Draft Statement of Policy Prepared by the National Security Council Planning Board: NSC5440," Dec 13,1954, ibid., 810, 817. ここで述べられているような東アジアにおける国際分業を促進する方針は，トルーマン政権の時からすでに採用されていた。ジョン・ダワー（大窪愿二訳）『吉田茂とその時代 下』TBSブリタニカ，1981年，171-81頁；李鍾元「戦後米国の極東政策と韓国の脱植民地化」大江志乃夫編『岩波講座 近代日本と植民地 8——アジア冷戦と脱植民地化』岩波書店，1993年；同「東アジアにおける冷戦と地域主義——アメリカの政策を中心に」鴨武彦編『講座 世紀間の世界政治 3——アジアの国際秩序』日本評論社，1993年；マイケル・シャラー（五味俊樹監訳）『アジアにおける冷戦の起源——アメリカの対日占領』木鐸社，1996年，323-26頁; Borden, *The Pacific Alliance*; Cumings, *The Roaring of the Cataract 1947–1950*, 168-75; McGlothlen, "Acheson, Economics, and the American Commitment in Korea," 28-31.

1953年にソ連の最高指導者であるスターリン（Iosif Vissarionovich Stalin）が死亡すると，フルシチョフ（Nikita Sergeyevich Khrushchev）を含む後継の新指導部は第三世界と中立主義諸国にソ連の影響力を拡大する新たな世界戦略を採用した。こうした政策は，56年の第20回ソ連共産党大会で正式に表明されることとなる。また，ソ連指導者たちは低開発諸国に次々と援助を約束していった。ソ連の対外援助政策は米国よりも小規模で供与対象国も限られていたものの，54年以降急速に拡大した。ソ連の援助を受けたビルマはワシントンに米国の援助の終了を求め，インドネシアは米国のPL480に基づく借款の条件に反対し，ソ連のより好ましい条件を米国に対する交渉手段として利用した。国連でもソ連代表団は国連の経済援助計画拡大を支持することによって，低開発国や中立主義諸国との結びつきを強めようとした[60]。

　また，ソ連は積極的な貿易拡大にも乗り出していた。1955年にソ連は経済政策の方針を，ソ連陣営内での「ある種のアウタルキー」から，それ以外の国との貿易を「ソ連外交の一部」とする方向へと転換した。フルシチョフ第一書記とブルガーニン（Nikolai Aleksandrovich Bulganin）首相は「セールスマン」としてアジア諸国を回り，ビルマ，インド，セイロン，カンボジア等と貿易協定を結んだ。こうした取り組みによって中ソ陣営とアジア諸国の貿易は増大した[61]。

　1954年末に，ダレスは，ソ連が「強硬な，好戦的な姿勢」から経済援助などを通じての政府破壊工作へと政策を転じた，したがって，米ソ間の冷戦は，軍事的緊張から「政治経済戦争」へと移行した，とその認識を示している。その後も，米国指導者の対外経済政策をめぐる対ソ対抗意識は強まっていった。55年末には，アイゼンハワーはダレスへの書簡において，ソ連の経済力が米国のそれより劣っているにも拘らず，第三世界における「経済戦争」において主導権をとっていることに不安を示している[62]。

　そして，1956年1月，アイゼンハワーは一般教書演説で，「対外経済援助を，

---

60) Kaufman, *Trade and Aid*, 58–65.
61) Howard P. Jones, "U.S. Economic Policy and Programs in the Far East," *the Department of State Bulletin* 35 No.904（Oct 22, 1956）: 640–41.
62) 石井修「『政治経済戦争』としての米国対外経済政策──アイゼンハワー期」『国際政治』第70号，1982年5月，104頁．

共産主義者の新たな，特に低開発地域に向けられた離間・誘惑・二枚舌戦術に対処するために新たな長期的な基礎に置くこと」を求めた。さらに数日後，ダレスは米国がソ連の世界経済援助による挑戦に対処する必要性を強調し，国民にアイゼンハワーの長期的計画のための提案を支持するように求める声明を発表した。

その後，1956年の間は，アイゼンハワーが11月に予定されている大統領選挙に再出馬するため，米国に支出の増大を強いるような対外経済政策をとることはできなかった[63]。しかし，基本的国家安全保障政策文書を見る限りで米国の対外経済政策にはこの期間に微妙な変化が見られる。

すでに前述した基本的国家安全保障政策文書NSC5440においても冷戦における東西陣営間の経済競争の要素は重視されていた。そして，NSC5440を引き継いで1955年1月1日に承認されたNSC5501もやはりソ連や中国の経済発展・工業化がアジア諸国に与える影響について懸念を表明している。また，経済発展のための貿易や民間投資の重要性に関する指摘もNSC5440と同様である。

このNSC5501の後継文書が1956年3月1日承認のNSC5602/1であるが，両文書の間には開発主義政策をめぐる微妙な差異がみられる[64]。まず，NSC5501の「米国の世界での経済援助の総量は，米国の安全保障の利益に一致する限り迅速に減らすべきである」（第43パラグラフ）という記述がNSC5602/1では消えている。この文言については，ハンフリー財務長官らが挿入を主張する一方，ダレスはそれに反対した。結局，アイゼンハワーの裁定により，「世界中での米国の経済援助は米国の安全保障の利益に一致する全体的水準を越さないようにするべきである」（第28パラグラフ）という文言の挿入と引き換えに，ハンフリーらの主張する文言は削除された[65]。

---

63) Rostow, *Eisenhower, Kennedy, and Foreign Aid*, 118; Ambrose, *The President*, 283; Shenin, *American Helping Hand*, 89.
64) NSC5501とNSC5602/1の文面は以下を参照。"National Security Report: NSC5501: Basic National Security Policy," Jan 7, 1955, *FRUS 1955-1957* Vol.19, 24-38; "National Security Report: NSC5602/1 Basic National Security Report," Mar 15, 1956, ibid., 242-57.
65) "Memorandum of Discussion at the 277th Meeting of the National Security Council,"

そして，このアイゼンハワーの採用した文章は，「経済援助資源の最も効果的な使用と，経済開発に必要な長期的事業や計画の作成促進」（第28パラグラフ）のための指針について述べる新設のパラグラフに挿入された。ここではまず，経済開発に関する長期的展望をもつことの必要性が強調されていることが注目される。これはNSC5501にはなく，その後のNSC5506に見られるようになった内容が反映されたものである。また，そのための指針の中には「そうした事業や計画への数年にまたがる援助を確約する」権限を得るという記述が含まれている。開発主義が論点となったNSC5506作成過程では，この「確約（NSC5506では「約束」）」は議題にはなったが，文書自体においては第29パラグラフではっきりと否定されたことは前述したとおりである。このように議題となりつつも一度は否定された開発主義的要素が，ソ連の経済攻勢を経てNSC5602/1において本格的に導入されたものと思われる。そして，実際に，この時期にアイゼンハワーとダレスは複数年にわたる援助支出権限を議会に求めていた。ただ，この試みは議会の反対により成功しなかった[66]。

　次に，同じく指針の1つとして，「援助供与のための条件の修正」が挙げられている。その修正された「条件」がどのようなものとなるべきかについての記述はない。ただ，おそらく，軍事・政治的考慮よりも純粋な経済的考慮から援助供与の対象を選定するという，ロストウらの提言の中の「事務的基準」にある程度由来しているととらえてよいと思われる。

　前述したように同文書が作成される直前のNSC5506の進捗報告で言及された長期的国家開発計画については，それを示唆するような表現が所々見られるが，明言はされていない。例えば第28パラグラフには援助の効果的な使用と経済開発のための長期的計画が必要だと述べられている。ただ，この長期的計画が米国政府において世界大の援助計画として作られるべきものなのか，それとも，被援助国各国が自国の包括的経済開発のために作るべきものなのか，その主体と対象範囲が明確にされていないのである。しかし，注目すべきは

　　Feb 27, 1956, ibid., 214–15.
66)　　Shenin, *America's Helping Hand*, 99; Vernon W. Ruttan, *United States Development Assistance Policy: The Domestic Politics of Foreign Economic Aid*（Baltimore and London: The Johns Hopkins University Press, 1996），74.

NSC5602/1が承認される前日のダレスによる記者会見での発言である。ダレスはここで被援助国側が国家開発計画を作成することの有用性について語っている。ダレスはすでにインドの第2次5カ年計画の実行に米国が協力する旨インド側に提案していたが，記者がこのことについて米国の援助が1年毎よりも長期の計画に基づく方が望ましいかと尋ねた。するとダレスは記者の言葉を肯定し，「もし綿密なインドの長期計画に対する米国の具体的な貢献という観点からこれ（引用者注——第2次5カ年計画）が扱われるならば，我々のこのさらなる継続性のための提案においてとても包括的なものとなる」と付け加えている。このインドの経済計画はソ連の計画を参考にしながらも，ロストウ，ミリカンらの意見も聞きつつ作られたものであった[67]。

このように，NSC5602/1においてはNSC5501やNSC5506における記述に比べ開発主義的志向がより明確になったが，これは前述したようなソ連の経済攻勢への対応という側面が強かった。

そして，1957年になると，政権が開発主義を推進するための条件がより一層整っていくこととなる。状況に大きな変化を及ぼした出来事として，まず，アイゼンハワーの56年11月の大統領再選が挙げられる。アイゼンハワーは57年1月20日の2期目の就任演説において「われわれの財産を他の人びとが不幸から救われるのを助けるために使わなければならない」と述べた。この発言に基づき，ジャクソンや政権内のランダルらは米国の対外経済政策の再検討に向かって動き出す。さらに，財政保守派であったフーヴァーやハンフリーといった伝統主義者グループが57年には相次いで辞職することとなる。ハンフリーが辞任したのは7月であったが，すでにそれ以前，アイゼンハワーが長期的開発援助の推進を決意したときからハンフリーのアイゼンハワーへの影響力は弱まっていた[68]。

こうしたなか，1957年3月には，ミリカン，ロストウと接触を続けていた

---

67) "Press Conference," Feb 28, 1956, Box.343, John Foster Dulles Paper; David Engerman, "The Romance of Economic Development and New Histories of the Cold War," *Diplomatic History* 28（Jan 2004）: 34.

68) Rostow, *Eisenhower, Kennedy, and Foreign Aid*, 121–25; Kaufman, *Trade and Aid*, 103–04.

民間団体の国際開発顧問委員会が低開発国に開発借款を供与する基金の設立に関する提言を行い，また，類似した基金についての国務省内の提言をハーター（Christian A. Herter）国務次官が承認している。フーヴァーの後任であるハーターはロストウやミリカンらとつながりがあり，後にロストウはハーターを「真の開発援助支持者」だったと回想している。こうして国務省内から上がってきたDLF創設案に関して，ダレスは4月にアイゼンハワーから承認を取り付け，4月8日に，上院の対外援助に関する特別委員会において7億5000万ドルの援助基金を提案した。アイゼンハワーも今回は55年とは異なりハンフリーらの反対を抑え込もうとした。しかし，同基金設立目的の1つである毎年の議会における支出承認過程からの解放や，毎年7億5000万ドルという額面の要求は議会に受け入れられず，57年度相互安全保障計画法案の一部として3億ドルが承認された。これは，ロストウらが当初考えていた額からすれば微々たるものだが，開発援助における確実な第一歩ではあった[69]。

　こうした過程で，ダレスも開発主義重視を前面に打ち出すようになっていた。DLFの創設を議会に提案した直後の1957年4月17日，NSCにおいてダレスは，長期的な借款を供与でき，被援助国の作成する長期開発計画に対する長期的な援助の約束をすることを可能とする開発基金を創設すれば，援助総額を増大させる必要なく援助の重点を軍事援助から経済援助へと転換することができると述べている。また，ダレスは被援助国が「我々の計画を受け入れる代わりに彼ら自らの長期的開発計画を立案することで，われわれが経済開発援助を多かれ少なかれ恒久的な基盤に乗せることに成功できるならば，われわれは今より大幅に効率的な運営基盤への転換を行うことができるだろう」とも述べている。また，ダレスはここで「援助総額を増大させる必要」はないと述べてこそいるが，経済援助の増額自体にも反対したわけではない。やはりこの会議において，進歩派のニクソン副大統領が低開発国の援助について，「必ずしも贈与援助である必要はないが，われわれの援助支出の全体的な水準は上がるだろう」とし，「もし借款や民間資本が十分な額利用できないならば，米国の贈与援助がその欠損を埋めなければならないだろう」と述べた。これに対しダレス

---

69)　Rostow, *Eisenhower, Kennedy, and Foreign Aid*, 126–33.

は「今，贈与援助よりも民間資本と借款を利用するために全力を挙げている」としながらも，このニクソンの分析について「反対すべきことは見当たらない」と付け加えた[70]。ダレスも必要であれば開発援助を増大させる可能性について認めていたことになる。このように57年の春までには，ダレスは伝統主義者たちの出席するNSCにおいてもはっきりと進歩派寄りの立場をとるようになっており，長期的国家開発計画の作成や，年毎の議会の動向に左右されない（そして必要とあればより大きな規模の）開発援助の支出の必要性を認めた。そして，この姿勢はDLFの創設やNSC5707/8に明確に反映された。

基本的国家安全保障政策文書NSC5602/1の後継文書であるNSC5707/8が1957年5月27日に大統領によって承認された。以下に同文書の内容をNSC5602/1との対外経済政策に関する差異に焦点を当てつつ概観する[71]。まず，NSC5707/8ではその冒頭の政策目的を記述している部分が，NSC5602/1採択以降の情勢の変化を反映して変更されている。NSC5602/1において，米国の対処すべき脅威には，「ソ連共産主義陣営の増大していく核攻撃力を含む敵対的政策と力」が据えられていた。しかし，NSC5707/8では，脅威を生み出す国家についての記述が「ソ連共産主義陣営」から「ソ連と共産主義中国」へと変わっている。また，具体的な脅威についても，核攻撃力に加え，「経済ないしは政治的変化を促す強い圧力のある重要な地域における脆弱性と不安定性」，中ソの「増大する軍事・経済力」が付け加えられている。NSC5602/1に比べ，より経済的分野での競争が強調された形である。50年中盤以降，米国は中国の経済発展が長期的には成功しないだろうと考える一方，その経済計画がアジア周辺国を惹きつける力については強く警戒していた[72]。その後，50年代後半においても米国のそうした姿勢は変わらず，中国の大躍進政策を，成功するわけがないという楽観と，もし成功すれば低開発国が共産主義陣営から受ける影響は莫大であるという危機感の両方をもって注視することとなる[73]。

---

70) "Memorandum of Discussion at the 320th Meeting of the National Security Council," April 17, 1957, *FRUS 1955–1957* Vol.10, 179–89.
71) NSC5707/8の全文については以下を参照した。"National Security Council Report: NSC5707/8," June 3, 1957, *FRUS 1955–1957* Vol.19, 507–24.
72) "235th Meeting," Feb 3, 1955, RG273, NA.
73) "National Intelligence Estimate: NIE13-2-59," Feb 10, 1959, *FRUS 1958–1960* Vol.14

また，低開発国の経済発展に関する記述にもいくらかの変化が見られる。前述したとおり，NSC5602/1 にも低開発国における「健全な発展の条件を促進」するという米国の政策目標に関する記述があった。しかし，NSC5707/8 では第 28 パラグラフのこの記述に加え，第 27 パラグラフに，「米国は政治的安定と自由世界の団結を強めるためにそれらの地域（引用者注──低開発地域）における経済発展を支援し促進すべきである」というより明確な記述が追加された。そして，援助形態に関する記述にもいくらかの変更が見られる。まず，第 27 パラグラフに「米国は大規模の長期的な基盤に基づいた経済開発援助計画の継続を準備しなければならない」という文章が足された。また，被援助国側の開発計画の作成については新たに第 29 パラグラフとして「外部援助は現地の自立，インセンティヴ，そして，現地資源の動員と（引用者注──現地指導者による）健全な諸計画（引用者注──programs）作成の主導を促進するように使用されるべきである」という文章が追加されている。この「諸計画」が各事業計画を指すのか，各国の長期的国家開発計画を指すのかまでは述べられていない。ただ，前述した 4 月 17 日の NSC でのダレスの主張からして，この表現は長期的国家開発計画も含むものである可能性は高い。

　また，同文書で注目すべきは，同盟国の軍事力削減によって軍事援助額を減らすという第 18 パラグラフの記述である。これによって，基本的国家安全保障政策文書に初めて同盟国の軍事力削減方針が盛り込まれることとなった。

　同盟国の軍事力削減は朝鮮戦争停戦直後から議論されていた。例えば，韓国に関しては，朝鮮戦争中にアイゼンハワー政権が「戦争の韓国（人）化」を推進することで，その兵力を膨大な規模に増大させた。しかし，朝鮮戦争が停戦になると，韓国とそれを支援する米国の両方の経済に負担となる過大な韓国軍兵力水準の削減が米国政府内で議題となった。1954 年 3 月には統合参謀本部によって，韓国軍の 1 万人規模に縮小された 30 個師団（現役師団 20・予備師団 10）への再編成と，58 年までに現役戦闘師団を 9 個師団に削減することなどが勧告され，こうした内容の一部は 54 年 11 月 17 日に署名された米韓会談合

（Washington: United States Government Printing Office, 1996），522.

意議事録にも取り入れられた[74]。

　ただ，この時期に基本的国家安全保障政策文書に同盟国の軍備削減に関する記述が挿入された主要な理由としては，やはり米国政府が対外援助を再検討させるために設立したプロクノウ（Herbert V. Prochnow）委員会の調査結果が挙げられるだろう。1955 年 12 月 8 日の NSC で，米国が多額の援助を供与していた韓国を含む同盟国 6 カ国に対する援助政策を省間委員会に再検討させることが決定された。その際に，同盟国の兵力削減についても議論されたのである。スタッセン大統領特別補佐官（FOA 長官退任後就任）は，韓国のような国々で軍事力の目標を削減し，その脅威が表だった侵略から内部からの転覆へと変化した冷戦の性質に対応した方針を定めるべきと主張した。ウィルソン国防長官も，「新たなロシアの経済的挑戦」という観点から，韓国における予備師団をさらに増大させ，現役師団の数を減らすことを主張している[75]。その後，プロクノウ経済担当国務副次官を委員長とするプロクノウ委員会によって，韓国，台湾を含む 6 カ国に対する援助政策に関する研究が行われることとなる。同委員会の結論は，56 年 7 月 27 日にプロクノウがダレスに送った覚書に見られるように，それらの国々への軍事援助を削減しつつ経済開発に重点を移すことを提言するものであった[76]。さらに，プロウノウ委員会の報告書は韓国や台湾における兵力水準の削減を考慮することも提言している[77]。

　このように，1957 年には，基本的国家安全保障政策文書において冷戦の経済的側面がより強調され，DLF が承認され，また，政権内で長期的国家開発計画の必要性と同盟国の兵力削減方針が確認された。

　アイゼンハワー政権期における最後の大きな開発主義的政策の前進は，DLF

---

74)　李鍾元，前掲書，75-93 頁。

75)　"Memorandum of Discussion at the 269th Meeting of the National Security Council," Dec 8, 1955, *FRUS 1955-1957* Vol.10, 44-64.

76)　"Memorandum from the Deputy Under Secretary of State for Economic Affairs (Prochnow) to the Secretary of State," Jul 27, 1956, ibid, 87.

77)　"Interdepartmental Committee on Certain U.S. Aid Programs," June 15, 1956, Attached to, From Parsons to Robertson and Jones, "Report on Korea to the National Security Council," Jul 2, 1956, 795B.00/7-256, CDF, RG59, NA; "Report by the Interdepartmental Committee on Certain U.S. Aid Programs," Jul 6, 1956, *FRUS 1955-1957* Vol.3 (Washington: United States Government Printing Office, 1986), 386-94.

の複数年にわたる予算権限の獲得であった。ただ，この前進は議会のフルブライト（J. William Fulbright）ら民主党議員の圧力によるものであり，アイゼンハワーはむしろこれに抵抗さえした。

アイゼンハワーは1958年2月19日，相互安全保障計画に関して議会に特別メッセージを送ったがその際に要請した経済援助額は21億ドルと，18億ドルであった軍事援助額を上回った。経済援助の規模が軍事援助のそれを上回ったのは朝鮮戦争後初めてであった。そして，58年の中間選挙では民主党が大勝し反援助的思考であった人びとは議会を去った。こうして，民主党のフルブライトら開発援助支持者の後ろ盾を得て，政権は議会において開発援助を拡大することが可能な状況におかれた。しかし，アイゼンハワーにはそれを積極的に推進する意思はなかった。58年秋にはアイゼンハワーが開発援助への重点転換に抵抗するだろうことが明白になり始めた。援助政策再検討のためのドレイパー委員会は，この時期にむしろ軍事援助の増額を主張した。アイゼンハワーは同委員会の報告を59年度と60年度にむけた予算編成の間に開発援助推進勢力を封じ込めるために利用した[78]。

このような保守化の背景には，アイゼンハワーの軍事重視の信念以外にも，いくつかの要因があったように思われる。まず，米国経済の状況である。1957年に米国経済は不況に突入し，58年には失業率が54年の2倍となる8％に達した。こうした状況において，アイゼンハワーがインフレーション率の上昇を懸念したことは財政引き締めの動機となった。また，援助担当機関である国際協力局（International Cooperation Administration, ICA）の人事も政権内の政策立案過程に多少なりとも影響を及ぼしたように思われる。伝統主義者の一員であるホリスターは57年7月にICA長官を辞職した。しかし，後任のスミス（James H. Smith, Jr.）は次期海軍長官と目されており，軍との強い関係性を保持していた。スミスはロストウの開発主義を受容しながらも，経済成長は軍事的な楯の後ろでのみ安全に行われ得るという大統領の立場の強い擁護者であった[79]。さらに，進歩派の発想を政権内に取り入れる過程で重要な役割を果たし

---

78) Shenin, *America's Helping Hand*, 145–47; Kaufman, *Trade and Aid*, 168–74.
79) Shenin, *America's Helping Hand*, 149–51; Kaufman, *Trade and Aid*, 159; Sloan, *Eisenhower and the Management of Prosperity*, 145.

ていたダレスが病気で59年4月に辞任したことも影響したように思われる。また，60年の選挙を前にして，共和党内の団結が必要となっていた。アイゼンハワー政権下で進歩派の政策が採用されてきたことに共和党内保守派は不満を募らせており，懐柔する必要が生じたのである[80]。

ただ，フルブライトやケネディら民主党議員は，DLFに割り当てる資金の大幅な増額や複数年にわたる支出権限を含む開発主義的政策を推進するよう政権に強く主張していた。そして，フルブライトらの圧力と進歩派に近かったハーター新国務長官の譲歩によって，議会にDLFが1960年度に7億5000万ドル，61年度に12億5000万ドルと計20億ドルを支出する権限が要求されることとなる。結局下院の反対もあり，60年度相互安全保障法が上下院を通過した時にはDLFの資金の割り当ては60年度に7億ドル，61年度に11億ドルとなっていた。しかし，試行的であるにせよDLFの長期的支出権限が認められることとなったのである[81]。

こうして，アイゼンハワー政権期にDLFが整備されたことを契機に，米国の援助政策のなかで開発借款援助が重要な位置を占めるようになっていった[82]。台湾は1966年以降はPL480による借款以外の援助を米国から受け取らなくなったため，米国の開発借款援助から受けた影響は限られている。他方で，韓国はアイゼンハワー政権期のDLFからの借入は微々たるものであったが，60年代以降長期間にわたり多額の開発借款援助を米国から受け続けた。そのため，米国の援助に本格的に開発借款を導入したDLFの創設は，後の韓国の経済発展との関係においても重要な画期であったといえる[83]。

---

80) Shenin, *America's Helping Hand*, 166–67.
81) Ibid., 170–71; Kaufman, *Trade and Aid*, 171–73.
82) DLF創設以降，米国の援助に占める借款の比率は増大した。1959年度から61年度にかけてのICAとDLFによる米国の対外援助のうち，借款は36％であったが，ケネディ政権期にICAとDLFを統合してできた米国国際開発局（The U.S. Agency for International Development, USAID）の65年度の経済援助は3分の2が借款の形をとった。Ruttan, *United States Development Assistance Policy*, 342；川口融『アメリカの対外援助政策——その理念と政策形成』アジア経済出版会，1980年，52-53，63頁。
83) 金命潤『韓國財政의 構造（韓国財政の構造）』亞細亞問題研究所，1967年，250頁。Krueger, *The Developmental Role of the Foreign Sector and Aid*, 112–13, 153; Wei-Chen Lee and I-min Chang, "US Aid and Taiwan," *Asian Review of World Histories* 2 Issue.1

他方で，1957年にはアジアの経済統合構想が再び政権内で考慮され始めた。56年12月に極東と東南アジアを歴訪したランダル CFEP 議長は，その視察報告においてアジア諸国における多国間の地域経済会議を創設することを提言した。57年2月4日，ダレス，ロバートソン，そしてその直後に駐日米国大使となったマッカーサー2世（Douglas MacArthur II）らによるランダル報告についての協議が行われ，その地域協力構想が是認されることとなる。その後，マッカーサーが日本に着任してから，地域統合に関して日本政府が今まで蓄積してきた情報を引き出すように努めることが決定された。2月15日に着任したマッカーサーは19日に岸信介首相を訪問し，東アジア経済開発問題に関して日米が共同で建設的な行動をとる可能性を感じていると述べた。そしてマッカーサーは日本のこの問題に関する蓄積について知りたいと語り，詳細な協議を日米間で進めることを要請したのである。このような米国側の態度が契機となり，日本政府内で東南アジア経済開発に関する政策的議論が積極的に行われるようになる[84]。

　1957年6月の訪米の際，岸信介はアイゼンハワー大統領に前もってマッカーサーを通じて打診していた東南アジアの開発基金を提案する。岸の提案を受け，米国側はアジアの経済開発について協議するための政府内省間委員会であるヤング委員会にアジア開発基金についての研究を指示した。ヤング委員会はアジア各国大使から意見を聴取し，アジア各国が日本の経済的侵略を恐れており，日本中心の東南アジア地域統合は非現実的だという印象を得た。ヤング委員会は9月11日に最終報告を提出することとなる。同報告書は，東南アジア諸国の経済的後進性，中立主義やナショナリズム，国家間の相互不信により，相互補完的に経済協力を行うための新たな多国間機関の創設は現状では困難であるとしている。そして，同報告書はこの状況で米国が日本の地域内のリーダーシップに協力することは米国の利益にもならずに，いたずらに地域協力を複雑にするだろうと結論付けている。同報告書は9月に CFEP で討議され，翌58年1月に CFEP562/1 として正式に承認されることとなった。このような政

　　　（Jan 2014): 54.
84）　保城広至『アジア地域主義外交の行方　1952-1966』木鐸社，2008年，128-30頁。

権内での議論結果を受けてと思われるが，ダレスは9月に訪米した藤山愛一郎外相に経済開発のために新しい地域機構をつくることを現実的だとも必要だとも思わないと述べた。こうして，米国側の働きかけを契機に日本政府側が提案した東南アジア開発基金は，米国政府内で考慮されはしたが結局却下されることとなったのである[85]。

　以上，本書がその実行過程を分析することとなる，発展途上国経済発展のための諸政策が米国政府内で立案される過程について概観した。本節で考察してきたように，これらの政策はアイゼンハワー政権内では1957年までには既定路線とされたと考えていいだろう。まず，54年以降，ロストウらの提言等に影響を受け，米国政府内には冷戦を闘うためには発展途上国の経済発展が必要だという認識が徐々に浸透していった。そうしたなかで，アイゼンハワー政権は経済開発への資源動員の必要性を認識し，そのための枠組みを模索した。これは，開発援助の制度化と民間投資の促進と軍事負担の軽減という3つの政策に表れている。開発援助については57年にDLFが設立され，民間投資の促進についてはもちろん過去の政権から引き継いだものであったが，ランダル委員会で推奨され，NSC5506でも対外経済政策の主要な手段であることが確認された[86]。他方で，韓国や台湾といった米国が援助を供与していた同盟国の軍事負担軽減は57年のNSC5707/8に同盟国兵力水準削減の記述が加えられることで明確な政府の方針とされた。次に，発展途上国のための長期経済開発計画作成については，ロストウの提言を受け54年後半にはすでに政権内で議論されていた。そして，その後，OCBが進捗報告のなかで言及した55年末からNSC5602/1にも関連する記述が組み込まれた56年初めには政権の政策になっていたとみていいだろう。

　貿易促進については，それ以前の歴代政権から受け継いだもので，政権発足当初から政権の方針であった。ただ，アイゼンハワー政権に特有なことは，

---

85)　同上，160–70頁。
86)　例えば，終戦時の財務長官であったモーゲンソー（Henry Morgenthau）は，経済発展は国内問題であり，諸外国が支援すべき問題ではないとし，あえて支援する場合には民間投資の促進によらなければならないとした。小川，前掲書，113–14頁。

1953年から54年初頭にかけて,貿易が援助を削減する手段と位置づけられるようになったことであった。しかし,54年以降,米国政府内に浸透していった開発主義は,経済開発援助や長期経済開発計画作成といった新たな政策への道を開いたが,ロストウらの提言やその後の基本的国家安全保障政策文書にも見られるように,元来重視されていた貿易促進も経済開発という新たな文脈へと組みこまれた。冷戦を闘うに際して途上国の経済開発が必要だという認識は,アイゼンハワー政権の当初からの基本方針であった貿易促進の動機も強めたと言ってよいだろう。

このように,アイゼンハワー政権の経済開発重視政策は,自由貿易促進と国家の介入の両方を含んでいた。そもそも,ロストウ的な開発主義的思考は,ルーズヴェルトが1930年代に米国南部に対して行ったような米国政府の積極的な介入による低開発地域の近代化を引き継いでいるとされる。特に,ロストウらの提言に含まれる公的援助や計画作成による低開発地域の経済発展の推進は,市場経済がもたらす不確実性を統制するために国家が社会領域に介入するというニューディール的思考を内包していた[87]。そして,こうしたニューディール的な方向性に対するアイゼンハワーの姿勢はもともと必ずしも否定的なものではなかった。

1980年代にアイゼンハワーの伝記を書いたアンブローズは「ニューディール政策一般に関して,アイゼンハワーはこれに完璧に同調していた」と指摘する[88]。その後,近年の研究ではさすがにアイゼンハワーが留保なしでニューディールの諸政策に賛同していたという主張は否定されているが,ニューディール的な要素をかなり政策に反映させていたことが明らかにされている[89]。アイゼンハワーは財政保守主義者であり,朝鮮戦争以降の財政赤字の増大に直面して均衡予算を目指した結果その政権期中に3度の均衡予算を達成した。しかし,

---

87) Ekbladh, *The Great American Mission*, 47–48, 52, 167–74.
88) Stephen E. Ambrose, *Soldier, General of the Army, President-elect, 1890–1952*, Vol.1 of *Eisenhower* (London and Sydney: George Allen & unwin, 1984), 530.
89) 西川賢『分極化するアメリカとその起源——共和党中道路線の盛衰』千倉書房,2015年,20–22, 40頁; Morgan, *Eisenhower Versus 'The Spenders'*, 16; David l. Stebenne, *Modern Republican: Arthur Larson and the Eisenhower Years* (Bloomington and Indianapolis: Indiana University Press, 2006), 161-64; Wagner, *Eisenhower Republicanism*, 3–5.

実際には住宅政策と社会保障政策に関する支出を含む財政支出はアイゼンハワー政権期に大幅に増加しており，社会福祉を拡大するための改革は政権発足当初から取り組まれていた[90]。アイゼンハワー政権にそもそもニューディール的な思考を受け入れる素地があったことは注目すべきであろう。アイゼンハワー政権がロストウらの提唱する開発主義を時間をかけながらも取り入れることができた背景には，このようなアイゼンハワーの政治的姿勢があったものと思われる。

　以上，アイゼンハワー政権が開発主義をその政策に反映し，政策の基本方針に取り入れていく過程について考察した。このようなアイゼンハワー政権の発展途上国に対する経済開発重視政策が顕著に反映された地域がラテンアメリカであろう。ラテンアメリカに対する米国の政策は，ソ連による貿易拡大を通じた同地域への経済攻勢が強まるなか，1958年4月から5月にかけて同地域の国々を歴訪したニクソンが各地で反米感情の強さを目の当たりにし，さらには，59年1月にキューバで革命が起こったことで転換を迫られることとなる。

　まず，米国はニクソン外遊後，ラテンアメリカの人々の信頼を回復するために新たな政策が必要と考え，商品価格協定に参加しないという従来の方針の変更を検討し始める。当時，ラテンアメリカの国々は，輸出の主力である1次産品の国際市場での価格下落によって輸出不振に陥り，最も重要な輸出先である米国への輸出も減少していた。貿易をラテンアメリカとの良好な関係の土台と位置づけていた米国はこれに対処する必要性に迫られたのである。さらにこの時期，ソ連が貿易拡大を武器にラテンアメリカに接近していた。こうしたなか，米国は1958年末までにはコーヒーと鉛の問題に関する多国間研究グループに参加することとなる。コーヒーに関して言えば，研究グループへの参加の裏には，世界一の消費国として協力する姿勢を示すことで生産国の市場における立場を強化する狙いがあった。そして，59年9月には主要輸出国間でコーヒー輸出制限による価格維持を約束する協定が署名されることとなる[91]。

---

90) 西川，前掲書，72-76頁; Wagner, *Eisenhower Republicanism*, 7-8.
91) Stephen G. Rabe, *Eisenhower and Latin America: The Foreign Policy of Anticommunism* (Chapel Hill and London: The University of North Carolina Press, 1988), 104, 112; "Memorandum from the Assistant Secretary of State for Inter-American Affairs (Rubot-

また，米国は自由貿易地域や共同市場の創出によってラテンアメリカ地域内の貿易を促進しようとした。まず，米国は長らく反対していたラテンアメリカの貿易自由地域への反対を覆す。さらに，中米共同市場の創出を助けるために1億ドルの出資を約束した[92]。こうして1960年12月に中米経済統合一般条約が締結され中米共同市場が発足することとなる。

　他方で，同地域に対する開発援助に関しても，この時期，米国はその態度を変化させた。1958年後半に作成が始まり，翌年2月に採択された米国の対ラテンアメリカ政策文書NSC5902/1には，既存の政策文書であるNSC5613/1と異なる「ラテンアメリカの経済発展がアメリカからの追加的な公的私的資本を必要とすることを承認する」という記述が盛り込まれた[93]。こうした，ニクソン訪問以降の対ラテンアメリカ開発援助に対する態度の変化のなかで，58年8月，米国は地域大の開発銀行設立を支援することを発表し，必要となる資金の45％を提供することを約束し，60年10月には米州開発銀行が始業に漕ぎ着けた。さらに，59年1月にキューバ革命が起こると，アイゼンハワー政権は貧困を伝ってラテンアメリカ中に「カストロ主義」が拡散することを恐れ，7月11日には，後に社会進歩信用基金として制度化されるラテンアメリカに対する新計画を発表する。これは，衛生，教育，住宅，土地改革事業のために5億ドルを提供するという内容であり，直接ラテンアメリカ諸国の国民に届き，世論に影響を与える小規模事業に集中するためのものであった。米国はキューバのような状況を防ぐためにラテンアメリカの経済だけでなく社会も進歩させ

---

tom) to the Acting Secretary of State," Jan 31, 1958, *FRUS 1958–1960* Vol.5 Supplement (Washington: U.S. Government Printing Office, 1991); "Memorandum from the Director of the Office of Inter-American Regional Economic Affairs (Turkel) to the Assistant Secretary of State for Inter American Affairs (Rubottom) and the Assistant Secretary of State for Economic Affairs (Mann)," Mar 26, 1958, ibid.; "Memorandum from the Deputy Under Secretary of State for Economic Affairs (Dillon) to Secretary of State," Mar 31, 1958, ibid.

92) Rabe, *Eisenhower and Latin America*, 142; Ronald W. Cox, *Power and Profits: U.S. Policy in Central America* (Lexington: The University Press of Kentucky, 1994), 77.

93) 江原裕美「アイゼンハワー第二期対ラテンアメリカ援助政策と開発観の変化」『帝京大学外国語外国文化』第5号，2012年3月，19-20頁。

ようとしたのである⁹⁴⁾。

　以上のように，米国は1958年から59年にかけて，ラテンアメリカにおける反米感情の高まりとキューバ革命を受けて，同地域の経済開発の必要性を認識し，そのために政策を転換させていった。その結果，貿易促進や開発援助供与を含むさまざまな政策が構想され，その一部は実行に移されていくこととなった。こうした経済開発重視政策の一部は，ケネディ政権の対ラテンアメリカ政策の土台となり，「進歩のための同盟」としてさらに強化されていくこととなる⁹⁵⁾。

　ラテンアメリカの事例から，米国が発展途上国に対する経済開発重視政策を基本方針に据える過程と，それを実際に特定の地域に対する政策立案に反映させ，実行していく過程で働いた力学が異なるということが分かる。前者の過程において働いた力学は，アカデミズムと政府内での開発主義的思考を広めようという勢力の活動とソ連陣営の世界規模の経済攻勢によって生じた。他方で，後者の過程において働いた力学は，米国に特定の地域に対する経済開発重視政策が必要だと認識させるものであったが，それがどのような形で生じたのかは地域ごとに異なる。本書では，後者の力学がアイゼンハワー政権の対韓政策に働いていく過程を分析し，明らかにしていくこととなる。

第3節　李承晩の自立型経済建設と輸入代替工業化

　李承晩政権が志向した経済的目標とは重工業と軽工業をともに発展させ，国際収支も均衡させて必要なものはすべて自力で手に入れられるようになることであった⁹⁶⁾。本書では，このような李政権の目指した経済のあり方を「自立型

---

94)　Rabe, *Eisenhower and Latin America*, 112, 140–41.
95)　Ibid, 149.
96)　李鍾元，前掲書，128頁；鄭眞阿「제1공화국기（1948–1960）이승만정권의 경제정책론연구（第1共和国期（1948–1960）李承晩政権の経済政策論研究）」。また，李承晩政権期の輸入代替工業化に関する研究については，以下を参照。朴鍾喆，前掲論文；金洋和，前掲論文。コールの言うような，李承晩政権が北朝鮮との統一を見越して韓国のみの完結した産業構造を建設するのに消極的だったという説は正確ではない。確かに李承晩は南北統一がなければ完全な自給自足は不可能だと吐露することもあったが，それでも最

経済」と呼ぶことにする。

　李承晩はこうした構想を朝鮮戦争以前から持っていた。李は1948年9月30日に国会に提出した建国後初の施政方針で，経済政策の目標として「農工均衡立国を志向する産業国家再建」を掲げた。さらに，任永信(イムヨンシン)初代商工部長官の施政方針では，工業投資は韓国がほとんど保有していなかった製鉄，化学，造船，機械などの重化学工業部門に重点的に行う意向が表明されていた。49年に韓国政府が作成した「産業復興5カ年計画」と「物動5カ年計画」もこのような「均衡」成長の理念に基づいていた[97]。

　また，朝鮮戦争終結後にも工業化が積極的に志向された。朝鮮戦争停戦直後の復興政策は白斗鎮(ペクトゥジン)財務部長官を中心とした，安東赫(アンドンヒョク)商工部長官，元容奭(ウォンヨンソク)企画処長ら「再建企画チーム」が担うこととなった。そして，産業政策を主導する商工部長官である安は衣食住の自給自足のために，紡織，肥料，セメント，板ガラス及び，鉄鋼工業と化学工業の建設を工業行政の基本に据えることを主張した。これらは，紡織以外は工業全体の基盤となる当時の韓国政府の言うところの「基幹産業」である[98]。もちろん，基本的には農業から重化学工業までを備えた自立型経済建設が李承晩政権の一貫した経済建設方針であり，この時期にも「農工併進」は「経済国是」であった。しかし，工業化が積極的に主張される一方で，農業発展は比較的低い優先順位へと回される傾向にあった。食

　　　終的な韓国経済のみでの自立型経済建設を経済政策の指針とし続けた。David C. Cole and Princeton N. Lyman, *Korean Development, The Interplay of Politics and Economics* (Cambridge: Harvard University Press, 1971), 166；『朝鮮日報』1959年3月26日朝。

97)　李鍾元，前掲書，135-36頁；鄭眞阿「제1공화국기 (1948-1960) 이승만정권의 경제정책론연구 (第1共和国期 (1948-1960) 李承晩政権の経済政策論研究)」42頁；崔相伍「이승만의 경제구상 —— 건국헌법 경제성장의 기원과 형성과정을 중심으로 (李承晩の経済構想 —— 建国憲法，経済成長の起源と形成過程を中心に)」최상오 (崔相伍)・홍선표 (洪善杓) 他『이승만과 대한민국 건국 (李承晩と大韓民国建国)』연세대학교출판부 (延世大学校出版部)，2010年，104-05頁。

98)　李承晩政権の重化学工業建設の試みについては例えば以下を参照。배석만 (裴錫満)「1930～50년대 조선공업 정책과 조선회사의 경영 (1930～50年代造船工業政策と造船会社の経営)」부산대학교박사논문 (釜山大学校博士論文)，2005年；이상철 (李相哲)「중화학공업화 이전의 산업정책 (重化学工業化以前の産業政策)」박기주 (朴基炷) 他『한국 중화학공업화와 사회의 변화 (韓国重化学工業化と社会の変化)』역사박물관 (歴史博物館)，2014年。

糧問題の専門家である元は，農地改革で農村経済は自給自足ができるようになったが工業発展はいまだ弱いと述べ，工業化の優先を示唆している[99]。このような，農業発展よりも工業化を優先する姿勢も李政権末期まで続き，長期経済開発計画作成の際にも反映されていくこととなる（第4章第4節参照）。

また元容奭は朝鮮戦争停戦直後，韓国政府内で国際収支の均衡について最も関心を注いでいた人物の一人であった。元は，国際社会において韓国が建設すべき自立経済では国際収支が均衡すべきだと主張している。つまり，国内経済に必要な物資を輸入した対価を輸出による対価で充当するということである[100]。

韓国政府のこのような国際収支均衡に対する姿勢は，1956年3月17日，来韓していたダレスに提出した「復興5カ年計画」にも反映されていた。同計画は戦災を被った産業の復興とともに，目標年度である63年までに貿易収支を均衡させることが前提とされていた[101]。

そして，1950年代後半になっても李承晩政権の自立型経済建設の方針は変わらなかった。例えば，李は58年の新年辞で以下のように述べている。

> 最近に至っては，米国から入ってくる援助財力で以前のように日本物資を買って困窮したわが国の人々を救急していたものをすべて停止し，援助財政によって我々の生産を増進する産業に全力を尽くし，重工業と中小工業をみなともに発展させていくことで，これからは我々が生産する物資をもって自給

---

99) 鄭眞阿「제1공화국기（1948-1960）이승만정권의 경제정책론연구（第1共和国期（1948-1960）李承晩政権の経済政策論研究）」84-94, 98頁。

100) 元容奭「FOA 援助와 韓國經濟（FOA 援助と韓国経済）」『現代公論』2-10，1954年12月。この，元の国際収支に関する思考に関しては以下を参照。鄭眞阿「제1공화국기（1948-1960）이승만정권의 경제정책론연구（第1共和国期（1948-1960）李承晩政権の経済政策論研究）」91, 158頁。他にも，1950年代中盤に政府当局者がこのように自立経済における貿易収支の均衡の必要性について述べたものとして以下を参照。강성태（姜聲郃）「상공부시책에대한소고（하）（商工部施策に関する小考（下））」『週報』No.133，1954年11月24日；석영학（石栄鶴）「미곡수출과 자립경제책（米穀輸出と自立経済策）」同上, No.149, 1955年3月16日。

101) 박태균（朴泰均）『원형과 변용（原型と変容）』300頁; Government of the Republic of Korea, "Long-Range Program for Korean Rehabilitation and Reconstruction," Mar 1956, Box.62, Entry422, RG469, NA.

自足をできるような道を切り開いていくのであり，(以下省略)[102]

つまり，一貫して李政権はすべての必要な産業を均等に備えた輸入代替工業化をその経済政策の目標としていたのである。さらに，50年代後半には韓国国内においても輸出の積極的な促進が主張されるようになるが，これはもちろん，李政権が国際収支均衡化を自立の条件の1つにしていたこととも関係している。李政権で重要閣僚を歴任した宋仁相(ソンインサン)は復興部長官であった57年8月に以下のように述べている。

> 私が1つ申し上げたいのは，経済発展のためには工業化しなければならないが，経済発展の究極の要諦は国際収支の均衡である。工業化の成功は工場建設が決定するのではなく，その工場の運営維持ができるかどうかで決定されるのです。(中略)工業化は工場が維持されなければならないが，そうであれば国際収支均衡が維持されなければなりません。よって輸出を増進させなければならないという結論に帰着するしかないということを強調したいのです。[103]

以上のように，朝鮮戦争後に李承晩政権が主張した自立型経済とは，農業，軽工業，重工業をフルセットで備えた上での国際収支均衡であったと言える。

当然，建国当初農業国の域を出ていなかった韓国にとって，こうした目標を達成しようと思えば国家主導で急進的な工業化を図るしかなかった。李鍾元はその著書のなかで，李承晩政権の「国家資本主義」的発展戦略について考察している。李鍾元は，李承晩政権期にこうした国家主導型工業化の萌芽的な状態が表れた背景としては，(1)当時の韓国の政治勢力内に広く存在した自立志向のナショナリズムの受容，(2)政権初期に地主に基盤を置く政党を政権から排除したことで，新たな同盟者として商業・産業資本を育成し，また，大衆組織

---

[102] 공보실 (公報室)『대통령리승만박사담화집 제3집 (大統領李承晩博士談話集 第3集)』공보실 (公報室), 1959年, 53頁。
[103] 宋仁相「經濟開發과 貿易의 重要性 (経済開発と貿易の重要性)」『貿易經濟』6号, 1957年8月, 7頁。

を政治的基盤とすることで大衆の経済的要求に答えざるを得なくなったこと，(3)官僚の一部が帝国主義時代の日本，朝鮮，満州における工業化に影響を受けて工業化を熱望していたことを挙げている[104]。そして，建国当初からの李承晩政権のこの国家資本主義的な傾向は1950年代後半にも継続することとなる。

李承晩政権の国家主導型の輸入代替工業化志向は，発展途上国のアウタルキー志向を嫌い，地域内での貿易によって各国の自立経済を担保しようと考える米国側の政策との葛藤を生み出した。そして，この米韓両国の経済方針の違いが最も顕著に表れたのが日韓関係であった。米国にとって日韓関係の改善や国交正常化は，東アジア地域における重要な友好国同士の結束の強化であり，地域内での経済的な分業体制の強化でもあったため重要であった。しかし，先行研究が指摘している通り，日韓国交正常化交渉は李承晩政権期には遅々として進まなかった[105]。特にこの朝鮮戦争停戦直後の時期において李承晩政権が対日姿勢を硬化させた一因として，李鍾元は朝鮮戦争期間中に戦争特需の形で大量の日本商品が流入し，日本への経済的再従属が現実の脅威として認識されるようになったことを指摘する[106]。李承晩は，米国の想定する地域内分業を通じた日本に対するある種の「従属」を拒否し，自立型経済建設を推進しようとしたのである。

そして，李承晩は日本との経済関係の断絶を躊躇しなかった。政治的な理由によるものとはいえ，李は1950年代に2度対日禁輸を行い日本との貿易を全

---

104) 李鍾元，前掲書，128–32頁。
105) 本節で述べている日韓交渉の経緯について詳細は以下を参照。李鍾元「韓日会談とアメリカ ── 『不介入政策』の成立を中心に」『国際政治』第105号，1994年1月；太田修『日韓交渉 ── 請求権問題の研究』クレイン，2003年，69–130頁；吉澤文寿『戦後日韓関係 ── 国交正常化交渉をめぐって』クレイン，2005年，36–108頁；이원덕（李元徳）『한일 과거사 처리의 원점 ── 일본 전후처리 외교와 한일회담（韓日過去史処理の原点 ── 日本戦後処理外交と韓日会談）』서울대교출판부（ソウル大学校出版部），1996年，17–115頁；朴鎭希「제1공화국의 대일정책과 한일회담 연구（第1共和国の対日政策と韓日会談研究）」梨花女子大學校博士論文，2005年。最新の研究としては，李鍾元・木宮正史・浅野豊美『歴史としての日韓国交正常化Ⅰ ── 東アジア冷戦編』法政大学出版局，2011年；同『歴史としての日韓国交正常化Ⅱ ── 脱植民地化編』法政大学出版局，2011年がある。
106) 李鍾元「韓日会談とアメリカ」173–74頁。

面的に停止している。まず，55年8月18日に，日本が韓国にとって敵国である中国と貿易を行っていることを理由に，韓国政府は対日交易を全面禁止した。これは，李が鳩山一郎政権のソ連，中国，北朝鮮など社会主義圏への接近に危機感と反感を募らせたからであった[107]。また，59年に日本政府による在日朝鮮人の「北送」に向けての動きが本格化すると，韓国政府は6月15日に再び対日通商断交を発表した。

さらに，前節で述べたとおり米国は関与しつつもあまり乗り気ではなかったが，東南アジア開発基金構想に対し李承晩は激しく反対した。李は1957年7月22日，梁裕燦駐米韓国大使に電文を送り以下のように述べている。

> アジア開発計画に関して，日本のアジアへの膨張に用心するように，同計画の参加国となるだろう国々に警告し続けることはとても重要である。米国人は近視眼的だ。彼らは日本がどのような国なのか考えているようには見えない。日本の計画に支援を与えることで，米国は日本の覇権を経験したアジア諸国全ての批判を引き起こす。もし米国が我々の言うことに耳を傾けなければ，彼らは以前の敵を自ら強化しもう一度真珠湾を経験することになる。

これは李と親しい関係にあった台湾の蔣介石が岸信介の同構想に全面的に賛同していたこととは対照的であった[108]。

小 結

アイゼンハワー政権はドミノ理論に基づき東アジア同盟諸国に対する共産主義からの脅威に対処せざるを得なかった。一方で，その財政保守主義的信念か

---

107) 太田，前掲書，118頁。
108) From President to Yang, Jul 22,1957, No.378, File494, The Syngman Rhee President Papers（以下，SRPP）；保城，前掲書，157頁。この李承晩大統領文書原本はソウルの延世大学李承晩研究院が所蔵しており非公開である。ただ，複写本は延世大学学術情報院国学資料室内の雩南史料室で閲覧が可能である。なお，資料の目録は出版されている。Young Ick Lew, Sangchul Cha, and Francesca Minah Hong, *The Syngman Rhee Presidential Papers: A Catalogue* (Korea: Yonsei University Press, 2005).

らアイゼンハワーは長期的な冷戦を戦う上で米国の負担を減らすニュールック戦略を採用することとなる。ニュールック戦略は，アイゼンハワー政権成立当初，対外経済政策においては「援助より貿易」というスローガンとなって表れた。アイゼンハワー政権は，同盟国への援助を減らし同盟国同士の貿易を拡大することで経済発展を促し，国際分業のなかで同盟国を経済的に自立させようとしたのである。

　しかし，1953年にスターリンが死ぬと，共産主義陣営は第三世界に対する経済的な影響力行使を開始し，冷戦は経済競争という新たな性質を帯び始める。そして，米国の同盟国に対する共産主義の脅威は軍事的なものから政治・経済的なものへと変化していった。このような国際的環境の変化のなかで，米国は発展途上国に対し共産主義という経済発展の手法に代わる新たな資本主義側のヴィジョンを提示せざるを得なくなった。こうして，アイゼンハワー政権の対外経済政策に開発主義という新たな要素が登場することとなる。ロストウらが提示した開発主義とは，長期的な視野のもとで経済開発へと資源を動員することで，国際分業のなかで西側陣営や中立主義諸国の経済成長を達成させていこうというものであった。このような開発主義は，登場した当初はアイゼンハワー政権に本格的に採用されることはなかった。しかし，冷戦における東西の経済競争が激化していくとともに政権の対外経済政策に徐々に反映されていくことになる。60年代以降の韓国の経済発展に大きな影響を与えた，経済開発への資源の動員，輸出促進，長期経済開発計画の活用等の政策は，57年までにはアイゼンハワー政権の対外経済政策の方針に組み込まれた。

　こうして，アイゼンハワー政権の対外経済政策は，国家の介入と貿易促進のどちらも重視するものとなっていった。一方で，ロストウらの開発主義は公的な近代化支援や計画的な経済政策を重視したニューディール政策の系譜にあり，これらの遺産は開発借款や長期経済計画作成という形でアイゼンハワー政権の政策に反映されていった。他方で，政権発足当初，援助削減の手段として重視された発展途上国の貿易促進は，開発のための手段ともなり，開発主義によってその動機が強化された。この開発の手段としての貿易重視は，発展途上国のアウタルキー志向を阻止し，国際分業に組み込むことを前提としていた。

　しかし，李承晩は日本を中心とする東アジア国際分業体制に編入されること

を拒否し，農業，軽工業，重工業といった国家経済に必要なすべての産業を備えた上で国際収支を均衡させるという自立型経済の建設を目指した。そのため，日韓関係改善をはじめとするさまざまな問題をめぐって米韓の葛藤が生じることとなる。また，李承晩政権の経済政策は，その工業建設において国家資本主義的性質を帯びることとなった。

第 2 章

1956 年大統領選挙と経済発展の模索

　本章から 5 章までは，まず第 1 節で韓国国内外の政治状況の変化と，そのなかで米国が抱いた脅威認識について扱う。そして，その後の節で，立案・実行された韓国の経済開発促進のための諸政策を，米国の脅威認識と関連づけつつ分析する。

第 1 節　1956 年大統領選挙と米国の脅威認識

　1948 年の韓国建国以来，李承晩大統領は強権的な手法を多用しながらも，民主主義制度の体裁は保ちつつ，政権を維持していた[1]。そうしたなか，56 年 5 月には李の 3 選がかかった第 3 代正副大統領選挙が予定されていた。
　この頃米国当局者が持っていた韓国国内に存在する脅威への認識は，1955 年 11 月 16 日付で米国政府内の省間作業グループが OCB の審議に付すために作成した報告に典型的に表れている。米国がこの時期韓国の国内状況において

---

1) 木宮正史は，この李承晩政権期韓国の政治体制を準競争的権威主義体制に位置づける。準競争的権威主義体制とは，シュミッターがブラジルの分析によって導き出した概念であり，形式的に民主政治が要求する最小限の条件である自由選挙という制度的装置を許容するが，実質的には選挙が自由な競争の機会になることを防止しながら，選挙で勝利し，権威主義的支配を正当化するための手法として選挙が活用されることを意味する。Phillipe C. Schmitter, *Interest Conflict and Political Change in Brazil*（Stanford: Stanford University Press, 1971），378–86；木宮正史『国際政治のなかの韓国現代史』山川出版社，2012 年，35 頁。

最も懸念していたのは，北朝鮮の工作員による転覆活動や煽動であった[2]。同報告は，この破壊工作や煽動は普段は「潜在的な脅威」であり，ほとんど韓国において影響力を持たないと考えていた。しかし，(a) 李大統領の後継のための政治的闘争，(b) 大幅な経済の悪化，(c) 政府の効率性に対する国民の信頼の深刻な悪化といった3つのシナリオは，破壊工作や煽動の脅威を強化するものだと同報告は考えた。この3つの想定されるシナリオへの警戒は，李政権崩壊まで特に国務省や大使館で頻繁にみられることとなる。

そして，1956年の大統領選挙を前にして，最も懸念された「李大統領の後継のための政治的闘争」を解決する人物と米国側が考えていたのは李起鵬(イギブン)であった。李起鵬は53年以降に与党自由党内で台頭してきた人物であり，米国から「穏健」という評価を得ていた[3]。米国は李起鵬をすでに高齢であった李承晩の後継者として，そして，大統領有事の際に自動的にその職を引き継ぐ副大統領に当選するだろう人物として第一に想定していた。1956年2月7日付の米国政府内の情報報告書は，何らかの理由で李承晩が辞職した場合「政治的不安定性が増大する時期」が訪れると懸念を示している。しかし同時に，同報告書は正式な憲法の手続きに従った権力の継承により，政治的主導権は李承晩の第一の側近である李起鵬にわたるだろうという楽観的な予測も行っている。同報告書は，この後継政権は，穏健であり，米国に協調的であり，米国が韓国に推進させたい日本との国交正常化について現政権ほど非妥協的でないといった，さまざまな点で現政権よりも米国の政策に利するだろうと考えた[4]。そして，2日後の9日には，NSCにおいてダレス国務長官も以下のように同報告書の内容と重なる発言をしている。

---

2) "Staff Study Prepared by an Interdepartmental Working Group for the Operations Coordinating Board," Nov 16, 1955, *FRUS 1955–1957* Vol.23 pt.2 (Washington: United States Government Printing Office, 1993), 183–84.
3) 李鍾元「米韓関係における介入の原型（一）——『エヴァーレディ計画』再考」『法学』58巻1号，1994年4月，39–41頁; From Strom to The Secretary of State (以下, SecState), Deptel.893, 795B.00/2-2556, CDF, RG59, NA.
4) From Armstrong to Hoover, "NIE 42.–56: Probable Developments in the Republic of Korea through Mid–1957," Undated, 795B.00/2-2856, ibid.

ダレス長官は李大統領の死の問題に関して，このことによっておそらく，米国が韓国問題をより合理的に扱うことのできる状況に入ることができるだろうと言った。(中略)(引用者注──ダレスが言うには)もし李(引用者注──李承晩)が死去し，我々がそれに続く直後の危機を乗り越えることができれば，より良い状況に入ることとなるだろう。その時までは，今われわれが行っていること以上に我々が韓国においてできることを見つけるのは難しい。[5]

　つまり，米国は李承晩の死後一時的に混乱が起こることは前提として受け入れており，その後に，韓国においてどのように米国に利する状況を作っていくのかという観点から，李起鵬に期待したのである[6]。
　そして，5月15日に選挙が行われた。選挙直前に第1野党である民主党の大統領候補申翼熙(シンイッキ)が急死したため，実際の大統領選候補は李承晩と元共産主義者で平和統一と社会民主主義的政策を主張する曺奉岩(チョボンアム)の2人となった。結局，曺が善戦し，また申への追悼票もあってか，李承晩は勝利したが前回の大統領選挙より得票を大きく減らした。そして，副大統領選挙では民主党の張勉が李起鵬を破って当選する。米国がこの選挙後の状況をどのようにみていたのかを，以下に政治的な観点と経済的観点に分けて概観する。
　駐韓米国当局者はこの選挙結果が示している民衆の経済的不満を強く懸念した。大使館は，本国に選挙結果を通知する報告で，この選挙が「韓国国民の現政権に対する大きな不満」を明示しているとし，次のように述べた。

　　同選挙は東アジアでの民主政府形成の進歩に向けた大きな一歩である。しかし，おそらく，不可避的な転換と再編成の途中である韓国政治における混乱と分裂の時期のシグナルでもある。これ以降の韓国の安定は，李承晩の主要

---

5) "Memorandum of Discussion at the 276th Meeting of the National Security Council," Feb 9, 1956, *FRUS 1955–1957* Vol.23 pt.2, 218.
6) 李承晩死後の一時的な混乱については，1956年の大統領選挙後に赴任したダウリング駐韓大使も同じ考えをもっており，国務省のトップから現地当局者に至るまでの共通認識であったと見てよいと思われる。"Letter from the Ambassador in Korea (Dowling) to the Director of the Office of Northeast Asian Affairs (Parsons)," Dec 6, 1956, ibid., 365.

な権力の中心(李起鵬と警察の周りに形成された政治的複合体)を復元する能力と，大衆の不満と幻滅を利用しようとするだろう野党政治家の忍耐力と責任感にかかっている。

また，同報告書は他の箇所でも，李起鵬の復権と警察力の弱体化防止について，「韓国での安定の持続を保証するために，そして，李承晩死去の際の秩序ある権力移行を用意するためにこのすべての問題が解決されなければならない」と述べている。結局のところ，選挙で負けたにもかかわらず，大使館は李起鵬を韓国の政治的安定のための鍵と考え続けた。同報告書は李承晩の死についてはそれほど差し迫ったものと考えておらず，張勉が副大統領である期間中にそうした事態が起こった時のことについてはそれほど懸念をしていない。ただ，李承晩が政治の舞台から退場した後で韓国政治を安定させる手段として李起鵬による後継以外のシナリオをほとんど想定していなかった米国にとって，李起鵬の権力基盤が揺らいでいることは憂慮すべき事態であった[7]。

そして，警察力の強化についても，国務省北東アジア課韓国担当のネス(David G. Nes)の言葉を借りれば，「韓国は現在も続く政治的不安定と共産主義の転覆活動の脅威に直面している。両方とも現在，李承晩大統領によって支配されている権威主義的な準『警察国家』体制によって，成功裏に寄せ付けられなくされている」といった認識が米国側にはあった。つまり，米国は後述するように，最終的には与野党間の民主的な政治を望んだが，そうした状況が形成される前には警察の政治への介入を否定できなかったのである。また，民主党の忍耐力・穏健性への期待もこれ以降の米国の行動に影響をあたえた。第4章第1節で述べるが，後に米国は李起鵬と民主党穏健勢力を協力させようと試みるようになっていくこととなる[8]。

次に，米大使館の韓国経済に関する懸念について述べる。民主党がこの選挙

---

7) From the Embassy in Korea to The Department of State (以下，DOS), "The 1956 Presidential Election in the ROK (10): Final Report," May 24, 1956, Desp.389, 795B.00/5-2456, CDF, RG59, NA.

8) "Memorandum from the Officer in Charge of Korean Affairs (Nes) to the Director of the Office of Northeast Asian Affairs (Parsons)," Oct 1, 1956, *FRUS 1955-1957* Vol.23 pt2, 317.

で「生きられない，替えてみよう」というスローガンで国民の生活感覚に訴えかけたことは，その躍進の一因となった。駐韓米国大使館は，民主党がその達成のための具体的手段はほとんど提供しないままに，政治的・経済的・文化的・外交的な改革を約束しながら李承晩政権を攻撃し続けたことが熱狂的な大衆の反応を刺激し，その李政権への不満を吸い上げたと指摘している。米国は張勉の勝利に大衆の不満を見てとっていた[9]。しかし，米国がこの選挙でより懸念したのは，社会民主主義的政策を主張する曹奉岩の善戦であった。駐韓米国大使館員は選挙後に韓国におけるさまざまな分野の指導者とこの曹の善戦について話し合った。その結果，大使館は「資本主義と自由な民間の企業活動に対して次第に幻滅していっており，計画経済の理想に進歩を達成する唯一の手段として向き直っているかなりの数の韓国人がいる」という印象を受けた[10]。また，ある大使館員は後に張勉政権で復興部長官となる朱耀翰（チュヨハン）との会談の際に，韓国において自由経済の原則が信頼を失っていくに当たり，「多くの学生や若者は計画経済を支持するようになっている」と何度も繰り返し語っている[11]。こうして，選挙後に，ダウリング（Walter C. Dowling）大使ら現地の米国当局者により，韓国の積極的な開発戦略の樹立・実行の必要性が主張されたことは先行研究が示すとおりである[12]。

　以上のように，米国が韓国における1956年の大統領選挙後に懸念したことは，韓国の政治的混乱と経済停滞への民衆の不満であり，どちらも異なる形によってではあるが韓国の共産主義化への道を開き得るものであった。

---

9) From the Embassy in Korea to DOS, "The 1956 Presidential Election in the ROK (10): Final Report," May 24, 1956, Desp.389, 795B.00/5-2456, CDF, RG59, NA.
10) From the Embassy in Korea to DOS, "Inaugural Convention of the Progressive Party," Dec 11, 1956, Desp.205, 795B.00/12-1156, ibid.; 李鍾元，前掲書，265-66頁。
11) From the Embassy in Korea to DOS, "A Korean Comments on (1) Political Prospects; (2) Democratic Party; (3) Prospects for Assembly Elections in 1958; (4) Situation in North Korea; (5) The Hungsadan (Young Korea Academy); (6) Chosun Democratic Party," Nov 26, 1956, Desp.178, 795B.00/11-2656, CDF, RG59, NA.
12) 李鍾元，前掲書，269-74頁。

第2節　1956年大統領選挙と経済の争点化

　大統領選挙後，米国は韓国の経済発展について真剣に向き合う必要性を感じ始めた。そして，1956年後半には韓国現地の米国当局者から本国へと経済発展重視の政策に関する提言がなされた[13]。本節では，本書で重視する輸出指向工業化と国家主導型工業化と関係する諸要素に重点を置きつつ，この一連の報告について分析する。

　停戦直後，韓国の都市には北からの避難民や除隊軍人，農業から離脱した人々が流入したが，これらの人々はまともな職を得ることが難しく，完全失業や潜在失業の状況に置かれ「都市非公式部門」を形成することとなった。李大根の推計によれば，1953年の時点での失業率は8.7％であり59年には6.4％と若干改善したが，こうした統計も最小限の失業者統計に過ぎず，多くの偽装失業，潜在失業人口をとらえきれていないという。さらに，もう1つの指標として，都市地域の勤労者の世帯の家計収支動向を見ると，異例的に物価が下落した58年を除外すれば，年間世帯当たり支出は常に収入を超過していた[14]。このような状況下で56年の正副大統領選挙においては都市部で票を獲得した野党が善戦したのである[15]。

　選挙後の1956年10月25日，ダウリング大使は韓国の現状に関する報告書を国務省に送った[16]。ダウリングは，「我々は軍事的領域において韓国の侵略に対する防衛力の強化という目的を達成する一方で，成功した救済と復興は韓国の経済発展への不可欠な基盤を敷く以上のことはしなかった」とし，「（引用者注——韓国への）共産主義者の軍事的脅威に対する強い防衛力を維持する一方で，その注意を，政治・経済的に次第に明らかになっている内部の困難に集中させ

---

13)　同上，269–74頁；이철순（李哲淳），前掲論文，313–26頁；정일준（鄭一畯）「미국의 대한정책　변화와　한국　발전국가의　형성，1953–1968（米国の対韓政策変化と韓国の発展国家の形成，1953–1968）」53–66頁。
14)　李大根『解放後–1950年代의 經濟（解放後–1950年代の経済）』，448–51頁。
15)　木村，前掲書，205頁。
16)　From the Embassy in Korea to DOS, "Broad Evaluation of U.S. Program in Korea," Oct 25, 1956, Desp.128, Box 62, Entry 422, RG469, NA.

なければならない」と述べた。こうした認識は5月の大統領選挙の結果からくるものであった。そして，経済的困難の解決のために韓国の軍事力・軍事支出を減らすよう訴えたことは李鍾元の分析の通りである[17]。ダウリングは朝鮮半島が分断されている限りで「自立と成長は無理」だとしている。この前提に則って，ダウリングが提示した経済開発の目標は「剰余農産物と産業機械の輸入を除いた国際収支の5年間での均衡」だった。そして，輸入を減らすための肥料，セメント，ガラス等いくらかの工業の輸入代替と，特に米穀，水産物，鉱産物，そして手工芸品の輸出促進の必要性が述べられている。ここでの手工芸品とは，要するに，当時の中小規模製造業者の生産物である。そして，ダウリングは同報告書内で中小規模製造業者に重点を置くべきと主張している。なぜならば，この業種は現地の技術を利用できる可能性が相当程度存在し，後続のより複雑な諸工業のための訓練となり，さらに，すぐに操業に入ることができるからだという。また，同報告書は韓国の外資誘致の必要性についても述べている。

　金融に関して，ダウリングは，産銀を援助から資本が供与され米韓銀行家によって共同管理される長期貸出業務に従事する開発銀行へと転換する必要性を主張した。ここで銀行家が強調されているのは，現行の政府による干渉をなくし，投資計画に「銀行原則」を導入するためであった。ダウリングは韓国政府が金融を支配することで各産業に強い発言権を持っていたことを問題視した。そのため，従来，合同経済委員会（以下，合経委）[18]をつうじて米韓両政府の管理下にあった財源を両国銀行家の管理に移行し，韓国政府による単独管理下の財源をなくすことを主張したのである。さらに，ダウリングは，この開発銀行の融資の重点は中小企業に置かれるべきと主張した。以上のように，ダウリングは商業銀行とは違う開発金融の必要性は認めながらも，そこに大幅に市場原理を導入しようとしたのである。

　同じ時期に，韓国現地における米国の経済援助の責任者であるウォーン（William E. Warne）経済調整官も，対韓経済政策に関する提言を行っている。

---

17) 李鍾元，前掲書，269-70頁。
18) 米韓合同経済委員会は，韓国政府と国連軍司令部（つまりは米国）との間の経済政策に関する調整の場として1952年5月24日の「大韓民国と統一司令部間の経済調整に関する協定」によって設置された。이현진（李昡珍），前掲書，138-39頁。

1956年12月11日に東京で，ウォーンは訪日していたランダル大統領特別補佐官に韓国経済に関する覚書を提出した。同覚書は，まず韓国における問題の1つとして韓国が米国を主要な貿易相手とする一方，経済的に極東において孤立していることを指摘し，韓国を極東経済へと統合する必要性を強調した。言うまでもなくそのなかでも第一に重視されたのは日本との経済関係の構築であった。

　続いて，同覚書は米国の援助政策について言及している。ウォーンは，国民生産や政府予算支出の大きな部分を軍事部門が占めることで，インフレ圧力が生成され，米国の援助額は増大し，生産的投資に援助と資源が向かず，必要以上に消費水準が高まると指摘した。そして，ウォーンは，韓国経済は現在復興を終え「工業と開発の段階」に入ったが，その際に国際収支の赤字と技術の欠如が大きな問題になっているとし，以下のように述べている。

> これらの問題に対処するために，我々は政策を輸入に必要な外貨を減らし輸出による黒字の達成を可能にするといった貿易収支に好ましい影響を与える諸事業へと徐々に向けていくことを試みている。我々は，韓国経済が突入しているこの開発段階に伴って技術協力計画の拡大と再活性化にも動いている。

そして，ウォーンはこうした韓国の経済開発を後押しするために，軍事援助中心の米国の対韓援助政策を見直すことを主張している[19]。

　また，同じ会議の席でチョウナー（Lowell J. Chawner）経済調整官経済財政政策顧問もランダルに覚書を提出している。チョウナーは，米国の対韓経済政策における目的を，「同国の政治的な立場を支援し，共産主義者の攻撃と転覆活動から自由で独立したままであり続けるための韓国国民と政府の意思と能力を強め，維持すること」としている。そして，チョウナーは，現在経済調整官室は韓国における援助政策において大企業よりも「小規模事業」を重視してい

---

19) "Paper Presented by Mr. William E. Warne, UNC Economic Coordinator for Korea, at Conference Held in Tokyo, Japan, on December 11, 1956, by Mr. Clarence B. Randall, Special Assistant to the President, on Foreign Economic Policy and Program," Attached to, From Warne to ICA, "Report on Briefing of Randall Group," Dec 19, 1956, TOICA A-1020, Box.62, Entry422, RG469, NA.

ることを報告している[20]。

　最後に，1956年9月から10月にかけて日本と韓国を歴訪したメイシィ（Robert M. Macy）予算局国際課長が作成した報告書について触れたい。同報告書は，メイシィ自身の意見が記されているというだけでなく，メイシィから見た韓国現地の米国当局者の考え方について纏められているという意味でも重要である。

　メイシィは5月の選挙について，まず，民主党が自由市場経済や経済統制の削減を志向しているとして，張勉が当選したことをもって，韓国人が（社会主義とは逆という意味で）保守的になっていると結論付ける者が現地米国当局者の中にいるとした。しかし，他方で，失業，低賃金，警察国家的手法への敵意，そして賢明な指導者がいないことに対する不満を韓国人がもっていると考える人々もいるとメイシィは指摘した。そして，メイシィによれば，後者は，このままでは韓国における政治的な状況はかなり左側へと動いていくだろうと主張しているという。両方の意見を聞いたうえで，メイシィは後者の意見を受け入れ，「外部からの侵略に対する防衛への集中から，国内状況をより重視する方向へと意識的な転換がなされるべきだと確信した」という。また，メイシィは，韓国にはこの2，3年で左翼運動に機会を提供するようなさまざまな兆候があるとも述べている。

　メイシィは，この侵略に対する防衛から国内状況重視への転換について，「現在とこれから見込まれる軍事費」が「活発な経済開発政策」や「工業発展」の資金調達に支障をきたすと指摘する。そして，同報告書は，さらなる経済発展と国内治安重視よりも現状のような大規模の兵力水準維持の方が重要なのか再考し，適切な韓国軍の兵力水準を示すことを提言している。さらに，メイシィは，韓国人の「機械学的・工学的適性」はすべての工業化計画の重要な基礎となるとしている。そしてメイシィは，「(引用者注──韓国の) 唯一の目に見える資産は，潜在的に有能な多数の人々であり，この資産を利用する方法は，

---

20) "Paper Presented by Dr. Lowell J. Chawner, Director, Economic and Financial Policy at Conference Held in Tokyo, Japan, on December 11, 1956, by Mr. Clarence B. Randall, Special Assistant to the President on Foreign Economic Policy and Programs," Attached to, ibid.

小規模の企業(引用者注——ここでは,小規模の工業という文脈でこの言葉を使っている)を発展させることであり」,そうすることによって,「より大きな企業のための技術を強化し,いくらかの失業を吸収し,最終的に輸出を増大させるだろう」と,米国の現地当局者たちが考えていると報告した。また,こうした小規模企業育成は日本の大企業との分業を大前提としていた。同報告書は韓国の外資誘致の必要性について述べているが,ここでも,日本の資本を韓国の小企業に呼び込むことを重視している。また,同報告書は産銀を政治的な干渉から切り離し,民間投資の推進に役立てることも主張している[21]。

　ここまでのダウリング,ウォーン,チョウナー,そしてメイシィの主張を整理するならば,以下のようになるだろう。韓国現地の米国当局者たちの中には,1956年5月の大統領選挙後に,韓国の政治状況において左派的な政治勢力が影響力を持つことへの懸念があり,それを防ぐためには経済開発が必要だという認識が生じた。そして,その経済開発のための方法として現地の米国当局者たちが必要と考えていたことで,本書にとって重要なのは以下の5点である。1つめは,李鍾元が指摘しているように,韓国の兵力削減によって経済開発に動員可能な資源を増大させることである。2つめは国際収支の均衡,黒字を目的とした輸入代替と輸出促進である。もちろん,輸入代替は日本を中心に据えた米国の東アジア地域内分業構想に矛盾しない限りでということであろう。そして,3つめは,韓国工業化の第一歩としての中小規模製造業者の育成とその輸出への参加の促進である。これは,当然労働集約型工業製品の輸出促進を伴う。4つめは外資誘致である。そして,5つめに,政府や政治からの干渉を排除して米国の考える経済開発の形に役立つように産銀を改革することである。現地米国当局者のなかで想定されていた韓国の経済開発の方向性とは大体このようなものであったといえる。

　ここで,大使館や経済調整官室が中小企業育成を重視していたことに関しては多少敷衍する必要があるだろう。中小企業重視の方針は対韓政策に特有のものではなく,当時ICAにおいて発展途上国の経済開発一般について考える際,

---

21)　Macy, "Report on Korea," Oct 25, 1956 Box.3 Folder.12, White House Office of the Special Assistant for National Security Affairs: Records 1952–1961, OCB Series, Subject Series, DDEL.

ある程度方針化されていたものと思われる。これらの大使館や経済調整官室からの提言がなされた少し後である1957年に, ICAは『経済開発における小規模企業の役割』という小冊子を発行した。同冊子は, 狭い市場, 失業や不完全雇用状態にある非熟練労働力, 大規模の事業に投資できるほど資本市場が発達していないこと, 大規模工場を管理できるほどの訓練や経験の欠如, 複雑な機械を使用・修理する技術の不足等を挙げ, 発展途上国の経済開発における小規模企業の重要性を力説している[22]。ダウリング, ウォーン, チョウナーの中小企業重視に関する提言や報告は, 韓国現地における独自の見解というわけではなかったのである。

以上が, 大使館や経済調整官室, メイシィらの提言であるが, 先述したようにダウリング, ウォーン, チョウナーと会談したランダルも, 帰国後報告書を作成した。このランダルの報告書の主眼は, 東アジア諸国間の日本を中心とした経済的相互関係の強化であった。同報告書がその事例として挙げたのは鉄鋼であり, 日本が台湾から瀝青炭, 韓国, ビルマ, フィリピン, タイから鉄鉱石を輸入し, 完成した鉄鋼をそれらの国々に輸出するという構図が提示されていた。この頃には日本の最大の輸出品目が織物から鉄鋼へと移っていたことがこうした構図の背景にある。そして, 同報告書は, 紡織工場, 製糖工場, セメント・プラントの重複に関しては, 各国間での友好的な分業努力によって地域大で調整することを提言していた[23]。この分業体制は, 日本以外の織物の輸出に道を開くものであり, 米国当局者の一部に対日占領期からあったような, 日本が資本集約型工業製品, 周辺国が労働集約型工業製品を輸出するという構図が実現可能と認識されるようになっていったことを意味する。もちろん, ここで紡織, 製糖, セメントを挙げているのは, 主に当時それらの輸出条件が整いつつあった台湾を念頭に置いたものと思われる。しかし, 次節で述べるように, この時期に米国が韓国の綿紡織の輸出産業化に積極的な態度を見せ始めた裏には, このような認識があったことも無視できない。

---

22) 「後進國家에 있어서의 中小工業의 役割 (後進国家においての中小工業の役割)」『産業銀行月報』第46号, 1959年7月。
23) 李鍾元, 前掲書, 222頁; "Report by the Chairman of the Council on Foreign Economic Policy (Randall)," Dec,1956, *FRUS 1955–1957* Vol.9, 38.

すでに1955年には，米国は韓国政府が労働集約型工業製品の輸出を望んでいることについて認識していた。55年8月に，梁裕燦駐米韓国大使は国務省を訪れ，ロバートソン国務次官補，マックラーキン北東アジア課長と会談した。その際，梁は「われわれ自身の消費財をわれわれの使用のためだけではなく輸出目的で生産するための資本投資は経済安定にとても重要だ」と述べ，ロバートソンはこれに同意した[24]。しかし，まだ当時は，米国当局者間で韓国の工業製品の輸出が積極的に議論されるということはなかった。例えば，56年5月の大統領選挙の直前である3月に大使館が国務省に送った55年の韓国経済に関する年次報告では，韓国の輸出を増大させる手段としては従来通り米穀とタングステンが挙げられている。第2次産品については，陶器と手工芸品輸出の潜在的可能性が言及されているが，日本との厳しい競争が予想され，悲観的な見解のみが述べられていた[25]。そうした認識が56年後半には変化し始めたのである。

　1958年には，この駐韓米国当局者らの認識の変化は，韓国政府との協議を経て，米国の援助計画の運用方針に取り入れられた。58年6月11日，合経委長期計画分科委において米国側が59年度と60年度の援助計画を再検討することを提案した。これは，それまでの事業計画は復興のためであったが，より開発へと支出ができる段階になったという米国側の認識によるものであり，韓国側も同様の認識を持っていた。こうして，合経委の各分科委員長の協議のもとに「1959-1960財政年度とそれ以降の計画作成に影響を与える諸問題の再検討」と題された文書が作成され，1月23日に合経委において承認された[26]。

　同文書は，まず，対韓援助の目的として，(1)十分な水準の防衛を供給し，十分な水準の消費を可能とするように韓国経済を支援し，(2)財政的な安定の条件下で同国経済を自立へと前進させることを可能とする投資の水準と構成を支え，(3)市民の士気を高い状態で維持し，進歩を達成するなかで，国民全員

---

24) From Yang to Rhee, Aug 11, 1955, File.265, SRPP.
25) From the Embassy in Korea to DOS, "Annual Economic Report 1955, Republic of Korea," Mar 19,1956, Desp.294, 895B.00/3-1956, CDF, RG59, NA.
26) "Long Range Economic Planning CEB Sub-Committee," Undated, Box.5, Entry1277DI, RG469, NA.

の参加の実感を助長するという観点から民主制度を強化することを挙げている。以上のように目的を提示した後で，同文書はその実現のための諸方針を提示している。そのなかには，民間部門に販売する物資を輸入する非計画援助において輸出と輸入代替産業に不可欠な材の輸入を優先することや，政府の事業を支援するための計画援助においては特に労働集約型工業に優先投資すること等が述べられている[27]。この「輸出に不可欠な材の輸入」は，当然，加工した工業製品の輸出のためのものであり，つまり，ここでは援助を使用して労働集約型工業製品輸出を支援することが表明されているのである。他方で，同文書の作成には韓国側も関与したにもかかわらず，李承晩政権の経済政策である自立型経済建設や重化学工業建設については触れられておらず，「産業の均衡のとれた発展」のために産業機械の輸入にできる限り援助資金を割くことが述べられているのみであった。

　こうして，大使館や経済調整官室は，韓国の中小企業による手工芸品の輸出促進を試みるようになっていく。米韓当局者は1957年度に小規模企業に米国援助から融資する際の規程を採択した。同文書の「目的」の部分には「国内資源活用に注力し，輸入原料は最小限度に局限し，雇用を増大させ，物価を安定させ，海外市場を開拓することのできる生産拡張計画等」に育成資金を貸し出すと述べ，輸出をその重要な条件の1つとして挙げている[28]。また，米国は，57年4月にニューヨークで予定されている博覧会でこうした品目を宣伝させるべく韓国政府に参加を促した。韓国政府はこれに応じて出品のために，1673種の手工芸品，158種の陶芸品，83種の食料品，50種の織物見本，26種の自動車部品，17のゴム・皮革製品，13の鉱物といった2000以上の品目を選定

---

27) "Review of Problems Affecting Programming for Fiscal Year 1959–1960 and Later Years," Jun 20, 1958, CEB-P-58-302-Finalized June 23, 1958, Attached to, ibid. 崔相伍「1950年代 外換制度와 換率政策에 관한 研究（1950年代為替制度と為替レート政策に関する研究）」140頁；김낙년（金洛年），前掲論文。

28) "Principle and Procedure for Financing the Investment Program: Regulations Governing FY 1957 Small Industry Development Program," Jul 10, 1957, ANNEX V to CEB-P-57-29b, Box.2, Entry1277DH, RG469, NA；「1957年度小規模産業開發計劃管理規程」『復興月報』11号，1957年8月。

することとなる[29]。ここで，手工芸品が突出して多いことがわかる。その後も米国における韓国製品の展示は行われたが，特に59年にニューヨークで開かれた世界商品展示会を，経済調整官室は成功と評価した。この展示会では，アイゼンハワーが韓国産の壺を眺めている写真が撮影され，韓国製品の試供品に多くの注文が寄せられた。経済調整官室によれば，これは米国がオハイオから招いた技術者たちによる韓国での訓練の提供や，ソウル大学，弘益大学における課程の創設といった，米国によるこの1年の韓国の手工芸品生産に対する支援が結実したものであった[30]。

　以上のように，1956年の大統領選挙を契機とし，韓国現地の米国当局者は復興段階を終えた韓国経済を自立に向けて発展させることや，そのために主に手工芸品ではあったが労働集約型工業製品を含む輸入代替と輸出促進の必要性を認識し始めた。しかし，韓国における経済発展が必要だという駐韓当局者内の認識を，米国本国はあまり共有していなかった。

　例えば，韓国経済にとって大きな負担となっていた大規模な韓国軍兵力の削減はあまり進展しなかった。援助を再検討するために設立されたプロクノウ委員会やダウリング大使の提言を受けて，1956年にはNSCで韓国軍兵力削減に関して検討がなされることとなった。しかし，米軍部や国務省，そしてアイゼンハワーが反対したことで，削減が本格的に進められることはなかった。李鍾元は，国務省が反対に回った理由は韓国国内政治への悪影響であり，特に「ポスト李承晩」体制を支える基盤として韓国軍部に大きな期待を寄せていたため，その弱体化や士気低下を招きかねない韓国軍削減は支持できなかったとしている。さらに李鍾元は，アイゼンハワーの反対の理由については，ソ連のスプートニクの打ち上げ，アラブでの民族主義的動き，ラテンアメリカの反米感情，第2次台湾危機といった米国にとって不利な世界的な潮流を挙げている。こうしたなかで，アイゼンハワーは「米国はいかなる地域においても弱さを見せて

---

29) From the Embassy in Korea to DOS, "WEEKA No.4 – Section II, F-Economic," Jan 28, 1957, Desp.289, 895B.00/1–2857, CDF, RG59, NA.
30) "Industry Division "Office of Resources Development Higlight Monthly Report, June 1959"," Attached to, From Chawner to ICA, "Highlight Monthly Report, June, 1959, RF, Industry Division," Jul 15, 1959, TOICA A–114, Box.111, Entry422, RG469, NA.

はならない」と考え，韓国のような象徴的な地域での軍事力削減は米国の弱さを印象付けアジア全域に大きな政治的心理的影響を与えるので避けようとしたのだという。結局，韓国軍削減は58年12月から59年1月にかけて2個師団が削減されるにとどまった。つまり，経済的考慮から，韓国の軍事的負担を削減する必要は明白であったものの，米国政府にはそれを十分に実行するモチベーションはなかったのである[31]。

このような，この時期における米国本国の韓国経済発展に対する関心の弱さは，1957年8月8日に採択された対韓政策の方針を定めた文書であるNSC5702/2にも表れている[32]。前述したように，多少なりとも開発主義の影響を受けることとなった対東アジア経済政策文書であるNSC5506の後にNSCで始めて採用された対韓政策文書は，55年3月10日に大統領が承認したNSC5514であった。しかし，NSC5514の韓国経済に関する部分は，53年11月20日に採択された前の対韓政策文書であるNSC170/1とほとんど変わらない[33]。まず，両文書とも対韓政策の基本目的の1つとして自立的経済の建設が挙げられてはいる。しかし，両文書とも具体策としては，将来的に韓国を「最小限」の対外援助で支えることが可能な「1949–1950年の水準に近い生活水準」を達成すること，援助による投資を経済安定に一致する範囲内で行うこと等を述べているのみである。

これに対し，NSC5702/2には，朝鮮戦争後に採択されたNSC対韓政策文書で初めて韓国経済の「発展」自体に関する記述がみられる。また，韓国経済に関する記述も以前の2つの文書より量が増え，より具体的になっている。まず，同文書には，「適度な経済的安定の維持と両立する最大限の速度で，経済的に健全で多様な農業・工業生産を拡大し，失業者を救済し国際収支の赤字を縮小するという目標を強調しながら自立性の増大の達成を企図する」という新たな内容の記述がみられる。戦災復興や米国の援助削減を可能とする経済建設のみ

---

31) 李鍾元，前掲書，226，230-47頁。
32) "National Security Council Report," Aug 9, 1957, *FRUS1955–1957* Vol.23 pt.2, 489-98.
33) "National Security Council Report," Feb 25, 1955, ibid, 42-48; "Report by the Executive Secretary (Lay) to the National Security Council," Nov 20, 1953, *FRUS 1952–1954* Vol.15 pt.2 (Washington: United States Government Printing Office,1984), 1620-24.

を目的としていた前の2つの文書よりも一歩踏み込んで,それらの目標とは別個に,米国の志向する低開発国の達成すべき自立経済の内容を示したものと言える。また,成長から得られた分の資金を,「消費の増大よりも,投資に向ける」ことも主張されている。ただ,経済安定優先は変わらず,むしろ「財政運営改善に対する責任をより多く引き受けさせることで,健全な経済と財政政策を採用し,実行する」という記述が増えている。さらに,韓国現地が提言した具体的な輸出促進や輸入代替の方針,後継文書であるNSC6018/1に導入される経済計画作成や為替制度改革,そして何よりロストウの開発主義に影響を受けた文言等は入っていなかった[34]。

こうした点から判断するに,李鍾元も指摘しているように,1956年の大統領選挙後に米国本国が韓国の経済開発に積極的に向き合い始めたとは言い難い[35]。

第3節　李承晩政権の輸出促進政策と外資導入促進法

前節において,駐韓米国当局者たちが韓国の経済発展を重視し始める過程について述べた。本節では,この変化が起こった1956年以降の韓国の経済政策を輸出促進政策に焦点を当てて見ていく。

1. 韓国における自立型経済建設と1950年代後半の輸出促進の試み

韓国政府が志向した自立型経済は,諸産業の均衡的発展による自給自足型産業構造の達成と,国際収支の均衡により達成されるものであった。本項では,自立型経済建設に必要な国際収支均衡の達成のために,1950年代に韓国政府内で輸出促進がどのように試みられたのかについて述べる。

当時の韓国の輸出総額は輸入総額に比べれば微々たるものであった。そして,輸出収益では賄いきれない大規模の輸入需要には,米国の援助物資,在韓米軍

---

34)　"NSC6018/1," Jan 18, 1961, RG273, NA.
35)　李鍾元,前掲書,273-74頁。

に対する物資売却収益,そして国連軍貸与償還金を含む貿易外外貨収入が充てられていた[36]。このような状況下で,韓国の輸出促進は自立型経済達成のためには避けて通れない課題であった。こうして,1956年12月には輸出5ヵ年計画と輸出振興要領が作成された。米国による対韓援助の年間額は57年に最高額を記録した後漸減していくこととなるが,これらの輸出促進政策は韓国政府が援助削減を懸念して立案したものであった[37]。以下に,輸出5ヵ年計画と輸出振興要領の内容について分析する。

輸出振興要領と輸出5ヵ年計画の「提案理由」の項では,最初に,1951年から55年までの期間における韓国の民間貿易の輸出入の年間平均数値が算出されている。その数値は輸出が2610万2000ドル,輸入が8064万7000ドルと,5454万5000ドルという圧倒的な赤字を示していた。そして,同項はこの外貨収支における赤字を埋め合わせていた年平均5531万ドルの国連軍貸与償還金が56年以降激減したことと,タングステン輸出が減少したことによる外貨獲得源の「涸渇」を問題視した。さらに,同項は「将来の外国援助の減少または終息」に備える必要性についても述べていた。その際,国際収支赤字の解決策として提示されたのが,基幹産業の建設促進,つまり輸入額を減らす輸入代替と,輸出促進であった[38]。

そして,輸出振興要領は輸出促進のための10の提言を行っているが,ここでは輸出全体へのインセンティヴの付与の他にも工業製品の輸出促進の試みが見られる[39]。例えば,第4項の「輸出物資生産に必要な原料輸入に対する関税

---

36) 崔相伍「1950年代 外換制度와 換率政策에 관한 研究(1950年代為替制度と為替レート政策に関する研究)」36-57頁。国連軍貸与償還金は当時の韓国政府の重要な外貨獲得源であった。朝鮮戦争勃発直後の1950年7月26日の「国連軍経費支出に関する米韓協定」によって,韓国銀行は戦費を必要としていた国連軍の要請に応じてウォン貨(ホァンの前の韓国の通貨)を無制限に供給することを義務づけられた。その後,国連軍は51年10月からドルによって部分的に韓国への償還を開始することとなった。李鍾元,前掲書,170頁。
37) 商工部「輸出5個年計劃과輸出振興要領(案)(輸出5ヵ年計画と輸出振興要領(案))」『국무회의상정안건철(国務会議上程案件綴)』1956年12月,国家記録院所蔵,BA0084207, 587-96頁。
38) 同上,588-90頁。
39) 同上,590-95頁。

を免除する。輸出によって得た外貨の使用について，原資材と施設財の輸入に対する関税を免除する」という提言と，第9項の「輸出物品生産企業の設備改善・機械化，または技術導入に対する援助資金を優先的に配定する」という提言は，工業製品輸出に向けられたものであった。

次に，輸出振興要領とともに国務会議に提出された輸出5カ年計画の特徴を整理する。同計画が重視したのは，米穀と工業製品の輸出だった。同計画は1957年から61年までの輸出拡大のための構想を提示するために作成され，51年から55年までの過去5年間の平均値を基準値としている。そして，計画最終年には輸出総額を基準値の3.92倍にすることが目標とされていた。その内訳として同計画は工業製品以外では，水産物を61年には基準値の3.2倍に，鉱産物を1.8倍，農産物を14.8倍とすることを想定していた。それぞれの部門が総輸出額に占める割合の変化としては，水産業は基準値の12.25％が61年には9.81％に，鉱産物は72.84％から32.70％，農産物は9.12％から34.29％となることが想定されている[40]。鉱産物の割合が急落し農産物の割合が急増していることが分かるが，前者は輸出の主力だったタングステン輸出の減少によるものであり，後者は米穀輸出の拡大を想定したことによるものだった。

1950年代前半に韓国輸出における主力であったタングステンは，米国との重石（タングステン）協定の影響で51年からの5年間の輸出総額に占めた割合は53.94％に上った。しかし，54年3月末に協定の期限が終了するとその輸出額は急落している[41]。こうした状況下で，商工部は計画の対象となる5年間にタングステン輸出が漸増するように目標を設定した。しかし，それは同品目の輸出全盛期に比べればかなり低い数値であり，最終年の輸出総額に占めるだろう割合は9.77％と設定された。このように，同計画はタングステンによって輸出をけん引することにはある程度見切りをつけていたと言える。その結果，計画目標において鉱産物の輸出額が総輸出額に占める割合は急落した。

その一方で，最終年度の米穀輸出額は輸出総額の16.61％と，最終年度に輸

---

40) 同上，645頁。
41) 米韓重石協定は1952年3月に締結され，韓国で生産されるタングステンを米国が購入し，米国は韓国のタングステン増産のために必要な援助を韓国に提供することを取り決めた協定である。韓國銀行調査部『經濟年鑑』1955年，Ⅰ・553－Ⅰ・554頁。

出総額に占める割合が 34.29％ と想定されていた農産物輸出の半分に設定された。韓国は建国後も日本に植民地期以来の米穀輸出を行っていたが朝鮮戦争の勃発によってその輸出は途絶した[42]。同計画はこうした米穀輸出を再開し輸出拡大の軸に据えようとしたのである。このように，同計画の1つの大きな特徴は輸出の主力をタングステンから米穀に切り替える試みであったと言える。

同計画のもう1つの特徴は工業製品の輸出であった。同計画では，それまで統計上皆無だった工業製品輸出を，最終年度までに総輸出額の 13.58％ まで増やそうとしていた。やはり急速な輸出伸長が想定されていた手工芸品輸出と合わせ，最終年度に第2次産品の輸出が総輸出額に占める割合として，19.52％ が目標として設定された。この数値は鉱産物と農産物に比べれば小さいかもしれないが，それまで工業製品の輸出がほぼ存在しなかったことを考えると，ここに明らかに商工部の工業製品輸出重視を読み取ることができる。その内訳はというと，綿布だけで最終年度目標の総輸出額の 11.73％ を占めていた[43]。

1950 年代中盤以降に韓国政府が工業製品の輸出を重視した理由としては，大きく4つが考えられる。1つめは，経済的後進性から脱却したいという民族主義的思考である。『貿易年鑑』は，商工部が輸出の1次産品生産への依存を「経済的後進性」と捉えて脱却する必要性を感じたことで工業製品輸出が重視されるようになったのだと，輸出振興要領立案の裏にあった事情を伝えている[44]。

2つめには，労働集約型工業が成長し，すでに 1950 年代中盤においても綿紡織といった部門の生産力を狭小な国内市場が吸収できなくなっていたことが挙げられる[45]。

3つめには，国際市場における第1次産品への需要が，国際的な競争の激化に起因する限界や，先進国の経済の浮き沈みに左右されすぎるという韓国政府当局者内の認識が挙げられる。例えば，宋仁相は 1959 年 1 月に『復興月報』

---

42) 太田，前掲論文，37-39 頁。
43) このような輸出5カ年計画の特徴については以下の研究が指摘している。李大根『解放後-1950 年代의 經濟（解放後-1950 年代の経済）』383-86 頁。
44) 韓國貿易協會『貿易年鑑』1958 年，30-31 頁。
45) 韓國銀行調査部『調査月報』1955 年 10 月，74 頁。

誌上で「後進国における第1次商品輸出は大体において先進工業国の景気進退と密接な関係を持っているので，それらの国々の景気状況によって輸出が大きく左右されるという隘路がある」と述べている。そして，宋仁相はその解決法として工業化による「輸出商品構造の高度化」が必要だとしている。また，59年元旦の東亜日報に掲載された座談会において，宋正範復興部企画局長は「1次生産品はいつでも先進国の景気に影響を多く受ける」とし，輸出を増大させるには労働集約型工業製品の生産が必要だとしている。また，復興部が刊行した58年度版の『復興白書』は，57年に比べ58年の輸出が減少していることの理由として，韓国の当時の主要輸出品目（つまりは1次産品や鉱産物）の国際市場における価格下落や需要減退を挙げている。同書はこのような状況下で，輸出産業の開発においては輸出構成を世界の需要増加の傾向に一致させるように方向づける努力が必要」としている。そして，同書は先進国が機械類や化学品の輸出を伸ばしていることに鑑み，先進国の産業に適合する原料を輸出するだけでなく，労働集約的製品も輸出することを提言している[46]。

もちろん，こうした見方は復興部だけではなく，通商を主管する商工部にも共有されていた。朴商雲商工部商易局長は1957年に雑誌に寄稿し，この「先進国での需要の減退」について具体的に説明している。朴は同論稿のなかで，韓国の主要輸出品目であるタングステンに対する米国の需要が減り，さらに日本を主な輸出先としていた海苔や寒天が日本の輸入制限に遭ったことを問題視している。こうした状況への対策に，やはり朴は「輸出品の全般的な再検討」として「製造品の輸出実現」が必要だとしているのである[47]。

4つめには，韓国の労働集約型工業製品における比較優位を輸出で利用しようという韓国政府当局者たちの思考が挙げられる。このような比較優位や競争力の観点からの工業製品輸出促進は，経済政策関係当局者によって相次いで主張されていた。前掲の『東亜日報』紙上の座談会において宋正範は以下のよ

---

[46] 宋仁相「새해의 復興政策（新年の復興政策）」『復興月報』第4巻第1号，1959年1月，7頁；『東亞日報』1959年1月1日朝；부흥부（復興部）『단기4291년도 부흥백서（檀紀4291年度復興白書）』1959年，180，198頁。宋正範は，1961年の朴正熙らのクーデタ後に軍事政権で経済企画院副院長となった。

[47] 朴商雲「貿易政策과 韓國經濟의 將來（貿易政策と韓国経済の将来）」『貿易經濟』6号，1957年8月，11頁。

うに述べている。

> 一旦われわれが推進しているのは，輸出を振興させようというものであるが，これについては，それだけ（引用者注──第1次産品）によって行うのではなく，第2次生産品，言ってみれば，製造工業部門にあって例えば紡織だったり，工芸品だったりといった部門も，水産部門も加工を行って「缶詰」を作っていくということ，農産物にあっても「缶詰」を行って，加工をしていくということ，こうした程度に製造工業を引っ張っていかなければならないでしょう。そこで，ここにあってもう1つ我々が考えなければならないことは，現在，それが成立する価格が比較生産費の原則によって韓国に利があるということを必ず考慮しなければならないと思います。[48]

復興部においては，宋仁相も前掲の『復興月報』の論稿で，工芸品や綿紡織製品は国際市場で競合が可能だと述べており，商工部でも工業的に立ち遅れている東南アジアへの工業製品輸出を積極的に推進しようという動きがあった[49]。

主にこのような4つの理由により，1950年代後半には韓国当局者たちは労働集約型工業製品の輸出を積極的に試みるようになっていった。

以上に述べた輸出振興要領と輸出5カ年計画の特徴を再度整理するならば，当時の韓国政府の，特にこれを作成した商工部内の輸出に関する思考と関連して3つのことが言える。1つめは，輸出について従来以上に真剣に取り組む姿勢を見せ始めたこと，2つめは，輸出の主力として米穀を据えようとしたこと，3つめは，綿布，手工芸品を中心とした労働集約型工業製品の輸出を急速に推し進めようとしたことであった。しかし，主な市場であった日本の農業増産と食生活の変化によって，米穀を輸出の主力にする構想は1950年代後半にはかなり非現実的なものになっていった[50]。こうしたなかで，輸出におけるもう1つの成長頭として想定されていた労働集約型工業製品の重要性が増大すること

---

48) 『東亞日報』1959年1月1日朝。
49) 宋仁相「새해의 復興政策（新年の復興政策）」『復興月報』第4巻第1号，1959年1月，7頁；商工部『상공행정개관（商工行政概観）』1959年，346頁。
50) 韓國貿易協會，前掲書，1961年，116頁。

となる。

　韓国政府内では，その後，1958年後半にも再び輸出振興のための政策パッケージの立案が試みられた。商工部が作成した「輸出振興のための当面の施策」は国務会議に提出され，58年11月28日に若干修正され受領された[51]。同政策の「提案理由」は56年の「輸出振興要領」ほど詳細なものではなく，簡潔な文章でまとめられているが，よって立つ認識は基本的には同じものであった。ただ，提案理由で述べられている「これから我が国が外国援助に依存せずに自立経済を確立するため」に，「輸出を増進させ所要外貨を獲得する」という認識は56年よりも深刻なものだった。56年の「輸出振興要領」を作成した時点では，まだ米国の援助は削減傾向になかったため，提案理由も「外国援助の減少または終息に備えて」となっていた。しかし，57年11月に米国が経済援助を大幅に削減すると発表したため58年の「当面の施策」ではより差し迫った表現となったのだと思われる[52]。また，具体的な政策については，輸出収益の5％での輸入制限品目の輸入許可，輸出補償金の交付，新市場開拓者への特恵措置等，さまざまな提言がなされている。そのなかでも特に，見返り資金30億ホァン（当時の韓国の通貨単位）を財源とした，輸出物資の生産資金を融資するための「特別輸出資金」の設置に関する提言については，後に設立される輸出振興基金との関連で注目される[53]。

　また，この時期には輸出のための環境整備として新たな貿易法が作られた[54]。

---

51)　「제108회국무회의록（第108回国務会議録）」『국무의의록（제101회 - 제120회）（国務会議（第101回－第120回））』1958年11月，国家記録院所蔵，BG0000097，504–05頁;「국무의 부의 사항 —— 수출진흥을위한당면시책에관한건（원안）（国務会議附議事項 —— 輸出振興のための当面の施策に関する件（原案））」同上，1958年11月28日，217–48頁。

52)　同上，218頁；商工部「輸出5個年計劃과輸出振興要領（案）（輸出5カ年計画と輸出振興要領（案））」『국무회의상정안건철（国務会議上程案件綴）』605頁; Donald Stone Macdonald, *U.S.-Korean Relations from Liberation to Self-reliance: The Twenty Year Record* (Boulder: Westview Press, 1992), 280–81.

53)　「국무의 부의 사항 —— 수출진흥을위한당면시책에관한건（원안）（国務会議附議事項 —— 輸出振興のための当面の施策に関する件（原案））」『국무의의록（제101회 - 제120회）（国務会議録（第101回－第120回））』219–21, 234頁。

54)　貿易法については以下も参照。車喆旭「1950년대 미국의 대한 원조정책 변화와 이승만 정권의 수출정책（1950年代米国の対韓援助政策の変化と李承晩政権の輸出政策）」246頁。

当時,韓国の貿易は,解放直後の米軍政時代に貿易を管理するために公布された軍政法令第82号「対外貿易規則」と軍政法令第149号「対外貿易規則」に法的根拠をおいて行われていた。そして,商工部はさまざまな経済事情の変化のたびに随時公告や告示等で対応してきた。しかし,体系のない法秩序のせいで貿易制度は「朝令暮改」となっていた[55]。状況を改善するために,国会商工委員会は,1957年4月に政府が提出した案と同委員会の貿易法検討のための小委員会修正案を基礎とする試案を作成したのである。こうして,商工・財政両委員会は貿易法案を国会に共同提案することとなる。同法は「輸出を振興し輸入を調整し,健全な取引を促進することで国際収支の均衡と国民経済の発展を図る」ことをその制定の目的とした。そして同法は,1年か半年ごとに貿易計画を公布することを定め,また,輸出入の許可獲得や貿易業者登録その他,貿易に伴う細かい規定を取り決めるものであった[56]。

さらに,同法には,従来財務部が握っていた輸出入許可の権限を手に入れようという商工部の思惑が込められていた[57]。結局,同法案は1957年11月12日に国会本会議を通過し,産業政策と貿易政策が商工部の管轄となった。商工部作成の輸出5カ年計画や輸出振興要領が前提とする産業政策と貿易政策の密接な連関からも,当時の韓国政府の輸出促進政策にとって同法案は不可欠であったと言える。

このように,復興が一段落し「自立経済」を実際に建設する段階に達し,さらに米国援助の削減が予測され始めた1956年以降,韓国政府は輸出促進に積極的に乗り出した。韓国が輸出拡大の中心を担っていくと考えたのは植民地以来の米穀輸出だったが,同時に労働集約型工業製品輸出のための試行錯誤も始まった。他方,韓国の経済政策に大きな影響を及ぼしていた米国もこの時期には韓国側と似た態度をとるようになったことは前節で述べたとおりである。次節では,米韓の労働集約型工業製品輸出の取り組みに関する具体的な事例として,綿紡織製品輸出開始の政治過程について扱う。

---

55) 韓國貿易協會,前掲書,1958年,34頁。
56) 國會事務處『第26回國會定期會速記錄』第35号,1957年11月12日,9-17頁。
57) 高承濟『經濟學者의 回顧――回想의 學問과 人生(回想の学問と人生)』經研社,1979年,135-36頁。

2. 韓国政府による綿紡織産業の輸出産業化の取り組み

本項では李承晩政権期に米韓間で行われた綿紡織業の輸出産業化のための協議と実際の取り組みについて考察する。

1950年代中盤には，米韓双方とも韓国による労働集約型工業製品の輸出の必要性については認識していた。しかし，両国の認識には微妙な差異があった。米国が小規模企業が生産する手工芸品の輸出を重視していたことはすでに述べた。これに対し，輸出5カ年計画にも示されている通り，韓国が輸出用工業製品として重視したのは綿製品であったが，これはより近代的な設備において生産され，さらに，主に大企業がその生産を担っていたものであった。

1950年代の綿紡織産業は，米国の援助により戦災から復興し大きく発展していった。後の有力財閥となる金星，三護，三養，大韓，和信等の企業集団は綿紡織産業を主要な核に発展した[58]。米国の援助原綿は47年4月から韓国に供給されることとなったが，その配分は商工部が業界団体である大韓紡織協会の配給試案を基にして各企業体に割り当てる形で行われた[59]。50年に勃発した朝鮮戦争によって産業が破壊されると，綿紡織業は，やはり援助原綿とさらには見返り資金と公債による財政投融資に補完されて復興が進められることとなる[60]。綿工業に対する投下資金を源泉別にみると，自己資金は総投資額の4分の1に過ぎず，残りは，見返り資金，韓国銀行や都市銀行から融資された設備投資資金，産業復興用に充当された産業資金等から供給された。これらの膨大な資金は主として政府が監督する産銀によって融資された[61]。また，植民地時代の日本人所有財産を起源とする帰属財産の払い下げは，政治権力と起業家の癒着のもとに行われ，綿紡織産業におけるそれも含む韓国の財閥の資本蓄積面で物質的基礎ともいうべき役割を果たしたとされる[62]。以上のように，綿紡織産業は米国の援助と政府主導の産業政策のもとに成長し，50年代中盤以降輸

---

[58] 花房，前掲論文，96頁。
[59] 同上，107-08頁。
[60] 同上，112頁。
[61] 同上，113頁。
[62] 同上，128-29頁。

出が試みられるようになっていく。

韓国政府が綿製品の輸出を試みるようになった理由は、本節第1項で述べた労働集約型工業製品輸出が試みられるようになった4つの理由と同じと考えてよい。即ち、経済的後進性を脱したいという民族主義的志向、国内での労働集約型工業の成長と国内市場の飽和、第1次産品輸出の国際市場における制約、韓国の労働集約型工業における比較優位である。

特にそのなかでも、農村の購買力の停滞による国内市場の飽和は最も重要な理由だった。朝鮮戦争以降、米国援助による原綿と設備投資のための資本の供給は、韓国の綿紡織産業を大きく拡張させた。韓国の中央銀行である韓国銀行の機関誌は1955年には綿紡織業の生産力が国内需要を凌駕することを懸念している[63]。また、紡織業の輸出産業化は、その発端に関しては李承晩の強い要望によるところが大きかった。国内市場の飽和に際して、李は生産量を削減するのではなく、輸出に回そうと考えたのである。たとえば、56年4月に李は次のような談話を発表している。

> 現在、政府と民間で多くの援助を受け取る機会を利用して、あらゆる工業を大拡張させなければならないが、この間民衆が最も力を入れてきたのは綿紡織工業だが（中略）この物品を海外に輸出する道を開いておき、外に輸出させて我々の経済力を発展させるので、織物工場で物が今日すべて売れないということを心配して、生産数量を削減せずに、一方で、作り上げる物品を最初は損をしても、出して売れば、値が安く物が良いから、以前には物を買わなかった人々が買って使うようにし、海外市場の道を開いておけば、その時に初めて我々の物品を買う人々が多くなるだろうから、そうなればわれわれが価格を再び上げることもできるだろうし、それがすべての商業をやっていく経済方法である。[64]

さらに、国内市場の飽和の他に、この時期に李承晩が綿製品輸出を奨励した

---

63) 韓國銀行調査部編、前掲書、1955年10月、74頁。
64) 李承晩「저물가정책에 적극협력하라（低物価政策に積極協力せよ）」『週報』No.206、1956年4月18日、4頁。

もう1つの背景として，米国南部諸州で日本の綿製品に対する不買運動が生じたことが挙げられる。1956年11月9日の国務会議で，李は商工部に対し「米国で日本商品排斥運動が台頭しているので，この機会に我々の商品を輸出しなければならない」と指示している。ここで李は具体的な品目名を述べていないが，この時期に日本製綿製品ボイコットの動きがアラバマ州や南カロライナ州を席巻していたことから綿製品を指していることは間違いない[65]。

　これに対し，米国は韓国の輸出促進を重視しながらも，綿製品の輸出はほとんど想定していなかったと言っていい。第2章第2節で述べた通り，1956年大統領選挙後のダウリングによる本国への開発重視を提言する電文において，輸出を促進すべき分野として挙げられていたのは，米殻，水産物，鉱産物，そして手工芸品であった。また，57年に大使館がまとめた56年の韓国経済に関する年間報告書では，綿製品輸出によって国内の過剰生産分を消費できる可能性は，日本との競争と限られた韓国のマーケティング経験からして疑わしいと述べられている[66]。

　このように，米国があまり重視していなかった綿製品の輸出であったが，韓国政府は李承晩の強い要望のもとにこれを進めていくこととなる。1956年12月3日には，合経委において韓国側は米国側に米国からの援助原綿によって製造した綿製品輸出の許可を打診した。それに対し，チョウナーはその場では「米国から輸入した原綿で生産した綿織物の完成品の輸出を禁止する既存のICA規定はない」と答え，一旦は輸出可能だということをほのめかした。さらに，57年7月にも，韓国政府は駐米大使に援助原綿を使用した綿製品の輸出を認めてくれるよう米国政府に申し入れることを求めている。しかし，結局，米国務省は不当に安く手に入る援助原綿は生産業者に対して一種の「補助金」

---

65) 「제109회국무회의록（第109回国務会議録）」『국무회의록（제1회 - 제127회）（国務会議録（第1回－第127回））』1956年11月9日，国家記録院所蔵，BG0000070, 1614–15頁。米国南部諸州による日本の綿製品ボイコットとそれに関する日米間協議については以下を参照。Sayuri Shimizu, *Creating People of Plenty: The United States and Japan's Economic Alternatives, 1950–1960*（Kent, Ohio, and London: The Kent State University Press, 2001），Chap.7.

66) From the Embassy in Korea to DOS, "Annual Economic Review, ROK, 1956," May 21, 1957, Desp.481, 895B.00/ 5–2157, CDF, RG59, NA.

となっており，これに頼った輸出は輸出市場の長期的開拓の健全な基盤とならないとしてこれを拒否した[67]。これを受けて，59年10月に，輸出した製品が含む援助原綿の重量の 50 ～ 75%相当の原綿を商業的に購入することに輸出収益を充てるという米国案に韓国側は合意せざるを得なかった[68]。ただ，同時に韓国の綿紡織の輸出産業化に向けて米国の積極的な支援があったことは注目される。以下にその内容を見ていく。

　米国は，前述したように援助による助けのない韓国の綿製品輸出が，すぐに国内生産の余剰分を処分できるかどうかには懐疑的であった。1957年8月に経済調整官室は本国への報告において，韓国の綿紡織産業は，高コスト，非現実的為替レート，外国との競合，質，デザイン，そしてマーケティングの経験の欠如等，対外競争におけるさまざまな難点を抱えていると述べている[69]。ただ，他方で米国は綿製品の輸出の有益性も認めていた。駐韓米国大使館や経済調整官室はさまざまな機会に，韓国織物製品の輸出市場開拓の望ましさについて韓国政府と協議した。そうした会談の結果，大使館は国務省に，援助原綿を輸出製品に使用することの可否を尋ねると同時に，輸出貿易を発展させるために韓国を支援することの望ましさを強調している[70]。

　こうした韓国現地からの働きかけの影響か，1957年10月，ワシントンで行われた金顯哲（キムヒョンチョル）復興部長官との会談で，ディロン（C. Douglas Dillon）経済問題担当国務副次官は韓国の綿製品輸出に以下のような前向きな姿勢を示した。

---

67) 大韓紡織協會『紡協二十年史』1968年，94頁；"CEB Minutes," Dec 3, 1956, CEB-Min-56-21, Box.1, Entry1277DH, RG469, NA; From the Embassy in Korea to DOS, "Weekly Economic Review No.28," Jul 12,1957, Desp.32, 895B.00/7-1257, CDF, RG59, NA. 1948年12月10日の米韓援助協定と56年3月13日の米韓剰余農産物協定第4条1項によって，韓国は事前承認以外は援助原綿を使用して輸出することができないこととなっていた。大韓紡織協會『紡協三十年史』1977年，99頁。

68) 韓國貿易協會，前掲書，1960年，118頁。台湾においては，輸出収益を原綿購入に充てる制度は1954年3月にはすでに法制化されていた。その契機は，韓国政府が54年度の米国援助資金の一部による台湾からの綿紡織製品購入を決定したことであった。圖左篤樹「1950年代の台湾綿紡織業の発展 —— 輸入代替政策に関する考察を中心に」『社会システム研究』第15号，2007年9月，203-04，207頁。

69) OEC, "The Cotton Textile Industry," Aug 7, 1957, Box.66, Entry422, RG469, NA.

70) From Edwin M. Cronk to Ku Chai Hong, 1957年7月18日『외무부의 경무대 보고문서 V.1（外務部の景武台報告文書 V.1）』外交史料館所蔵，登録番号5, 2頁。

金博士（引用者注──金顕哲）は，織物輸出への韓国の興味について言及した。彼は，たとえ韓国が後に規制を受け入れることになろうとも，米国が援助の原綿から製造した衣料の輸出提案に対し反対しないことを望んだ。
　ディロンは米国の韓国による輸出増大への興味を認め，織物輸出を可能とする方法があるだろうと述べた。彼は，同問題をICAと直接協議することを提案した[71]。

　ただ，やはり米国としては，援助原綿を使用した綿製品の輸出は実質的な補助金の使用となるため認めるわけにはいかなった。さらに，ホァンを過大評価した為替レートによって，韓国の生産者が不当に安く援助原綿を手に入れることができたことも問題だった。米国務省はこのような「補助金による原料輸入に基づいた韓国の工業製品輸出の育成」は「成長可能な経済に向けた一歩」とはならないと考えた。そして米国は，まずは援助原綿の問題を解決することで韓国の綿織物産業を自由な国際競争の原則に基づいた「商業ベース」に乗せようとした[72]。そのために米国は対韓援助を有効利用しようと考え，対外援助を規定する相互安全保障法の項目の1つである技術協力によって，同産業における韓国企業の技術向上を試みることとなる。その際に最優先されたのが，韓国企業が輸出製品に使用する原綿を援助品から商業ベースの購入品へと代替する過程で必要となる技術だった。従来，韓国が援助原綿を使用している間は，その品質は米農務省の責任で保証されていた。しかし，商業ベースでの原綿購入への移行は，自己責任の品質管理を韓国企業に強いることとなった。これに対し，米国は自国の専門家を韓国に派遣し，1957年10月に原綿の品選技術および綿製品のマーケティングの訓練を行うための学校を開所した[73]。ウォーンはこうした品選技術が商業ベースでの原綿調達のみならずコストの浪費をも予防し，輸

---

71) "Call of the Finance Minister of the Republic of Korea on the Deputy Under Secretary for Economic Affairs," Oct 9, 1957, 895B.00/10-957, CDF, RG59, NA.
72) From Edwin M. Cronk to Ku Chai Hong, 1957年7月18日『외무부의 경무대 보고문서 V.1 (外務部の景武台報告文書V.1)』2頁; From Edwin M. Cronk to Ea Chai Hang, Nov 22, 1957, Box.9, Entry478, RG469, NA.
73) 大韓紡織協會『紡協二十年史』214, 487-88頁。

出に求められるような細く質の良い綿製品の生産にも貢献すると考えていた[74]。

さらに米国は，韓国の綿紡織産業を健全な輸出産業にするために，従来享受していた優遇措置を廃止するだけでなく，同産業の競争力自体を高めることにも力を注いだ。1956年まで精紡機や織機といった最終生産施設の拡大に熱中していた韓国紡織業界は，輸出のためにより細く高級な製品の生産を迫られ，紡績の前段階で使用する混打綿機，梳綿機といった設備を必要とするようになった。当時，これらの設備は韓国ではまだ数も少なく，戦災のせいもあって能率が低かったのである。経済調整官室は「援助計画は，輸入を止めることができるほど十分に高品質な綿布の韓国における生産を可能にするのに必要な設備のための資金を供給すべきである」と本国に提言した。高品質の綿製品はまずは輸入を代替することが目指されたが，もちろんこの試みは輸出にもつながるものでもあった。結局，米国はこうした付帯設備の導入を援助することとなる[75]。

支援の成果もあり，米国は韓国の綿製品が韓国の輸出の主力となることを期待するようになっていく。例えばウォーンは，1958年4月29日に米商工会議所のソウルクラブで行ったその演説のなかで，綿製品を含む紡織製品が米穀と並んで韓国の輸出の重要な位置を占めることとなると述べている[76]。

以上のように，米国側は韓国による輸出に関して，中小企業を主力とした手工芸品等の家内手工業で賄うことができるレヴェルの製品を想定しており，そのほとんどを大企業が近代的設備によって生産する綿製品の輸出には注意を払っていなかった。それに対し，李承晩は綿製品の輸出に積極的であった。韓国が綿製品の輸出を望んだ際，米国は援助原綿の輸出製品への無条件使用を禁じたが，他方で，技術協力による品質向上や設備購入資金の供与によって韓国の綿製品が輸出入において逢着している困難の解決を支援しようともした。そして，1950年代後半に輸出が試みられ始めた綿製品は60年代に韓国の主力輸出

---

74) From Warne to ICA, "Cotton Classing and Marketing School," Feb 6, 1958, TOICA A–2145, Box.95, Entry422, RG469, NA.
75) OEC, "The Cotton Textile Industry," Aug 7, 1957, Box.66, Entry422, RG469, NA；大韓紡織協會『紡協二十年史』98頁。実際に韓国では1957年には綿糸と綿布の輸入が全面禁止されている。同『紡協三十年史』246頁。
76) 『平和新聞』1958年5月1日。

産業となっていく。

3. 李承晩政権による通商外交

　1950年代中盤以降，李承晩政権は貿易拡大のための通商外交に乗り出すことになる。特にその主要な相手となったのはフィリピンと台湾の国民党政府であったが，韓国政府は欧州にも目を向け始めていた[77]。

　本節第1項で述べた「輸出振興要領」の提言には，輸出の対日依存から韓国を脱却させるために，米国，フィリピン，台湾，南ヴェトナム等の「友邦国家との貿易協定を促進する」という項が含まれていた。実際に「要領」には，友好諸国に対し何を輸出するかが記された1957年度の「貿易協定締結に随伴される輸出可能量一覧」という表が添付されていた。そして，ここでも労働集約型工業製品の輸出が重視されている。この表を見ると，韓国が当時貿易協定を結ぼうとした，フィリピン，台湾，南ヴェトナムの3ヵ国に対する輸出に共通して言えるのは「工芸品」の輸出に大きな期待が寄せられていることである。特に，フィリピンと南ヴェトナムに対しては労働集約型工業製品に分類される工芸品と綿布だけで総輸出期待額の20％前後を占めている[78]。

　そして，1957年1月8日には国務会議においてフィリピン，南ヴェトナム，台湾との貿易協定締結に向けた方針が承認され，2月13日には，曺正煥（チョジョンファン）外務部長官がガルシア（Cosme P. Garcia）駐韓フィリピン大使に協定案を提出した[79]。

---

77) 当時はこうした通商外交は「経済外交」と呼ばれていた。李承晩・張勉政権の対東アジア通商外交については以下を参照。高賢来「李承晩・張勉政権の対東アジア経済外交——フィリピン，中華民国との貿易協定締結過程を中心に」『歴史評論』781号，2015年5月。

78) 商工部「輸出5個年計劃과輸出振興要領（案）（輸出5ヵ年計画と輸出振興要領（案））」『국무회의상정안건철（国務会議上程案件綴）』629–31頁。台湾も当時綿紡織産業の輸入代替が終了する段階にあったためか，台湾への綿布輸出は想定されていない。

79) 「제2회국무회의록（第2回国務会議録）」『국무회의록（1–126）（国務会議録（1–126））』1957年1月8日，国家記録院所蔵，BA0000078, 22頁; From C. W. Cho to Cosme P. Garcia, 1957年2月13日「無題」『한 필리핀간의 무역협정 전2권（V.1 교섭철）（韓国・フィリピン間の貿易協定全2巻（V.1 交渉綴））」韓国外交史料館所蔵，登録番号1175, 378–82頁。

さらに韓国は国民党政府にも2月20日に協定案を提示している[80]。しかし,南ヴェトナムとの交渉は始まりもせず頓挫した。57年2月に駐韓南ヴェトナム大使館員は駐韓米国大使館員に,韓国は「ヴェトナムの利益となるものをほとんど与えず,同国の輸出品はあまりにも高い」ため,「韓国とそうした協定を締結する可能性はほとんどないと考える」と語っている[81]。その後,南ヴェトナムは韓国の貿易協定締結の提案を正式に断ったため,韓国と南ヴェトナムの間では関税協定に向けた交渉が進められ,1958年12月に締結にこぎつけることとなる[82]。こうして韓国政府は残りの2国との貿易協定締結を推進していくこととなった[83]。

このような韓国の対東アジア通商外交には米国の後押しもあった。1957年8月にNSCで採択されたNSC5702/2では,「他の自由世界諸国,特に日本との正常な交易関係に向けて必要な手順を踏むよう韓国に促す」と述べられている。また,ウォーンも,前述した57年12月11日に東京でランダルに手交した覚書で,韓国の経済的孤立を問題視し,「2国間・多国間の貿易計画」を通じて「極東経済に統合」することを主張している[84]。そして,米国はこれらの

---

80) 外務部,1958年1月21日「韓中貿易暫定協定締結에關한經緯報告書(韓中貿易暫定協定締結に関する経緯報告書)」『한중화민국간의 무역협정 1961(韓・中華民国間の貿易協定1961)』外交史料館所蔵,登録番号1171,12-29頁。フィリピンとの貿易協定締結交渉は,1954年には始まっていたがすぐに中断した。詳細な経緯については,高賢来「李承晩・張勉政権の対東アジア経済外交」を参照。

81) From the Embassy in Korea to DOS, "WEEKA No.6 – Section 2, F – Economic," Feb 11, 1957, Desp.308, 895B.00/2–1157, CDF, RG59, NA.

82) 「한일관세협정의 체결교섭경과(韓越関税協定の締結交渉経過)」『대한민국 정부와 월남정부간의 관세협정(大韓民国政府とヴェトナム政府間の関税協定)』国家記録院所蔵,CA0001906, 112頁。

83) 韓比貿易協定は1961年2月24日,韓中貿易協定は61年3月3日と,どちらも張勉政権によって調印されている。交渉の経緯については,高賢来「李承晩・張勉政権の対東アジア経済外交」を参照。

84) "National Security Council Report," Aug 9,1957, *FRUS 1955–1957* Vol.23 pt.2, 489–98; "Paper Presented by Mr. William E. Warne, UNC Economic Coordinator for Korea, at Conference Held in Tokyo, Japan, on December 11, 1956, by Mr. Clarence B. Randall, Special Assistant to the President, on Foreign Economic Policy and Program," Attached to, From Warne to ICA, "Report on Briefing of Randall Group," Dec 19, 1956, TOICA A–1020, Box.62, Entry422, RG469, NA.

主張を韓国政府にも伝えていた。例えば，58 年 6 月 18 日，合経委で，米国側はフィリピン，台湾，南ヴェトナム等との貿易拡大を促し，韓国側もこれに同意している[85]。さらに，米国は韓国の沖縄への米穀輸出や貿易協定締結交渉も仲介している[86]。

　また，李承晩政権はヨーロッパにも輸出市場を求めた。1958 年 5 月 12 日から 15 日にかけて韓国建国以来初めての在外公館長会議がソウルで開催された。13 日に開かれた欧州地域駐在公館長会議第 3 次会議では，スターリング地域まで通商外交の範囲を拡張することが合意された。おそらく政府高官と思われる「オブザーバー」は，この日の公館長会議を，政府内で「米国一辺倒主義」からもっと視野を広げた「現実的」な外交政策を構想したものと評価した。さらに，この 3 度にわたって行われた欧州駐在公館長会議では，経済通商専門家で構成される通商使節団の派遣や商務官の各国大使館への常駐，新たな国への公館の増設等の通商外交推進策が協議された。特に，海外公館への常駐商務官配置に関しては，商工部はすぐに予算措置を関係当局に追加要求することに決めた[87]。

　そして，1959 年 12 月 3 日から 4 日にかけて，西ドイツのボンで第 2 次欧州公館会議が開かれる。この時までには，日本との交易断絶や米国の対韓援助削減を背景に，韓国の欧州市場獲得は喫緊の課題となっており，同会議では，欧州との経済交流拡大方針が確認された[88]。

　以上のように，韓国政府が 1957 年以降米国の後押しもあり従来の主要輸出先以外の輸出市場開拓を試み始めたことは，輸出指向工業化転換後の韓国による日米以外への輸出の急増という観点からも重要だろう[89]。

---

85) "Long Range Economic Planning CEB Sub-Committee," Undated, Box.5, Entry1277DI, RG469, NA.
86) 高賢来「1950 年代の韓国・沖縄関係 ── 反帝国主義，独立，そして米軍基地」『琉球・沖縄研究』第 4 号，2013 年，109–12 頁。
87) 『朝鮮日報』1958 年 5 月 14 日朝；同上，1958 年 5 月 16 日朝；同上，1958 年 5 月 17 日夕；『東亞日報』1958 年 5 月 17 日。
88) 『東亞日報』1959 年 11 月 27 日朝；同上，1959 年 12 月 3 日朝；同上，1959 年 12 月 4 日朝；同上，1959 年 12 月 4 日夕；同上，1959 年 12 月 5 日夕。
89) 　こうした通商外交が 1960 年代にもたらした効果については，高賢来「李承晩・張勉政権の対東アジア経済外交」を参照。

4. 外資導入促進法の制定

アイゼンハワー政権が民間資本による経済発展促進をその方針にしていたことはすでに述べたが,この時期,米国は韓国に対しても外資導入のための法整備を促していた。しかし,韓国においてそうした法整備は遅々として進まなかった。その背景には,自立型経済建設のための輸入代替工業化志向と同様に,国家主導の経済運営を重視した李承晩政権の経済的ナショナリズムが存在した[90]。本項では1960年1月に外資導入促進法が制定されるまでの過程を概観する。

アイゼンハワー政権は,停戦直後の1954年頃から韓国に対して外資導入法の必要性を提起しており,韓国政府の最初の草案は54年6月に作成され米国側に提出された。米国の批判的な反応に遭った韓国政府は55年6月に再び修正案を出したが,それも米国側の期待とは程遠かった。資本構成の49％の上限設定,利益の30％以下への送金制限,15年経過後の韓国政府の財産処分権等,さまざまな制限を盛り込んだ同草案は米国に批判を受けることとなる。結局韓国はこの最初の草案の立法化を断念したが,米国の圧力は56年に入り,一段と強まった。こうした圧力のなかで12月に韓国財務部の作成した案に沿った法案が国会で成立したが,これもまた米国側の批判の的となった。その後も米国以外の国,とりわけ日本資本の進出への警戒が1つの障害となって米韓の綱引きが続いたが,58年2月,韓国政府の招請という形で米国人顧問サージェント (Noel Sargent) が派遣されることとなる[91]。

サージェントは5月に自ら「世界のどのような外国投資法とも比較できるほどに誘引的なもの」と評する全文15条の法案を起草し,韓国政府に提出した。サージェントによれば,特に同案の資本の回収及び収益の送金に関する規定は「満足できる」ものだったという[92]。

サージェント案を受け取った韓国政府は同案と従来の政府案を分析,検討し

---

90) 李鍾元,前掲書,152頁。
91) 同上,156-57頁。
92) 復興部『外資導入促進法의解説（外資導入促進法の解説）』1960年,23頁。以下,サージェント案は,同上,120-33頁,韓国政府案は,同上,134-43頁を参照。

て「外国投資促進法」として政府最終案を完成させ，1958年9月に国会に提出した[93]。まず，同案とサージェント案の重要な違いは，同法の特恵供与対象として登録されている外国人投資家が対韓投資によって得た収益の再投資に関する条項である。サージェント案では登録した基準額の100％の再投資までは特別な許可は必要なく，投資先にも制限を設けなかった。しかし，政府案では，許可を受ける必要のない再投資先を「同一企業または登録された他企業」に限定した。韓国政府は，外国資本が好き勝手に再投資を行うことを防止しようとしたのである。

また，投資の元本回収についても，サージェント案は登録日からできるとしたが，韓国政府案は登録日から2年後と変更した。さらに外国人投資家による送金も，サージェント案では1年間に基準額である元本の20％までできるとされていたのが，韓国政府案では15％に減らされた。

ただ，輸出指向工業化への転換過程で1966年に外貨導入法を策定する際に問題となった，登録資格として企業の所有株式の外国人投資比率が最低でも25％以上なければならないという規定は，サージェント案からすでに存在していた。サージェント自身は当時の諸外国の外国投資法にも負けない程にラディカルなものという認識のもとに案を作成した[94]。しかし，韓国政府によって多少厳しめに修正されこそしたが，後に収益送金の上限や外国人投資比率基準を撤廃した66年の法律に比べれば，サージェント案ですらその穏健性は明らかであった。

その後，韓国政府案はさらに国会で修正されることとなる[95]。まず，法律の名称が「外資導入促進法」に変えられた。また，1年間の送金限度が元本の20％に再び引き上げられた。これだけ見れば，より効果的な法律への修正に見える。しかし同時に，法の適用対象が「大統領令で決められる外国に10年以上永住している大韓民国国民」以外では，「大韓民国と正常的な外交関係を維持しており，友好通商航海条約を締結している国家」のみとなった。韓国政

---

93) 同上，24頁。
94) 기미야（木宮），前掲書，239-42頁；復興部『外資導入促進法의解說（外資導入促進法の解説）』123頁。
95) 国会案については，同上，144-53頁を参照。

府案では「大韓民国と正常的な外交関係を維持していたり，または大統領令によって除外されていない一般的な通商条約を締結している国家」となっていたが，その範囲がより狭められ，外交関係と，通商条約よりも包括的な友好通商航海条約の両方が条件とされたのである。当時この条件を満たしていたのは米国のみであった。これは，やはり日本資本の進出への警戒感に起因する[96]。

また，登録企業に税の減免が適用される期間も短くなった。ただ，税の減免の数値自体は据え置かれ，業務開始日から5年間の所得税・法人税免除，その期間の満了日から2年間の所得税・法人税額の3分の2の軽減，さらにその期間満了日から1年間の所得税・法人税額の3分の1の軽減が規定された。

こうして，米国が韓国に促してきた外貨導入促進法が1960年1月に成立した。駐韓米国大使館は同法に対し，国会審議中に議員たちを説得することで過度な修正を阻止したとして韓国政府の経済関係の閣僚を称賛する一方で，内容については「多くの他の国の似た法律に比べて望ましいものだと考えられる」と評価している[97]。

ただ，同法の成立後も外資導入は全く振るわなかった。もちろん，米国以外の国を締め出したことを始めとして，1966年の外資導入法に比べれば，外資導入促進法には制限も多かった。ただ，何よりもこの時期の外資導入不振の原因となったのは，経済発展の方向性も展望も不明瞭な上に不安定な政情が続く韓国が投資先に適していなかったことであろう[98]。

小　結

朝鮮戦争停戦後，外部からの軍事力による韓国転覆の可能性が低下するなか，米国国務省や大使館は，潜在的な脅威である韓国国内での共産主義者による破壊活動や煽動が容易に効果を持ち得る政治的・経済的な混乱をより警戒するよ

---

96) 同上，62, 64頁;『東亞日報』1960年12月20日夕。
97) From the Embassy in Korea to DOS, "Quarterly Economic Summary: October – December 1959, ROK," Mar 3, 1960, Desp.460, Box.146, Entry422, RG469, NA.
98) 『東亞日報』1961年4月23日朝; Krueger, *The Developmental Role of the Foreign Sector and Aid*, 127.

うになっていった。特に，政治的な混乱は李承晩死後の権力移行過程で起こり得ると予測されたが，米国は李起鵬が権力を継承してそうした事態を収拾することを期待していた。しかし，1956年5月の大統領選挙で，李承晩は社会民主主義的政策と平和統一論を掲げる曺奉岩に善戦を許し，副大統領選挙では李承晩後の権力移行の唯一といっていい切り札と米国が考えていた李起鵬が落選しその権力的基盤も揺るがされるという事態が起こる。こうして，米国は対韓政策を再検討せざるを得なくなった。

また，この大統領選挙は韓国国民の経済的な不満も可視化した。選挙後，駐韓米国当局者は経済状況への不満の広がりが韓国国内を左傾化させ韓国国民が資本主義体制に疑問を持ち始めることを脅威と感じ，韓国を経済発展させることの必要性を認識するようになる。この時期，現地当局者が本国に送った韓国の経済開発の必要性を主張する各文書は，(1)韓国軍の兵力削減によって経済開発に動員可能な資源を増大させる，(2)国際収支の均衡，黒字を目的として輸入代替を推進し輸出を促進する，(3)中小規模製造業者の育成とその輸出への参加を促進する，(4)外資導入を促進する，(5)政府の干渉を排する産銀改革を行うといった提言を行った。しかし，韓国軍兵力水準の削減は本国政府内での議論の末に満足に実行されずに終わった。また，政策文書NSC5702/2の内容からも分かる通り，韓国軍の兵力削減以外においても米国本国政府が現地の経済開発の必要性に関する認識を共有していたとは言い難い。

一方で，韓国政府は復興が一段落すると自立経済の建設と本格的に向き合うこととなる。自立経済建設のためには必要なものを自力で手に入れる国際収支均衡の達成が重要だった。そのため，韓国は自国で生産できるものは自国で生産するという輸入代替以外にも，輸出できるものは外国に売って外貨を得るという輸出促進に着手し始める。特にこの時期の輸出促進において重視され始めたのは米穀と労働集約型工業製品だった。そして，1956年の「輸出振興要領」と「輸出5ヵ年計画」はこうした韓国政府の方針を強く反映していた。また，同じ労働集約型工業製品でも，米国は韓国が中小企業が生産する手工芸品を輸出することを重視したのに対し，韓国側は李承晩の主導でより大規模の企業が近代的な設備によって生産する綿製品の輸出産業化に乗り出し，米国の協力を得てその輸出を実現した。さらに，朝鮮戦争停戦直後から模索されていた東ア

ジアの日本以外の国々の市場開拓も促進されることとなる。

　1960年1月に完遂された外資導入のための立法を米国が韓国に積極的に要求するようになったのも56年末であった。この外資導入を推進するための立法は，経済ナショナリズムに基づいた韓国側の外資に対する警戒によって米国の望んだ通りには進まなかったものの，大使館は最終的に成立した外資導入法を肯定的に評価した。

第 3 章

韓国における政治的混乱と経済的小康状態

第 1 節　1958 年の国会議員選挙と李承晩政権の強硬化

1. 大統領選挙後の与野党対立の激化と李起鵬の仲裁

　1956 年の大統領選では韓国における政治的・経済的問題が提起されたが，その後，58 年の選挙に向けて韓国国内で与野両党間の政治闘争が激化していく。本節では 56 年の大統領選挙後から 58 年の国会議員選挙までの時期における韓国国内政治とそれに対する米国の認識，関与について述べる。

　大統領選挙後，韓国国内の政治闘争激化の端緒となる事件は大統領選挙直後である 1956 年 7 月に起こった。当時韓国では 8 月に地方選挙が予定されていたが，官権による民主党の候補者に対する登録妨害や拘束の頻発を背景に，7 月 23 日の国会予算決算委員会において，選挙妨害をめぐる与野党間の口論が乱闘へと発展する。26 日に野党連席会議でその設立について野党全議員が署名捺印を行った「国民主権闘争委員会」は，張沢相議員（チャンテクサン）を委員長とし，当面与党の強権的な手法に対する野党の抵抗の結集点として機能することになる。27 日，国会で地方選挙登録期間延長の上程提案が自由党側の反対により挫折し，散会すると，「国民主権闘争委員会」所属議員が議事堂内に別途集合し闘争方法を協議した後，「民権擁護宣言文」を発表してデモに突入，武装警官と衝突したことで，民主党の金善太（キムソンテ）議員が緊急拘束されることとなる。

　こうした一連の出来事は，大統領選挙以降で与野党間の政治的な対立を激化させる最初の大きな契機となり，5 月の選挙結果に関して米大使館が感じた政治的混乱の脅威を現実化していくものだった。それだけではなく国務省と大使

館はこの一連の事件と政権・与党による民主主義的手続きの無視により，韓国国内の民主主義の後退が韓国の国際社会における体面の損傷へとつながるという懸念を強くもち始めた。これらの事件について大使館は「野党のデモへの警察の介入は必要なく賢明でもなかったと考える。特に，理由としては韓国の国際的立場に悪影響を及ぼす可能性があるからである」と述べている[1]。報告を受けたフーヴァー国務次官は大使館に「非公式で慎重に，李（引用者注――李承晩）ではない韓国政府高官に韓国の国際的地位に悪影響を与えるため，米国がこの問題について懸念していることを伝える」ように指示を出している。特にフーヴァーは韓国政府の態度が韓国の国連加盟に向けた米国の取り組みに悪影響を与えることを懸念した[2]。つまり，政府与党の見せた民主主義手続きを否定する兆候は，与野党間の権力闘争を激化させることで国内政治を混乱させ，韓国の国際的な体面を傷つけるという点で，二重に米国国務省と大使館に脅威を抱かせたのである。

　その後，与野党間の対立はさらに激化していく。9月28日には民主党の党大会で張勉副大統領が狙撃されるという暗殺未遂事件が起きたが，その裏には与党の影が見え隠れしていた。1957年1月21日には国会で尹済述民主党議員らが李益興内務部長官への不信任案を，同じく25日には主権擁護委委員長である張沢相議員他58名が李承晩への「警告」決議の提出を試みる等，野党が攻勢に出る。57年3月5日に始まった第24回臨時国会では，食に窮した農家・戦災避難民の救済策や，政府の緊縮政策による「金融梗塞」状況について主権闘争委に集まった野党が政府を激しく揺さぶった。自由党はこうした状況のなか，5月3日に突然議場を退場し，国会のボイコットを図った。これに対し，同月25日，主権闘争委もソウル奨忠壇公園に20万の群衆を集め，国会機能を麻痺させた与党の行動を強く批判した。しかし，この講演会は30余名の暴力団の介入により流血の事態となった。対立が激化するなか，病気治療で訪米しておりこの一連の事件の間不在だった李起鵬自由党中央委員会議長が帰国し，事態の中心にいた自由党内強硬派を抑え込み，29日に「与党野党にか

---

1) From Hemmendinger to Robertson and Sebald, "July 27 Riot in Seoul," July 27, 1956, 795B.00/7-2756, CDF, RG59, NA.
2) From Hoover to the Embassy in Korea, July 27, 1956, Deptel.66, 795B.00/7-2756, ibid.

かわらず31日には全員国会に出席せよ」という出席勧告談話を発表し，国会正常化を行った[3]。この李起鵬による事態収拾により，国会の紛糾を主導した自由党強硬派は非難を浴びることとなり，野党は李起鵬の態度を歓迎した。こうして，一旦与野党は妥協へと動き出すこととなる。

以上のように，最終的に政治的混乱を収拾したのは李起鵬であった。また，混乱に先立って，1957年3月28日の第8次自由党全体大会では，総裁に李承晩が推戴されるとともに，党中央委員会議長に李起鵬が選出され，大会2日目である29日には6つの党内常任委員会の委員長すべてに李起鵬率いる主流派の党員が任命された[4]。こうして，同大会で李起鵬は与党内での求心力を回復することとなる。米国大使館も同大会を「1956年の選挙において躓いた党改革を完遂させ」,「李起鵬と彼の『旧派』が党を支配した」と評価した[5]。そして，前述した与野党対立収拾における活躍によって，李起鵬はふたたび有能で穏健な，米大使館が政局安定のために頼ることのできる指導者として再浮上した。

2. 改憲論争と革命の脅威

しかし，1957年中盤以降，内閣責任制（議院内閣制）への改憲や選挙法改正をめぐって与野党間での対立が再び激化する。本項では，この時期以前の内閣責任制への改憲論議から1957年の選挙法改正に至るまでの政治過程を概観する。

内閣責任制への改憲の主張が登場したのは，1956年5月の大統領選挙直後だった。5月22日，大統領選挙での李承晩の苦戦を目の当たりにした自由党内の議員たちは，景武台(キョンムデ)（大統領官邸）で李に副大統領選挙で敗北した具体的理由に関する自分たちの見解を述べ，状況打開策の1つとして自由党現職議員

---

3) 『東亞日報』1957年5月30日。自由党強硬派の代表的人物としては，任哲鎬，張暻根，金意俊，朴晩元が挙げられる。また，法務部長官として京郷新聞廃刊を積極的に推進した洪璡基も強硬派に含まれる。同上，1959年3月15日朝；同上，1959年5月2日夕；同上，1959年5月24日朝；同上，1959年7月5日夕；同上，1959年9月6日朝。
4) 同上，1957年3月29日；同上，1957年3月31日。
5) From the Embassy in Korea to DOS, "Eighth National Convention of the Liberal Party," Apr 17, 1957, Desp.414, 795B.00/4-1757, CDF, RG59, NA.

の大量入閣を要求した。閣僚を自由党から出すことで,自由党の意向を政府の政策に強く反映させ,国民の信頼を集めようとしたのである。58年に予定されている総選挙での苦戦を見越してのことだった。しかし,李が閣僚と国会議員の仕事が異なることを理由に現職議員を閣僚にすることを拒否すると,その直後に開かれた自由党議員部総会では内閣責任制への改憲が支持を集めることとなる。24日には,自由党の金寿善(キムスソン)議員が,大統領の権限を弱め,国政に強い権限を持つ国務総理を国会で選び,組閣にも国会の承認を必要とする改憲案を作成したことを発表した。ただ,後に問題となる副大統領職を廃止するという内容は同案にはまだ含まれていなかった。他方,民主党も6月1日に大統領選挙後初めて開催した中央常任委員会において,元来綱領に含まれていた内閣責任制への改憲を推進するための内閣責任制憲法改正案起草委員会設置を決定した。民主党のスポークスマンは,この動きは自由党の改憲の動きとは関連がないが,内閣責任制への改憲に異議はないと発表している[6]。

　7月には無所属の愼道晟(シンドソン)議員が自由党と連絡をとりつつ新たな内閣責任制への改憲案を作成していることが明らかになった。同改憲案では,大統領が任期を全うできなかった際に副大統領が残りの任期を継承するという規定が削除されていた。こうして,改憲運動を通じた露骨な張勉外しが始まることとなった。8月3日,愼は,金寿善とお互いの改憲案をすり合わせて作成した折衷案を発表することとなる。同案でもやはり副大統領の継承に関する記述は消えており,また,自由党の当初の狙いも,閣僚の過半数は国会議員でなければならないという規定に反映されていた[7]。

　以上のように,自由党内の一部議員と無所属議員によって推進されていた内閣責任制への改憲であったが,9月1日,李承晩は内閣責任制に明確に反対する。そのため,自由党内でも李起鵬,李在鶴(イジェハク)ら主流派が改憲に反対することと

---

6) 『自由新聞』1956年5月23日;『東亞日報』1956年5月24日;『平和新聞』1956年5月25日;『東亞日報』1956年6月3日。

7) 同上,1956年7月23日;同上,1956年8月4日;『한국일보(韓国日報)』1956年8月25日。結局,李承晩は5月26日の内閣改編で,国会議員を閣僚に起用しないという自らの方針を撤回し,財務部長官と保健社会部長官に自由党所属の現役議員である印泰植と鄭準謨をそれぞれ起用した。『平和新聞』1956年5月27日。

なり，愼道晟と金寿善の改憲運動は再考を迫られることとなった[8]。最終的に，李承晩が9月17日に記者の前で「自分が大統領でいる限り，どの政党が推進しても内閣責任制改憲は実現しないだろう」と述べたことで，自由党内の改憲運動は立ち消えとなった。李承晩は内閣責任制に反対する理由について，「外国の例を見れば，思い通りに首相を変えることで政府が優柔不断となり，指導者不在で動揺する」ため「政府を弱体化させる」からだとした[9]。

しかし，1957年2月には改憲問題が再び持ち上がった。18日に，とある自由党幹部の記者への発言によって自由党が改憲案の提出を準備中であることが明らかになった。再び自由党と共同で改憲運動に携わることとなった愼道晟によれば，今回の改憲は自由党の幹部たちの同意の下に進められていた。なぜ自由党幹部たちが同意したのかというと，今回の改憲案は内閣責任制ではあっても大統領の権限を弱めるものではないからだと愼は説明した。この改憲運動においても副大統領の継承制度を廃止するという目的は保持された。つまり，前回の改憲が李承晩大統領の権限を国会に移すことを目的として始まったのに対し，今回の改憲運動は張勉の継承を阻止することがそのまま目的とされたのである[10]。

他方で，民主党はそれまで政権側が行ってきた選挙時の不正に鑑み，1958年の総選挙までに選挙法を改正する必要性を感じていたが，自由党はなかなか国会審議に応じず，国会の場で議論が始まってもサボタージュしようとした[11]。民主党の国民人気が高まるなか，次の選挙で公正な選挙が行われれば自由党の苦戦は必至だったからである。そのため，最終的に自由党は必要な推薦人の数の増大や供託金の増額によって立候補者数を減らし，選挙運営も与党が操作しやすくするといった，野党の要求する公明選挙を否定し自党が選挙で有利になる対案を出した。与野党双方が，自党に有利な方向へと選挙法を改正しようと

---

8) 『東亞日報』1956年9月2日；同上，1956年9月3日；同上，1956年9月7日；『京郷新聞』1956年9月2日；同上，1956年9月3日；同上，1956年9月7日。
9) 『東亞日報』1956年9月18日。
10) 同上，1957年2月20日；同上，1957年2月21日；同上，1957年3月3日；『京郷新聞』1957年2月20日；同上，1957年3月8日；『한국일보（韓国日報）』1957年5月3日；『自由新聞』1957年6月27日。
11) 『東亞日報』1957年2月22日；同上，1957年4月18日；『京郷新聞』1957年4月18日。

したのである．しかし，その後自由党は双方の折衷案を作成する交渉の開始を受け入れ，9月16日に李起鵬の自宅で与野党間の予備会談が開催される[12]。自由党が民主党の要求する選挙法改正に関する協議に応じた理由はいくつか挙げられる。1つめに，自由党が新年度予算案を年内に成立させたがっていたことが挙げられる。そのため自由党は，選挙法案をめぐって国会が混乱するのを避けようとした。2つめに，自由党は，野党の公正な選挙実現の要求を最初から否定してしまうと国民の不信を買うので，それを避けようとした。3つめに，米国との関係が挙げられる。自由党内で米国視察を終えて帰国した議員たちは野党との協議に賛成に回った。ある議員によれば，米国の韓国に対する関心があまりにも薄かったため，真の民主主義を実現することで米国の韓国への無関心を是正する必要があったのだという。そして，4つめに，自由党議員たちのなかに存在した，次の選挙の際に自由党から自らが公薦を得られるかどうかに関する不安も影響していた。自由党員とはいえ，党の公薦を受けられなければ無所属での出馬となる。その際に，不正を容易に実行することができる選挙法では都合が悪かったのである[13]。こうして，改憲と並行して与野党間で選挙法改正が議論されることとなる。

　改憲論議の再燃について，駐韓米国大使館はこれをいくらかの懸念をもって注視していた。6月13日に副大統領継承権の廃止を含む改憲案が自由党党務会議を通過すると，6月25日，大使館は本国に「1952年大統領選挙危機以来の韓国における深刻な国内政治衝突を刺激するだろうと考えている」と書き送っている[14]。1952年に，李承晩政権は大統領選挙を国民の直接選挙制に変更するために，野党の反対を抑えて強硬に改憲を断行した。まだ朝鮮戦争が続くなか，この所謂「釜山政治波動」に直面して，韓国国内の混乱を恐れた米国側は李の大統領職からの強制的な除去や監禁まで考えたほどであった[15]。このよう

---

12) 『東亞日報』1957年5月1日；同上，1957年5月2日；同上，1957年7月6日；『한국일보（韓国日報）』1957年5月26日；李起夏『韓國政黨發達史』議會政治社，1961年，332頁。
13) 『東亞日報』1957年9月16日。
14) From Dowling to SecState, June 25, 1957, Embtel.1087, 795B.00/6-2557, CDF, RG59, NA.
15) この米国の「エヴァーレディ計画」については以下を参照。李鍾元「米韓関係における介入の原型――『エヴァーレディ計画』再考（一）」；同「米韓関係における介入の原

なトラウマを抱えていた米国大使館は，52年の混乱が再現することを恐れたのであった。

　大使館から報告を受けた国務省はその懸念を共有することとなる。7月2日，ハワード・パーソンズ（Howard L. Parsons）国務省北東アジア課長はロバートソン極東問題担当国務次官補に「韓国の来たる政治危機」と題された覚書を提出した。同覚書は大使館からの6月25日の電文について深刻にとらえ，以下のように述べている。

> 　134議席の自由党は，改憲実行に必要な3分の2の136議席を集めることができると考える。しかし，もしそれ（引用者注——改憲）をやろうすれば，野党は国会から退場し国民に訴えると脅迫するだろう。この改定のかなりの不人気さから考えて，これはいくらか成功するだろう。この状況において，ダウリング大使は彼の最近の滞在の間に，政府はおそらく革命を軽視しているだろうと感じた。かなり最悪の状況においてではあるが，平和と安定への脅威はかなりのものとなるだろうし，集会，演説，新聞の自由は脅かされるだろう。
> 　もしこうした危機が発生し長引けば，これは米国が韓国においてとっている立場への支持を次の国連総会において減少させるだろう。[16]

このように，改憲の強行によって最終的に革命的な状況にも至る可能性があると大使館は考えていた。ここではどのような経緯で革命へと発展するのかについては述べられていないが，おそらく，韓国国内の政治の混乱と機能停止が民衆の政治不信へとつながり，その隙を北の工作員に利用されるという，この時期の米国当局者に典型的な思考がその裏にはあったのであろう。さらに，国務省は李承晩政権の非民主的行動が国際社会における米国と韓国の立場にもたらす悪影響も考慮せざるを得なかった。

　しかし，李承晩が再び改憲に反対の意を表明する。7月3日，李起鵬をはじ

型——『エヴァーレディ計画』再考（二）」『法学』第59巻第1号，1995年4月．
16) From Parsons to Robertson, "Korea's Approaching Political Crisis," Jul 2, 1957, 795B.00/7-257, CDF, RG59, NA.

めとする自由党幹部たちは景武台に李承晩を訪問し,「自由党で改憲をしようとする意思がある」と伝えた。この時の李承晩の反応についてはさまざまな異なる内容の証言があるためその詳細は明らかではないが,確かなことは自由党幹部らの提示した改憲案を承諾しなかったということである[17]。そして,李承晩は15日に改憲に関する記者の質問に対し,大統領と副大統領が別々の党から出ることは混乱や無秩序の原因になるとしつつも,「その理由のみで憲法を修正することが絶対的に必要なのかどうかは判断できずにいる」と述べた。ただ,李承晩はその後に「我が憲法に何らかの修正がある程度必要だと信じる」とも付け加えている[18]。これは,1956年の大統領選挙以降主張されるようになった副大統領の規定をめぐる改憲の必要性を李承晩が初めて認めた発言であった一方で,この発言によって自由党が作成した改憲案に李承晩が乗り気でないことも公の場で示されたのである。こうして,改憲の試みは当面の間下火となり,与野党間の争点は選挙法へと集約されていく。

しかし,選挙法改正をめぐる交渉において,自由党が法案に挿入した,解釈によっては警察の恣意的な言論弾圧を可能とするような「新聞,雑誌などの不法利用の制限」規定および,「虚偽報道の禁止」条項に言論人が猛反発することで,再び選挙法改正案が問題となる。5月には与野党間の対立激化を防ぐことができた李起鵬であったが,この規定については「自由党の大部分の議員たちも言論関係条文の削除に反対しているので,私としては単独行動はできない」と匙を投げた[19]。他方,交渉中の法案の他の規定を言論条項のみにこだわって放棄するわけにはいかないとして,民主党旧派であり党代表最高委員の趙炳玉（チョ ビョンオク）は言論条項を認めつつ法案の早期妥結を目指し始めた。そして,多くの野党議員の賛成のもとに,言論条項を含みつつも,従来よりも公明な選挙を保障する手段として,与野党共同作成による選挙法が1958年1月1日に国会で成立する。しかし,民主党が言論条項を容認したことについて,言論界から強い批判の声が上がった。また,選挙法改正案の表決では民主党議員の大多数が

---

17) 『東亞日報』1957年7月4日;『京郷新聞』1957年7月5日夕;『한국일보（韓国日報）』1957年7月5日;同上,1957年7月7日;『自由新聞』1957年7月8日。
18) 『東亞日報』1957年7月17日;『京郷新聞』1957年7月16日朝。
19) 『東亞日報』1957年12月7日;同上,1957年12月14日。

賛成したにもかかわらず，張勉率いる新派は問題のある言論条項を含む選挙法通過の責任を旧派のリーダーである趙に転嫁して責めたてた。こうして，趙は代表を辞任することとなる[20]。

選挙法をめぐる混乱が進行するなか，米国大使館は，当時の韓国の状況を1957年11月21日に電文で国務省に報告している[21]。同報告書は56年の大統領選挙から少なからず変化した韓国の国内状況を詳細に伝えるものだった。

まず，同報告書では韓国国内の懸念材料として国民による社会主義への支持の明らかな増大と北朝鮮工作員の地下への浸透の2つを挙げている。国民の社会主義支持への懸念について，同報告書は一般国民が政府を信用していないことと，世界の他の場所と比べて自分たちの生活が改善されていないと感じていることを問題視している。そして同報告は，こうした問題に対処できる建設的で効果的な指導力の欠如のなかで，「現状への不満は最終的に極端なイデオロギーへの支持による自由世界の原則への放棄へとつながるだろう」と述べている。そして，同報告書では社会主義への支持の拡大が北朝鮮工作員の活動と重なり合うことへの懸念が述べられている。大使館はこの時期，無関係ではあっても「地下工作員の逮捕の急増」と「社会主義勢力の漸進的な成長」が平行して起こっていることを注視していた。さらに，同報告書では社会主義勢力の成長との関連で「元共産主義者」曺奉岩の進歩党が政権の弾圧にもかかわらず存続していることにも言及されている。大使館は，共産主義工作員の活動の増大について，「共産主義の計画は直接的な武装活動が無益なときにはこのような民衆の不満を利用するもの」だと認識した。要するに，米国の韓国国内の政治・経済的不満の拡大による国内の混乱を北朝鮮工作員が利用することへの米

---

20) 同上，1957年12月18日；同上，1958年1月3日；同上，1958年1月9日；李起夏，前掲書，338–39頁；From Weil to SecState, Jan 8, 1958, Embtel.508, 795B.00/1–858, CDF, RG59, NA. 民主党が多少の不適切な条項があってもこの選挙法案に合意した理由として，李哲淳は，無所属候補者や群小政党に不利な供託金や選挙運動への制限を課す条項が同法案に含まれていたことをあげている。1954年の総選挙で無所属の躍進によって惨敗した民主党はこの条項が自党に有利に働くと考えたという。また，李哲淳はやはり群小政党である進歩党の勢力伸長を防ごうという自由・民主両党の利害の一致も作用したと述べている。이철순（李哲淳），前掲論文，312–13頁。
21) From the Embassy in Korea to DOS, "Situation and Short-term Prospects of the Republic of Korea," Nov 21, 1957, Desp.333, 795B.00/11–2157, CDF, RG59, NA.

国の従来からの懸念がここでも繰り返し示されているのである。

では，具体的に大使館は韓国国内の政治・経済情勢をどのように認識していたのだろうか。まず，政治状況について述べる。同報告書は，李起鵬については人事の任命においてほぼ白紙委任を認められ，「建国以来最も強い政府」を設立し，「自由党をこれまでにないほどに統合」し，「行政における陰謀の役割をある程度減らした」と評価した。また，同報告書は恣意的な改憲の試みなどはあったにせよ，李起鵬と彼の派閥が抑制された穏健な政策に成功しているとし，その絶頂は選挙法をめぐる与野党間交渉であったとも述べた。しかし同報告書は，自由党内の食い違いは未だ存在し，さらに李起鵬が李承晩死後に党を纏め続けることができるかどうかは疑わしいとも述べている。李起鵬の身体的な衰弱もこのような懸念の一因であった。

大使館は，李起鵬の欠点を補完するものとして見ていたのか，同報告書内で民主党の成長も評価した。同報告は，1957年10月18日の民主党全国党大会で「韓国の歴史における初めての建設的で詳細な進歩と改革の計画」が提示されたことを特に高く評価した。こうした民主党の成長から，大使館は，「行政における即時の改善はあまり多くを期待することはできないが，もし，大統領死後に権力を継承すれば，利用可能な情報に基づいて判断すると，民主党は安定した統治を行う能力があるように思われる」とした。

しかし，同報告書は，結論部分を政局に関する懸念で締めくくっている。同報告書は1956年の副大統領選挙における野党候補の勝利を民主主義という観点においては成功としたが，未だ韓国の政治家たちの行動は頻繁にこれを無視し，来る選挙では再び民主主義が試されるだろうと述べている。そして，人気の低下に悩まされている自由党は，国民が非倫理的で非民主的とみなすであろう行動に頼り，その結果，間違いなく国民たちが不安定と幻滅へと向かう潮流を顕在化させるだろうと同報告は述べている。大使館がこのように状況を判断したのは，同報告書が作成される直前に行われた晋州市長選挙において与党が不正を行ったからであった[22]。

---

22) 10月21日に国会において金泳三民主党議員が晋州市長選挙の際に与党と警察によって不正が行われたことを告発すると，最終的には国会議員調査委員団を現地に派遣する事態となった。『東亞日報』1957年10月22日；同上，1957年10月29日。

まとめるならば，同報告書は韓国の政治状況に関して，多少の改善は見られ，将来，特に李承晩死後に政情を安定させる要素が生じ始めてはいるが，基本的にはそうした要素が成熟する前に，差し迫って韓国の政治状況は混乱へと向かう可能性が高いと見ていた。そして，混乱がもたらされる可能性のある最も近い政治イベントが 1958 年の総選挙だった。

　次に経済情勢に関する記述であるが，同報告書はまず最初に，大規模な失業，非現実的な為替レート，重い軍事的負担，限られた輸出の潜在能力，国内需要をはるかに超える消費者の需要，非効率的で腐敗した政府官僚機構等の韓国経済の欠点を列挙している。しかし，同報告はこの 1 年で「勇気付けられるいくらかの前進の兆候」ももたらされたと述べている。その兆候として同報告は，①復興が終了に近づいていること，② GNP が 1956 年よりも約 13％増えていること，③財政安定の試みの成功等を挙げた。特に，財政安定については「観測者の期待を越えて成功した」と述べ，その要因として「時宜に適した米国の余剰農産物援助計画（引用者注――PL480 の導入計画）下での穀物の輸入と，平均以上の米穀の収穫」に加え，次節で述べる 55 年に 500 ホァン対 1 ドルで為替レートを設定する際の米韓間の秘密合意を上げている。この秘密合意では，韓国国内で物価の変動が 55 年 9 月の物価水準と比べて 25％を超さなければ，米国は韓国に 500 ホァン対 1 ドルの為替レートの変更を要求しないと定められていた。この秘密合意について同報告書は以下のように述べている。

　　米国との合意によって卸売物価指数と結び付けられた 500 対 1 の為替レートへの大統領の固執が，厳格な安定方策への着手の第一の動機である。そのため，為替レートが極端に非現実的でも，韓国人のそれを維持する要望は高度に有益な効果を持つのである。

　このように，同報告書に特徴的なのは，政治的な危機意識と経済的な現状維持の重視である。政治的な危機が 1958 年の選挙によって訪れることは目に見えているため，それへの対策が必要な一方，経済はさらなる改善が必須ではありつつも物価安定の維持を今のまま続けることが有効だという感覚が大使館にあった。こうした韓国現地当局者の認識は米国政府内で韓国における為替制度

改革をめぐる議論に大きな影響を与え，改革の実行を制約していくこととなるが，このことについては第2節で詳述する。

概して，11月21日の大使館による報告書は，与野間政局の安定化が駐韓米国当局者の最優先事項となっている一方，経済に関しては1955年の秘密合意に基づいた為替レートの固定による物価安定が最重視されていることを示していたと言える。

3. 1958年国会議員選挙と李承晩政権の強硬化

前述したとおり，米国側は1958年の総選挙における政権の不正・暴力の使用を懸念していた。米国国務省北東アジア課によって作成された覚書によれば，57年末に行われた3つの市長選（おそらく晋州も含まれているだろうが，具体的な地名は挙げられていない）は，2カ所で自由党が勝利し，民主党は1カ所で勝利した。しかし，北東アジア課は自由党が勝利した選挙では，「投票過程で公的介入が行われ，干渉がなければ民主党市長が選出されていたことは明らかであった」と考えた。そして，同じ文書のなかで，58年の選挙で自由党がもし強硬手段に頼れば，韓国における統治能力と国際的信用が蝕まれるだろうということが懸念されている[23]。

しかし，1958年に入り大使館は次第に韓国の政局が安定に向かっていると判断するようになっていく。大使館が2月13日に本国に送った報告書では，韓国政府が世論に応えようと努め，これを強制力をもって操作しようという試みを減らし始めたと書かれている[24]。さらに，同報告書は，李承晩が健康であることも指摘した。つまり，しばらくは後継をめぐる混乱を心配する必要がなくなったと判断したのである。また，李起鵬が「円熟（mellowing）」し，その政治的主張が攻撃的ではなくなったことも指摘されている。国務省内で4月14日付で作成された覚書においても，李起鵬が「強く新しい並ぶものなき指

---

23) From Parsons to Robertson, "The Election Dilemma of the ROK Government," Nov 29, 1957, 795B.00/11-2957, CDF, RG59, NA.

24) From the Embassy in Korea to DOS, "Political and Socio-Political Developments in the Republic of Korea," Feb 13, 1958, Desp.532, 795B.00/2-1358, ibid.

導力」を発揮し，自由党への一般的支持を損なわないために政府の直接的な選挙への介入を減らしており，経済的な安定もあって，つぎの選挙で自由党は民主党に負けないであろうと評価している[25]。米国は少なくともこの段階では，民主党が国会の多数派になることで李承晩大統領ら行政府とのねじれが生じるよりも自由党が多数派となることを望ましいと考えたため，こうした李起鵬の動向は望ましい兆候であった。また，大使館はこの2月13日の報告書で以下のように述べている。

> もし不正選挙が制限内に抑えられれば，そして，民主党がその政治的立場を維持，改善するのに十分な議席を得る一方，自由党が議会の多数を維持すれば，もし，大きな国際的変化が起こらなければ，その後，1960年の大統領選挙までは穏やかな安定が期待できる。[26]

大使館が韓国の政局に楽観的になっていったことについては，野党である民主党に対する認識の変化にもその一因があった。米国が1958年の選挙で民主党の自由党への勝利を望んでいなかったであろうことは，上で引用した文章からも読み取れる。やはり従来から注目していた李起鵬を中心として韓国政治が展開する方が米国にとっては安心できたのだろう。しかし，他方でこの時期には米国は民主党が政権担当能力において顕著な成長を見せていると認識した。56年の大統領選挙に際して，米国は李承晩死後に韓国国内政治を安定させる手段としてはほぼ唯一李起鵬による権力の継承を想定していたことはすでに述べた。しかし，この時期には，大使館は民主党が勢力を拡大することを56年ほど警戒しなくなっていた。大使館は，2月13日の報告書で，民主党は「全体的な政策はほとんどの主要な点で現政権のそれと大きくは違わず」，「国家を運営するに十分な潜在的指導力をもっている」と述べている[27]。それにもかか

---

25) From Parsons to Robertson, "Preparations for the 1958 Korean Assembly Elections," Apr 14, 1958, 795B.00/4–1458, ibid.
26) From the Embassy in Korea to DOS, "Political and Socio-Political Developments in the Republic of Korea," Feb 13, 1958, Desp.532, 795B.00/2–1358, ibid.
27) Ibid.

わらず，同時に大使館は，民主党は米の豊作と物価安定により，「1956年の大統領選挙において使用されたものに匹敵するような政治的綱領を未だ確立できていない[28]」と認識した。つまり，民主党が責任ある政党として能力の向上を見せる一方で，その勢力を伸張させることによる政情の不安定化を防ぐことができる程度には政府・与党の政策がうまくいっていると，大使館は認識したのだった。

こうして，自由党の穏健化と予測される選挙での勝利，順調な物価統制，そして民主党の能力の向上により，大使館は，この時期には「おそらく，自由世界の目的と一致するように韓国の政治と社会が安定に向かう漸進的な動きを期待し得るだろう」と楽観するようになっていた。そして，大使館は，最も懸念される李承晩大統領の死亡の際には，憲法の規定通りに民主党の張勉副大統領が大統領職を引き継ぐだろうとし，やはりその過程で最初にいくらかの混乱はあるだろうが，結果として民主党政権下で安定が維持されるだろうと考えた[29]。

1958年5月2日に国会議員選挙が行われた。結果は，全233議席中自由党126，民主党79，その他28議席で，自由党が危なげなく与党の地位を確保しながらも，民主党が選挙前の33議席から大きくその勢力を拡大した[30]。まさに米国側が予想した通りの結果となったのである。米国務省はこの選挙結果を高く評価した。まず，国務省は選挙の不正も相対的に少なく韓国が政治的に成熟してきたと判断した。次に，国務省は，二大政党的な議席配分の構図が出現したことにも，民主党による「健全で効果的な反対行動」へとつながるものとしてはっきりと好意的な評価を示している。さらに，以前に米国側が韓国の政治的混乱の激化につながるとして懸念していた，副大統領による大統領有事の際の継承制度を廃止する改憲に必要な全体の3分の2議席（156議席）を自由党が獲得するといった事態も起きず，改憲による混乱が引き起こされる可能性も低下した。また，当選した議員たちについても米国務省は「第4代国会の議員

---

28) From Parsons to Robertson, "Preparations for the 1958 Korean Assembly Elections," Apr 14, 1958, 795B.00/4–1458, ibid.
29) From the Embassy in Korea to DOS, "Political and Socio-Political Developments in the Republic of Korea," Feb 13, 1958, Desp.532, 795B.00/2–1358, ibid.
30) 金雲泰他『韓國政治論（全訂版）』博英社，1982年，373頁。

の能力は前のどの代の国会よりもはるかに高い」と評価している[31]。

　注目すべきは，1956年の大統領選挙で民主党の副大統領候補が勝利した際には，経済開発を含む韓国国民の不満へと対処する必要性を感じた米国が，この選挙結果を経済開発と結びつけて考えなかったということである。その理由としては以下の5つが考えられる。

　1つめの理由は，政権を担い得る政党としての民主党の成長である。1956年の大統領選挙においては，具体的な対案を持たない民主党が李承晩政権への経済的なものも含む大衆の不満を煽って得票したという認識が米国側には存在した。つまり，56年の選挙で張勉に集まった李政権への批判票が建設的な代案へと落ち着く保証がなかったのである。しかし，58年の総選挙前には民主党に政権を担うことのできる潜在能力があると認識したことで，このような懸念をする必要がなくなったのだと思われる[32]。

　2つめの理由は，1956年の大統領選挙において米国の戦略を阻害する要素となり得ると認識された曺奉岩と進歩党の勢力が，58年の選挙までには瓦解していたことである。もちろん，56年の選挙後に米国側が懸念したのは韓国国民の一部に見られる社会主義志向であり，そうした志向が根本的になくなったわけではなかった。ただ，そうした志向をもつ人々を纏め上げ，社会民主主義的な政策の支持へと変換する力を持っていた曺奉岩らは58年1月に一斉に検挙されたことによって政党政治の舞台から姿を消していた（進歩党事件）。こうして，米国が選挙において社会主義勢力の伸長を懸念することはなくなった。

　3つめの理由は，経済政策が選挙の重要な争点とならなかったことである。同選挙で争点となったのは，自由党が党内で再論議されつつあった改憲を可能とする議席を獲得できるかどうかと，南北統一政策，そして公正選挙であった[33]。

---

31) From Parsons to Robertson, "Post Mortem on May 2, 1958 ROK National Assembly Election," Jun 4, 1958, 795B.00/6–458, CDF, RG59, NA.
32) From the Embassy in Korea to DOS, "Situation and Short-term Prospects of the Republic of Korea," Nov 21, 1957, Desp.333, 795B.00/11–2157, ibid.
33) 『東亞日報』1958年4月21日夕；同上，1958年4月30日夕；『京郷新聞』1958年5月2日夕。南北統一政策に関しては，趙炳玉が4月16日に「南北選挙に備えて保守政党である自由・民主両党は合同しなければならない」と持論を説いたことで，急速に争点と

4つめの理由は，選挙の争点として経済政策が語られる際にも，自由党の経済政策の方が投票行動に強い影響を与えたことである。自由党は4月25日に「公約3章」と題して(1)農漁民の一切の高利債の一掃，(2)公務員の待遇改善，(3)認定課税制度の全廃を掲げた。これに対し，民主党も，公約3章を空手形と批判しつつ，李承晩政権の経済政策を「大企業に偏重した巨額貸付」，「外国援助の使途」，「帰属処理財産の廉価での売却による隠ぺい補助」といった論点から批判した。しかし，結局自由党の公約の方が民主党の政権批判よりも有権者に対するインパクトをもっていた[34]。これは，韓国国民の経済的不満を追い風に野党が躍進した1956年の大統領選挙とは異なる構図であった。

5つめの理由は，相対的な経済状況の改善である。米国がこの時期，韓国における米の豊作と物価安定を政権側の権力基盤を安定させる要素と見ていたことはすでに述べた。

以上の理由によって，駐韓米国大使館は1956年の大統領選挙とは異なり，58年の国会議員選挙の結果を，韓国国民の経済的不満が野党の勢力拡大を通じて米国の対韓戦略を脅かす可能性を示したものとは認識しなかったのだと思われる。そのため，経済開発の必要性やその実行の緊急性についての認識が従来以上に強化されることにはならなかった。他方で，米国は別の種類の手段によって対処しなければならない脅威を認識し始める。それは李承晩政権の強硬化による政局の混乱である。米国務省は，自由党が選挙結果に満足せず，党内で強硬路線が再び浮上し始めたことを感じ取った。5月6日にハワード・パーソンズ北東アジア課長はロバートソン極東担当国務次官補に以下のように書き送っている。

　　しかし，李大統領と「保守派」が自由党のこの明らかな躓きにどう反応する

　　して浮上した。さらに，民主党が「国連監視下の南北同時選挙」と主張したことに対し，「統一のための北朝鮮のみの選挙」を主張する自由党が「共産党を認定するもの」と猛反発することで論争が激化した。『世界日報』1958年4月18日；『한국일보（韓国日報）』1958年4月22日；『東亞日報』1958年4月21日夕；同上，1958年4月22日夕；『朝鮮日報』1958年4月1日朝。

34）『聯合新聞』1958年4月26日；同上，1958年5月1日；『京郷新聞』1958年4月26日朝。

かに多くがかかっている。もし，面目をあまりにも大きく損なったと感じるか，李大統領がいくらか怒りを爆発させれば，李起鵬や彼と協力する穏健な人々の派閥が，除去されるか，その行動を妨害されることがあり得る[35]。

こうしたなか，9月19日の迎日乙区（ヨンイル）の国会議員再選挙で，与党側による大規模な不正によってその候補が僅差で勝利するという事件が起こった。さらに，政府を批判する言論・活動を従来よりも恣意的に弾圧することを可能にする内容の国家保安法改正案が与党によって11月18日に国会に提出された[36]。

朱耀翰ら民主党指導者たちは，大使館員との会談でこれらの出来事は1960年の選挙で政権側が不正を行う前兆であるとし，そうした事態を防ぐために米国に「適切で効果的な措置」をとるように強く訴えた。58年12月に，大使館はこうした民主党指導者たちとの会談内容を受けて，60年の選挙に向けて米国がとるべき姿勢について本国に報告した[37]。まず，大使館は5月の総選挙とそれ以降に生じた迎日の事件や国家保安法改正の問題を，韓国における民主主義の発展への脅威と判断した。大使館によれば，代議民主制度が適切に機能するためには制度のルールに忠実な野党の存在は不可欠であるという。そして，野党が「忠実」であるためには，現在権力の座にいる人々もそのルールを順守するという確信がなければならないという。こうした信頼が弱まれば，野党は「政府への妨害主義や過度の攻撃」に出る可能性があるというのである。そのため，民主党の面々が政府のルール順守を信用していないことは問題であった。まず，国家保安法の改正は政府与党が野党の政治活動を「合法的」に妨害することを可能とするように思われた。また，迎日で起きたような不正選挙がもし60年大統領選挙でも繰り返されることがあれば，野党指導者と党員たちの，

---

35) From Parsons to Robertson, "Tentative Analysis of ROK Election," May 6, 1958, 795B.00/5-658, CDF, RG59, NA.
36) 『東亞日報』1958年9月21日；同上，1958年9月22日。国家保安法改正案の国会での承認過程とその内容の問題点についての詳しい分析は，박원순（朴元淳）『국가보안법연구 1──국가보안법변천사（증보판）（国家保安法研究1──国家保安法変遷史（増補版））』역사비평사（歴史批評社），1992年，125-55頁を参照。
37) From the Embassy in Korea to DOS, "Democrats Look to 1960," Dec 1, 1958, Desp.290, 795B.00/12-158, CDF, RG59, NA.

政府与党によるルール違反への恐れは確信へと変わるだろうと大使館は懸念した。自由党は人気を取り戻しつつあるように見えるものの,「政権が権力の維持を確実にするために大統領選挙における大規模な介入の必要性を考慮する可能性」があった。そして大使館は,「少なくとも,党最高指導部からそれに反対する確固たる指示がなければ,下部党員と政府当局者たちが,自らが直接的利益と責任を有している地域において勝利を確保するために自発的にそうした行動をとる可能性がある」と考えた。党最高指導部とは言うまでもなく李起鵬のことと思われ,李が党内強硬派を抑えることができるかどうかがここでは懸念されたのである。この政権与党の強硬化の傾向は「二大政党制と韓国における民主政府の未来」に「より一層深刻な結果」をひき起こす可能性があり,韓国の政治的安定という米国の目標達成に反するものだった。また,韓国での不正選挙が世界や米国国内の世論,そして,「国連における唯一の正統で民主的な朝鮮の政府」という韓国の立場に与える影響も懸念された。

　大使館はこうした脅威認識のもとに本国にいくらかの措置をとることを提言した。それらは大体において,(1)政府や与野両党に自由選挙の必要性を強調する,(2)大使館・韓国統一復興委員団(United Nations Commission for the Unification and Rehabilitation of Korea, UNCURK)が選挙を監視する,(3)前もって民主主義諸国の新聞を利用して韓国の選挙に注目を集めておく,(4)韓国のオピニオン・リーダーや標準的市民に民主主義の重要性を宣伝する等であった。

　このように,1958年の選挙が終わり,次の選挙に向けて米国が懸念し始めたのは自由党の強硬派と民主党との間の政争激化で生ずる政治的混乱であった。駐韓大使館は国家保安法の実質的な改悪をやめさせるために,それがもたらす国際社会における韓国の地位への悪影響について,韓国政府・与党関係者に伝えようとした。ダウリング大使は李起鵬に接触して国家保安法改正案から「報道を侵害する規定」を削除するように働きかけた。しかし,ダウリングは,自由党を以前ほど十分に統制できておらず,「あまり穏健でない分子」からの強い圧力下にある李がこの状況に対処できるとは確信できなかった[38]。この時期,

---

38) "Telegram from the Embassy in Korea to the Department of State," Dec 5, 1958, *FRUS 1958–1960* Vol.18(Wahington,D.C.: United States Government Printing Office, 1994), 513.

自由党内強硬派の行き過ぎが目につくようになり，李が党内を抑えきれていないことは明らかだった。そもそも，報道の自由を制限するような内容を含む国家保安法改正案が国会に提出されたことが李の影響力低下と強硬派の影響力拡大によるものであったことは言うまでもないが，さらに，12月6日には自由党議員が民主党を「容共団体」「逆族の輩」と批判したことが，国会における両党間の乱闘へと発展する[39]。ダウリングの李への信頼低下はこうした一連の事件が背景にあったのだと思われる。韓国現地における大使館の李や自由党，政府に影響力を行使しようという取り組みが成功しなかったと感じた国務省官僚は，大使館の提言通りロバートソン国務次官補から梁裕燦駐米韓国大使に米国の懸念を伝えることを進言した[40]。

しかし，この国家保安法改正法案は，12月24日に国会において野党議員が警衛に締め出されるなかで与党議員のみで強行採決された。米国側は最終的にアイゼンハワー大統領の親書を李承晩に送っての説得まで試みたが意味をなさなかった[41]。この事件によって米国は，李起鵬にはもう自由党を統括する能力が残されていないと悟ることとなる[42]。

以上の政治的状況の悪化を背景に，国務省は，1960年の韓国大統領選挙でとるべき態度を協議するためにダウリング大使を帰国させることを決定した[43]。帰国したダウリングは韓国国内の情勢とそこで米国が果たすべき役割について1月23日付で覚書を提出した。同覚書はこれ以降に韓国の政治情勢に対して米国がとった方策との関連で重要なので詳しく見ていく[44]。

---

39) 『東亞日報』1958年12月6日夕。
40) From Parsons to Robertson, "Your Meeting at 4:45 p.m. Today with Ambassador Yang," Dec 5, 1958, 795B.00/12-558, CDF RG59, NA.
41) From Dowling to SecState, Dec 27, 1958, Tel.283, 795B.00/12-2758, ibid.
42) From Parsons to Robertson, "Leadership of the Liberal Party," Jan 16, 1959, 795B.00/1-759, ibid.
43) "Memorandum from the Director of the Office of Northeast Asian Affairs (Parsons) to the Assistant Secretary of State for Far Eastern Affairs," Jan 6, 1959, *FRUS 1958–1960* Vol.18, 529.
44) "Memorandum from the Ambassador (Dowling) to Korea to the Assistant Secretary of State for Far Eastern Affairs (Robertson)," Jan 23, 1959, ibid., 534–40.

まず，同覚書はこれまで韓国における民主主義の発展に寄与してきた李起鵬が自由党内で強硬派によってわきに追いやられているとしている。ここで覚書が言う強硬派とは，「1960年の大統領選挙との関連で，野党と自由な報道に対して行使するために作られた最近の国家保安法改正案の通過によって明らかになったような，非民主的・権威主義的戦略を含むどのような手段でも使用すると決心しているように見える」人々であった。このように，韓国における政局の混乱が予測されるなか，大使館は本国に韓国国内政治に積極的に影響力を行使することを提言した。そうしなければ，(1)国連の場における米国と韓国の名声の損傷，(2)米国議会からの対韓援助獲得への支障，(3)李承晩政権のさらなる強硬化と米国の韓国における穏健派や民主主義支持勢力からの信頼の喪失といった事態の悪化につながると大使館は考えた。そして，同覚書は結論部分でさらに，消極的な行動が共産主義者に利用されるような市民の混乱を引き起こし得るとも述べている。

同覚書は，米国が韓国国内政局において目指すべき目標に，(1)通常の国会機能と政党システムの機能を回復させることと，(2)野党と報道の自由を抑圧するための権威主義的行動の最終的な使用を防ぐことを据えた。そして，同報告書は，大使が本国に召還され，さらに米国の新聞が韓国政府を批判することで，通常の国会機能回復のために自由党と民主党の間で妥協に向かう動き（第4章第1節参照）がでてきたことを評価した。しかし，それが失敗して状況が現在より悪化した時に米国がとるべき行動として，米国の記者や議員の派遣による自由党の強硬化の抑制や経済的圧力を挙げている。以下に，ダウリングの提示した経済的圧力の手段について詳細に検討する。

まず，大使館はDLFの借款のような援助行動を適切な行動がとられるまで延期するとほのめかすべきと主張している。そして，さらに重要な提言は，米国が韓国に剰余農産物を提供するための新たなPL480協定締結交渉について，「行動を目標達成に必要となるだけ延期すべき」というものである。前述したように，輸出が試みられ始めた韓国の綿製品はこのPL480等の援助によって提供された原綿を使っていた。また，米穀の輸出も，韓国国民がPL480等による米国の剰余農産物の導入で国内の食糧を埋め合わせることを前提としてい

た[45]。そして，もちろん原料と食料の不足という点で，PL480協定締結の引き延ばしは輸出だけでなく物価の安定を含む韓国経済そのものに大きな影響を与えるものであった。しかし，同報告書はこうした圧力手段が経済に与える影響については述べておらず，この措置が「韓国の軍事力を損なわない」ように留意することのみを提言している。1956年の大統領選挙後，現地の米国当局者内では国民の不満や左派勢力の伸長を抑えて政局を安定させるためにも経済発展の方法が模索された。しかし，この59年初頭の時期までには米国大使館の姿勢は，与野党の権力争いによる政局の混乱を防ぐためには，経済をある程度不安定にすることも辞さないという方向へと変わっていた。

このダウリングの報告を受けたダレスは，その提案を従来の政策の限界内でできるものと判断し，各提言について関係する国務省内の人々の合意を得，OCBを利用して他省庁との調整を行いつつ実行することを指示した。この指示のなかで，ダレスが省内で「合意を得る」相手として名指ししているディロン経済問題担当国務副次官補は援助等の対外経済政策をダレスが委任していた人物であった。このことはダレスがダウリングの援助を利用して韓国政府に圧力をかける旨の提言について国務省内で検討させたことを示しているように思われる[46]。

ただこの時期に関してもう1つ注目したいのは，米国の対韓政策における経済発展の重要性の増大へとつながっていく新たな要素が，この1958年を前後する時期に国際政治の変化のなかで生まれていたことである。それは，南北朝鮮の経済発展をめぐる競争である。朝鮮戦争後の復興をめぐる南北間競争という考え方は韓国の復興期から米国政府内にあった。特に，ソ連，中国，その他の社会主義国が結束して北朝鮮の復興を支援したことで，例えば，55年の米国政府内部文書は対韓援助政策の成功が東側とのプロパガンダ戦争において重

---

45) "Stabilization Program and Related Subjects," Oct 17, 1958, *FRUS1958–1960* Vol.17/18 Microfiche Supplement (Washington: U.S. Government Printing Office, 1994).
46) From Dulles to Robertson, Jan 27, 1959, 795B.00/1–2459, CDF, RG59, NA. ダレスとディロンの援助政策をめぐる職務上の関係性については以下を参照。"A Transcript of a Recorded Interview with C. Douglas Dillon," June 24, 1965, John Foster Dulles Oral History Collection, Princeton University Library, 35–39.

要だと主張している[47]。そして，50年代後半には経済復興からさらに進んで，経済発展が重視され始めることとなったのである。

　1958年3月31日付で，国務省のハワード・パーソンズ北東アジア課長は，北朝鮮を訪問した日本の起業家による報告書をもとにロバートソン国務次官補宛の覚書を作成した。そこでパーソンズは「北朝鮮の共産主義者が軍事的手段ではなく主に経済的手段により朝鮮半島における長期的目的を果たそうという慎重な政策を採用した可能性が強い」と述べている。パーソンズによれば，中国軍が北朝鮮から撤退すると表明したことや，北朝鮮が統一を呼びかけることによる韓国国内の呼応の煽動は，北朝鮮による自国の経済的な将来と，韓国との競争による勝利への自信から出てくるものだという。パーソンズが入手した報告書には，北朝鮮経済はかなりの進歩を達成していると記されていた。このような北朝鮮の経済的な進歩が韓国の経済的無能力と相まって，李承晩が大統領ではなくなった後に韓国を北朝鮮の経済攻勢に脆弱にさせることを米国は恐れたのである[48]。こうした米国の認識は，米国の政策にすぐに大きな影響を及ぼすことはなかったが，4月革命後の韓国国民による生活水準の向上への要望と結びつき，米国に南北朝鮮の経済競争への対策を強く迫るようになっていく。

　このように，1958年の総選挙後，米国の政策決定における60年の大統領選挙の焦点は，韓国国内の混乱・左傾化を防ぎ，国際社会での面子を守るために，李承晩政権の強硬策にどのように対処するかへと集中していったのである。一方で，経済発展は，与野党間の主要な争点ではなくなったことで，米国にそれを従来以上に推進しようとさせるようなインセンティヴに乏しく，物価安定化の試みが成功していたことにより喫緊の課題ではなくなり，さらには，国務省と大使館は政局の安定のためには経済的安定をある程度危険に晒すことも辞さないという態度を示し始めた。

---

47) From CINCREP Seoul to ICA, "Narrative Submission of FY 1957 Program," Nov 21, 1955, TOICA A–410, Box.83, Entry422, RG469, NA. 東側陣営各国の支援を受けた北朝鮮の復興過程に関しては以下を参照。Charles Armstrong, "'Fraternal Socialism': The International Reconstruction of North Korea, 1953–62," Cold War History 5（May 2005）.
48) 李鍾元，前掲書，264頁；From Parsons to Robertson, "Economic Appeal of Communist Overtures for Reunification of Korea," Mar 31, 1958, *FRUS1958–1960* Vol.17/18 Supp.

第2節　米韓の為替レートをめぐる確執

　駐韓米国大使館が1957年末には「卸売物価指数と結び付けられた500対1の為替レートへの大統領の固執」が韓国の物価安定に寄与していると認識していたことは，すでに前節で述べた。米国のこのような認識は，その後韓国において輸出促進に不可欠な為替制度改革の実行を遅らせることとなる。本節では，前述したような56年韓国大統領選後の現地の韓国当局者による韓国の経済開発重視に関する提言や，後述する為替制度改革を提言したドレイパー報告の裏で，なぜ韓国において為替制度改革が実行されなかったのかについて検討する。まず，前史として55年の9月に500ホァン対1ドルのレートと「25％条項」が設定されるまでの政治過程を概観する。次に，韓国現地の米国当局者が56年に韓国の経済開発の必要性を認識し始めて以降になされた輸出促進のための為替制度改革をめぐる米韓間，米国当局者内の論争と，韓国現地で実行されていた経済安定化政策との関係について考察する

1. 1955年の米韓為替レート協議と「25％条項」の制定

　韓国は，1953年12月に公定レートを180ホァン対1ドルに設定した。同レートは米国の援助物資公売と，在韓国連軍が軍事費用等のために韓国政府から貸与を受けたホァン貨をドル貨で返済する際に適用された[49]。しかし，民間

---

[49] 本書の対象時期には，韓国は外貨管理政策として「外貨預置集中制度」をとっていた。同制度下では民間経済の主体がさまざまな経路を通じて獲得した外貨は中央銀行である韓国銀行の民間外貨勘定にすべて「預置」しなければならなかった。そして，その民間外貨勘定は，誰が，どのような経路を通じて外貨を獲得したのかによって，輸出勘定，一般勘定に区分された。輸出勘定（1955年8月以降は輸入勘定に名称変更）は，(1)商工部に登録した貿易業者が，対外輸出によって手に入れた外貨，(2)同じく業者が国内の外国人に財やサービスを売ることで手に入れた外貨，(3)同じく業者が政府から公売を通じて獲得した外貨，(4)輸出勘定の他の口座や，一般勘定，特殊勘定から譲渡された外貨，(5)軍納業者が国連軍や外国の外交機関に財やサービスを売ることによって手に入れた外貨等を預ける際に利用された。ここに預け入れられたドルは「輸出ドル」と呼ばれた。そして，輸出勘定に保有されている外貨は3つの用途に利用できた。1つめ

での市場価格による外貨の取引も行われており，そこでは，大体において公定レートの2倍以上の価格でドルを売ることができた[50]。まず，こうした制度のなかで，55年8月に公定レートが500対1に設定された経緯について説明する（表1）。

1953年12月に公定為替レートは180対1と設定されたが，その後，国連軍が必要なホャン貨を得るために，54年11月に韓国政府からの借入に代えて採用した韓国国内でのドル競売制度の平均落札レートは480対1を示した。これに伴い，この競売結果と「類似した値」を適用することで合意されていた援助物資の公売レートも350対1に引き上げられたため，公定レートはその存在意義をなくし，韓国政府はレートの上昇傾向を止めるために米国と協議せざるをえなくなった[51]。こうして55年6月，白斗鎮経済調整官は交渉のために渡米することとなる。

ワシントンでの協議において特に問題になったのは，為替レートをどの値に設定するかであった。さらに，設定する値の根拠を何に求めるかも問題になった。韓国政府は，平価切り下げは援助物資を含む輸入品の価格を釣り上げインフレーションを引き起こすとして，できる限りホャンの価値を高く維持しよう

は，輸出入関連費用であり，この勘定に預け入れられていない外貨は輸入財源として利用できなかった。2つめは公定為替レートでの韓国銀行への売却である。しかし，輸出ドルは市場において，公定レートよりも好条件で他の輸出勘定保有者に譲渡することができたため，この用途はあまり意味がなかった。3つめは，政府の承認下における違う輸出勘定保有者への譲渡（勘定の移し替え）であり，これは52年中と55年8月から57年12月までの期間を除いては許容されていた。また，許容されていない時期にも闇市場が存在した。ただ，李承晩政権は対日貿易赤字を是正するために54年4月以降日本からの輸入は日本への輸出で獲得した外貨によってのみ許容することとした。そのため，市場で日本地域から獲得した輸出ドルはその他の地域から得た輸出ドルよりも価格が高騰することとなった。一般勘定は53年以降は主に「駐韓外交機関，または外交官の身分をもつ外国人個人」に利用された。崔相伍「1950年代 外換制度와 換率政策에 관한 研究（1950年代為替制度の為替レート政策に関する研究）」57-62, 66-69頁。

50) 同上，58-67頁。米国援助物資の韓国国内での公売で得られたホャン貨は援助資金として中央銀行である韓国銀行の特別勘定にプールされ（見返り資金），合経委によってその使用先が決定された。同上，73-74頁；이현진（李眩珍），前掲書，74-75頁。

51) 崔相伍「1950年代 外換制度와 換率政策에 관한 研究（1950年代為替制度の為替レート政策に関する研究）」119頁。

表1　1950年代韓国の各種為替レート

	協定レート			市場レート（輸出ドル）	
	公定レート	国連軍レート	見返り資金レート	日本地域	その他の地域
1950.6.15	18	—	14		
10.1	18	25	25		
11.1	25	25	25		
12.1	25	40	40		
1951.3.11	25	60	40		
11.10	60	60	60		
1952.6	60	60	60		
12	60	60	60		
1953.6.1	60	180	60		
12.15	180	180	180		
1954.6	180	180	180	675	501
12.13	180	426	180	809	780
1955.8.15	500	500	500	950	820
1956	500	500	500	1,070	1,008
1957	500	500	500	1,123	1,057
1958	500	500	500	1,225	1,015
1959	500	500	500	1,399	1,247
1960.2.23	650	650	650	1,718	1,387
1961.1.1	1,000	1,000	1,000	1,563	1,416
2.1	1,300	1,300	1,300	1,479	1,454

出典：崔相伍「1950年代 外換制度와 換率政策에 관한 研究（1950年代為替制度と為替レート政策に関する研究）」成均館大學校博士論文，2000年，67頁と，同「1950–1960년대 중반 무역・외환정책의 형성과 전환：수출정책을 중심으로（1950–1960年代中盤における貿易・為替政策の形成と転換：輸出政策を中心に）」공제욱（孔提郁）・조석곤（趙錫坤）編『1950〜1960년대 한국형 발전모델의 원형과 그 병용과정：내부동원형 성장모델의 후퇴와 외부의존형 성장모델의 형성（1950〜1960年代韓国型発展モデルの原型とその変容過程：内部動員型成長モデルの後退と外部依存型成長モデルの形成）』한울아카데미（ハンウルアカデミー），2005年，203頁を筆者が加工して作成。

とした。これに対し，米国は物価の安定はむしろ，ホァンを安く評価し，政府による米国からの援助物資の公売によってより多くの通貨を市場から回収することで達成されると考えた。さらに，米国はホァンの過大評価が韓国の輸出やレントシーキングに及ぼす影響も懸念し，購買力平価説に基づいたレートの設定も主張した。

また，為替レートをどのように設定するかは，どのような方法でホァン建てでの米国の対韓援助額を拡大するかにも大きくかかわってきた。米国は，ドル建てでより少ない額の援助によってホァン建てでの援助額をより多くするためにホァンの切り下げを主張した。これに対し，韓国は為替レートは過大評価のままでドル建てでの援助額を増やすことで，ホァン建てでの援助額を増大させようとした。後に，実際に李承晩は平価切り下げを主張したダウリング大使に，援助額が足りなければ平価切り下げでホァン建ての額面を増やすのではなく援助資金自体を増額するように要求している[52]。

　米韓間でもう1つ大きな論点となったのは，変動レート制にするか固定レート制にするかであった。この問題は単純な二者択一というわけではなく，実際の議論はもっと複雑なものであった。即ち，韓国国内の物価変動を短い周期で為替レートに反映させる変動制か，もしくは，長い周期で反映させる留保つきの固定制か，全く反映させない恒久的固定制かというものであった。米韓間で為替レートに関して特に問題となったのは以上の2点であった。以下に，この2点を念頭に置きつつ，為替レートをめぐる米韓間の協議と妥結の過程について概観する。

　まず，米国側の準備作業について見ていく。白斗鎮らの訪米を直前に控えた1955年5月21日，ウッド（C. Tyler Wood）経済調整官は本国のFOAに電文を送って，為替レートに関する協議において米国がとるべき態度を提言している。ウッドは，ホァン対ドルレートの適正水準を600対1ないしは650対1としつつ，韓国がこうした水準で1年間レートを固定することを望むならば，3つの条件でそれに反対すべきではないとしている。その条件の1つめとは，56年度予算を支出の削減と歳入の増大によって大体において均衡化することである。この条件によってインフレーションをある程度防ぐことができる上に，物価を安定させることができれば逆に為替レートを一定値に維持することも可能となる。このようなウッドの提言の背景には，米国が固定レートに同意すれば予算均衡化に努力するという孫元一（ソンウォンイル）国防部長官ら韓国側当局者による示唆

---

52)　宋仁相『淮南 宋仁相 回顧錄 ── 復興과 成長（淮南宋仁相回顧録 ── 復興と成長）』21세기북스（21世紀ブックス），1994年，276頁。

があった。ほかにもウッドは銀行貸出の制限等，通貨供給量の削減についての提言を行っている。2つめは少数の例外を除いて外貨取り引きを公定レートで行うこと，つまり，為替レートの単一化である。3つめは，交渉によって決めたレートを，ソウルの卸売物価指数の変化が一定の制限のなかに留まった場合にのみ，1年間は固定するということである。ウッドは数値については，固定レートの物価指数の上昇が55年7月と比べ10％を超せば，即座にその分だけレートに反映させ，その後は6％の物価変動を起こすごとにその変動分だけ自動調整することを提案している。最終的に米韓交渉は，最初決めたレートを13ヵ月間は無条件固定し，その後25％の物価指数変動ごとにレートを変更するという取り決めに落ち着くが，ここでウッドが提示した枠組みと最終的な結果にはいくらかの共通点がある[53]。

そして，6月20日，国務省の北東アジア課が作成したポジション・ペーパーが米国政府の各部署に送られた。同文書は，韓国経済の安定が達成されない限り，現実的な水準での変動制為替レートが不可欠だとしている。同文書は現実的な水準での単一の為替レートが必要な理由を4つ挙げている。1つめは，反インフレ的手段，または，潜在的な補助金，不当利得，汚職等を排除した上での，援助物資と政府保有外貨の公売を通じた政府の歳入源となり得るということである。即ち，市場の通貨を回収することで供給量を抑えつつ，政府の歳入を最大化できるということである。2つめは，輸出と輸入を市場原理のもとに最適化できるということである。3つめは，複数レートの設定によって意図的に低価格にされた石炭等の輸入を抑制して国産品の生産を促進することができるということである。そして，4つめは，米軍や米国政府機関の韓国における公的な支出に複数レート制を利用した意図的なホァン過大評価レートが適用されることによる，ドル建てで決定された支出額のホァン建てでの価値の低下を防止できるということである。このように，同文書では4つの理由が挙げられているが，米国が最も重点を置いたのは最初に挙げられたインフレーション防止と政府の歳入の拡大であった。ただ，同文書は，現実的な水準でレートが設定されても効果的なインフレーション抑制策がとられない限り意味がないと

---

[53] From Wood to FOA, May 21, 1955, TOFOA.1604, Box.10, Entry478, RG469, NA.

も述べている。そのため，国務省は市場では1ドルが1200ホァンで取引されているケースを認識しつつ，また原則的には韓国が主張するような固定レートも容認できないとしつつも，譲歩の用意をしていた。即ち，「他の重要な経済的目標を達成するのに不可欠」だと考えられれば，600対1レートで1年以内の期間固定することを認めるとしたのである。そして，ここで条件とされたのは，ウッドが5月の電文で提言したような物価安定化政策（つまりインフレーション抑制）の枠組み内で行動することへの韓国の合意であった。要するに，李承晩を積極的にインフレーション抑制に協力させることを重視し，そのためならば為替レートでは譲歩してもいいと考えたのであった。そして，為替レート交渉に際して米国のとるべき基本的な態度については，最初はドル競売制度と従来の複数レート制の継続を主張しつつ，そうした譲歩案へと移行していくとした[54]。

他方で，韓国側が交渉に臨む際どのような準備をしていたのかについては不明な点が多い。まず，事前にどの程度のレートを交渉の目標としていたのかは分らない。後述するように会談録を見る限り，韓国側は1953年に180対1レートを定めた時からの物価上昇分を為替レートにもあてはめた270（271の場合もあった）ホァン対1ドルを最も強く主張した。しかし，韓国側の代表である白斗鎮は米国側に360ホァン対1ドルを主張したと回顧録で述べている。これは，韓国は表向きは270対1レートを主張し，最終的には360対1で米国と合意することを念頭においていたということなのかもしれないが真相はわからない[55]。他方で，交渉過程に見られるように，韓国側はこの会談で決めたレートを恒久的に固定することを強く主張することとなる。

この米韓交渉で韓国は大幅な平価切り下げに強硬に反対するが，その背景には李承晩大統領の為替レート維持への固執があった。李は，特にこの時期には経済政策に関して閣僚たちにかなりの自由裁量を与えていたが，為替レートと対日貿易，米国からの援助の使い道は例外だった。そして，李の為替レートに

---

54) Department of State, Bureau of Far Eastern Affairs, "United States-Korean Economic Talk: Overall Negotiation Position," June 20, 1955, ibid.
55) 崔相伍「1950年代 外換制度와 換率政策에 관한 研究（1950年代為替制度と為替レート政策に関する研究）」120頁；白斗鎮『白斗鎮回顧録』大韓公論社，1975年，253頁。

関する強硬な態度は，3つの思考的背景に基づくものだった。1つめは「為替レートの切り下げは我が国の国富をそれだけ減らす」というものである。この考え方は，前述したようなドル建てでの援助額拡大の主張にもつながるものである[56]。

2つめは，輸入や援助に依存している韓国では，輸入品価格を引き上げる平価切り下げが物価上昇につながるという懸念である。1954年10月の時点で李承晩は「最初は15ウォン対1ドル（引用者注――ウォンはファンの前の韓国の通貨単位。1953年2月にファンに転換）だったものを毎回2倍に引き上げるごとに，市場のモノの値段が2倍になり，市場のモノの値段が上がれば，またドルの値を上げなければならないとして再び為替レートを上げることとなった」と談話のなかで述べている[57]。米国は韓国の国内物価が上がると平価切り下げを求めてくるので，李は，一度の平価切り下げがインフレーションとさらなる平価切り下げという無限の繰返しにつながることを恐れたのである。

3つめは，宋仁相の回顧録によってのみ確認できることであるが，韓国の平価切り下げが日本の利益になるという李承晩の思い込みである。宋によれば，多少これより後の時期のことではあるが，李は平価切り下げを迫ってきたダウリング駐韓大使やウォーン経済調整官に対し，「ダレス長官が親日派だから日本商品を韓国により多く売るために頻繁に為替レートを調整しようというのではないか」と述べたという。また，やはり宋の回想によれば，外国使節団員等の支出に優遇為替レートを認める「旅行者レート」が米韓間で争点となった際にも，李は宋に「そうしてやることは，結局親日派たちの罠に陥ることにしかならない」と述べている[58]。しかし，実際には平価切り下げはむしろ輸入抑制の効果を持つのであり，為替レートにこだわり続けた李がこの仕組みを知らないはずはなく，李がどのような論理で平価切り下げが日本の利益になると考えたのかは分らない。

以上，米韓双方が交渉に臨む際に持っていた認識について述べた。以下に交渉過程について述べる。1955年6月21日，韓国代表団との初顔合わせの会談

---

56) 宋，前掲書，149-50, 270頁。
57) 公報處編『大統領李承晩博士談話集 第2輯』1956年，144頁。
58) 宋，前掲書，280, 283頁。

においてロバートソン国務次官補は，54年11月17日に両国が署名した米韓会談議事録をそれ以降の状況の変化に合わせて改定することを申し出た。同文書は米国が韓国に軍事・経済援助を供与すること，韓国の対ドル公定為替レートを180対1にすること，韓国が予算均衡化とインフレーション抑制に努めること等の内容を含んでいた。次にロバートソンは，共産主義陣営の主要な目的の1つが米国の経済を崩壊させることであり，米国は過大な財政負担を背負うべきではないと述べた。そしてロバートソンは援助の増大を望むことは非現実的であり，既存の資金から最大限のものを得ることが必要だとした。また，ロバートソンは，韓国政府がホァンの過大評価レートに起因する低価格によって米国の援助物資を国内で公売することで歳入をかなり減らしており，結果として，インフレーション的な赤字支出に頼らなければならなくなっていると述べた。米国側はホァンの過大評価がインフレーションの原因になっているとして平価切り下げを主張したのである。

その後の日程において，米韓協議は経済的懸案を扱う経済小委員会と軍事的懸案を扱う軍事小委員会に分かれることとなった[59]。そして，為替レートをめぐる協議を行う経済小委員会の米国側代表は，1961年に駐韓米国援助使節団（U.S. Operations Mission, USOM）の処長として実際に為替制度改革を実行することになるモイヤー（Raymond Moyer）FOA極東課長であった。

6月24日の経済小委員会では，ロバートソンの述べたような米国側の為替レートとインフレーションの関係についての主張に対し，韓国側が反駁した。白斗鎮は米国の為替レートに関する議論に合意してはおらず，1945年以降の一連のホァンの平価切り下げがインフレーションの原因となっていると主張した。白は，ホァンをある程度過大評価することで，特に石炭といった韓国経済に不可欠な品目の輸入価格を低く抑えることがインフレーション対策に有効だと考えていた。こうして，この日の会議における白の発言は，米韓のインフレーションと為替レートに関する真逆の考え方を顕在化させたのである[60]。

---

59) "U.S.-ROK Talks," June 21, 1955, Box.1, 58D643 & 59D407, LF, RG59, NA；韓國銀行調査部『經濟年鑑』1956年，II-62頁。
60) "Economic Subcommittee," June 24, 1955, Box.1, 58D643 & 59D407, LF, RG59, NA；白，前掲書，251頁。

6月30日の経済小委員会において，白斗鎮は180ホァン対1ドルのレートを設定した時期から物価が51％上昇したため，レートも50％引き上げてもよいと認めた。これに対し，モイヤーはまず，当時のようなインフレ状況下でのレート固定に反対した。さらにモイヤーは現実的水準の為替レートの特定は，国内の物価のみを参照するのではなく国内と国外の物価を大体において均衡させる形で行うものだと述べた。つまり，モイヤーは購買力平価説について述べたのである。韓国側は国によって食事の慣習などに起因する物価体系の違いがあるという論理で反論した。

　さらに，モイヤーはこの日，「為替レートよりも物価に注目し続けなければならず，何が物価水準に影響するかを考えなければならないと」述べ，「為替レートを改定した際に，物価水準に為替レートの変更が与える影響を調査するためにさまざまな製品の価格の傾向を比較することは有用だろうと」続けた。要するに，モイヤーは再び，ホァンの過大評価が物価水準に影響を与えていることを指摘したのである。これに加えて，モイヤーは国内の生産，輸出，予算に為替レートが与える影響についても考慮すべきと述べた。白は，生産に関しては主要な生産品である米穀は為替レートには影響されないとした。また，白は輸出に対しては「韓国はまだその通貨を切り下げてまで輸出する余裕を持てる段階ではない」と反論した[61]。

　続く7月1日の小委員会でも，モイヤーは「為替レートよりも物価に関心を払うべき」と主張し，さらに「韓国のために最大限の収益を得られるように，市場諸力が援助製品の価格を決めるべきだ」と述べた。これに対し，白は，平価を切り下げることなく物価の上昇を防ぐために米国が援助を増大させるという，米国側とは真逆の主張を展開した[62]。

　7月6日の小委員会でも，為替レートよりも物価が重要だと主張する米国と，為替レートを固定しなければ物価は上がり続けるだろうと主張する韓国との論争は続いた。ただ，この日の会議は，冒頭でモイヤーが，米国は「達成される時期について予測はできない」としつつも，韓国が主張する固定為替レートの

---

61) "Economic Subcommittee," June 30, 1955, Box.1, 58D643 & 59D407, LF, RG59, NA.
62) "Economic Subcommittee," Jul 1, 1955, ibid.

実現には合意していると述べ，レートを維持するための経済の「安定化計画」について言及した。つまり，固定レートを施行するために物価をどのように安定させるのかを韓国側に考えさせようとしたのである。そして，モイヤーは固定レートを維持する計画に関して研究することを提案した。その後，モイヤーは，韓国が予算，信用，通貨供給に関する具体的な通貨安定化をどのように計画しているのか尋ねた。これに対し，白は，税は上げられない，信用は合経委によって統制されている，そして，韓国の外貨に関しては，そもそも復興に使用できる額が少ないと答えている。このように，固定レートに関しては意見が食い違ったままであったが，物価の安定化をどうするのかという争点が協議のなかに加えられることとなった[63]。

7月7日の小委員会では為替レートをめぐる協議に多少の進展がみられた。会談の序盤は，出席者で韓国の1956年度予算を検討したが，韓国が米国の経済援助を5億ドル，適用するレートを1ドル対270ファンと想定していたのに対し，米国側は経済援助は2億8000万ドル以上は拠出できないとした。さらに，米国側は韓国の予算案が採用されたらもたらされるだろう物価上昇にも懸念を示した。しかし，そのあと，モイヤーは，為替レートに関しては米韓両案の折衷を試み，「一定の期間の終わりに必要であれば調整を行う一定期間の固定レート」を提案して韓国の主張に歩み寄った。これに，白斗鎮も「受け入れられるもの」と答えている。しかし，その調整を行う条件について米韓双方の意見には大きな隔たりがあった。韓国側代表団の金永燦(キムヨンチャン)財務部次官は，米国側から55年に韓国でどれほど物価が上昇するか尋ねられ25％と答えた。これに対し，米国防省代表の一人として会談に参加していた極東軍司令部所属のシャーヴン(Maynard F. Shirven)は，もし25％物価が上昇すれば韓国は為替レートの変更を考えるかについて尋ねた。金が25％では変更する必要はないと答えると，シャーヴンは，それではファンが恒久的に過大評価になり対外貿易が困難になると反論した[64]。

7月11日の小委員会でモイヤーは，最初は「固定レート」を定め，物価水

---

63) "Economic Subcommittee," Jul 6, 1955, ibid.
64) "Economic Subcommittee," Jul 7, 1955, ibid.

準が25％以上上下した場合に為替レートもその数値通り調整することを提案した。つまり，物価が25％変動しない限り，細かい変動に関しては「固定レート」の原則が適用されるということになる。モイヤーは，「固定レート」を保持するための物価の抑制は韓国側の責任だとした。次に，モイヤーは最初のレートをどの水準に定めるかに話題を移した。ここでモイヤーは韓国側の主張する物価の51％の上昇は半年以上前の数値であり，さらに，180対1というレートも制定当時からその妥当性は疑わしかったとし，輸出競争力も考慮にいれ，700対1を合理的なレートとして提案した。白斗鎮はこのレートに驚き，そのような提案は本国に取り次ぐことさえできないと猛反対した。

また，モイヤーはこの日の会談で再び購買力平価の採用も主張している。モイヤーはその際，不当なレートを設定すればそれを利用して「たなぼた（windfall）の利益」を得るものが出ることを問題視した。こうした主張は1950年代後半に米国側が韓国に対して為替制度改革を迫る理由の1つとして重視されていくこととなる[65]。

米国が700対1レートを提案したことで，米国の強硬な態度に驚いた韓国側は妥協を模索し始める。7月15日の小委員会で韓国側は，まず700対1レートはあまりにも高く，それは米国が韓国の物価安定について悲観的であることが原因だと述べた。そして，韓国側は変動制には反対だが，固定制にして，物価が上昇するごとに政府が物価に対する是正行動をとり，うまくいかなければレートの変更を考慮すると述べた。また，韓国側は予算において想定されている赤字を減らすこともほのめかした。つまり，韓国側がレート変更の可能性を認め，物価を安定化させる意思も見せることで，米国に歩み寄ったのである。さらに，白は財務部長官から援助物資の定期的な流入を条件に通貨供給量の増大を阻止するように最大限取り組むことを約束するというメッセージを受け取ったと述べたうえで，再度270対1の固定レートを主張した。しかし，モイヤーは新しい提案とは言えないとこれを退けた[66]。

7月28日の米韓協議本会議の席においてモイヤーから交渉の妥結に決定的

---

65) "Economic Subcommittee," Jul 11, 1955, ibid.
66) "Economic Subcommittee," Jul 15, 1955, ibid.

な提案がなされる。それは，1956年6月30日までは525対1レートを維持し，それまでに，もし卸売物価指数が25％かそれ以上変化すれば，その時点での変動数値分の変更を為替レートに自動的に適用するというものであった。また，韓国が国民には完全な固定レートの設定に成功したと発表する上で自動調整の規定部分を秘密にすることを望むだろうと考えた米国側は，この自動調整の規定を協議全体の合意文書の秘密付属文書とすることも提案した[67]。

結局米韓が8月15日に合意事項に関する共同声明を出し，交渉は終了する。同声明は，1954年11月17日に米韓代表が署名した米韓会談議事録を修正するという形式でなされた。まず，韓国政府の外貨取引，在韓米軍のホァン貨買い入れ，そして，若干の例外を除く援助物資の導入に，1年間500対1の固定レートを適用するとした。また，他にも同声明は，米国が「韓国が経済状態を安定させる努力において大韓民国政府と協調する」ことを確認している。そして，協議のなかでふれられたように，この合意には秘密条項が存在した。それは，同レートを55年8月から13カ月間維持し，期間終了時の物価が55年9月のそれよりも25％以上上昇していれば，その上昇率に合わせて56年10月15日までにレートを再策定する。その後は，基準となる月である56年10月の1日から始まり4カ月ごとの最後の月に，以前のレート変更がなされた月，または一度も変更がなされたことがなければ55年9月の水準と比べて，月ごとの物価指数が25％かそれ以上変化すれば，その変化した方向に変化したパーセンテージ分だけレートも変更するというものだった[68]。同条項は，適正水準ではないにせよ為替を物価変動に連動させることを狙ったものであった。

以上，1955年の為替レートをめぐる議論を見てきた。ここで特に注目すべきは経済の安定に重点が置かれたことである。まず，米国が韓国とともに経済安定のための施策を遂行できるということが合意された。そして，ホァンが大幅に切り下げられ，援助物資売却資金として韓国政府の財政が市場から回収できるホァンの額が大幅に増やされた。ただ，ホァンを若干の過大評価で残すこ

---

67) "U.S.-ROK Talks: Plenary," July 28, 1955, ibid.
68) From the Embassy in Korea to DOS, "Annual Economic Report 1955, Republic of Korea," Mar 19, 1956, Desp.294, 895B.00/3-1956, CDF, RG59, NA；韓國銀行調査部『經濟年鑑』1956年，II-62頁。

ととと引き換えに自動調整条項が設けられたことで，ホァンを切り下げないで済むように韓国側が物価安定化政策をとるインセンティヴも生じた。その一方で，輸出促進や「棚ぼた」的な利益を得るレントシーキング防止に関しては，議題になりはしたが二義的なものとされ，購買力平価の適用は見送りとなった[69]。

　合意は功を奏し，これ以降韓国政府は物価安定化政策を実行していくこととなる。合意直後の9月5日には，1955年7月末に通過した予算案で表明された通貨供給量を増大させる「官営料金引き上げ及び公務員処遇改善」が大統領の「緊急財政措置」によって取り消された。また，政府保有の外貨が大量に売却され市中のホァンの回収に役立った[70]。

2. 韓国における経済安定化政策と為替制度改革の相克[71]

　本章第1節で述べたように，1957年末には米国は韓国の政治的混乱の深刻さを認識し始める一方，より包括的な意味ではあるが主に物価安定を指して使用される「経済的安定」の達成についてはある程度満足していた。このような経済的安定は，55年8月の為替レートに関する合意と，それに従ったその後の米韓の行動によってもたらされたものだった。こうした傾向のなかで，米国当局者は政治的混乱の収拾のために経済政策を犠牲にするような圧力行使の手段を準備する一方で，経済的安定を損なわないために，経済開発に資する政策をいくらか犠牲にすることとなる。その際最も犠牲になった政策の1つは為替制度改革であった。

　1955年8月の米韓合意によれば，500対1レートが無条件有効であり続け

---

69)　レントとは競争市場で得ることのできる水準を超過する利得である。技術や経営革新を通じて獲得されることもあるが，人為的な制度である参入規制や価格規制等の方法で発生することもある。この場合，競争ではなくレントによって利益を得ようという行動（レントシーキング）が蔓延しやすくなる。김낙년（金洛年），前掲論文，208頁。
70)　金東昱「1940–1950년대 韓國의 인플레이션과 安定化政策（1940–1950年代韓国のインフレーションと安定化政策）」延世大學校博士論文，1994年，148頁。
71)　この25％条項と財政安定計画の関係性については，以下を参照。高賢来「1950年代の米国の対北東アジア政策と韓国経済の諸問題——輸出と為替レートを中心に」『アジア研究』第58号第1・2号，2012年2月；류상윤（柳尚潤）「이승만 정부의 환율정책 재론（李承晩政権の為替政策再論）」．

るのは 56 年 9 月までであった。そして期限の前月である 8 月 31 日, 曺正煥外務部長官代理は駐韓米国大使館に 500 対 1 レートの 57 年末までの延長を公式提案した。韓国は短期的なレートの変動を嫌い, 以前合意された四半期ごとのレート見直しの取り決めを変更しようとしたのである。韓国は 500 対 1 レート延長と引き換えに, 米国に対し, 予算の均衡に向けて赤字縮小や金融引き締めを行い, 政府や国有企業に関連する料金, 価格を引き上げることで, 国有企業の赤字や政府からの補助をなくすこと等を申し出た[72]。これに対し, 大使館と経済調整官室は韓国の考える 500 対 1 レートの延長と安定化政策の関連づけを「大幅な前進」と考えた。米国本国においても, 例えば ICA の極東担当エコノミストであるステットナー (Walter F. Stettner) は, これまでに 500 対 1 レートがもたらした韓国の経済安定化のためのインセンティヴはとても効果的なものであったと評価し,「このインセンティヴを維持し強化することで得るものは多い」と考えた。そしてステットナーは「現実的為替レートの設定と安定化の取り組みを維持し強化するという米国の目標のなかで, 後者がはるかに重要」と判断した[73]。

そして, 国務省をはじめとする省庁の間で, 韓国側の提言をほぼそのまま受け入れることで合意がなされる[74]。1957 年 1 月 23 日には, 訪米していた金顯哲復興部長官とロバートソン国務次官補の間で為替レートに関する公文が交換された。同公文に示されている為替レートに関する合意の内容は, 500 対 1 レートを 57 年末日まで延長し, その後は 6 ヵ月ごとに, 従来通りの 55 年 9 月の物価水準と比べて 25% 以上変動した際はその変動と同じパーセンテージ分, レートを自動調整するというものであった。そして, 同時に同公文には韓国側が提案したような財政・金融的な緊縮政策が盛り込まれた[75]。

米国は特にこの時期, 韓国におけるインフレーションの防止に本腰を入れ始めた。すでに 1955 年の合意における 25% 自動調整条項が功を奏し, 54 年初

---

72) From Warne to ICA, Aug 31, 1956, TOICA.499, Box.9, Entry478, RG469, NA.
73) From Stettner to Moyer, "Korean Rate of Exchange," Sep 10, 1956, ibid.
74) From Dulles to the Embassy in Korea, Jan 16, 1956, Deptel.514, ibid.
75) From Robertson to Kim, Jan 23, 1957, ibid.; From Kim Hyun Chul to John Foster Dulles, Jan 23, 1957, File187, SRPP.

頭以来の物価高騰が安定へと向かったことで，米国が為替レートを口実に韓国政府に経済安定への取り組みを求める試みが有効であると証明されていた。その一方で，56年にはまた物価の上昇が目立ち始めたため，再び経済安定化に取り組むよう韓国政府に迫る必要が出てきたのである[76]。

ウォーンは，公文交換の直後である1957年3月に，57年における経済の安定化に初期の計画目標以上に重点が置かれなければならないと確信するようになったと本国に書き送った。ウォーンによれば，「広がりやすいインフレーションの害悪は経済を漸進的に窒息させていき，今までの多額の米国による援助支出の効果を散逸させ，耐え難い将来の問題を作り出している」という。そのため，ウォーンはスタッフにインフレーションへの決定的で集中的な対策のための計画を作成することを指示した。57年3月10日，ウォーンは物価を安定させるための計画の必要性を，印泰植(インテシク)財務部長官，金顕哲商工部長官ら韓国の各部長官に訴えることとなる。韓国側はこれに何の反対もしなかったという[77]。こうして4月20日には財政安定計画が合経委で承認され，その後発表され実行に移されていくことになる[78]。同計画は通貨量の膨張を許容しないことが原則であった。その具体的な内容としては，57年度予算の赤字を減らし，赤字分は全額援助物資の公売によって市場から回収した見返り資金によって補塡する。また，金融における信用の供与についても，預金の増加，貸出の償還，そして，非インフレ的に調達される政府資金の借入に財源を限定するというものだった。このようにして，同計画は通貨供給量を抑えようとしたのである[79]。

そして，同計画の成果は米国側にとってある程度満足のいくものだった。同計画承認から半年後の10月18日，チョウナーは「先月の28日まで，物価は

---

76) 金東昱，前掲論文，129, 151頁。
77) From Warne to ICA, "Stabilization Program, 1957," Mar 7, 1957, TOICA.2130, Box.10, Entry478, RG469, NA; From Warne to ICA, "Financial Stabilization Program, 1957," Mar 19, 1957, TOICA A-1582, ibid.
78) 李承晩政権期の財政安定計画については，以下を参照。Brown, *Korean Pricing Policies & Economic Development in the 1960s*, Chap.9; 金命潤, 前掲書, 83-92頁; David C. Cole and Yung Chul Park, *Financial Development in Korea,1945-1978* (Cambridge, Massachusetts, and London: Harvard University Press, 1983), Chap.8; 俞和「韓国における財政安定計画の成立」『朝鮮史研究会論文集』通号29, 1991年10月; 金東昱, 前掲論文。
79) 同上，151-52頁。

1年前から 0.5％しか上がっておらず,これは顕著な進展であり,同安定計画はほめるに足る成功を収めた」と述べている。1958年1月1日以降も物価上昇が自動調整基準に届かなかったため,500対1レートの6カ月ずつの延長は,1960年まで続くこととなる[80]。

このように,1955年以降,為替レートは韓国経済の安定化の観点から考慮された値が設定されていた。しかし,57年末日まで500対1レートを延長するという議論が米韓間でなされていたのと同じ時期である56年後半から57年にかけて,米国の現地当局者のなかでは為替レートを輸出を考慮して設定すべきという考え方が強まっていった。これは,第2章第2節で述べたように56年韓国大統領選挙後に米国の韓国現地当局者内で韓国の経済開発やそのための輸出への関心が強まった時期と重なっている。前述した,56年10月25日付のダウリングによる電文でもこうした主張がなされている。そこで,ダウリングは剰余農産物と産業機械の輸入を除いた貿易収支を5年間で均衡させることを目標として設定していた。ダウリングはそのための方策として,輸出産業育成や輸入代替産業の育成,日本との通商関係正常化,そして,世界と韓国の物価を同等にするための単一為替レートの設定,つまり購買力平価の採用を挙げている[81]。

この時期の韓国における為替制度の大きな問題の1つは,500ホァン対1ドルというホァンの過大評価により,公式な制度に従えば輸出収益のドルを不当に少ない額のホァンにしか交換できないことであった。この仕組みがあるため,輸出業者は輸出収益で得たドルで,収益を得られる品目を輸入して国内で売ることによってホァン建ての利益を得ていた。11月14日に経済調整官室でウォーンの主催により為替レートをめぐる議論が行われた。そこでたたき台として行われた報告は韓国における物価と外国の物価を比較するものだった。即ち購買力平価説である。そして,韓国の輸出と輸入における最も重要な品目を比較した結果,ホァン建ての韓国における物価の数値と,ドル建ての国際的な物価

---

80) "CEB Minutes," Oct 10, 1957, CEB-Min-57-40, Box.2, Entry1277DH, RG469, NA;『東亞日報』1958年1月1日夕.

81) From the Embassy in Korea to DOS, "Broad Evaluation cf U.S. Program in Korea," Oct 25, 1956, Desp.128, Box 62, Entry 422, RG 469, NA.

の数値の比率として880対1が導き出された。1ドルの製品の輸入を例として挙げると他の費用を一切捨象するならば，現公定レートの500ホァンと引き換えに得た1ドルで製品を輸入して，国内では880ホァンで売って330ホァンの利ざやを得ることができる計算になる。しかも，平均こそ880対1であったが実際は品目によってその比率は異なる。同報告によれば，韓国における個々の輸出活動は得るものが少ないばかりか損失さえ出しているが，輸出で得たドルによって国内で売れば利益の出る品目の輸入を行って埋め合わせがされているというのである。報告をすべて聞いた後，チョウナーは輸入品が輸入業者に「棚ぼたの利益」を与え，上述した理由で利益の出ない輸出も行われるだろうことを問題視し，500対1レートは現実的ではないと述べた。また，ウォーンは，輸出業者がその収益で，産業用の原料ではなく奢侈品ばかり輸入していることも指摘している[82]。

　もちろん，1950年代の韓国において輸出業者は，時期によって合法・非合法の違いはあるが，外貨市場で適正価格かそれ以上で保有ドルを売ることができた。しかし，1957年2月25日にウォーンがICAに送った報告書では，これはほとんどが輸入業者か海外で貯蓄をしたい富裕層への売却であったと指摘されている。つまり，輸出収益のドルを適正な額のホァンに交換するということは，輸出業者が直接的に行うのであれ自由市場でドルを売るのであれ，輸入や国外での貯蓄に回されることが前提とされており，さらにその際，産業への投資にはつながらない品目が輸入されることも多かったのである[83]。

---

82) Office of the Economic Coordinator for Korea, United Nations Command, "Minutes," Nov 14, 1956, Box.10, Entry478, RG469, NA. 当時，韓国政府は輸入に関して正常輸入品目と特殊輸入品目を定めており，より多くの利潤を生みだす後者は輸出ないしは国連軍への財やサービスの売却で得られ輸出勘定に入金されたドルでしか輸入ができなかった。崔相伍「1950年代 外換制度와 換率政策에 관한 研究（1950年代為替制度と為替レート政策に関する研究）」68頁。

83) From OEC to ICA, Feb 25, 1957, TOICA A-1437, Box.9, Entry478, RG469, NA. こうした輸出収益を直接適正レートでホァンへと交換できないことが輸出の主要な問題であるという指摘は韓国国内でもなされている。例えば，当時韓国貿易協会副会長であった朱耀翰は，『貿易経済』誌の1960年1月号で以下のように語っている。「我が国の外貨管理というものは，所謂中央銀行の集中預置制であるため，ドルをせっかく獲得したのに自分が代償輸入をしたり，輸入業者にドルを売る前にはホァン貨を手に入れることが

また，ホァンの過大評価による低価格での輸入は，輸出品となり得る品目も含む，同じ製品の国内生産を抑制した。1958年3月5日の合経委において，米韓当局者間で韓国における生産力増強の必要性について話し合われた。その際，チョウナーは，人々の手に資金があるという事実が必然的に生産力増強に結びつくわけではないと述べた。そして，チョウナーはこの点について韓国の困難は輸入品が比較的安いことであり，輸入よりも国内で生産する方がコストがかかることだと指摘した。これにはホァンの過大評価が関係していることは言うまでもない[84]。

　他方で，米国本国においても韓国の為替レート適正化の必要性は原則としては認識されてはいた。1957年5月2日，NSCにおいて「通貨が過大評価されている国々における援助品の価格設定」と題された文書が作成され，5月7日に同文書は「国際金融に関する国家諮問委員会」（National Advisory Council on International Monetary and Financial Problems, NAC）において審議された。同文書は「非現実的なレートによって輸入が補助を受け，公定レートで外貨を買うことができるほどの幸運をもつ輸入業者は棚ぼた的な利益を輸入から得ることができ，投機が促進される」と問題提起をしている。同文書によれば，過大評価された通貨は，援助物資の公売によって得ることのできる政府の歳入を減らすことで政府の赤字を生み出し，また，不安定な政治状況を生み出すようなインフレーションを招くとしている。そのため，より現実的な為替レートが必要だ

　　できないのです。そのためその次によく回転できずに多くの時日を要するため，この預置集中制は直さなければなりません」。朱耀翰「國際收支改善에關한"公聽會"（国際収支改善に関する『公聴会』）」『貿易經濟』20号，1960年，20頁。外貨の闇市場については，米国は，韓国政府が公定レートを設定しながらも，闇市場を必要悪，もしくは便利なものとして容認していると認識していた。駐韓米国大使館は1959年6月2日に駐台米国大使館への電文で，こうした闇市場の様子について以下のように述べている。「米国企業家が非合法外貨取引によって告発された例が2件あるにもかかわらず，韓国政府がドルの闇市場の繁栄を敢えて認めていることは明らかである。（中略）外貨のディーラーはソウル市ではかなり公然と活動しており，中央銀行である韓銀の裏の路地に集中する傾向にある。旅行等のために余分なドルを必要とする数人の韓国人は，韓銀の行員が韓銀が認めることのできる以上のドル供給源として闇市場を勧めていると我々に述べた」。From Gilstrap to Yagar, June 2, 1959, Box.13, Entry2846A, RG84, NA.

84）　"CEB Minutes," Mar 5, 1958, CEB-Min-58-9, Box.3, Entry1277DH, RG469, NA.

というのである。国務省は同文書を6月14日に駐韓大使館に送付している[85]。

さらに7月22日には国務省とICAは駐韓大使館に為替レートに関して合同メッセージを送っている。同メッセージは以下のように述べている。

> 早期の平価切り下げが，現在の過大評価から生じる多くの問題への最も望ましい解決法であり，韓国経済を健全な基礎の上に置くために不可欠だとみなし続ける。成長可能な韓国経済はかなりの程度現地の生産と輸出の促進にかかっている。韓国と世界の物価の間により良い関係性を打ち立てることで，現実的な為替レートはそれらの経済的目的の達成に大きく貢献するだろう。輸出収益ドル優待政策は，輸出業者に適用されるレートを切り下げるという利点があるが，不十分であり，十分な輸出インセンティヴを与えず，人工の抑制的制度からの決別を促進する健全な為替レートの代替物に達しない。

輸出ドル優待政策とは，政府が決めた収益性の高い「特殊輸入品目」を，輸出によって獲得した外貨でのみ輸入できるという制度である。この制度は輸出に一定のインセンティヴを与えることは確かだが，適切な為替レートほどは健全な輸出を促進しないということを米国は懸念したのである[86]。

ほぼ同じ時期の1957年7月29日，財務省からICAに韓国の為替レートに関する報告書が送られた。ここでも，ホァンの過大評価による低価格の輸入品が輸出産業となり得る産業を含む韓国国内産業の成長を阻害する例として，韓国国内で米国米が韓国米の3分の2の価格で流通していることが輸出のための米穀生産の成長において阻害要因となっていることが挙げられている。また，同文書は闇市場についても「輸出インセンティヴを阻害する」と述べている[87]。

---

85) From NSC Staff Committee to NAC, "Pricing of Aid Goods in Countries with Overvalued Currencies," May 2, 1957, Doc No.2089, Attached to, From DOS to the Embassy in Korea, June 14, 1957, A-184, Box.9, Entry478, RG469, NA.

86) A Joint ICA-State Message to the Embassy in Korea, July 22, 1957, ibid.；崔相伍「1950–1960 년대 중반 무역・외환정책의 형성과 전환 (1950–1960年代中盤における貿易・為替政策の形成と転換)」68頁。

87) "Korea-Exchange Rate," July 12, 1957, Attached to, From Ralph Hirschtritt to Kurt Nathan, July 29, 1957, Box.9, Entry478, RG469, NA.

理由はこの文書では述べられていないが，やはり前述したような，輸出収益を適切な額のホァンに交換するには輸入を介さなければならないことを問題視していたものと思われる。

その後も，ホァン切り下げの議論は依然として米国当局者内で続けられた。1958 年 10 月 29 日にはウォーンやチョウナーが参加し，ワシントンで行われた会議で，ICA 韓国担当部局の国際経済専門家であるネイサン（Kurt Nathan）は「1955 年 9 月に 500 ホァン対 1 ドルのレートが設定されたときに，これはすでに非現実的であったが，その時に韓国は輸出する力がなかったと述べた。現在，状況は変わり，輸出への関心が存在するが，為替レートが邪魔になる」と続けた。そして，ウォーンもこうした変化があったことについて同意している[88]。

しかし，1957 年 1 月 23 日の交換公文の前になされた議論を引き継ぎ，この時期にも通貨切り下げが物価安定政策に与える影響が重視された。59 年 1 月 22 日，ICA 極東担当部署にいたモイヤーはウィギンズ（Warren W. Wiggins）ICA 計画担当副長官に，通貨切り下げのための韓国への圧力が安定計画へのインセンティヴを弱めると書き送っている[89]。4 日後には，ICA に送った電文のなかで，ウォーンは「為替レートを再考する時が来たとは考えず，自動調整の合意を順守し続けるべきと考える」と述べている[90]。ウォーンが韓国の経済開発の必要性を痛感しており，また，部下たちと韓国の為替制度とその問題についても深く研究していたことは前述した通りだが，そのウォーンでさえ，物価の安定を重視して為替制度改革を見送るべきと考えたのであった。

以上，本節は 1956 年から 59 年初頭までの 500 対 1 レートを使用する期間が延長され韓国における財政安定計画が実行されていく過程について述べた。財政安定計画の実行によって，50 年代後半に韓国の物価の上昇は抑制されることとなる。しかし，同計画の遂行には韓国政府の協調が必要であり，同政府に 25％以内に物価の上昇を抑えさせるインセンティヴが不可欠であった。そのため，為替レートの問題は物価の安定とトレードオフの関係におかれること

---

88) "Meeting on Exchange Rate," Oct 29, 1958, ibid.
89) From Moyer to Wiggins, "Over-Valued Currencies," Jan 22, 1959, ibid.
90) From Warne to ICA, "Korean Evaluation Report," Jan 23, 1959, TOICA A–2306, ibid.

となる。そして，韓国の経済開発の重要性を認識し始めた米国当局者たちは，為替レート適正化の必要性を強く感じたが，物価安定化のためのインセンティヴの放棄を躊躇したのであった。

3. 1950年代米国の対韓政策における物価安定化の位置づけ

本節でここまで述べてきたように，米国は韓国との為替レート設定に関する交渉において物価安定化を重視し続けた。これは，米国の対韓経済政策において物価安定化が最も優先されていたため当然のことであった。本項ではアイゼンハワー政権の対韓政策におけるインフレーションに関する認識を概観することで，為替レート交渉の背景がどのようなものであったのかを明らかにする。1950年代を通じて米国は韓国経済の破たんや経済政策の不振を招くとしてインフレーションを問題視した。もちろん，そうした事態は韓国の政治的混乱，李承晩政権の崩壊へとつながるものと思われた。

米国は韓国のインフレーションをトルーマン政権期である朝鮮戦争勃発前からすでに問題視していた。例えば，アチソン国務長官は1949年12月30日付の駐韓米国大使館への電文で，「韓国の政治・経済的安定はインフレーションに脅かされている」と述べている[91]。

その直後の1950年1月18日，ムチオ（John J. Muccio）駐韓米国大使は李承晩大統領を訪ね，次のように述べた。

> 韓国は1947年から1948年の中国（引用者注――国民党政府）と同様の立場にいるように見える。中国当局者もいつでもインフレーションを止めることができると言っていた。彼らは状況に現実的に向き合わなかった。インフレーションは手が付けられなくなり，軍事的な無気力以上に国民党の破たんをもたらす要因となった。

---

91) "The Secretary of State to the Embassy in Korea," Dec 30, 1949, *FRUS 1949* Vol.7 pt.2 (Washington: United States Government Printing Office, 1976), 1112–13. ここで述べているような朝鮮戦争勃発前の時期の米国による韓国のインフレーションへの懸念については，이철순（李哲淳），前掲論文，129–38頁を参照。

このムチオの発言は,インフレーションによる民心の離反が中国大陸の赤化へとつながっていったことを念頭に置いたものである。また,ムチオはこの時,李に国務長官と経済協力局 (Economic Cooperation Administration, ECA) 長官の見解が書かれた書簡を提示した。同書簡のなかでは,韓国におけるインフレーションの制御の重要性が主張され,そうしたインフレーションの原因となっている財政政策が続くならば,「経済援助や復興計画を台無しにするだけでなく,韓国政府の最終的な崩壊をもたらしさえするだろうと考える」と述べられている[92]。

その後も,例えば4月3日,国務省内の会合でラスク (David Dean Rusk) 極東問題担当国務次官補は「大韓民国を自由主義国家として維持することの成功は,高まるインフレーションに効果的に対処する能力に大きく依存していると我々は固く信じている」と述べている[93]。

朝鮮戦争も停戦に近づくと,米国政府はタスカ (Henry J. Tasca) 大統領特別代行を韓国に派遣し,朝鮮戦争後の対韓経済政策に関する報告を作成させた。1953年6月23日にNSC156としてNSCに送付された同報告には以下のような記述がある。

> 例えば,増強された兵力を支えるために即座に必要だとして韓国政府が提案した予算は,年間の歳入の2倍半近くの年間支出を必要とするだろう。さらなる通貨インフレーションと,最終的な経済的混沌は避けられない。その結果は,韓国の防衛態勢を維持する能力を浸食し,不可避的な疫病,飢餓,不安,そして経済的な機会の欠如にかこつけた民間人たちによる転覆活動に道を開くだろう。[94]

---

92) From Muccio to DOS, Jan 18, 1950, No.57, 895.00R/1–1850, CDF, RG59, NA; From Muccio to Rhee, Undated, Attached to, ibid.
93) "Memorandum of Conversation, by the Officer in Charge of Korean Affairs (Bond)," Apr 3, 1950, *FRUS 1950* Vol.7 (Washington: United States Government Printing Office, 1976), 41.
94) "Note by the Excutive Secretary (Lay) to the National Security Council," June 23, 1953, *FRUS 1952–1954* Vol.15 pt.2, 1249–50.

アイゼンハワーは同報告書を対韓経済政策の基本方針として承認することとなる[95]。

このように，1950年代前半，米国にとってインフレーションは韓国国防と国内の治安を脅かすものと捉えられていた。米国のこうしたインフレーションに対する警戒は50年代後半になっても基本的には変化しなかった。ただ，この時期になるとインフレーションを政権を崩壊させる直接の要因とする言説はあまり聞かれなくなる。これは，朝鮮戦争が停戦となり，復興が進み，また，前述したように50年代後半には物価上昇率の抑制に成功したことで，その現実味が相対的に薄れていったためと思われる。それに代わりインフレーション抑制の主要な理由とされたのは，インフレーションが経済政策を阻害するという言説であった。例えば，56年3月29日付で国務省情報調査課が作成した報告書は以下のように述べている。

> 1945年以降韓国に広がる慢性的なインフレーションは，いくらかの財界の富裕層の，生産的な設備に自らの収入の一部を投資するインセンティヴをさらに減らす。代わりに，投機的な取引高と商業的利益が割増しとなる。最近の多くの取引活動は，銀行の信用と政府赤字財政の拡大によって資金が調達された。しかし，これらの資本動員の方法は，インフレーションを悪化させ，民間の貯蓄や輸出をさらに細らせ，輸入需要を刺激する。インフレーションは秩序だった国家的地域的予算編成過程に従うことも困難にする。また，このことは米国や国連の資金による経済政策の実行を頻繁に遅らせる。[96]

また，1957年4月の財政安定計画施行を前にして，ウォーンが行った演説は，50年代後半の米国当局者による韓国のインフレーションへの典型的な認識の仕方を示している。ウォーンによれば，インフレーションのもたらす悪影

---

95) "Memorandum of Discussion at the 156th Meeting of the National Security Council," Jul 23, 1953, ibid, 1427.
96) Office of Intelligence Research, "Recent Developments and Future Prospects of the Economic of the Republic of Korea," Mar 29, 1956, No.7145, 58D776, LF, RG59, NA.

響は(1)通貨の価値が下がり続けることによる貯蓄へのインセンティヴの減少，(2)貨幣が貯蓄ではなく消費に流れ込み財とサービスの価格がさらに上昇することを利用した投機の促進，(3)投機に資金が流れ込むことによる投資や輸出のために使用できる資金の減少，(4)返済額の価値が返済期限までに相対的に低下するため，銀行からの借入に申請が殺到し，本当に資金を必要とする小規模企業が借入の機会を失うこと，(5)貧困層の実質的な所得の低下，(6)物価が急激に変動することによる正常な援助計画作成の困難といったものであった[97]。このように，米国側は50年代中盤以降にはインフレーションに関して，韓国の政治的安定よりは効果的な経済政策に障害になるという観点から語ることが多くなった。しかし，これは，あくまでこの時期には，25％条項の効果もありインフレーションが政治的安定を深刻に脅かさない程度には沈静化していたからであろう。おそらく，インフレーションが再び激化すれば韓国の政治的な安定を脅かすという，朝鮮戦争以前からタスカ報告書にかけて見られた脅威認識は米国当局者には共有されていたと思われる。その後，再びインフレーションが激化した63年には，米国の現地当局者はやはり政治的安定のためには経済的安定が必要だと主張し，中断されていた財政安定計画の復活を朴正煕政権に強く要求することとなる[98]。

以上のように，米国政府は1940年代以来，インフレーションが激化すれば韓国の政治的安定を深刻に脅かすと考えていたのである。そのため，米国は経済発展を積極的に推進する必要性を強く認識しなくとも，最低限物価は安定させなければならないということを大前提としていたと言える。ここにさらに，

---

97) From Warne to ICA, "Aspects of Korea's Inflation, A Speech by Economic Director Warne before the Seoul Rotary Club, Bando Hotel, March 13, 1957," Mar 15, 1957, TOICA A–1564, Box.10, Entry478, RG469, NA. こうした考え方は，駐韓米国当局者が韓国経済が開発を必要とする段階に入ったと認識し始めたことに加え，アイゼンハワーのインフレーションに対する考え方を反映したものでもあった。例えば，アイゼンハワーは1957年9月23日，世銀総裁らに対し差し迫ったインフレーションは世界大の現象だと指摘し，「インフレーションは健全な経済成長への脅威である」と述べている。"Remarks to the Governors of International Financial Institutions," Sep 23,1957, *Public Papers of the Presidents of the United States: Dwight D. Eisenhower, 1957*（Washington, D.C.: U.S. Government Printing Office, 1958), 681–83.

98) 기미야（木宮），前掲書，156–57頁。

経済発展を目指すにしても物価安定が不可欠であるという認識が加わる。こうしたなかで，為替制度改革について，米国は李承晩の協力を得られずインフレーションを昂進させるよりも，物価安定化のためにホァンの過大評価を認め続けることを選んだ。その結果，米国は韓国において，経済発展のためにはインフレーション抑制が必要だがインフレーション抑制政策のせいで経済を発展させるための為替制度改革に乗り出せないという袋小路に入り込むこととなる。また，前節で述べたように，米国が物価安定自体が韓国国民の生活状況を根本的にではないにせよ一定程度改善したと認識したことも，米国の現状維持姿勢を補強した。

第3節　開発借款導入をめぐる米韓協議

　本節では，米国が1957年に設立したDLFの開発借款をめぐる米韓の協議を扱う。DLFは，韓国現地の情勢とは関係なく米国政府の冷戦戦略の変化のなかで設立された。さらに，米韓間で李承晩政権中に署名された開発借款供与の総額はそれほど大きなものではなかった。ただ，やはり韓国が開発借款を受け入れる最初の機会となった上に，その契約に至るまでの米韓協議においては，60年代以降の韓国の外資導入を特徴づける「政府による借款の管理」がすでに試みられていたという点で，この時期のDLFをめぐる米韓協議は重要であった。本節ではそうした米韓の協議過程を分析する。

　DLFに関する米韓協議が始まる前後，従来の米国による対韓援助政策をめぐって合経委において米韓は度々論争となっていた。韓国にとって不満であったのは，米国側が生産活動それ自体ではなく鉄道や道路といったインフラの建設や教育，防疫といった社会近代化の基盤の整備に援助の多くを割いたことであった。こうした対立は，1958年度の防衛支援援助の用途をめぐる議論において顕著に表れた[99]。57年12月11日の合経委において，宋仁相は米国側に

---

99) 防衛支援とは，当時の米国の各種援助のなかで，米国に軍事援助を受けている国家で，自国の経済力以上の防衛計画を遂行することによってインフレーションの危機に直面していたり，または，産業構造の高度化が阻害されている国に対して，経済的および政治的負担の一部を補助するための経済援助であった。当時のICA援助の大部分はこの防衛

表2　1958年度防衛支援計画援助－優先順位1　　　　　　　（単位1000ドル）

第1肥料工場	5,000	水道施設	700
第1肥料工場―電力連結	100	道路及び橋梁建設	750
第1肥料工場―海底送油管	300	治水事業（洛東河）	300
第1肥料工場―タンク車線路	500	仁川港ドック	613
第1肥料工場―鉄道支線	1,555	ディーゼル機関車	2,000
電力復旧	1,800	技術援助	2,500
水利事業	500	在韓米軍援助機関	1,000
民間航空	100	民間援助団体海上運送	1,000
ケア粉乳給食計画	111	防疫	325
住宅建設（第1肥料工場住宅含む）	1,000	国立警察現代化	565
農産物改良	321	水産業（米国人技術者）	81
鉱山調査	175	鉄道維持（米国人技術者）	145
職業教育	500	港湾保守（米国人技術者）	137
地域社会開発	95	保健施設	600
教師訓練	500		
		合計	23,273

出典："FY 1958 DS Project Assistance Program – Priority 1," Dec 6, 1957, CEB-P-57-529, Attached to, "CEB Minutes" Dec 11, 1957, CEB-Min-57-49, Box.2, 1277DH, RG469, NA.

GNPやその他の資源を増やす生産が重要であり，そのための工場や事業が不可欠であり，米国が援助の用途として重視しているような防疫や薬剤の輸入等は不可欠ではないというのが韓国国民の意見であると述べた。そして，宋はすべての資金が生産を増大させるだろう事業に割り当てられることを強く促したいと述べたが，ウォーンは防疫は生産性増大の重要な要素だと返している[100]。実際に，表2に示したように，この時米韓で協議していた防衛支援の計画援助配定リストを見ると，米国が韓国の工業において最重視していた肥料工場関連事業やいくつかの例外を除き，ほとんどが社会間接資本の整備や技術支援に向けられている。

4カ月後の1958年3月19日，前年からの残金を利用した防衛支援の増額分

　　支援であったとされる。洪性囿，前掲書，23-24頁。
100）　"CEB Minutes," Dec 11, 1957, CEB-Min-57-49, Box.2, Entry1277DH, RG469, NA.

の用途について合経委で話し合われたが,韓国側はここで再び援助資金を防疫,公共衛生,教育に使いすぎることに疑問を呈した。しかし,結局,増額分の254万ドルは大部分が社会間接資本の整備に使われ,生産目的には全く使用されなかった[101]。他方で,表2にみられるような多くの技術支援についても,宋仁相は防衛支援とは別個の技術協力によって賄われるべきであり,防衛支援の見返り資金は生産のための開発目的にのみ投資されるべきと主張している[102]。このように,米国の援助の使途に不満を持っていた韓国にとって,事業ごとに借款を申請できるDLFは駐韓米国当局者との協議のもとにであるが援助資金を配分したい事業を米国本国に提案する機会となった。

DLFへの申請に関する動きが活発化したのは,韓国側に米国の援助削減が伝えられた1957年の後半であった。米国の対韓援助は57年度をピークに減少していくこととなる。そもそも,58年度の相互安全保障援助自体,議会によってアイゼンハワー政権の要求額から大幅に削減された[103]。そうしたなかで,57年10月に訪米した金顕哲財務部長官に,ディロン国務副次官は議会による援助要求額の削減に言及しつつ対韓援助削減をほのめかした[104]。その後,駐韓米国当局者は10月30日に李承晩に57年度より削減された58年度の援助額を伝えた。また,同じ日に合経委においてもウォーンは削減された援助額を韓国側に告げ,開発借款の導入と輸出拡大を促した[105]。

---

101) "CEB Minutes," Mar 19, 1958, CEB-Min-58-11, Box.6, Entry1277DH, RG469, NA; "FY1958 DS Project Assistance Program: Completion of First Increment," Mar 27, 1958, CEB-P-58-102, Attached to, "CEB Minutes," Mar 27, 1958, CEB-Min-58-12, ibid. その後も,米韓間のこうしたやりとりには枚挙にいとまがない。"CEB Minutes," May 7, 1958, CEB-Min-58-16, ibid.; "CEB Minutes," June 18, 1958, CEB-Min-58-21, ibid.; "CEB Minutes," Dec 31, 1958, CEB-Min-58-46, Box.5, Entry1277DH, RG469, NA; 宋,前掲書,225頁。
102) "CEB Minutes," May 14, 1958, CEB-Min-58-17, Box.4, 1277DH, RG469, NA; "CEB Minutes," May 21, 1958, CEB-Min-58-18, ibid.
103) Kaufman, *Trade and Aid*, 106-09.
104) From Herter to the Embassy in Korea, Oct 12, 1957, Deptel.310, 795B.5-MSP/10-1257, CDF, RG59, NA.
105) "Telegram from the Embassy in Korea to the Department of State," Oct 30, 1957, *FRUS 1955-1957* Vol.23, pt2, 517; "CEB Minutes," Oct 30, 1957, CEB-Min-57-43, Box.2, Entry1277DH, RG469, NA.

表3 開発借款基金からの融資のために提出する諸計画

	要求額（万ドル）
1. 水力発電所	2,500
2. 鉄鉱石開発	100
(2. a) (無煙炭銑鉄工場)*	(300)
3. ソーダ灰工場	340
4. 電気銑鉄工場	1,100
5. 電気通信事業	300
6. 追加の肥料工場	3,000
7. セメント工場	210
8. レーヨン糸工場	960
9. ポリ塩化ビニール工場	180
計	8,690

＊原注：(2. a) と4で挙げられた銑鉄工場は二者択一である。「無煙炭銑鉄工場」は米国において現在なされている実験に基づく可能性のあるものとして含まれている。もしこの工程が，近い将来に技術的経済的に可能だと証明されれば，投資コストがかなり低くなる可能性があるのでこれは望ましい。考慮中である従来の「電力銑鉄工場」は，工場自体のための300万ドルに加えて追加の発電能力25000キロワットのための重度の投資が必要となるためある程度低い優先順位が割り当てられる。

出典："Projects to be Submitted for Financing from the Development Loan Fund," Dec 16, 1957, CEB-P-57-541, Attached to, "CEB Minutes," Dec 26, 1957, CEB-Min-57-51, Box.2, Entry1277DH, RG469, NA.

　その後，DLFに提出する事業とその優先順位を記した事業リストが合経委企画分科委において米韓の合同作業グループによって作成され，12月26日の合経委において承認された。復興部が主導して作成した同文書のリストは**表3**のとおりであるが，表2で示した同じ時期の防衛支援の最優先事業が肥料工場以外は主にインフラ整備ばかりであるのに対し，こちらはほとんどが産業開発に充てられている。ただ，銑鉄工場以外，特にすでに米国が多額の援助をしている肥料や，発電，ソーダ灰，セメントといったように，特別に急速な工業建設と言えるようなものはない。事業選択と順位の基準は，節約できる外貨の量，GNP成長への貢献，そして収益力であった。同文書には各事業に関する書類も添付されており，そこには，各事業が自立経済になぜ必要なのか，市場はど

うするのかといった細かい説明がなされている[106]。

このような DLF への申請の過程で，韓国政府は米国側に韓国からの事業申請はすべて韓国政府を通して行われるようにすることを求めた。DLF 融資は事業ごとの申請であるため，韓国国内の民間業者が直接 DLF に申請を行う可能性があったのである。韓国政府は DLF への申請は民間の個々人が自らの利害によって行うのではなく，経済の全体的構図を考慮した政府の計画によって判断されるべきと考えた。最終的にこの問題は，フィッツジェラルド（Dennis A. Fitzgerald）ICA 次官が訪韓した際，合経委において，申請書が DLF に届いた場合，何らかの行動をとる前に当事国に見解を打診すると保証したことで決着した[107]。

その後も韓国政府は追加でさまざまな申請をしたが，結局李承晩政権期中に承認された額は微々たるものであった。セメント工場拡張，通信設備拡張，忠州水力発電所といったように，米国が認める範囲の輸入代替とインフラが主であったが，注目すべきは，1960年4月12日に借款協定が締結された産銀に対する小規模企業への融資のための500万ドルの供与である。第2章第2節でみたように，ダウリング大使は産銀の融資を中小企業に重点を置いて行う必要性を説いたが，こうした借款は，まさにダウリングの路線に沿ったものであったといえる[108]。

以上のように，DLF に承認された韓国の事業は，インフラ整備と簡単な輸

---

106) From In Sang Song to Warne, "Re: Presentation of Proposals by the Applicant under the Development Loan Fund," Jan 23, 1958, Box.113, Entry422, RG469, NA; "CEB Minutes," Dec 4, 1957, CEB-Min-57-48, Box.2, Entry1277DH, RG469, NA; "Projects to be Submitted for Financing from the Development Loan Fund," Dec 16, 1957, CEB-P-57-541, Attached to, "CEB Minutes," Dec 26, 1957, CEB-Min-57-51, ibid.
107) "CEB Minutes," Feb 5, 1958, CEB-Min-58-5, Box.3, Entry1277DH, RG469, NA; "CEB Minutes," Feb 19, 1958, CEB-Min-58-7, ibid.
108) 金命潤, 前掲書, 250頁; From Toner to Lynn, Schaffner, Houston, and Barlerin, "Review of DLF Backlog of Applications," Dec 21, 1959, Attached to, From Barlerin to Whitman, "Review of DLF Backlog of Applications – Korea," Dec 22, 1959, Box.155, Entry422, RG469, NA; From Toner to the Board of Directors, "Korea Reconstruction Bank," Aug 27, 1959, Box.106, Entry422, RG469, NA; "Projects Proposed for Financing from Development Loan Fund," Feb 4, 1959, CEB-P-59-55, Attached to, "CEB Minutes," Feb 25, 1959, CEB-Min-59-10, Box.8, Entry1277DH, RG469, NA.

入代替，中小企業支援といった米国の元来の対韓政策方針を支えるものであり，表3の申請事業リストに並ぶなかでは産業構造においてより高次に属する銑鉄工場は却下されている。

　訪韓したDLF官僚のフィリップス（Ralph Phillips）は1958年4月に韓国政府高官と申請された事業について協議した。そのなかで，フィリップスは韓国から申請されていた電気銑鉄工場の建設について，電力不足や技術的問題からこれに懐疑的であり，経済調整官室も，国内で銑鉄を生産するよりも鉄鉱石を日本に輸出して銑鉄を輸入する方が安上がりだと示唆した。また，韓国がDLFに申請した鉄鉱石開発について協議がなされた際には，やはりフィリップスが日本への輸出を前提にこれを肯定的に評価する一方，宋仁相は国内市場で消費することを優先したいと述べた。結局，電気銑鉄工場は「経済的に正当化できない，ないしは技術的に不可能」という理由で米国政府内で申請却下が提案され，実際に承認されることはなかった[109]。

　以上が1957年に創設されたDLFと李承晩政権期韓国における開発との関りであるが，ここから以下のようなことが言えるだろう。1つめは，必要な事業に関して海外から借款を導入するという最初の経験となったことである。ただし，李政権期におけるDLFからの借款導入額は微々たるものであった。

　2つめに，DLFが開発重視の機関であるとは言え，急速な工業建設を目指したものではなかったということである。米韓両国当局者が共同で作成した申請事業リストは，李承晩政権が重視した重工業建設のための事業はほとんど含まれなかった。そして，結局は軽工業における輸入代替工業化，インフラ整備，中小企業育成，日本との垂直的分業の路線に沿って借款供与が決定する一方で，控えめではあったが最も重工業を推進する可能性のあった銑鉄工場の申請は却

---

109) "Minister of C & I Meeting in Seoul," Attached to, From Warne to ICA, "Comments Submitted on DLF Meeting," Jun 21, 1958, Box.113, Entry422, RG469, NA; "Review of Daihan Iron Mining Company, Ltd. (Yang Yang Mine) Loan Application to the Development Loan Fund by Mr. Ralph Pillips [sic], Loan Officer, DLF, Meeting Held April 24, 25, 1958.," Attached to, ibid.; From Toner to Lynn, Schaffner, Houston, and Barlerin, "Review of DLF Backlog of Applications," Dec 21, 1959, Attached to, From Barlerin to Whitman, "Review of DLF Backlog of Applications – Korea," Dec 22, 1959, Box.155, Entry422, RG469, NA.

下された。

　3つめに，借款の国家主導による配分は李承晩政権期からすでに試みられていたということである。さらには，米韓合同作業グループによって申請事業が選定され合経委で審議されたことからも，朴鍾喆が主張するような自由党エリートによる政治的な利用は難しかったように思われる。実際に，申請事業リストを見れば，自立型経済建設に必要な理由や国内外の市場や細かい事情まで考慮して事業の選択がなされている。朴は第3共和国が借款を管理できた理由を国家の政党からの自律性に求めているが，実際には李政権は自由党の政治的利害からある程度独立して借款導入に取り組んでいた。それが可能となった背景には，李政権の自立型経済建設志向と，合経委等を通じた米国によるチェック機能が存在していたと思われる。経済企画院が主導権を握って借款導入を管理した第3共和国におけるほどの強度ではないが，すでに李政権期には国家による借款の管理は始まっていたのである[110]。

小　結

　1956年の大統領選挙後，8月に行われる地方選挙登録の不正を契機に与野党はまた激しく対立する。しかし，自由党の国会ボイコットや野党集会での流血事件まで引き起こしたこの対立は，李起鵬によって収拾される。この一件で，李起鵬は米国当局者内での信頼を増大させることとなった。米国が次に与野党間の緊張を懸念したのは57年の自由党による改憲の試みに際してであった。自由党側が張勉の大統領継承権を奪うために画策していた改憲を，駐韓米国大使館は韓国国内で政治的混乱を招くものとして懸念した。しかし，李承晩の反対によって改憲が不可能になり，民主党が要求していた公正な選挙のための選挙法改正に自由党が応じると，この危機も収束することとなる。

　その後，1958年5月の総選挙では，自由党が与党の地位を確保したが，民主党も勢力を伸ばし，不正は従来に比べて少なかった。58年の選挙は自由党の勢力を弱めたにもかかわらず，駐韓米国当局者は56年の正副大統領選挙の

---

110)　朴鍾喆，前掲論文，170-71頁。

ように経済開発による対処の必要性があるという認識を従来よりも強めることはなかった。その理由としては，代わりに勢力を伸ばした民主党の政権を担い得る政党への成長，社会民主主義的経済政策を掲げる曺奉岩と進歩党の政治勢力としての瓦解，経済政策よりも重要な争点が存在したこと，自由党の経済的公約が有権者への訴求力を持ったこと，米の豊作やインフレーション抑制の成功等による相対的な経済状況の改善が挙げられる。つまり，58年の選挙は56年の選挙以上に韓国国民の経済的不満を可視化するものではなく，そうした不満が自国の冷戦戦略を阻害するような深刻な混乱を韓国において引き起こすという危機意識を米国に抱かせるようなものでもなかったのである。

　ただ，この国会議員選挙以降，選挙結果に不満を持つ自由党強硬派の主導で政権与党の非民主主義的手段を使用した強硬路線が顕在化する。自由党が迎日の国会議員選挙で大規模な不正を行い，言論弾圧を可能とする国家保安法の改正を強行したことで，再び与野党間には緊張が走り1960年に行われる正副大統領選挙において与党が大々的な不正を行う可能性も高まりだした。米国は，これらが引き起こす政治的混乱が共産主義者に利用されることを脅威と認識し始める。駐韓米国大使館はこの政治的混乱を抑えるためには，与党に対し経済援助差し止め等の経済を犠牲にした圧力手段を使うことも必要と考え，国務省に提案した。この提言に関し，ダレスも国務省内の合意を取りまとめようとしたことからして，その妥当性をある程度認めていたように思われる。

　こうしたなかで，輸出促進に必須の為替制度改革は遅々として進まなかった。1955年8月15日に，500ホァン対1ドルで13カ月間レートを固定し，その後は物価が25％以上上昇すれば上昇したパーセンテージ分だけホァンを切り下げることが米韓によって合意された。これは米国が韓国で起こっていたインフレーションを抑制するために提案したものだった。そして，米国が意図した通り，25％条項に基づいて固定レートを維持しようとする韓国の取り組みによって物価安定化は成功することとなる。他方で，現地米国当局者内では56年大統領選挙後に韓国を経済発展させる必要性が主張されるようになったが，そのための手段には為替レートの適正水準への改革も含まれていた。しかし，米国側は輸出のための為替制度改革の必要性を原則としては認めるようになったが，韓国政府に物価安定化のインセンティヴを与えることを重視し，その実

行を先延ばしにしていくこととなる。朝鮮戦争以前から，米国にとって韓国のインフレーションは最終的に韓国国内に混乱を生み出し，韓国政府の転覆へとつながりかねないものであった。要するに，この時期米国側が物価安定化を優先しホァンの過大評価を甘受したことは，56年の正副大統領選挙で一度示された韓国国民の不満が引き起こす政治的混乱よりも，インフレーションによって生じる政治的混乱を警戒したことを示している。こうして，経済開発のための為替制度改革よりも物価安定のためのレート固定が優先されたのである。この時期，経済調整官室が韓国における為替制度の問題点や適切な在り方について検討してはいたが改革の実行が試みられることはなかった。

そもそも，駐韓米国当局者は1956年の韓国における正副大統領選挙で経済開発重視政策の必要性について米国本国に強く提言したものの，米国本国政府がそうした政策を本格的に推進することはなかった。そして駐韓米国当局者もそれ以上経済開発重視政策の推進を米国本国に強く迫ることはなかった。その背景としては，韓国政治において経済問題が主要な争点ではなくなり，さらには，インフレーション抑制の成功等によって韓国経済の状況が多少なりとも改善されたことが挙げられる。そのため，経済開発の必要性は米国当局者たちの対韓政策をめぐる思考のなかで周縁化こそされても，従来以上に強められることはなかった。他方で，米国は経済発展の必要性を認識するかしないか以前の問題として，物価を安定させることで最低限国民の不満の増大を防がなければならないという考え方を40年代から堅持していたのである。

また，この時期には，韓国現地の情勢との関係よりも米国側の事情によって米国の対韓防衛支援援助の削減が決定される一方でDLF導入のための協議が米韓間で行われた。韓国もDLFに急激な重工業建設のための融資を期待したわけではなかったが，銑鉄工場の申請すら却下され，米国が従来から認めていた比較的容易に建設できる工業やインフラ整備，そして中小企業への融資のための資金のみが承認された。ただ，そうした協議の過程で李承晩政権は借款導入を国家が一元的に管理することを主張し，米国に認めさせた。このような韓国政府の借款に対する姿勢は，1960年代の国家主導型工業化に引き継がれていくこととなる。

第4章

李承晩政権末期の混乱と経済開発の模索

第1節　大使館の与野党間調停と京郷新聞廃刊・曺奉岩の処刑[1]

1．駐韓米国大使館による与野党間調停

　前章でみたとおり，1958年末の国家保安法改正の強行により韓国の与野党間の対立は急速に激化した。前章で述べたダウリングの帰国を前後して，駐韓米国大使館は自由・民主両党の指導的地位にいる政治家たちと会い，調停を行うことにより政局の紛糾を抑制しようと試み始める。

　野党側は12月31日に，与党が暴力によって単独採決で通過させた改正国家保安法，地方自治法，1959年度予算の無効を確認することを召集理由とした臨時国会の開催を要求したが，自由党は不参加の姿勢を示した[2]。59年1月

---

[1]　京郷新聞廃刊の政治過程については，韓培浩「『京郷新聞』廢刊決定에 대한 연구（『京郷新聞』廃刊決定に関する研究）」陳德奎他，前掲書を参照。京郷新聞廃刊と関連して米韓関係の展開を扱った研究には以下のようなものがある。이완범（李完範）「1950년대 후반기의 정치위기와 미국의 대응―― 1958년의 국가보안법 개정 파동을 중심으로（1950年代後半期の政治危機と米国の対応―― 1958年の国家保安法改正波動を中心に）」한국정신문화연구원 현대사연구소（韓国精神文化研究院 現代史研究所）編『한국현대사의 재인식 4―― 1950년대 후반기의 한국사회와 이승만정부의 붕괴（韓国現代史の再認識 4―― 1950年代後半期の韓国社会と李承晩政権の崩壊）』오름（オルム），1998年。曺奉岩の処刑と関連して米韓関係を扱っている研究としては以下のものがある。박태균（朴泰均）『조봉암 연구（曺奉岩研究）』창작과비평사（創作と批評社），1995年。また，この李承晩政権の強硬化する時期全般と，駐韓米国大使館による与野党間の調停について扱った研究としては以下を参照。이철순（李哲淳），前掲論文，344-70頁。

[2]　『京郷新聞』1959年1月1日朝；『東亞日報』1959年1月10日朝。

の時点で大使館は，両党の指導者や韓国政府当局者との会談において，できる限り早く通常の議事を回復するよう促した[3]。1月20日には，前日に会談した両党の穏健派である李起鵬と趙炳玉が状況を打開するために「与野の尖鋭な対立を収拾する責務」を強調する共同声明を発表したが，民主党内の張勉ら新派はこれに反発した。自由党が相対的に妥協的になるなか，新派の強硬な態度は次第に米国の政局安定の試みにおける負担となり始めた。他方で，大使館員は自由党の強硬派のリーダーの1人である張暻根（チャンギョングン）と会談したが，こちらは一定の成果を得たように見えた。大使館はこの会談で，自由党側がダウリング大使の召還と米国の新聞による韓国政府への批判を深刻に懸念し，国会議事の正常化に合意することで国家保安法の再改正による妥協について示唆しようとしていると判断した[4]。こうした報告を受けたダレスは「励まされた」が，「民主党の非妥協的立場が続くことにより生じる可能性のある影響」を深刻に懸念した[5]。国務省も，自由党が譲歩したことで，次は民主党がどういう態度に出るかを試される立場になったと認識したのである。

　ギルストラップ（Sam P. Gilstrap）駐韓米国大使館公使は，大使館員が民主党の二大指導者である張勉，趙炳玉と，それぞれ1月31日と2月2日に相次いで会談したと国務省に報告した。ギルストラップは，そこで大使館員が民主党の要求している李起鵬国会議長の公式謝罪と国家保安法改正案通過の無効確認の要求を放棄し自由党との国家保安法改正交渉に集中することを強く提案したと述べた。その背景には，民主党の強硬な姿勢の継続が自由党強硬派の立場を強めるだけだという大使館側の認識があった。張はそれまで「すべてを無効にするという謝罪」を要求していたが，李起鵬の「使用した手法に関する謝罪」を条件として国家保安法の再修正の協議に応じるとその姿勢を緩和させた。しかし，同時に張は，1月19日に行われた李起鵬と趙の相互に妥協を目指そうとしているようにも見える会談を「どのような修正にも合意する意図のない

3）　From Dowling to SecState, Jan 12, 1959, Embtel.305, 795B.00/1-1259, CDF, RG59, NA.
4）　From Gilstrap to SecState, Jan 21, 1959, Embtel.328, 795B.00/1-2159, ibid.；『東亞日報』1959年1月20日夕．
5）　From Dulles to the Embassy in Korea, Jan 30, 1959, Deptel.299, 795B.00/1-3059, CDF, RG59, NA.

自由党側の『まやかし』」だと批判し，強硬な民主党の態度は「必須」だと主張した。他方で，趙は「妥協は不可欠」であり国家保安法の再修正を通じてそれが引き出されなければならないと大使館員に述べた。また，趙は1月19日に行った李起鵬との会談において謝罪ではない「遺憾表明」，韓熙錫(ハンヒソク)国会副議長らの辞任，そして，1958年12月24日のような行動は再びはとらないという保証を要求したと述べ，李起鵬と59年1月30日に2度目の会談を秘密裏に行ったことも明かした。その場で李起鵬は自由党強硬派が「大きな困難」を生じさせていると説明した。これに対し，趙は修正された国家保安法についていくつかの条文の改定が不可欠だとしながらも，李承晩大統領に穏健路線をとるよう説得する試みにおいて助力すると述べたという。また，大使館員は趙に民主党内で穏健化を訴えるようにも促している[6]。このように，59年初頭には，韓国国内の政局の安定化という観点から，それに貢献し得る趙と李起鵬，そして障害となる張と，やはり暴走すれば同じく障害となる自由党強硬派という構図がはっきりとした。

　その後も，大使館の調停活動は続いた。2月25日，趙炳玉は再度の大使館員との会談のなかで李承晩大統領が野党との妥協を決定しない限り自由党は譲歩しないだろうとし，大使館から李に働きかけることを求めた[7]。翌日，大使館員は張暻根ら自由党指導者と会談したが，張暻根は民主党の柳珍山(ユジンサン)(そして何より趙)ら旧派とは交渉できるが非妥協的な張勉ら新派のせいでそこでの合意は民主党内で認められないだろうと述べた。しかし，その翌日である27日，韓国に帰任していたダウリング大使との会談において，ダウリングに促された張勉は国家保安法強行採決に関する議論をあまり長引かせないようにすると述べた[8]。こうして，大使館の調停は多少前進したように見えた。

　そして，麻痺状態の続いていた国会正常化を協議するために，自由・民主両党は4月1日，「国会正常化に関する与野協議会」の設立に同意した。ダウリングは，これまでの調停の努力が実を結んだものと自己評価し，この交渉にお

---

6) "Telegram from the Embassy in Korea to the Department of State," Feb 2, 1959, *FRUS 1958-1960* Vol.18, 541-42.
7) From Dowling to SecState, Feb 26, 1959, Tel.408, 795B.00/2-2659, CDF, RG59, NA.
8) From Dowling to SecState, Feb 27, 1959, Tel.412, 795B.00/2-2759, ibid.

ける妥協の可否が,韓国国内政治が将来穏健化していくか過激化していくかを左右すると考えた[9]。しかし,4月30日に,張勉を支持する京郷新聞に対して政府が廃刊措置をとったことにより,この交渉も強制的に終了させられることとなる。

2. 民主党内の派閥争いと与野党間協議失敗の背景

前項で述べたように,民主党新派は米国が後押しした与野党間協議に強硬に反対したが,本項ではその背景となった張勉ら新派の考え方や民主党内の派閥抗争の様相について説明する。

民主党内の派閥の起源はその結党までさかのぼる。民主党旧派の前身と言える民国党は,1949年2月に,地主層や東亜日報関係の人脈に連なる右派政治家が中心の韓国民主党に,申翼熙ら李承晩政権初期に与党的性格を持っていた大韓国民党が合流して結成された[10]。その後,54年の選挙で203議席中15議席(自由党は114議席,無所属が67議席)しか獲得できなかった民国党は,より広く政治家を糾合した新党設立を模索し始めた。そして,李政権が民主主義を無視した四捨五入改憲を強行すると,民国党を含む野党議員は護憲同志会を結成,これが契機となって,従来の民国党勢力に官僚,法曹会,言論出身の政治家達を加える形で9月19日に民主党が結党された[11]。

---

9) From Dowling to SecState, Apr 9, 1959, G-146, 795B.00/4-959, ibid.
10) 朴承載「民國黨의 反李承晩鬪爭研究(民国党の反李承晩闘争研究)」『漢陽大 社會科學論叢』第6集,1987年12月,6頁;서중석(徐仲錫)『한국현대민족운동연구 2──1948〜1950 민주주의・민족주의 그리고 반공주의(韓国現代民族運動研究 2──1948〜1950,民主主義,民族主義,そして反共主義)』역사비평사(歷史批評社),1996年,100-01頁。
11) 朴承載・安成浩「民主黨 新・舊派 政治엘리뜨 比較分析(民主党新・旧派の政治エリート比較分析)」『漢陽大 社會科學論叢』第5集,1986年12月,71-73頁;沈之淵『韓國民主黨研究Ⅰ──정치적 성장과정과 정치이념 및 관계자료(韓国民主党研究Ⅰ──政治的成長過程と政治理念及び関係資料)』풀빛(プルビッ),1982年,48頁。他にも,民主党構成員たちの人物的背景の分析については以下を参照。崔漢秀「民主黨의 成立과 變遷過程에 關한 研究──政治的背景과 人物을 中心으로(民主党の成立と変遷過程に関する研究──政治的背景と人物を中心に)」건국대학교박사논문(建国大学校博士論文),1984年;李閏基「韓國野黨의 派閥에 관한 研究──民主黨을 中心으로 (1955-1961)(韓

しかし，民主党結党後，趙炳玉ら民国党勢力が旧派，新たに加わった張勉をはじめとする勢力が新派として派閥を形成し，両勢力は派閥争いを展開することとなる。1960年に旧派が新民党として離反するまで続くこととなるこうした民主党内の派閥争いは，あくまでも2つの異なる人脈によって形成された勢力間の権力闘争であり，理念や政策問題に起因するものとは言い難かったとされる[12]。

　ただ，申翼熙が生きている間，派閥争いは抑制されていた。申自身は旧派に属していたが，趙炳玉のように民国党の前身である韓民党の出身ではなかった。また，申は日本植民地期の大韓民国上海臨時政府の要人であり，その名声と指導力に挑戦できるものは民主党にはいなかったのである[13]。しかし，申が死んだ直後である7月18日の民主党中央委員会で行われた投票の結果，代表最高委員が趙となり，さらに5人の党最高委員中3人を旧派が占めると，新派は新党結成による分裂を模索するようになった。その後，自由党が副大統領（つまり民主党新派のリーダーである張勉）の大統領継承権を廃止する改憲を画策していることを知ると，分裂した後に旧派がそれに賛成することを恐れ，新派は党を分裂させることを思いとどまるが，これ以降も，新旧両派はことあるごとに対立することとなる[14]。そして，1959年初頭に駐韓米国大使館が与野党間の調停を行っている時期にも民主党内では改憲をめぐって激しい派閥争いが繰り広げられていた。

　1959年1月19日，国家保安法改正強行以降紛糾している与野党間の関係に関して解決の糸口を見つけ出すために李起鵬と趙炳玉が会談したことは前項で述べた。しかし会談後，会談において内閣責任制への改憲が話題に上ったこと

　　国野党の派閥に関する研究――民主党を中心に（1955-1961）」漢陽大學校博士論文，1988年。四捨五入改憲の経緯については以下のとおりである。李承晩は，憲法の大統領3選以上を禁止する条項を廃止する改憲案を通そうとした。しかし，1954年11月27日，国会での表決で，賛成135票と，通過に必要な総203票の3分の2票を1票下回った。すると，28日，李は在籍議員203票であるため3分の2は135.333...であり四捨五入すれば135票だとして，無理やり改憲案を成立させた。
12）李閏基，前掲論文，228頁。
13）朴・安，前掲論文，74-75頁；李閏基，前掲論文，29頁。
14）李起夏，前掲書，307-09頁。

が明らかになり，民主党新派が趙を追及することとなる[15]。

　1月21日の記者との会見において趙炳玉は李起鵬との会談で改憲について協議したことを否定した[16]。長期にわたり韓国の野党を担当した政治記者である李英石によれば，李起鵬は会談の席で李承晩の後継者は趙であるべきだとし，内閣責任制への改憲を持ちかけ，趙も原則的には賛成したという。また，国家保安法改正強行以降のこの時期の改憲論議を主導した自由党の李在鶴も，李起鵬の健康が悪化したためその勤めを十分に果たせないと判断し，李承晩の後継者として趙を擁立しようと動いていたと回想する[17]。さらに，崔圭南（チェギュナム）文教部長官は，2月26日の自由党の指導者と駐韓米国大使館員たちの会合の場で「李大統領のランニングメート欠如への自由党の解決策として，個人的に民主党の趙と彼の派閥を自由党と合併することを支持する」と述べている[18]。その後，自由党と民主党旧派の間で協議された内閣責任制とは，大統領を国会の間接選挙制で選び，国務総理の職を復活させるというものであった[19]。つまり，自由党側の趙への提案は，自由党と民主党で協力して改憲案を通過させ，議会で李承晩を大統領に選出し，国務総理は趙が担うということであったのだと思われる。

　もちろん，この李起鵬の提案は，趙炳玉を取り込み新旧両派の対立を激化させて民主党を分裂させるためになされた可能性もある。しかし，他方で，李起鵬が本気でこうした提案を行ったとしても不思議ではない。当時，李起鵬は健康の悪化によって入院しており，趙との会談も入院先で行われた。健康の悪化で李起鵬は自信を喪失しており，会談の席で政界から引退したいと述べていたという[20]。加えて，李在鶴が証言しているように，自由党穏健派のなかには激

---

15) 『朝鮮日報』1959年1月21日夕。
16) 『東亞日報』1959年1月22日朝。
17) 李英石『野黨30年』人間，1981年，149頁；「李在鶴編」郭尙勳他『事實의全部를記述한다――歷代 主役들이 實吐한 未公開 政治裏面 秘史（事実の全部を記述する――歴代主役たちが述べた未公開政治裏面秘史）』希望出版社，1966年，157, 190-91頁。
18) From Dowling to SecState, Feb 27, 1959, Embtel.412, 795B.00/2-2759, CDF, RG59, NA.
19) 李英石，前掲書，150-52頁；『東亞日報』1959年1月21日朝。
20) 李英石，前掲書，149頁；「李在鶴編」郭尙勳他，前掲書，158頁。

しい与野党間の対立が続いたまま1960年の大統領選挙を迎えることになれば流血を伴う事態に発展するのではないかという危惧があった。また，李在鶴らは米国の新聞が自由党を批判していたことやダウリングの召喚を気にしていたようである[21]。そのため，李起鵬や李在鶴らが野党と何らかの政治的な妥協を図ることで事態を収拾する必要があると考えていたことは確かであった。

　自由党内でのこうした改憲の動きは，それまで一貫して内閣責任制のための改憲に反対してきた李承晩には知らされることなく行われた。李在鶴の証言によれば，李承晩の承諾を受けることは難しいので李起鵬の承諾だけ受け，李承晩には協議を進めた上で事後承諾を受ける形にしようと考えていたという[22]。実際に李起鵬らは後に李承晩の説得を試みている[23]。

　こうした自由党の動きに対して民主党旧派が示した姿勢は両義的なものであった。そもそも内閣責任制は民主党の政策でもあったが，自由党の改憲案の主旨はあくまで国会による大統領間接選挙制であり，直接選挙で国家の象徴である大統領を選び，行政の実権は国務総理と内閣が握るという内閣責任制とは異なっていた。そのため，民主党は党全体として自由党の改憲案に手放しで賛成することはできなかった。ただ，この時の自由党の提案は，大統領間接選挙制であっただけではなく，趙を李承晩の後継者として迎えるという内容も含まれていた。また，自由党の提案は自由党と民主党の合同という内容も含んでいたが，趙はかねてからの保守合同論者であった[24]。趙はこの時期公の場ではこの李の後継の件には言及していない。しかし，趙が自由党との妥協による改憲に表向きは反対していたにもかかわらず，しばらく自由党議員と民主党旧派議員の間で改憲に向けた協議は続いた[25]。もちろん，民主党旧派の一部の議員が勝手に協議を行っていた可能性はあるが，趙が表向きは改憲に反対しつつも，裏で自らが李の後継者となる道を模索していた可能性もある。

---

21) 同上，157頁；From Gilstrap to SecState, Jan 21, 1959, Embtel.328, 795B.00/1-2159, CDF, RG59, NA.
22) 「李在鶴編」郭尙勳他，前掲書，157頁。
23) 『京郷新聞』1959年4月12日夕；『東亞日報』1959年4月17日朝。
24) 『東亞日報』1959年3月29日夕；同上，1959年4月15日朝；『京郷新聞』1958年4月17日夕。
25) 『東亞日報』1959年3月31日朝。

ここで張勉ら新派との比較でもう1つ注目すべきは，趙炳玉がこの国家保安法改正強行以降の事態の収拾過程において自由党との交渉を試みたことは特別珍しいことではなく，従来の趙の政治手法をそのまま繰り返したものでもあったということである。趙は言論条項をめぐって選挙法改正交渉が紛糾した際にも，そして，保安法改正直前にも，李起鵬，李在鶴らとの交渉によってこれを乗り切ろうとしていた[26]。なぜ趙がこうした手法をとり続けたのかといえば，1958年1月1日，選挙法改正案が挙手で表決に付された際に「200名の党所属立候補者と全国民に対する責任感で手を挙げた」と趙自身が述べているように，党の最高指導者として最大限自党に有益な路線を慎重に選んだ結果であったのかもしれない[27]。ただ，ここでもう1つ見落とせないのは，趙と李起鵬との個人的な友好関係である。趙と李起鵬は2人とも米国留学を経験しており，解放直後の韓民党結党に参加し，同じ時期に李承晩の下で働いたこともあった。李起鵬は李承晩に次ぐ自由党のナンバー2として浮上する前までは「李承晩大統領の後継者は維石（引用者注——趙炳玉の雅号）でなければならない」と繰り返し述べていたという[28]。

　他方で，民主党新派は，自由党と民主党が組んだ改憲に強く反対し，非妥協的に国家保安法改正強行の責任追及を求め続けた。新派が旧派に対して強硬な態度をとったことについて，いくつかの理由が考えられる。

　1つめに，以前から続いていた民主党内の新旧両派の権力闘争である。前述したように1956年の大統領選挙直後には新派が党を割って出ようとしたほどに派閥争いは激しかった。そして，58年1月の選挙法改正直後の新旧両派間の対立について，新派が与党に懐柔的な旧派を弱腰と叩くことで派閥争いに利用したという見方が存在する[29]。おそらく国家保安法強行後のこの時期の対立にも似た側面があったと思われる。

　2つめに，やはり駐韓米国大使館が分析しているように，民主党新派は「非

---

26)　李起夏，前掲書，334-35頁；李英石，前掲書，146-47頁；趙炳玉『나의회고록（私の回顧録）』民教社，1959年，273-74頁。
27)　『朝鮮日報』1958年1月5日朝。
28)　李英石，前掲書，148-49頁。
29)　李起夏，前掲書，338頁；From Weil to SecState, Jan 8, 1958, Embtel.508, 795B.00/1-858, CDF, RG59, NA.

妥協的態度を維持することが明らかに国民の支持を引きつける最善の道である」と考えていたと思われる[30]。張勉は「地主勢力に基盤を置いた韓民党系列」の旧派は「国民の信望を失いつつある保守勢力」であり，新派は「もう少し開放的で革新的な機運を望んだ」と後に回顧録で述べている[31]。このような考え方が，自由党と妥協的な旧派とは対照的に，新派を非妥協的に民意や民主主義を追求する方向へと引っ張っていった可能性はある。

3つめに，張勉が副大統領に当選したからか，この時期，民主党新派は国民の支持を得ているという自信に溢れており，「この勢いで押していけば来年の選挙（引用者注 —— 正副大統領選挙）での勝利はほとんど確実である」と考えていた[32]。そのため，自由党との妥協による政権獲得を模索していた旧派とは衝突せざるを得なかったのだろう。ただ，民主党新派は，李起鵬が1月19日の会談で趙炳玉に李承晩の後継者になるよう提案したことは知らなかったと思われる[33]。この時期に民主党新旧両派間で改憲をめぐって起きた論争において，この件への言及は見当たらない。

4つめに，趙炳玉にとって李起鵬との個人的な関係が折衝の動機となったことは前述したが，張勉ら新派はそうした動機を持っていなかった。それどころか，張は1956年9月に自らの暗殺未遂事件が起こった直後に訪ねてきた李に疑いの目を向け責めたてたと回想していることから，李にはむしろ不信感すら抱いていたように思われる[34]。

他方で，従来民主党が自由党による改憲に反対した最大の理由の1つである副大統領の継承権廃止については，民主党内で意見が分かれこそしたが従来ほど激しい論争を巻き起こすことはなかった[35]。これは，次回の正副大統領選挙

---

30) From Gilstrap to SecState, Jan 21,1959, Embtel.328, 795B.00/1-2159, ibid.
31) 운석기념회（雲石記念会）『한알의 밀이 죽지 않고는 —— 張勉 博士 回顧錄（増補版）（一粒の麦もし死なずば —— 張勉博士回顧録（増補版））』카톨릭출판사（カトリック出版社），1999年，57頁。
32) 『京郷新聞』1959年3月29日夕。
33) 李起鵬のこの提案は公にはされていなかったものと思われる。ただ，例えば朝鮮日報は，大統領間接選挙制への改憲のために協力した自由党と民主党内の勢力が合併する形で政界再編が起こる可能性について指摘している。『朝鮮日報』1959年4月12日朝。
34) 운석기념회（雲石記念会），前掲書，54頁。
35) 『東亞日報』1959年4月13日朝.

までに約1年を残すのみとなっており，継承権の価値が相対的に薄れたことや，実際に改憲によって内閣責任制が実現すれば副大統領職の価値が低下することが関係していると思われる。

　以上のような理由でこの時期に民主党新派は自由党と折衝を行っていた旧派を非難し続けた。結局，李承晩が直々に4月15日に記者と会見し内閣責任制への改憲に反対することで与野両党の穏健派間での改憲に向けた協議は続けられなくなる[36]。そして最終的には民主党新派を支持する京郷新聞廃刊に見られる李政権の強硬化もあって，駐韓米国大使館が後押しした与野党間協議は失敗に終わったのである。

3．曺奉岩の処刑と米国による圧力行使の準備

　政府による京郷新聞廃刊によって駐韓米国大使館の与野党間調停の取り組みが無駄になり，また，米国上院で米民主党からの対韓政策批判が激化したこともあって，ロバートソンは京郷新聞廃刊について，梁裕燦大使と，訪米した曺正煥外務部長官に対し強く抗議した[37]。

　しかし，米国の抗議は李承晩政権の強硬路線を止めることはできなかった。7月31日，死刑判決を受けていた曺奉岩の処刑が，再審請求が行われるなか，突然執行された。米国務省はこの事件に直面して，まず韓国の国際的な評判への損傷を懸念した[38]。他方で，大使館の解釈ではこの事件は韓国における政治情勢において今までの一連の事件以上に深刻な意味をもっていた。8月3日，ダウリング大使は済州島を訪問中の李の代わりに曺正煥外務部長官に面会して曺奉岩事件について抗議し，その内容を翌日国務省に電文で報告した。この電

---

36)　同上，1959年4月15日夕。
37)　梁裕燦大使への懸念の表明については，From Bane to Parsons, "Your Meeting with Foreign Minister Cho, 4:00 p.m., May 29.," May 29, 1959, 795B.00/5-2959, CDF, RG59, NAを，曺外務部長官への抗議については，"Call by Korean Foreign Minister Cho," June 3, 1959, *FRUS 1958-1960* Vol.18, 556-58を，ハンフリー上院議員（Hubert H. Humphrey）の上院での京郷新聞廃刊に対する批判については，From Dillon to the Embassy in Korea, May 15, 1959, Deptel.552, 795B.00/5-1559, CDF, RG59, NAを参照。
38)　From Dillon to the Embassy in Korea, Jul 31,1959, Deptel.82, 795B.00/7-3159, ibid.

文によれば，ダウリングはこの事件を自由党強硬派の「決意」の表明と理解していた。同電文は国民が曺奉岩の処刑に混乱しているが，自由党強硬派はこのことを予想していたとしている。そして，処刑の執行は，自由党指導者が人気回復に取り組むことを放棄し，目的達成のために抑圧的な方法にのみ依存しようと決めた兆候なのだという[39]。つまり，大使館側は，李政権が国民世論を意に介さず，1960年の大統領選挙では手段を選ばないだろうことが明らかになったと解釈したのである。ロバートソンの後任であるグラハム・パーソンズ (J. Graham Parsons) 極東問題担当国務次官補は，8月24日の国務省から大使館への電文において，前述した同年1月23日の報告書の続編を作成するようにダウリングに要請した。国務省極東局は自由世界の韓国への支持がさらに失われることと，李政権への「惜しみない支援者」とみなされた結果として米国の立場が損傷されることを深刻に懸念していた。そして，こうした状況の展開を前もって言い当てたダウリングの前回の報告書を高く評価したのである[40]。

　この国務省の要請に従って，ダウリングは韓国の政治状況に関する報告を作成し，9月28日に本国に送付した。ここでダウリングは，1960年の選挙で政権・自由党側が手段を選ばない行動にでることをほぼ所与の前提として，それに対処する準備が必要だと説いている。そして，米国が李承晩政権の「民主制度への目に余る攻撃」を防ぐために影響力を行使することは，韓国国民，そして自由党や政府内さえも含む穏健派指導者グループの多数からの支持を得られるだろうとして，積極的な圧力の行使を主張している。李哲淳はその研究において1月23日のダウリングの覚書と同報告書の違いを，前者は自由・民主両党の穏健派の協力による政局安定化を構想しているのに対し，後者はそうした期待を放棄して，60年の選挙で生じるであろう危機への対処を呼び掛けていることだとしている。実際に，1月23日の報告書が，李承晩に「安全で賢明な道を行くように説得できる望みはかなりある」としているのに対し，9月28日の報告書は，「この状況に効果的に影響を与えられる時間はほとんど残っていない」と述べている。

---

39) From Dowling to SecState, Aug 4, 1959, Embtel.88, 795B.00/8-459, ibid.
40) From Herter to the Embassy in Korea, Aug 24, 1959, Deptel.133, 795B.00/8-2459, ibid.

他方で，1月28日と9月28日の両方の報告書で注目されるのは，1960年の大統領選挙での大々的な不正が共産主義者に利用されるだろうとする記述である。9月28日の報告書では，国民が韓国における民主政治の未来に幻滅することは「極左右両派が利用するための豊穣な基盤を提供し得る」という懸念が表明された[41]。そして，実際60年3月15日に不正選挙が行われ，国民のなかで抗議の動きが高まると米国務省はこうした懸念に従って行動することとなる[42]。

　さらに，この時期の米国政府内の議論には他にも新たな傾向がみられるようになった。10月22日にグラハム・パーソンズはダレスの後任であるハーター国務長官に対し，前章で述べた1月23日の報告書がダウリングによって提出されて以降の状況の変化について報告している。まず，パーソンズはダウリングによってなされた提言が「不完全にしか実行に移されていない」として，1月以降の韓国における政局の混乱に鑑み，「われわれは韓国においてさらなる政治的状況の悪化を防ぐための行動をとる時が来たと考える」と述べている。そして，パーソンズは米国の目標を次のように定めている。

　　われわれの直接的な目標は，韓国における全体主義体制への流れを止め，覆し，韓国政府と政権与党自由党に米国の影響力を自滅的にならない程度に及ぼして，公正で自由な大統領選挙が1960年に開かれるように可能な限り保証することでなければならない。少なくとも，われわれの行動は李大統領や自由党にその非民主的行動を認めるものと解釈され得るものを含んではならない。

---

41) "Airgram from the Embassy in Korea to the Department of State," Sep 28, 1959, *FRUS 1958-1960* Vol.18, 585-89; "Memorandum from the Ambassador to Korea (Dowling) to the Assistant Secretary of State for Far Eastern Affairs (Robertson)," Jan 23, 1959, ibid., 540; 이철순 (李哲淳)，前掲論文，374頁．

42) "Airgram from the Embassy in Korea to the Department of State," Sep 28, 1959, *FRUS 1958-1960* Vol.18, 585-89; "Memorandum from the Ambassador to Korea (Dowling) to the Assistant Secretary of State for Far Eastern Affairs (Robertson)," Jan 23, 1959, ibid., 540; "Memorandum of Conversation," Jan 19, 1959, ibid., 532-34.

パーソンズがこのような考え方を持っていた背景として，1960年大統領選挙の混乱によって引き起こされるだろう韓国の民主主義の失敗が，米国によるアジア・アフリカ国家への民主主義適用の完全な失敗と看做されることへの懸念があった。さらに，パーソンズもダウリングと同様に，韓国での民主主義の失敗の結果，極左極右の勢力増大を意味すると思われる「極端な解決策」が招来されることを憂慮した。ここで米国がとるべき行動としては，1月23日のダウリングの報告書において示されたような米国の新聞の利用や米国議員の訪韓等が述べられている。また，圧力をかける手段としての援助の利用については，「米国援助水準の政治的理由でのさらなる削減は，おそらく我々の意見では，これを解決するよりもさらなる問題を作り出すだろう」としつつも，必要となれば援助資金の支出を拒絶するだろうと述べられている。同覚書は，為替レートの適正化についても述べているが，それを韓国政府に修正させるよう圧力をかけることは「いつか望むことになるだろう」と，すぐに実行する意思は示していない[43]。

　以上，本節で述べたように，国家保安法改正から4月革命直前に至るまでの時期において，次節で扱うドレイパー委員会のような米国本国の事情で経済開発の必要性が提起されたことを除けば，駐韓米国当局者が殊更に韓国の経済開発の必要性を提起することはなかった。また本章第4節でみるように，韓国における経済開発計画作成も始まりはしたが，2年近くその進捗や内容について強く介入することはなかった。やはりこの時期には駐韓米国当局者に経済開発重視政策推進を促すインセンティヴが働かなかったように思われる。1958年5月の選挙を前後する時期以上に，この時期には，政局の紛糾に政界が没頭していたこともあり，韓国政治において経済問題は重要な争点とはならなかった。例えば，事実上，保安法改正について追及するために召集された59年1月12日から2月10日にかけての第31回臨時国会では経済問題は本会議に上程されなかった[44]。その後，2月18日から7月17日にかけて開かれた第32回臨時

---

43) "Memorandum from the Assistant Secretary of State for Far Eastern Affairs (Parsons) to Secretary of State Herter," Oct 22, 1959, ibid., 589–94.
44) 『東亞日報』1959年1月12日夕。上程された議題については國會事務處『第31回國會臨時會議速記録』各号を参照。

国会は，与野党双方の召集要求の理由に経済問題への対処が含まれていた。しかし，保安法改正の強行と京郷新聞廃刊，在日朝鮮人の北朝鮮への「北送」等が主要な議題となり，やはりここでも経済政策関連の議題は水害対策以外は一度も本会議に上程されなかった[45]。政治の混乱が経済的な争点を周縁に追いやったのである。こうして，56年の大統領選挙において駐韓米国当局者が感じたような，韓国国民の経済的不満が韓国政治を混乱させるという危機感は薄れこそしても従来以上に強まることはなく，そのため，最低限米国が必要と考える物価安定化のみがすすめられた。

第2節　ドレイパー使節団訪韓と輸出振興基金

本節では，1959年2月に訪韓したドレイパー率いる米国政府の使節団について考察する。このドレイパー訪韓は，前節で述べたように対韓政策において国務省・大使館当局者の注意が政治的混乱に集まるなか，米議会に端を発する米国の対外援助見直しというまた別の経緯から実行されたものであった。ドレイパーは訪韓時やその後の報告書において韓国政府当局者や米国務省に，韓国の輸出促進，長期計画作成，為替レート適正化といったさまざまな提言を行う。そのなかには，輸出促進政策のように実際に韓国における政策の実行を後押ししたものもあれば，為替レート適正化のように当時の米国による対韓政策の限界に阻まれたものもあった。こうしたドレイパーの報告書やドレイパーにブリーフィングを行ったウォーンによる韓国の状況分析は，米国側が当時の韓国に対して持っていた状況認識という観点からも，その後に米韓当局者がそこに含まれる提言をどのように実行ないしは拒絶したのかという観点からも重要である。そのため，本節でその分析を行いたい。

1958年に米国では，開発援助に積極的な民主党が中間選挙で大勝し，開発援助に積極的な議員たちが多数当選し，開発援助に消極的な共和党の議員たちはその数を減らした。フルブライトをはじめとする民主党の上院議員は，58

---

[45]　『東亞日報』1959年2月11日夕。上程された議題については國會事務處『第32回國會臨時會議速記錄』の各号を参照。

年8月末にアイゼンハワーに共同書簡を出し，さらなる資源を経済援助に割り当て軍事援助への割り当ては減らすべきだと主張した。9月13日，ダレスはアイゼンハワーに米国の軍事援助における根本的な目的を文民の委員会によって評価させるべきと提言する。こうして，11月にアイゼンハワーは「大統領米国軍事援助計画評価委員会（ドレイパー委員会）」を設置し，元陸軍次官のドレイパーを委員長に任命した[46]。同委員会は任務に必要な調査のために被援助各国に使節団を派遣したが，その一環としてドレイパーが訪韓することとなる。後述するが，ドレイパーは韓国の次に台湾も訪れており，同国の輸出指向工業化への政策転換に一役買っている。

　ドレイパーは以前にも，米国の占領下にあった日本に関する政策提言を通じて北東アジアの輸出貿易促進問題に携わったことがある[47]。1940年代後半，陸軍次官であったドレイパーは反対する国務省の一部を尻目に東アジアの工業的中心として日本の復興を推進することを強く主張し，48年3月に自ら使節団を率いて訪日した。ドレイパーの考え方は，日本における経済復興促進のための諸政策を盛り込んだ48年10月9日採択のNSC13/2に大きく反映された。

　その後，ドレイパーは復興に必要な日本の輸出能力を高めるために単一為替レートの設定とデフレーション政策を重視し，単一為替レート設定実現に先立って実施されるべき経済安定9原則を作成した。この経済安定9原則は1948年12月18日に日本政府に伝達されることとなる[48]。さらに，その直後である

---

46) Shenin, *Amrica's Helping Hand*, 146; Dockrill, *Eisenhower's New-Look National Security Policy*, 225.
47) 日本占領とドレイパーの関わりについては，以下の文献を参照した。Borden, *The Pacific Alliance*, 77-102; ハワード・ションバーガー「ウィリアム・ドレイパー将軍，第80連邦議会，および日本の『逆コース』の起源」レイ・ムーア編『天皇がバイブルを読んだ日』講談社，1982年; 浅井良夫「ドッジラインの歴史的意義」『土地制度史学』第135号，1992年4月; 五十嵐武士『戦後日米関係の形成――講和・安保と冷戦後の視点に立って』講談社，1995年，59-106頁; マイケル・シャラー，前掲書，195-222頁; 中北浩爾『経済復興と戦後政治――日本社会党1945-1951』東京大学出版会，1998年，165-66, 170-71, 212頁。
48) ただ，ドレイパーが最初に日本での為替レート設定の必要性を提起する際に関心を持っていたのは，輸出促進ではなく，占領当局である連合国軍最高司令官総司令部（GHQ/SCAP）関係者用の円・ドル交換であった。五十嵐，前掲書，89頁。

49年2月1日には,ドレイパーのかねてからの後押しによって,後にアイゼンハワー政権の対外経済政策委員会で議長を務めることとなるドッジが経済復興を進めるために日本に派遣された。ドッジは4月には,適正と思われる水準よりも輸出に有利なように多少円を過小評価しつつ,1ドル対360円を単一レートとして設定した。その一方で,ドッジは経済の合理化のために緊縮予算を組み行政整理を行う「ドッジ・ライン」と呼ばれる緊縮政策も実施することとなる。ここに,まだ経済的に遅れている同盟国を発展させようとする際に,経済的な合理化と貿易のための制度整備による輸出促進を図るという米国の対外経済政策の雛形が見られる。このように日本の経済復興に関与したドレイパーは,59年に台湾,韓国を訪れ,日本において行ったそれと類似した主張を展開することとなる。

アイゼンハワーが設立したドレイパー委員会の顔触れを見るとラドフォード(Arthur W. Radoford),ディロン・アンダーソン(Dillon Anderson),ドッジといった,アイゼンハワー政権の元高官が多く含まれている。さらに,ドッジの他にも委員会顧問のヴォーヒーズ(Tracy S. Vorhees)といった,ドレイパーとともにトルーマン政権期に日本でのドッジ・ラインや為替レート単一化に重要な役割を果たした人物が任命されていた。また,調査の企画推進は以前韓国の経済調整官だったウッドが務めた[49]。

2月6日に韓国に到着したドレイパーは,2月9日,まずウォーン経済調整官によるブリーフィングを受け,また,大使館や経済調整官室との合同会議を行った。ウォーンは韓国経済に関するさまざまな問題についてドレイパーに説明しているが,以下に本書に関係のある部分を概観する。

まず,輸出に関してであるが,ドレイパーが輸出できる可能性がある品目について尋ねると,ウォーンはまず,米穀,海産物,鉱産物と答えた。しかし,続けて「限られた資源は,韓国の長期的な経済の救済が輸入原料の加工を通じたそのサービスの輸出と最終財の輸出の潜在能力にかかっていることを示して

---

49) The President's Committee to Study the United States Military Assistance Program, *Composite Report of the President's Committee to Study the United States Military Assistance Program* (Washington: 1959), 1:195-97.

いるように見える」とも述べ，日本をその模範として挙げている[50]。

　次に，為替レートに関してであるが，ウォーンはドレイパーに対し，現在の米韓間の物価安定化に関する合意，即ち財政安定計画が必要なくならない限り，為替レートの全体的な変更は支持しないと述べた。そしてウォーンは，代わりに米国当局者には公定レートとは別のより有利なレートを設定するという「旅行者レート」制度のための調整を進めていると述べている。そしてウォーンは，500ファン対1ドルの公定レートのおかげで韓国政府が物価安定政策を実行する動機づけを得ていると述べている[51]。

　他にウォーンのブリーフィングで興味深いのは，冷戦における経済競争と韓国との関係性についての見解である。2月9日のブリーフィングの会議録には，事前にドレイパー委員会から経済調整官室に送られた質問に対して経済調整官室が回答するために作ったのだと思われる文書が添付されている。そこには，「同国（引用者注──韓国）が経済戦争の手段にどれほど脆弱で，米国はこの脆弱性を減らすために何ができるか？」という問いと経済調整官室による回答が記載されている。それによれば，韓国は米国の援助のおかげで「経済戦争にそれほど深刻には屈していない」という。しかし，回答にはさらに，もし米国の援助がなければ，韓国は「遅かれ早かれ共産主義陣営の貿易と援助に依存することになるだろう立場にある」と述べられている。また，韓国は輸出に関しても，「主に第三国での競合を通じて，共産主義者の経済に対してより脆弱である」とされている。例えば，米穀，鉄鉱石，石炭といった輸出できる可能性がある品目も，最大の市場と目される日本においては，中国の輸出品目と競合しているという。また，北朝鮮経済との相互補完性の欠如も貿易における韓国の脆弱性を示しているという。これは，南北分断によって産業構造が偏っているため，輸入が増え輸出品目は減るということであろう。そして，経済調整官室は，韓国の共産主義からの経済攻勢に対する脆弱性の脅威を克服する主要な手段として，「最終的な自立に向けて前進させるために韓国を財政的に支援し続

---

50) "Joint Military-Embassy-OEC Meeting," Feb 9, 1959, Attached to, From CINCREP Seoul to ICA, Feb 27, 1959, TOAICA A-2720, Box.11, Entry2846A, RG84, NA.
51) "Briefing of Draper Committee by OEC Representatives" Feb 9, 1959, Attached to, ibid.

けること」を挙げている。加えて，米国が CHINCOM (China Committee) や COCOM (Coordinating Committee for Export to Communist Area) といった対共産圏貿易統制を強化することで，日本市場から共産主義諸国，特に中国の輸出品を締め出し，韓国の輸出のための余地を拡大することも提言されている。以上のように，ここで経済調整官室は共産圏との経済競争の文脈において，韓国を北朝鮮と積極的に経済発展の競争を行う国というよりは，中国を中心とした共産圏の経済攻勢から守らなければならない国として認識しているのである[52]。

2月9日には，閣僚をはじめとする韓国政府当局者とドレイパー使節団，駐韓米国大使館員，経済調整官との間での会談も行われた。ドレイパーは韓国政府側に対し「もう，復興事業は顕著な水準にまで達成されており，韓国が輸出産業を改善する方向に向けて長期開発計画を作成する時期が来たと提案する」と述べた。また，ドレイパーは日本とドイツの戦後復興の例を挙げ，韓国も輸出産業に高い優先順位を与えることを勧めた。宋仁相復興部長官は輸出促進に関する提言については，「ウォーンと彼がこの問題について研究する作業グループを OEC 内に組織することに合意した」と答えた。後述するように，同グループの作業が合経委輸出振興分科委設立と輸出振興基金の創設へとつながっていくこととなる。

また，この会談で米韓当局者は為替レートの問題にも言及している。まず，金顕哲財務部長官が500ホァン対1ドルの為替レートが最近の物価安定に役立っていると述べた。すると，ドレイパーは500対1レートが米国当局者の韓国現地での物資調達価格を高めていると述べ，旅行者レート制度の採用を促した[53]。

ドレイパーが米国援助対象国を歴訪して帰国した後，ドレイパー委員会は1959年3月17日，6月3日，7月13日の三度にわたり中間報告を，そして8月17日に最終報告を作成した[54]。同委員会はその諸報告のなかで現在の対外援

---

52) "Prepare Answers to Questions Cabled to OEC by Draper Study Group," Attached to, ibid.
53) 外務部長官発 大統領宛，1959年2月14日「Report on the Conference Held with the Draper Committee」『외무부의 경무대 보고문서 V.1（外務部の景武台報告文書 V.1）』韓国外交史料館所蔵，登録番号 8, 739-48 頁。
54) The President's Committee to Study the United States Military Assistance Program,

助の形である相互安全保障計画は,軍事的側面からも経済的側面からも健全な考え方であると結論付け,軍事援助の削減には強く反対した。そして,ドレイパーは60年度相互安全保障計画資金として政権が議会に要求している16億ドルを,むしろ軍事援助を4億ドル増大させて20億ドルにすることを提言した[55]。

また,経済開発についても同委員会は積極的な姿勢を見せている。まず,同委員会は,中ソの経済発展が低開発地域に与える影響について指摘し,米国は軍事的な脅威のみではなく,工業化,政治,転覆活動,イデオロギーに関する脅威にも直面しているとした。そして,同委員会は低開発国がその軍事力を支えるために経済発展が必要だという従来の防衛支援の理念を強調する一方で,低開発国を共産主義陣営に追いやらずに自由世界のなかで経済発展させるために経済援助が必要だと開発主義的な主張も行っている[56]。そして,同報告書は借款供与のための基金を毎年増やしていくことや,経済援助やDLFの運用から期限を撤廃すること,さまざまな経済援助を一手に管轄する省庁を設置すること等を提言している[57]。そうすることで米国の従来の贈与援助はできる限り減らし,借款で代替し,そして,被援助国に輸出によってその外貨収入の減少分を埋め合わせるよう促すことを同委員会は提言した。特に輸出に関して同委員会は,贈与援助に依存している国々には輸出の需要が存在する品目の生産を拡大するための積極的な行動が必要であると述べており,そのなかでも過大評価レートに代わる現実的為替レートの設定を重視している[58]。

ドレイパー委員会は経済援助については特に7月13日付で作成した3つめの中間報告書において詳述しており,そこでは上述したような贈与援助削減のための被援助国の輸出促進について述べているが,その箇所とは別個に,輸出を扱うための章が小さいながらも設けられている。そこでは,低開発国の発展の展望においてその商品市場の拡大が重要な要因となるだろうと述べられてい

Composite Report of the President's Committee to Study the United States Military Assistance Program, 1: 129.
55) Ibid., 1: 14–15, 133.
56) Ibid., 1: 12–13, 137–38, 140, 149.
57) Ibid., 1: 84, 105–06, 133, 160.
58) Ibid., 1: 93–94.

る。そして，西側諸国は低開発諸国が必要な市場に十分にアクセスできるようにし，世界貿易を拡大させるために輸入や他の経済政策を遂行すべきだと同報告書は述べている[59]。こうした輸出促進政策は，すでにドレイパーが実際に訪韓や訪台の際にそれぞれの政府の当局者に実行を促したものであった。

このように，経済援助や低開発国の経済発展についても詳細に提言を行ったドレイパー委員会であったが，結局のところ最も重視し，連邦予算において即座に増大させようとしたのはやはり軍事援助であった。他方で，同委員会は経済開発援助については米国単独で行うのではなく多国間主義を通じた遂行を主張している。それは，同委員会によれば自由世界において大量の軍事援助を供与しているのは米国のみであるのに対し，経済援助については他の先進国からのものもみられ，またそのための国際機関が整備されており，さらには民間投資も望むことができるからであった。これはフルブライトらの批判への正面からの反駁であった[60]。

1959年4月22日の議会指導者たちとの会議において，アイゼンハワーはドレイパー委員会の報告書を「とても客観的」だと評価し，国務・国防両省も，北大西洋条約機構（North Atlantic Treaty Organization, NATO）への軍事支援を中心として軍事援助を4億ドル増大させるべきというドレイパー委員会の提言を支持した。ドレイパー委員会報告によって，アイゼンハワー政権は相互安全保障計画が冷戦に不可欠な武器だと議会を説得する決意を強めたのだった[61]。

他方で，ドレイパー委員会は韓国の為替制度改革についても提言をした。駐韓米国大使館のクロンク（Edwin M. Cronk）参事官は，1959年4月13日に国務省北東アジア課への電文で，ドレイパーによる韓国の為替制度改革への提言に言及した。クロンクは，為替制度改革と輸出促進はドレイパーが訪韓を通じて乗っていた「2頭の馬」であったと表現した。そして，クロンクは為替レート問題に対してこの秋に「正面攻撃をかける」ように1カ月以内に大使館と経済調整官室で共同提言をするだろうと述べた。しかし，国務省はこうしたドレイパーやクロンクの提言には冷淡であった。翌14日，ハワード・パーソンズ

---

59) Ibid., 1: 77, 96–97.
60) Ibid., 1: 55–56.
61) Dockrill, *Eisenhower's New-Look National Security Policy*, 226–27.

北東アジア課長はロバートソンへの覚書で，韓国には外貨の自由市場があるので公定レートのホァン過大評価はそれほどには輸出の障害になっていないと述べた。そして，自由市場で公定レートよりもドルを高く売ることができるのに輸出が促進されないのが問題だとして，「韓国の最も価値のある経済的な資産は労働力であり，労働集約型製品輸出の発展に特別の関心が注がれるべき」と述べた。ドレイパーの為替制度改革の提言は国務省ではほとんど意味をもたなかったのである[62]。第3章第2節第2項で述べた通り，この時期までにはホァンの過大評価が韓国の輸出インセンティヴを阻害していることは国務省を含む米国政府の共通認識となっていた。それにもかかわらずパーソンズがなぜこのような反応を示したのかは分からない。ただ，この時期は，米国政府が韓国において為替レート適正化の必要性を認識しつつも，物価安定の方を優先していた時期であり，そのために米国政府内で為替レート適正化を推進するモチベーションが低かったことは確かだろう。

　為替レート適正化が進まなかった一方で，輸出促進政策については，米韓協議を経て多少の進展があった。以下に，ドレイパー訪韓後の韓国国内における輸出促進の動きについて考察する。

　ドレイパーによる輸出促進の勧めに応じて，2月11日に合経委の米韓当局者は同問題について研究する特別委員会を組織した。そして，同委員会の任務に鑑みて商工部は常設の合経委輸出振興分科委設立を合経委に提案する。5月7日には合経委で常設委員会の設置が合意され，その後特別委員会によって同分科委のための憲章が作成されることとなる。5月20日に完成した草案は最終的に6月10日に合経委において承認された。こうして8月18日に合経委輸出振興分科委の第1回会議が開かれた[63]。

---

62) From Cronk to Gleek, Apr 13,1959, *FRUS 1958–1960* Vol.17/18, Suppl.; From Parsons to Robertson, "Mr. Draper's View on the Korean Economic Situation," Apr 14, 1959, ibid.

63) "Excerpt from Minutes of the 148th CEB Meeting Held on March 25,1959," Mar 25, 1959, Box.4, Entry1277DI, RG469, NA; "The Draft Proposal by the Ministry of Commerce & Industry on the Export Promotion Committee," Undated, CEB-P-59-161, ibid.; "Excerpt from Minutes of the 154th CEB Meeting Held on May 7,1959," May 7, 1959, ibid.; "Report of CEB Ad Hoc Committee on Export Promotion," May 20, 1959, ibid.;

同委員会が最優先で取り組んだ問題は，輸出用工業品生産を促進するための輸出振興基金の設立であった。同基金の特徴として，中小製造業の輸出への貢献促進を重視したことがあげられるが，まず，ここで簡単に韓国政府内で中小企業育成が重視されることとなった背景について説明する。

　先述したように，米国の支援を受けて綿製品輸出の主体となったのは，ほぼ例外なく金星，三護といった大企業であった[64]。しかし，第2章第2節で挙げたダウリングやメイシィの報告書に明らかなように，米国側が韓国の輸出製品生産を担わせようとしたのは中小企業であった。他方で，韓国側も輸出製品生産に従事する中小企業育成の必要性については強く認識していた。1956年8月15日，李承晩は第3代大統領への就任演説で経済政策に関する方針としてまず最初に，「中小工業」を発展させ国内需要の充足と輸出の両方を可能にし，また，失業者の吸収にも役立てると述べた。こうした李の演説と前後して，韓国政府は中小企業育成とその輸出への参加促進を試みるようになっていった[65]。

　この時期に韓国政府当局者たちが中小企業の重要性を強調し始めた理由としては以下の2つが考えられる。1つめは，韓国政府当局者たちが中小企業の発展が韓国経済にもたらす効用が大きいと認識したことである。例えば宋仁相は，中小企業は資本効率と雇用吸収に優れ韓国の技術能力や経営能力から見ても妥当な形態だと考えていた[66]。

　2つめの理由として，当時の韓国の製造業において中小企業が占めていた割合が挙げられる。1958年の時点では，中小企業は製造業全体の生産額の68.7％，従業員数では77.7％を占めており，大企業の発展により恩恵にあずかるのは国民のなかでもごく少数であった[67]。こうして，少なくとも50年代中盤に

　　"Excerpt from Minutes of the 158th CEB Meeting Held on June 10, 1959," June 10, 1959, ibid.; "CEBEP Minutes," Aug 18, 1959, CEBEP-Min-59-1, ibid.
64)　韓國貿易協會，前掲書，1959年，122頁。
65)　공보실（公報室），前掲書，23頁；李敬儀『경제발전과 중소기업（経済発展と中小企業）』創作社，1986年，319頁。
66)　宋仁相「새해의 復興政策（新年の復興政策）」『復興月報』第3巻第1号，1958年1月，8頁。
67)　高時天「韓国の企業と経営の特質」隅谷三喜男編『韓国の企業経営』アジア経済出版会，1977年，30-33頁。

は，韓国政府は国民生活の向上のためには中小企業に配慮せざるをえないと認識するに至る[68]。つまり，この時期の中小企業重視の言説は，決して大企業を軽視してのものではなかった。むしろ，大企業が優遇される一方で，韓国経済にとって不可欠であった中小企業の成長が立ち遅れていたため，後者の重視が殊更に強調されたのであった。

そして1959年4月3日，申鉉礴（シンヒョンファク）復興部長官はICAの中小企業運転資金による輸出振興基金の設立について協議中であると明かし，5月14日には具鎔（グヨン）書商工部長官が見返り資金の使用による輸出金融基金設立案を発表した。このような基金の構想自体は，第2章第3節で述べた58年の「輸出振興のための当面の施策」にも見られたものであった。さらに，同基金は商工部が作成した前掲の合経委輸出振興分科委設立案でも議題とすべき問題の筆頭として挙げられていた[69]。おそらく，韓国政府は元来持っていた構想を，ドレイパー訪韓と合経委の分科委設立を契機として本格的に実行に移そうと考えたのだと思われる。こうして，輸出振興分科委の設立後，同基金設立問題が最優先で協議されることとなった。

8月18日に合経委輸出振興分科委の第1回会議が開催されると，それぞれUSOM，商工部，韓銀から輸出振興基金設立案が提出された。合経委は最も詳細なUSOM案を基礎として，他の2案と比較しつつ協議を進めていくこととした。また，この日基金の総額を37億5000万ホァンとすることが合意された。協議の過程で最大の争点の1つとなったのは，基金による貸出の対象であった。USOM案が貸出対象を輸出用製品の製造業者や加工業者に限ったのに対し，韓銀案は輸出業者にも貸出を認めていた。同分科委における米国側事務局員のジョン・フリードマン（John Friedman）博士は韓国の製造業者が払っている高金利に起因する高コストを問題視する一方で，「貿易業者の資金繰りがどうなろうが輸出が増えることはない」と述べた。また，同会議で議長を務めていた

---

68) 「具鎔書」한국일보사（韓国日報社）編『財界回顧 第8巻』한국일보사（韓国日報社），1981年，136-37頁．
69) 『朝鮮日報』1959年4月4日夕；同上，1959年5月14日夕；"The Draft Proposal by the Ministry of Commerce & Industry on the Export Promotion Committee," Undated, CEB-P-59-161, Box.4, Entry1277DI, RG469, NA.

USOMのヘンリー・シャヴェル（Henry Shavell）も，輸出業者は従来から低利の銀行信用制度を利用可能だとして，同基金の対象とすることには消極的だった。しかし，結局シャヴェルは資金の3分の1を信用状や確定契約をもつ輸出業者向けに割り当て，残りを輸出や在韓米軍への供給を指向する製造業者・加工業者向けに割り当てるという妥協案を提示した。そして，この日の分科委のしめくくりに，3案を考慮に入れつつ新たな草案を作成するための作業グループが任命された[70]。

　その後，9月1日に作業グループによって作成された新案が輸出振興分科委に提出された。貸出の対象については8月18日の議長提案が採用されていた。同案は輸出業者への融資の目的として，輸出用製品の購入に充てることの他に，その製品の「供給者」（つまり製造業者）に「信用を提供する」（つまり「又貸し」させる）ことを挙げていた。USOM側は「南と沿岸の島々の小規模製造業者は全体的に融資を得るために従うべき手続きに熟達しておらず，通常は輸出業者が彼らのためにそれを手配している」と述べ，又貸しの必要性を主張した。結局，この又貸しを可能とする規定は採用されることとなるが，さらにこの日の協議で，融資された輸出業者の又貸しの対象が「供給者」とされていたのを「小規模供給者」へと修正することが決定した。この規定はそのまま最終的に採用されることとなる[71]。韓国政府側の当局者もこのような目的意識に同意していた。例えば，商工部の高錫尹（コソギュン）輸出課長は，雑誌の論稿で輸出業者が同基金を利用可能な条件として，信用状や外国輸入業者の確約輸出契約書を持っている場合の他に，輸出業者を経て小規模供給者に前払い金として供給する場合を挙げている[72]。

　以上のような協議を経て，最終的に9月16日の合経委本会議で同基金の設

---

70) "CEBEP Minutes," Aug 18, 1959, CEBEP-Min-59-1, ibid.; 大韓貿易協会，前掲書，1960年，50頁。
71) "CEBEP Minutes," Sep 1, 1959, CEBEP-Min-59-2, Box.4, Entry1277DI, RG469, NA; "Regulation Governing the BOK Counterpart Export Promotion Fund under Project Agreement PPA89-23-473 (As Amended)," Undated, CEB-P-59-446c Attachment #1, ibid.
72) 高錫尹「輸出振興基金의 運用方法（輸出振興基金の運用方法）」『貿易經濟』19号，1959年10月，42-44頁。

立と，総額である37億5000万ホァン中1959年度の残りの期間についてはまず20億ホァンで操業することが承認された[73]。こうして始業することとなった輸出振興基金であったが，同基金が韓国の輸出にどれほどの効果をもたらしたかは必ずしも明らかではない。ただ，李承晩政権期にはその運営はあまり振るわなかったようである。まず，基金に割り当てられた額自体が少なかった。60年代の輸出製造業への貸出制度に比べれば，同基金の規模は微々たるものであった。合経委輸出分科委の会議録にも「同委員会は輸出振興基金としては37億5000万ホァンのみを考えることに合意」（強調点は引用者による。強調点の部分は原文で「only」）とあり，割り当てられた額が少ないことは当初から合経委においても認識されていたと思われる[74]。

また，貸出の手続きにおいても問題が生じた。同基金の貸出業務を商業銀行に担わせたため，取扱銀行が低利の同基金の融資を回避する傾向が生じたのである。輸出振興基金設立に関する合経委の協議過程で，既存の韓銀の融資がやはり同じ理由で不振だったことはすでに指摘されていた。さらに，新聞においても基金を特殊取扱銀行に担わせること等が主張されていたが，後の中小企業銀行設立のような方策は議論されなかった[75]。

こうした効果と問題点を勘案してみた時，本書では輸出指向工業化の初期条件形成において輸出振興基金創設とその過程には2つの意義があったと考える。1つは，韓国政府が従来よりも工業製品輸出促進のための金融インセンティヴ拡充に積極的に乗り出す姿勢を見せたことであった。後の輸出指向工業化において輸出に関わる業者に有利な金融インセンティヴを付与することは不可欠であった[76]。また，これ以前にも輸出産業育成のために「第2外貨貸付」と

---

73) "Excerpt from Minutes of the 171st CEB Meeting Held on September 16, 1959," Sep 16, 1959, Box.4, Entry1277DI, RG469, NA.
74) "CEBEP Minutes," Aug 18, 1959, CEBEP-Min-59-1, ibid.
75) Ibid.；『産業經濟新聞』1960年3月17日；"CEBEP Minutes," Aug 18, 1959, CEBEP-Min-59-1, Box.4, Entry1277DI, RG469, NA.
76) Yung Whee Rhee, Bruce Ross-Larson, and Garry Pursell, *Korea's Competitive Edge: Managing the Entry into World Markets* (Baltimore and London: The Johns Hopkins University Press, 1984), 11; Wontack Hong and Yung Chul Park, "The Financing of Export-oriented Growth in Korea," in *Pacific Growth and Financial Interdependence*, eds. Augustine H. H. Tan and Basant Kapur (Sydney, London, and Boston: ALLEN and UNWIN,

いった制度は存在したが，製造業に主眼が置かれたのは初めてであった[77]。

もう1つの意義は，中小企業を輸出に参加させようと配慮したことである。最終的に，輸出振興基金の業務と資金は中小企業銀行に引き継がれることとなる[78]。また，輸出に中小企業を参加させることが重要だという認識自体も朴正煕政権に受け継がれ，1962年から始まる第1次経済開発5カ年計画以降，そのための政策が強力に展開されていった。そして，このことと関連して，直接輸出に携わらない輸出品製造企業への配慮を制度化しようという思考が引き継がれたことも重要であった。1965年に導入された内国信用状制度はこのような思考に基づいた輸出促進制度である。内国信用状は，例えば輸出の注文を受けて信用状を持つ輸出業者がその輸出製品の調達先企業のために，法によって指定された銀行に依頼し開設するものである。内国信用状を持つ生産業者は自ら直接輸出を行わなくとも，輸出金融において通常の信用状を持つ輸出業者と同じ優遇を受けることができる。同制度は，小規模企業を輸出品生産に誘導し，国際標準の製品を生産させるにあたって重要であった[79]。そして韓国に特有のこうした制度は，まさに本節で見たような米韓の協議のなかで形成された思考が制度化されたものであったと言える。結果として，輸出指向工業化への転換後，少なくとも60年代の間は，輸出工業製品の半分弱は中小企業によって担われることとなる[80]。このような歴史の流れから見た時，この輸出振興基金創設の意義は無視できないだろう。

以上のように，米議会の要請を発端として訪韓したドレイパーは韓国に一層の輸出促進を求めた。こうして韓国政府は駐韓米国当局者らとの協議のもとに，当時国内でその必要性が叫ばれていた中小企業育成の議論も反映させつつ輸

1986）．
77) 第2特別外貨貸付については以下を参照。崔相伍「1950年代 外換制度와 換率政策에 관한 研究（1950年代為替制度と為替レート政策に関する研究）」182-90頁。
78) 韓國貿易協會，前掲書，1964, 97頁。1960年12月までの融資総額は11億6300万ホァンであるが，そのなかで，中小業者の窓口とされている「貿易業者」には1億5000万ホァンが融資されている。同上，1961年, 7頁。
79) 李敬儀，前掲書，321頁; Rhee et al., *Korea's Competitive Edge*, 12-13.
80) 隅谷三喜男『韓国の経済』岩波書店，1976年，24-30頁。他方で輸出に参加できなかった大多数の中小企業は経済発展から取り残されていくこととなった。同上，25頁。

振興基金を創設する。同基金は大きな成果を上げたとは言い難いが，その創設には韓国の経済政策史上の意義があったといえる。

第3節　韓国産業銀行と米国

　本節では，産銀の設立後の活動と，それに対する米国の見解とその変化，そして，それらが最終的に5・16クーデタ後の経済開発にどのようにつながっていくのかについて考察する。

　まず，簡単に1950年代韓国における金融の状況を整理する。50年6月，旧中央銀行であった朝鮮銀行に代わり新たな中央銀行である韓国銀行が設立された。また，旧日本企業資産である銀行株が政府に保有されたことで，民間市中銀行株の70％が政府保有となったが，それらの株は54年11月以降民間に払い下げられた。こうした金融状況の改革の裏には，米国側の韓国における金融民主化のための働きかけがあったが，李承晩側により骨抜きにされ，大統領の恣意的な支配の下にある中央銀行制度と，後の財閥の起源を形成する特恵的な払下げに終始したことは内橋賢悟が指摘する通りである[81]。

　このようにして出来上がった李承晩政権期の金融制度において，一般預金を受け入れて資本市場に回す民間銀行を通じた正常な資金調達システムはほとんど機能しなかった。朝鮮戦争後1950年代の間，一般銀行の定期預金の金利は4.8％から12％の間で推移したが，高いインフレ率により実質的な利子率はマイナスの状況が続いたため，一般銀行は韓銀からの借入に財源を頼らざるを得なかった。また，一般銀行の融資の大きな割合がその大株主である三星や三護といった大企業に偏重しており，このことは一般銀行が大企業の私金庫であったことを示している[82]。

　産銀は，韓国政府の直接監督下にその復興計画の遂行を金融面から支援するという構想のもとに1954年3月に設立されたが，米国側からはこれに対する強い異論が出た。特に米国政府が韓国の金融制度改革のために韓国に派遣した

---

81)　内橋，前掲書の第2章を参照。
82)　李明輝，前掲論文，108–10頁。

金融専門家であるブルームフィールド（Arthur I. Bloomfield）は，産銀の設立を強く批判した。ブルームフィールドは52年に発表した韓国の金融制度に関する報告において，産銀を「きわめて悪性かつ時期尚早なもの」と激しく非難した。ブルームフィールドが問題視したのは，産銀が一般の市中銀行と異なるルールによって市中銀行業務を兼営して韓国の金融界を混乱させると予想されたことであった。ブルームフィールドは政府から独立した中央銀行を中心とした米国型の金融制度を移植するために訪韓したのであり，政府に直轄される産銀の設立は，李承晩によって米国の意図と異なる形で推進された韓銀設立や一般銀行払い下げと並んで，そうした制度の確立に支障をきたすものであった[83]。同様の懸念は，駐韓米国大使館からも国務省に対して示されていた[84]。しかし，結局，政府直轄下の産銀が政府の復興や産業政策を担うべく始業することとなる。

　産銀の方針は，当然韓国政府のそれに追従するものであった。1956年に産銀により発刊された『経済政策の構想』を見ると，生産財生産部門と消費財生産部門を均衡化させることが工業部門における重要な目標として掲げられている。同書は，消費財部門を先に建設して生産財部門を建設するのではなく，それらは米国援助を利用して同時並行で進められると主張している。つまり，自力では困難な生産財部門の建設を米国の援助が受けられるうちに達成すべきと主張しているのであり，これは，後に経済開発3ヵ年計画でも見られるような，李承晩政権の経済的自立達成のための方針をそのまま示している[85]。また，産銀はその機関誌に，55年10月，後述するように経済開発3ヵ年計画の作成において主導的役割を果たす産銀調査役の黄炳畯（ファンビョンジュン）に寄稿させている。その黄の論稿では，後に経済開発3ヵ年計画に盛り込まれるような，重工業と軽工業の均衡的な発展による工業製品の自給自足が主張されている[86]。

---

83)　内橋，前掲書，74-75, 135-38頁。
84)　李鍾元，前掲書，155頁。
85)　韓國産業銀行調査部『經濟政策의 構想（経済政策の構想）』1956年，44-46頁。当時，韓国政府では重化学工業製品を生産財，軽工業製品を消費財と言い表すことがあった。特にこうした言葉遣いは，産銀の調査役を務め，後に李承晩政権の長期計画作成を担うこととなる黄炳畯に顕著であった。詳細は第4章第4節を参照。
86)　黄炳畯「우리工業의 構成과 再建（我が工業の構成と再建）」『産業銀行月報』第9号，

1950年代の間，全金融機関の貸出のなかで産銀の貸出が占める割合は大体40％前後で推移しており，60年代後半には20％以下になることを考えれば，この時期の数値はかなり大きいものであった[87]。また，貸出の部門別割り当てを見ると，その後急減するとはいえ，ピークの58年には製造業が32億2200万ホァンに達し，その貸出全体に占める割合も，農業銀行が発足して農業関連の貸出がそちらに移されたこともあってか63.3％と半分以上を占めるに至った。54年から61年までの貸出の総計においても製造業は45.9％と，全体に対して最も大きな割合を占める。また，その貸出の目的としては，54年から61年までを通じて，運営資金が平均15.4％であるのに対し，設備投資が84.6％と，圧倒的な割合を占めていた[88]。

　そして，その貸出においては，特に大企業が重視された。例えば，綿紡績業はその多くが大企業であったために，育成しようと思えば大企業への貸出は当然ではあったが，中小企業が大部分であった絹織物産業においても，産銀の資金供給は少数の大規模な企業体に限定された[89]。当時，韓国政府は低金利政策を採用しており，さらに，高いインフレ率と相まって実質的に金利はマイナスであったため，銀行から貸出を受けられればそれだけでかなりの特恵であった。そして，産銀はさらに一般銀行よりも貸出金利が低く，そのなかでも，援助の見返り資金を財源とする貸出はさらに金利が低く，企業にとってこの上ない特恵となっていた。こうして，帰属財産払い下げに加え，財政投融資の優遇的な金利によって後の財閥が形成されていくこととなった[90]。

　製造業における部門別投資額は**表4**の通りである。全体としては，忠州肥料工場への大規模の貸出が行われる1958年が製造業への貸出額のピークであり，その後，57年から財政安定計画が施行されたこともあって，一転して減

　　　1955年10月，4-5頁。
87)　金勝錫「韓國에 있어서 國家資本의 役割에 관한 연구 ―― 韓國産業銀行을 중심으로（韓国における国家資本の役割に関する研究 ―― 韓国産業銀行を中心に）」서울大學校博士論文（ソウル大学校博士論文），1992年，53頁。
88)　同上，78頁。
89)　同上，89頁。
90)　内橋，前掲書，48頁；李明輝，前掲論文，108-10頁；공（孔）「1950년대 국가의 재정 - 금융 정책과 대기업의 성장（1950年代国家の財政・金融政策と大企業の成長）」30頁。

表4　韓国産業銀行の主要製造業に対する貸出実績　　　　（単位：百万ウォン，%）

	1954	1955	1956	1957	1958	1959	1960	1961	合計
製造業	307	797	1,371	1,400	3,222	2,512	1,558	1,366	12,533
繊維	134	365	418	147	325	501	298	112	2,300
	(43.6)	(45.8)	(30.5)	(10.5)	(10.1)	(19.9)	(19.1)	(8.2)	(18.4)
食品	13	10	109	136	329	332	114	61	1,104
	(4.2)	(1.3)	(8.0)	(9.7)	(10.2)	(13.2)	(7.3)	(4.5)	(8.8)
窯業	15	122	189	164	213	492	70	52	1,256
	(4.9)	(15.3)	(13.8)	(11.7)	(6.6)	(19.6)	(4.5)	(3.8)	(10.1)
肥料	—	43	74	101	1,478	441	335	222	2,694
	—	(5.4)	(5.4)	(7.2)	(45.9)	(17.6)	(21.5)	(16.3)	(21.5)
金属	22	109	162	296	276	231	195	216	1,507
	(7.2)	(13.7)	(11.8)	(21.1)	(8.6)	(9.2)	(12.5)	(15.8)	(12.0)
機械	38	33	146	274	279	160	159	213	1,302
	(12.4)	(4.1)	(10.6)	(19.6)	(8.7)	(6.4)	(10.2)	(15.6)	(10.4)

原注：1）製紙，皮革，ゴム，その他化学工業部門は除外した。
　　　2）括弧内は製造業内で占める比重
出典：金勝錫「韓國에 있어서 國家資本의 役割에 관한 연구——韓國産業銀行을 중심으로（韓国における国家資本の役割に関する研究——韓国産業銀行を中心に）」서울大學校博士論文（ソウル大学校博士論文），1992年，84頁。

少に転じている。そうしたなかで，朝鮮戦争停戦直後に総貸出額の半分を占めていた繊維の割合が減少し始めている。その一方で，必ずしも傾向に一貫性があるわけではないが，肥料，金属，機械といったより高次の産業が，表4対象時期の後半ではその割合を増大させている。対象時期全体を通してみたときの平均としては，忠州肥料工場という一大事業に着手していた肥料生産への貸出が最も大きく，次が後に輸出の主力産業となる繊維であった。

　資金調達については，李承晩政権期，産銀はその大部分を政府からの借入金に依存しており，そのもっとも大きな比重は米国援助の見返り資金によって占められていた。つまり，援助の用途に関する最終的な承認が合経委によってなされることを考えるならば，産銀の貸出，さらには産銀が中心的な役割を果たした韓国の財政投融資のかなりの割合において米国が拒否権を行使できたことになる[91]。

---

91)　同上，24頁。

表5　1950年代における韓国産業銀行の投融資主要財源調達実績　（単位：千ウォン）

	1954年	1955年	1956年	1957年	1958年	1959年	1960年
復興基金 （産業復興国債）	699,972 (87.9%)	1,056,430 (47.0%)	1,860,000 (62.0%)	2,550,909 (55.3%)			
帰財積立金				350,000 (7.6%)	420,000 (9.5%)	173,000 (4.3%)	210,000 (9.5%)
見返り資金	34,492 (4.3%)	869,155 (38.6%)	867,885 (28.9%)	1,181,173 (25.6%)	2,924,075 (66.2%)	3,060,090 (76.9%)	1,546,563 (70.1%)
産業金融債券		200,000 (8.9%)	200,000 (6.7%)	400,000 (8.7%)	800,000 (18.1%)		450,000 (20.4%)
合計	796,769	2,248,910	3,001,899	4,616,625	4,417,098	3,977,841	2,206,877

出典：韓國産業銀行十年史編纂委員會編『産業銀行十年史』1964年，588–89頁の表を筆者が加工して作成。

　産銀の資金調達手段を年ごとにみると表5の通りであるが，復興基金からの資金供給が1957年で途切れていることが分かる。57年から始まった財政安定計画は，産銀の水利事業以外への融資において(1)民間定期預金，(2)56年12月31日現在の貸出金の償還，(3)見返り資金からの借入金，(4)産業金融債権に対する民間消化，(5)帰属財産販売代金で捻出された政府借入金以外の財源からの貸出を許さなかった[92]。要するに，市場から通貨を回収することなしに新たな融資を行うことが禁止されたのである。こうして，それまで財源の圧倒的な割合を占めていた，中央銀行である韓銀が引き受けていた産業復興国債による資金調達ができなくなった[93]。そのため，58年以降は産銀による投融資の7割を見返り資金が占めることとなり，その分合経委を通じた米国による投融資の方向性に対する影響力が増大したのである。

　この財政安定計画は，単なる物価安定以上の意味を持っており，それは特に韓国における金融の在り方と関係していた。財政安定計画の重要な特徴として，各銀行の新たな融資を非インフレ的財源に限ったことが挙げられるが，そうした財源の筆頭には民間の定期預金が含まれていた[94]。インフレーションによる

---

92)　「1957年財政金融安定計劃」『復興月報』第9号，1957年5月，121頁。
93)　金勝錫，前掲論文，63頁。
94)　「1957年財政金融安定計劃」『復興月報』第9号，1957年5月，120–22頁。

通貨価値の下落のなかでは,通貨は消費に回され,高いインフレ率の前に意味をなさない程度の利子しかつかない預金を行うインセンティヴは生じない。例えば,1957年の財政安定計画が米韓間で合意される直前の3月に,ウォーンは講演のなかで「貯蓄へのインセンティヴはインフレーションによって崩される」と述べている[95]。このような考慮から,同計画は,インフレを抑えるために融資を非インフレ財源に限定し,インフレーション抑制によって集まった預金を非インフレ的財源として融資に回すという好循環を引き起こすことを目指したものであった。

　以上のように,米国は韓国側の資金調達を非インフレ財源からに制限する一方で,重要な融資の財源である見返り資金の,特に産銀の融資における用途の決定に対して影響力を行使した。忠州肥料工場などの例外はありつつも,基本的に米国がその用途として認めたのは鉄道や通信設備,発電所といったインフラの整備であったことはすでに述べた。こうして必要最低限の投資のみは米国の認められる範囲で国家主導で行い,それ以外の産業育成は市中銀行に預金された民間の資金を財源とする融資によって促進するという米国の狙いが財政安定計画からは垣間見えるのである。

　しかし,こうした仕組みを揺るがしかねない産銀法改正の試みが韓国政府側からなされることとなる。1958年2月14日,財務部長官の諮問機関である金融調査委員会は,財務部に産銀法改正案を正式提出した。その後,財務部長官はこれを修正し,金融通貨委員会に回付した。その草案の内容としては,産銀が企業から株式を取得できるようにすること,すでに設備資金を融資している企業に運転資金を供給する目的に限り産銀が韓銀から再割引を受けられるようにすること,要求払い預金の取り扱いができるようすること等が挙げられる[96]。株式取得のようなより柔軟な活動を目的とした修正条項は別にしても,韓銀からの再割引を可能とする修正は強い反対に遭った。野党民主党は自由党による政治資金調達のための企業への資金供与をより容易にするものだと批判し,市

---

95) From Warne to ICA, "Aspects of Korea's Inflation, a Speech by Economic Director Warne before the Seoul Rotary Club, Bando Hotel, March 13, 1957," Mar 15, 1957, TOICA A-1564, Box.10, Entry478, RG469, NA.
96) 『東亞日報』1958年2月14日夕;同上,1958年9月28日夕。

中銀行は自らの業務が侵害されると強く反対した[97]。

　産銀は一面では間違いなく韓国の産業建設の要であったが，与党自由党の政治資金調達のための道具という側面も持っていた。実際に，この産銀法改正の議論と並行して自由党による産銀を通じた資金調達が行われていた。1958年5月2日の第4回国会議員選挙を前にして，急速に成長している民主党を破るためにも，自由党は多額の選挙資金を必要としていた。こうしたなかで，産銀が自由党と協議して資金を融資する企業を選定し，韓銀に対して支払い保証をし，融資計画に従って韓銀が産銀の保証を担保に各市中銀行に資金を供与し，それらの銀行から各企業に融資すると，融資を受けた企業はその一部を自由党の選挙資金に充てた。「連携資金事件」である。泰昌紡織，東立産業，中央産業，大韓重工業，東洋飼料等12の親与党企業に総額39億ホァンが融資される一方，自由党が得た選挙資金は15億ホァンに達した[98]。

　駐韓米国大使館も民主党と同様に産銀の政治利用を懸念していた。しかし，大使館が最も懸念したのは，韓国政府の改正案で可能となるような韓銀からの容易な資金調達によって財政安定計画が骨抜きにされ，同計画下でようやく経営がうまくいき始めたと大使館が認識していた商業銀行の活動に悪影響を与えることだった[99]。

　この改正案は純粋に経済的な要請から生まれた要素と，明らかに政治的に利用する目的で盛り込まれた要素を同時に含んでいたという点で，産銀そのものの在り方を象徴していた。実際に，財政安定計画で従来の財源の利用が非インフレ的なものへと限定され，主要財源である見返り資金が米国の厳しい管理下に置かれるなかで，産銀は韓銀からの資金調達を突破口にしようとしていた。こうした試みの背景には，当時，産銀が設備資金をすでに融資している企業が，運転資金が足りずに経営面で障害に直面しているという状況があった[100]。その顕著な例として挙げられるのが大韓造船公社であろう。同社は韓国における造

---

97)　同上，1958年12月9日朝；同上，1959年11月17日夕。
98)　尹景徹『分断後の韓国政治――1945〜1986』木鐸社，1986年，162-64頁。
99)　From Dowling to SecState, Mar 11, 1959, Embtel.441, 895B.14/3-1159, CDF, RG59, NA.
100)　「具鎔書」한국일보사（韓国日報社）編，前掲書，106頁。

船業の不振のなかで負債比率が1000％を超えて深刻な財政難に陥っており，電気すら止められてしまう状況で，1959年初めには運転資本の不足のために休業状態に陥っていた[101]。同年2月21日の合経委では，財務部の金　鍾　大(キムジョンデ)財務局長が産銀法改正を主張する際に，米国側に，現在の産銀の財源では大韓石炭公社，大韓重工業公社等の緊急の資金需要に対応するには資金が不足していると述べている[102]。

他方で，やはり同改正案は与党の政治資金調達を容易にするものでもあった。同案の作成過程で自由党が介入したのかどうか，介入したとしたらどの段階においてなのかは明らかではない。しかし，実際に，同案が完成すると自由党は1960年の大統領選挙に向けた政治資金調達のために国会での早期成立を主張した[103]。ただ，結局，4月革命前に同改正案が成立することはなかった。

以上のように，李承晩政権期には産銀法改正は実現されなかったが，こうした試みは李政権崩壊後も続いた。そして，意外にもこの李政権崩壊後の産銀法改正推進の背景には米国側の後押しが存在した。米国は産銀設立当初はそれが韓国の金融制度にもたらす悪影響を懸念しており，1957年以降は財政安定計画を利用してこれを統制しようとしたが，他方で，同じ時期に米国側の産銀に対する姿勢に変化が見られ始めた。その変化とは，国家が監督する産銀の役割の再評価である。米国当局者のなかで1つの決まった主張があるわけではなく，さまざまな意見が行きかうこととなったものの，そのなかの一部は韓国側が提起していた産銀法改正案とともに，5・16クーデタ後の産銀の機能強化のための改革へとつながっていくものであった。ここでは，以下に産銀の将来の在り方についての米国側からの本格的な提言として，ブルームフィールドとホイットコム（Robert F. W. Whitcomb）のものをそれぞれとりあげる。

まずはブルームフィールドの提言を概観する。ブルームフィールドは1950年代を通じて韓国の金融制度の構築・改革について，米国政府の要請で調査・

---

101) 裵錫満「計画造船と大韓造船公社」原・宣編，前掲書，198-99頁；"CEB Minutes," Jan 21, 1959, CEB-Min-59-3, Box.8, Entry1277DH, RG469, NA；"CEB Minutes," Feb 25, 1959, CEB-Min-59-10, ibid.
102) "CEB Minutes," Feb 21, 1959, CEB-Min-59-9, ibid.
103) 『東亞日報』1959年11月17日夕。

提言を行ってきた人物であり，60年8月26日にもその産銀についての提言がモイヤーと産銀へと送られた[104]。本報告書は，4月革命による李承晩政権の崩壊を背景として，次の政権が行うことが望ましい産銀の改革について提言したものである。ブルームフィールドがここで最も問題視しているのは，産銀に自主性が与えられていないことであった。ブルームフィールドは産銀が政治家の汚職の手段に使われていたことだけではなく，駐韓米国当局者もその意思決定に加わっている合経委を通じた産銀の融資の決定過程を真の銀行の在り方にそぐわないものとして問題視したのである。要するに，韓国政府の意図だけでなく米国の介入も含めて中央からの影響力行使による銀行活動の歪曲をブルームフィールドは批判したのであった。ただ，ブルームフィールドは，産銀は一般の預金を受け入れるべきではないとし，最終的には株式が内外の資本に保有されることが望ましいが，暫くは政府所有下で見返り資金，債権の国民に向けた発行，徴税による政府資金等の非インフレ財源を利用することを提言した。他には，一定割合を占めていた国有企業への貸出を減らし，民間の企業活動促進に重点を置くことも主張されている。

先述したように，ブルームフィールドらは産銀設立時にはそれに強く反対した。さらに，ブルームフィールドは1956年にも報告書を作成しており，そこでは産銀が韓国の金融を取り仕切る韓銀の金融通貨委員会の権限外に置かれていることや，政府の支配下・監督下に置かれていることを批判していた。しかし，60年には産銀の政府所有を暫定的にとはいえ是認したのであり，このことは，50年代を通じて主に自由主義的な方向への韓国の金融改革を主張してきたブルームフィールドの大きな方針転換であったと言える[105]。

次に，産銀の存在をより積極的に支持したUSOMのホイットコム産銀顧問の主張についてみていきたい。ホイットコムの持論は韓国は重工業建設を重視すべきだというものであった。産銀機関誌の1959年12月号にホイットコムの大韓商工会議所での講演内容が掲載されているが，その内容は以下のとおり

---

104) From Bloomfield to Moyer and Kang Won Kee, Aug 26, 1960, Attached to, From Moyer to ICA, ""Report and Recommendations on the Korean Reconstruction Bank" by Arthur I. Bloomfield," Sep 2, 1960, Box.149, Entry 422, RG469, NA.
105) 内橋，前掲書，123-25頁。

である。

　まず，ホイットコムは現在農業に従事している韓国の潜在的労働力は工業とサービス業に吸収されるべきだとし，「大規模の工業化」が唯一の解決策であると主張する。そして，ホイットコムは「家内工業，農村工業あるいは手工業等さまざまな呼び方ができる他の解決策」の意義は認めながらも「1人当たり生産高が高い規模」の工業こそが韓国の直面している問題を解決できると述べた。そして，ホイットコムは設備財生産が工業化の鍵になるとし，外国の援助や政府の投資は設備財生産部門とそのための電力と製鉄業に優先的に割り当てられなければならないと主張した。そして，ホイットコムによれば，こうした産業の育成のために産銀の機能強化と財源確保がなされなければならないという。ホイットコムはそのために基幹産業の株式を引き受ける権限や，「基幹産業体」の債権に保証を与える権限を産銀は持つべきだと主張した。以上が，講演の要点であるが，確認できる限りで，ホイットコムは似た内容の講演を延世，高麗，中央といったいくつかの大学や外務部においても行い，韓国の政財学の領域に自分の提言を積極的に売り込んだ[106]。また，ホイットコムは1960年，米国広報文化交流庁（The United States Information Service, USIS）のニューズレターに，これらの講演内容よりも多少穏健な内容の論稿を寄せているが，そこでも韓国における「肥料，ほとんどの化学プラント，そして，初歩的な鉄鋼工場」の必要性については言及している[107]。ここから，ホイットコムが重工業建設を支持していたとしても，それは大規模な総合製鉄所のような急進的なものではなかったであろうことがわかる。

　結局，李承晩政権崩壊後も当面米国は韓国の急速な重化学工業建設を容認は

---

106) 로버트・F・W・휫컴（ロバート・F. W. ホイットコム）「韓國의 工業化와 그資金措置（韓国の工業化とその資金措置）」『産業銀行月報』第52号，1959年12月; From Whitcomb to Chawner, "The Korean Reconstruction Bank Advisor's Monthly Report May 1959," May 26, 1959, Attached to, From Chawner to ICA, "Bank Advisor Monthly Reports," May 30, 1959, TOICA A-3767, Box.106, Entery 422, RG469, NA.

107) R. F. W. Whitcomb, "Labor: A Key to Economic Development," Current Affairs Newsletter 3, no.1 (1960), Attached to, From Moyer to ICA, "Article by Robert F. W. Whitcomb, Advisor to Korean Reconstruction Bank," Apr 4, 1960, TOICA A-3200, Box.147, Entry422, RG469, NA.

しなかったが，5・16クーデタ後の1961年12月の産銀法改正で，韓国政府の産銀法改正案やホイットコムの産銀の制度的改革に関する提言は軒並み実現した。この改正によって，産銀は，資本金の2000億ヮァンへの増額や，外資借入，そして，緊急資金の韓銀からの一時借入が可能になることでその財源が拡大された。また，ホイットコムが支持していた株式の引き受けや社債元利金償還の保証等の新たな業務を行う権限も与えられた[108]。特に，社債元利金償還の保証は，ホイットコムの活動が本格化する前に作成された李政権側の改正案には含まれておらず，ホイットコムの提案が採用された可能性がある[109]。もしそうだとすれば，ホイットコムの活動は李とその後の政権の産銀改革を後押ししたと言えるだろう。

ホイットコムがさまざまな場所で産銀の機能強化を主張することが許された背景には，大使館や経済調整官室の経済における国家と民間の役割に対する両義的な態度があったものと思われる。1950年代後半も続いた財政安定計画は民間の金融機関を強化する狙いを伴うものであった。また，USOM内では産銀を民間の開発銀行へと改組する旨の提言もなされており，さらには先述した通り，DLFは産銀に中小企業への融資を優先して担わせようとした[110]。このように，50年代後半にも，米国側では産銀をできる限り市場原理に乗せようという主張や取り組みが行われていた。他方で，ホイットコムの積極的な活動があり，さらに産銀に関してではないが，韓国においては経済への国家の介入はある程度仕方がないと現地米国当局者が考えていたような形跡も見られる。

例えば，大使館のクロンク経済参事官が1958年4月16日の経済調整官室との会合において行った発言にそうした論調が見られる。クロンクは自由競争システムは最も力動的で生産的な経済システムだという米国側の原則的な信念に言及しつつ，以下のように述べている。

---

108) 韓國産業銀行十年史編纂委員會編『産業銀行十年史』1964年，145頁。
109) 李承晩政権の産銀法改正案全文については以下を参照。「産銀法中改正法律案에對한政府提案理由書」『産業銀行月報』第39号，1958年9月。
110) From Benning to Task Force, "Critical Review of Industry Program," May 24, 1960, Attached to, From Moyer to ICA, "Memo to Task Force USOM/K," June 10, 1960, TOICA A-3851, Box.167, Entry422, RG469, NA.

すべての事例において，政府が不干渉であり続けるべきであり，我々のシステムがそのまま外国の土壌に移植できると我々が考えているとは言えない。（これは韓国も当てはまるが）確かにほとんどの低開発諸国においては，政府がその国の経済において，米国や他のより経済的に進んだ民主主義国の場合よりも積極的な役割を果たさなければならない。低開発国での経済計画作成は不可欠であり，それらの政府はいわゆる社会間接資本（道路，公益企業，保健医療施設等）の展開において少なくとも開発の初期段階では積極的な役割を果たさなければならない。[111]

ここにはニューディール政策における国家の役割に関する考え方との類似点が見られる。米国の対低開発国政策におけるニューディール的な価値観を強化しようとしたロストウらの開発主義が，こうしたクロンクの思考にどれほど影響を与えたのかは定かではない。また，ニューディール的価値観は国家による選択的な産業育成を主張するものでもない。ただ，駐韓米国大使館は援助に関する任務においてはニューディール的な公的援助によるインフラ整備にかかわっていたため，少なくとも国家の介入の必要性に関してはある程度受け入れていたのではないかと思われる[112]。さらにクロンクは，「自由競争システムへの方向へと韓国を移行させる我々の欲望は，完遂までに数年かかる漸進的な過程であるという理解によってやわらげなければならない」とし，「我々は十分にそれらの国々の独自の経済的なあり方を決定する主権を認めなければならないことが強調されるべき」と述べている[113]。大使館やUSOMにおいては，このよ

---

111) "Foreign Economic Policy by Edwin M. Cronk," Apr 16, 1958, Attached to, From Warne to ICA, "Comments and Presentations UNC/OEC Staff Meeting Minutes," May 6, 1958, TOICA A-3017, Box.113, Entry422, RG469, NA.

112) Ekbladh, *The Great American Mission*, 49–52, 124–32, 167–74. エクブラッドによれば，韓国ではすでに米軍政期には政府が経済建設に介入する方針が米国側によってとられていた。また，そもそもウォーン経済調整官はルーズヴェルト政権期にニューディールに官僚として関わっていた。이현진（李眩珍），前掲書，185頁。

113) "Foreign Economic Policy by Edwin M. Cronk," Apr 16, 1958, Attached to, From Warne to ICA, "Comments and Presentations UNC/OEC Staff Meeting Minutes," May 6, 1958, TOICA A-3017, Box.113, Entry422, RG469, NA.

うな考え方の潮流のなかから，韓国の経済開発計画作成への協力や，産銀の機能強化の主張がなされていたものと思われる。

以上，特に産銀改革と米国側の産銀に対する姿勢の変化に焦点を当てて1950年代の産銀をめぐる米韓関係について考察してきた。内橋賢悟が指摘するように，李承晩政権は米国が韓国に実行させようと意図したさまざまな金融改革を骨抜きにして国家が強い影響力を持つ金融制度を築き上げたが，産銀はまさにそうした狙いのなかで設立されたものであった。54年の設立前後の時期には，米国側は国家が金融システムに強く介入することになる産銀の存在には批判的であった。さらに，57年以降は財政安定計画によって産銀の機能は強く制限されることとなる。しかし，他方で，国家監督下の産銀という存在の既成事実化と，経済開発における国家の役割をある程度評価する開発主義の浸透もあってか，米国当局者内で産銀の役割の再評価が行われることとなる。米国側に統一された意見があったわけでもなく，融資を制限する財政安定計画を覆したわけでもないが，その再評価の一部は韓国側にも積極的に提示されており，李政権の試みていた産銀法改正とともに5・16クーデタ後の産銀改革へと続く産銀機能強化の議論にも影響を与えたと思われる。

第4節　産業開発委員会の設立と経済開発3カ年計画の作成

本節では，李承晩政権の経済開発3カ年計画の作成過程とその内容について分析する。その前に，簡単に韓国における経済計画の特徴について概観する。

国家経済計画の起源はソ連の第1次5カ年計画が開始された1929年まで遡る。83年の世銀の報告書は，約80カ国を対象とした調査で5分の4の国が多年度にわたる開発計画を立てていたと指摘しているが，こうした開発計画作成の理論は，ソ連の計画作成法がケインズのマクロ経済学を経由して混合経済の状況に適合するようにさらに再解釈されたものであるとされる[114]。

---

114) Naomi Caiden and Aaron Wildavsky, *Planning and Budgeting in Poor Countries* (New York, London, Sydney, and Toronto: A Wiley-Interscience Publication, 1974), 168-69; 世界銀行『世界開発報告』オックスフォード出版部，1983年，63-64頁。

厳密に中央集権的な作成運営がなされる社会主義国家の経済計画に対し，韓国を含む一部の資本主義国家の計画は指示計画と呼ばれるが，これはフランスにおいて1946年に初めて導入された方法であるとされる。そして，フランスにおけるこの類型の計画は，経済・社会的発展に方向性と方針を与える方法であり，所与の開発の段階における社会諸集団の行動を統治し，さらに，政府の行動の参考となる枠組みを確立する「社会的規範」の形成に重要な役割を果たしたと評価される。さらに，フランスの指示計画には3つの特徴が見いだせるという。1つめは，さまざまな分野と産業の意思決定者の計画作成への参加である。こうして広く参加を募る目的は，情報の拡散とリスクの低減であるとされる。2つめの特徴は，公有部門による民間部門の補完である。この点については通常の資本主義国家の多くに見いだされるであろう。3つめの特徴は民間部門に対するインセンティヴと強制の適度の混交による適用である[115]。

　これに対し，韓国の指示計画の特徴は以下のようなものであるとされる。まず，司空壹らが指摘するように，韓国の経済計画には官吏や民間企業に対する指針のような効果があった。この点，先述したフランスの計画と大きな違いはない。さらに，ジョンソンが言うように，韓国の計画には指示的な機能だけでなく，インセンティヴやディスインセンティヴ，そして企業レヴェルでの介入の基準まで含まれている点で，フランスの計画と類似しているように見える。ただし，李政権の経済開発3カ年計画に関しては「自由経済原則」に則ると明言し，直接的な統制手段を避けインセンティヴを利用する立場をとっている[116]。

---

115) Abdul Qayum, *Techniques of National Economic Planning* (Bloomington and London: Indiana University Press, 1975), 4–9; David C. Cole and Young Woo Nam, "The Pattern and Significance of Economic Planning in Korea," in *Practical Approaches to Development Planning: Korea's Second Five-Year Plan*, ed. Irma Adelman (Baltimore: The Johns Hopkins Press, 1969), 14–15; Claude Seibel, "Planning in France," in *Economic Planning, East and West*, ed. Morris Bornstein (Cambridge: Ballinger Publishing Company, 1975), 181–82. これとは異なる観点から社会主義と資本主義の経済計画の違いに関する示唆を与えている研究としては以下を参照。Charles E. Lindblom, "The Sociology of Planning Thought and Social Interaction," ibid.; ジョンソン，前掲書，21–22, 359 頁。
116) 司空・존스（ジョーンズ），前掲書，83 頁; Chalmers Johnson, "Political Institutions and Economic Performance," 142; 産業開發委員會『經濟開發三個年計劃』1960 年，15–16 頁。

また，同計画の最も重要な特徴は，目標達成の手段に米国の援助を位置づけたことであった。つまり，経済開発3カ年計画は国内の官僚や企業に方向を示すための指示計画というだけではなく，むしろそれ以上に米国に向けた指示計画であったということができるだろう。そうした思惑は計画作成をめぐる韓国政府側の発言に反映されている。

　1958年6月18日の合経委において，宋仁相復興部長官は民間企業に「将来政府がとる立場と民間企業の全体的な計画への適応の仕方」を示すために当面1，2年の計画やその次の数年間のための計画を作成する必要性について述べた。そして，ここでも韓国は第3章第3節で述べたような援助の使途をめぐる不満について米国側に以下のように述べた。

> 　彼（引用者注——宋仁相）は過去に多くの教会と学校が建設されたと指摘した。韓国には56の大学があり，人々は教育を望んでいると彼は述べた。しかし，使用できる資金の額が限られているという事実から見て，将来には，さらなる工場，さらなる鉱山の操業，さらなる漁業等に集中すべきである。[117]

　このように，韓国における50年代後半の経済開発計画の作成は，米国の援助資金の用途に不満があった韓国が，その援助をより韓国側の望みに沿った用途へと回すために全体的な指針を米国に提示するものであったと言える。

　本節では，韓国が米国の後押しもあり，最初の本格的な経済開発計画である経済開発3カ年計画を作成する過程に焦点を当てる。その際に以下の4点に注目する。1点めは，同計画が特にどのような産業の育成に焦点を当てたのかということである。これは，同計画がどのような性格を持ったものだったのかに関する理解に直結する。2点めは，同計画がその全体的構図のなかに輸出促進をどのように位置づけていたかということである。もちろん，これは1960年代以降の輸出指向工業化との連続性を知る上で重要だからである。また，国際収支に関する計画は同計画全体の性格を大きく規定しているという点も重要である。3点めは，さまざまな方針や数値がどのような過程を経て決定された

---

117) "CEB Minutes," June 18, 1958, CEB-Min-58-21, Box.6, Entry1277DH, RG469, NA.

のかということである。これは，産開委が外部の圧力から独立して計画作成を行ったことを実証するうえでも重要である。4点めは，米国の関与がどのようなものであったのかということである。特に，長期計画作成が決まった50年代後半から，経済開発3カ年計画の完成を経て，4月革命後アイゼンハワー政権任期終了までの，米国の韓国による長期計画作成に対する姿勢の変化について明らかにする。これらの点に注目しつつ，以下にその経緯を見ていく。

1955年から56年には，国務省において低開発国が長期経済開発計画を作成することが必要だと認識されていたことについては第1章第2節で述べたが，この時期に韓国の長期的経済計画作成に積極的だったのは国務省ではなく駐韓米国当局者であった。56年5月の大統領選挙後には，米国の韓国現地当局者は本国に経済開発計画の必要性について提言するようになっている。こうして同年8月には，明確に国務省やICAにも韓国には経済開発計画が必要だという認識が共有されていた[118]。

ただ，実際に積極的に動いたのは韓国側であった。韓国にとって長期計画の作成は政府樹立以来一貫した要望であった。1949年の5カ年経済復興計画以降，ほぼ毎年のようにさまざまな名称の長期計画が作成され，米国側に提出された。しかし，米国側の批判通り，これらは米国の経済援助を確保するための「ショッピング・リスト」に過ぎず，厳密な科学的手法と一貫した開発戦略に基づく体系的計画には程遠かった[119]。

1956年3月にも，韓国政府はダレスの訪韓に合わせて復興5カ年計画を作成し，米国側に提出した。しかし，6月18日には米国の提案を受け入れ，金顕哲経済調整官は過大な米国の援助額を想定した同計画を廃棄し米国側との協議を経て新たな開発計画を樹立すると発表することとなる[120]。56年9月1日，

---

118) 박태균（朴泰均）『원형과 변용（原型と変容）』243-44頁; "Letter from the Acting Director of the Office of Northeast Asian Affairs (Parsons) to the Counselor of Embassy in Korea (Strom)," Aug 1, 1956, *FRUS 1955-1957* Vol.23 pt.2, 298; From ICA to OEC, "Proposed Guidelines for FY57 Program," Aug 29, 1956, ICATO A 218, Box.83, Entry422, RG469, NA.

119) 李鍾元，前掲書，281頁。

120) 鄭眞阿「제1공화국기（1948-1960）이승만정권의 경제정책론연구（第1共和国期（1948-1960）李承晩政権の経済政策論研究）」168-74頁;『東亞日報』1956年6月19日。

李承晩とダウリング駐韓米国大使，ウォーン経済調整官は景武台における会談で新たな経済復興5カ年計画案作成に原則的に合意する[121]。9月5日の合経委では，53年8月からこの時点までの復興政策について評価を行った上で，経済復興7カ年計画作成の方法について協議するために米韓で共同研究を行うことが文書で合意された[122]。

こうして，合経委の米韓当局者によって作成された1953年8月以降の経済復興政策を評価する報告書は，57年5月1日の合経委において承認された。同報告書は韓国の現状を「国家の自立能力を増やすことを見据えて，大規模の軍事力と国内の財政的安定の維持という国内の要請と一致する程度に生産的投資を最大化することを意図している経済発展の時期」と規定し，それまでの復興の実績を整理しながら以下のように述べている。

> もし，輸入額に反映されている韓国経済の外部からの援助への依存を減らすならば，全体的な生産を増大させ，韓国が国内生産のための輸入需要の増大に対応し，輸出を増大させることを可能にするための高い水準の生産的投資が維持されなければならない。[123]

このように，基本的には米韓ともに生産を増大させることで輸入品の代替と輸出製品の生産を促進し国際収支の改善を図るという方向性が共通していることは，これまでにも見てきたとおりである。

同報告書が完成した1957年中盤辺りから，経済調整官室が金顯哲復興部長官へと長期経済開発計画案作成と提出を強く通告してきたと，当時復興部企画

---

121) 鄭眞阿「제1공화국기 (1948–1960) 이승만정권의 경제정책론연구 (第1共和国期 (1948–1960) 李承晩政権の経済政策論研究)」174–75頁．

122) "Joint Study of Economic Reconstruction Program," Aug 22, 1956, CEB-P-56-141a, Attached to, "CEB Minutes," Sep 5, 1956, CEB-Min-56-8, Box.1, Entry1277DH, RG469, NA.

123) "Report of Joint ROK/UNC Working Group on the Economic Reconstruction Program," Mar 6, 1957, CEB-P-57-73, Attached to, "CEB Minutes," May 1, 1957, CEB-Min-57-17, ibid.

局長を務めていた李起鴻は証言している[124]。また，57年には，クロンク参事官を中心とする米大使館や経済調整官室のメンバーと李漢彬財務部予算局長や車均禧復興部経済企画官といった韓国側当局者による「思考する人々（Thinkers Group）」というサークルが結成される。このサークルは両国当局者による私的な集まりで，韓国側によれば週に一回夕食をともにしながら，韓国の政治・経済に関する意見を交換するというものだった。他方，米国側にとっては韓国側に「経済についての理解を増進」させるための会合と認識されていた。同会合で経済問題について協議されるなか，長期計画作成も議題となり，米国側が韓国の計画作成の試みに積極的に協力する姿勢を見せた。米国の援助資金から産開委の創設に必要な予算が配分されることとなったのも，この会合での対話をきっかけとしてであったとされる[125]。

1957年12月26日，合経委本会議で米韓双方の経済調整官は経済開発政策立案のための「経済開発委員会」設置の事業計画承認書に署名した。ただ，米国側は事業の期限である2年間で韓国が長期経済計画を作成できるとは考えていなかったため，同委員会の任務に計画作成を盛り込もうとは思っていなかった。しかし，韓国側の要求によって計画作成が同委員会の任務に取り入れられ，経済計画作成のために米韓両国が始動する契機となったのである。また，韓国側の代表である宋仁相復興部長官は，ここで「社会主義的アプローチである5カ年計画の設定を試みることは賢明ではない」と述べているが，これは11月初めに李承晩に「5カ年計画はスターリンの思考方式」だと釘を刺されたからであった[126]。

その後，1958年1月15日の第38次復興委員会において産業開発委員会規定案が採択されることとなる。この会議で経済開発委員会は産業開発委員会へと名前を変えた。3月13日には同案は国務会議を通過し，大統領令第1349号として正式に交付された。産開委は復興部長官直属機関として4月1日に正

---

124) 이기홍（李起鴻）『경제근대화의 숨은 이야기（経済近代化の隠れた話）』보이스사（ボイス社），1999年，263頁。
125) 同上，226-29頁；宋，前掲書，196頁。
126) 「經濟開發委員會設置에關한 PPA에合議（経済開発委員会設置に関するPPAに合議）」『復興月報』第3巻第1号，1958年1月，40頁；"CEB Minutes," Dec 26, 1957, CEB-Min-57-51, Box.2, Entry1277DH, RG469, NA；이기홍（李起鴻），前掲書，264-67頁。

表6　産業開発委員会関係者一覧

委員長		宋仁相
委員	農林水産	朴東昴
	鉱工業	黄炳畯
	商易	安霖
	公共企業	朱源
	財政金融	李冕錫
顧問	農林水産	金俊輔，朱碩均，元容奭，崔応詳，趙東弼
	鉱工業	任文桓，高承済，金相謙，安東赫，李廷煥，夫完爀
	商易	劉鎮舜，羅翼鎮，李昌烈
	公共企業	崔景烈，太完善，金允基
	財政金融	崔虎鎮，李丙虎，洪性夏，申泰煥，金容甲
補佐要員	委員長部属室	林元沢，金英淳
	農林水産	朱宗桓，禹鍾浣
	鉱工業	金泳録，全石斗，崔漢衡
	商易	李載高
	財政金融	李景錫，金聖範

出典：宋仁相『淮南 宋仁相 回顧録――復興과 成長（淮南宋仁相回顧録――復興と成長）』21세기북수（21世紀ブックス），1994年，197-98頁；鄭眞阿「제1공화국기（1948-1960）이승만정권의 경제정책론연구（第1共和国期（1948-1960）李承晩政権の経済政策論研究）」연세대학교박사논문（延世大学校博士論文），2008年，222-23頁。

式に発足し，長期経済開発計画の作成を請け負うこととなる[127]。

　産開委は，官僚ではなく外部の学者や知識人を中心メンバーとして設立された（表6）。宋仁相復興部長官の回顧によれば，産開委設立の話が浮上する前から経済開発のための指示計画の必要性を認識しており，学者や経済調整官室と接触し続けていたという。これが事実であれば，後に米国の支援を受け韓国の知識人を集めて設立され長期経済開発計画を作成することとなる産開委は，宋の構想がそのまま実現したものだということになる[128]。

---

127)　鄭眞阿「제1공화국기（1948-1960）이승만정권의 경제정책론연구（第1共和国期（1948-1960）李承晩政権の経済政策論研究）」187-88頁．復興委員会とは，復興部，財務部，商工部，農林部の各長官によって構成された復興政策について国務会議に先立って審議する機関である。趙錫俊「美軍政 및 第一共和國의 中央部處機構의 變遷에 關한 研究（米軍政および第1共和国の中央部処機構の変遷に関する研究）」『行政論叢』Vol.5 No.1, 1967年9月，145-46頁。

128)　宋，前掲書，155頁。

米国も，当面の韓国の開発計画作成能力には懐疑的ではあったものの，韓国が計画作成の明確な意思を見せると積極的な支援に乗り出した。特に重要であったのは，産開委の顧問団との契約をお膳立てしたことである。産開委ができる前である1957年8月，ウォーンはICAに向けて電文を送り，韓国の長期計画作成のためには，まずは計画を作成する韓国人を米国の専門家の指導下で訓練すべきと提言した。ここで，ウォーンはそのための専門家の候補として数人の学者の名前を挙げているが，そのなかでも特にMITのミリカンを推薦した[129]。その後，58年8月24日のチョウナーからOECへの報告によれば，チョウナーは新設された産開委の顧問を求めて米国の12の機関を回った。そして，他の事業を手掛けていたハーヴァードやMITが韓国にまで手が回らないなか，チョウナーはオレゴン大学との顧問契約にこぎつけることとなった[130]。こうして，産開委によって計画作成が本格的に推進されることとなる。

　結局，産開委は経済開発7カ年計画の前半計画である経済開発3カ年計画を作成することとなったが，同委員会の委員，顧問の大半は学者を中心とした民間の専門家たちであった。計画作成過程の分析に入る前に，これらの委員や

---

129) From Warne to ICA, "Economic Survey," Aug 7, 1957, TOICA A-428, Box.71, Entry422, RG469, NA.

130) "Report of Dr. Lowell J. Chawner Made on August 24, 1958 from Denver, Colorado, on His Work in the United States Connected with the Economic Development Council Project (No.89-72-493)," Attached to, From Warne to ICA, "Economic Development Council Project (No. 89-72-493)," Sep 10, 1958, TOICA A-840, Box.104, Entry422, RG469, NA. チョウナーは韓国における事業の顧問への就任についてミリカンに打診したが，それがミリカンやロストウらの開発主義的な主張に賛同していたからなのかどうかは定かではない。例えば，チョウナーはシカゴ大学にも顧問団の話を打診したが，シカゴ大学は当時チリにおけるICAのカトリック大学支援事業に従事していた。このチリの事業とは，1956年3月30日にシカゴ大学とカトリック大学とICAの間で契約がなされた「シカゴ・プロジェクト」であり，この事業のなかで多くのチリ人学生が，ミルトン・フリードマンらのいたシカゴ大学において訓練を受け，新自由主義的な思想を体得することとなる。このように，ニューディール的な政策を引き継いだMITの事業と新自由主義的な色彩の強かったシカゴ大学の事業では低開発国の経済発展に対するスタンスは大きく異なっていた。しかし，チョウナーはそうした点を問題にせず両大学に打診を行ったことから，この顧問団の選択においては開発に関する明確なヴィジョンを持っていたわけではないように思われる。Ibid.; Juan Gabriel Valdes, *Pinochet's Economists: The Chicago School in Chile* (Cambridge: Cambridge University Press, 1995).

顧問，そして所管省庁である復興部の経済政策に関する志向を，主に本書で重視している産業政策と輸出振興という視点から概観する。

　まず，産業政策であるが，経済開発3カ年計画作成に携わった人々の産業政策に関する思考を理解するには「均衡」という概念が重要な鍵となる。張勉政権が作成したとされる1961年5月付の『第1次5個年経済開発計画』の建設部案は，李承晩政権の経済開発3カ年計画は「均衡的成長の形成」に偏っていると批判している[131]。この均衡的成長理論はローゼンシュタイン＝ロダン（P. N. Rosenstein-Rodan）やヌルクセ（Ragnar Nurkse）といった経済学者が提唱した概念であった[132]。しかし，少なくとも，李政権期の経済開発3カ年計画の内容は，その目指すところの産業構成や背景にある思想から見る限り，この「均衡的成長」の概念とは異なるものであった。とはいえ，同計画の内容が「産業構造の均衡的発展」という言葉そのものと完全に無縁であったわけではない。少なくとも経済開発3カ年計画は産業構造におけるある種の「均衡」を目指したものであった。そして，同計画の作成過程はそうした意味での「均衡」とローゼンシュタイン＝ロダンやヌルクセのいう「均衡的成長」のどちらを計画の基本方針にするかをめぐる葛藤の場であった。まず，計画の内容と作成過程での議論を扱う前に，以下にこの「均衡」の2つの意味について概観する。

　1つめの意味は，ヌルクセによって提唱された，均衡発展論に基づく農業と工業の育成の併進である。この均衡発展論は復興部や産開委関係者の多くに影響を与えた[133]。その内容は，発展途上国が農業と工業の均衡のとれた発展を期することで，低い生産力が低い実質所得に繋がり，低い実質所得が低い貯蓄能

131）　建設部『第一次五個年經濟開發計劃（試案）』1961年，82-83頁。
132）　Lance Taylor and Persio Arida, "Long-Run Income Distribution and Growth," in Vol.2 of *Handbook of Development Economics*, eds. Horris Chenery and T. N. Srinivasan (North Holland: Elsevier Science Publishers B. V., 1988), 168.
133）　例えば，ヌルクセの均衡発展論の影響を受けている産開委関係者の文章としては以下を参照。李昌烈「後進國經濟의 工業化（後進国経済の工業化）」『財政』1959年6月；李延煥「後進國의 經濟發展（後進国の経済発展）」『國民大學學報』第7集，1957年10月；金俊輔「韓國産業構造의 均衡條件（韓国産業構造の均衡条件）」『國會報』第28号，1960年5月；『國際新報』1959年1月1日（趙東弼の発言）．復興部への影響については，鄭眞阿「제1공화국（1948-1960）이승만정권의 경제정책론연구（第1共和国期（1948-1960）李承晩政権の経済政策論研究）」164-65頁を参照。

力に繋がり，低い貯蓄能力が資本不足に繋がり，資本不足が低い生産力につながるという「貧困の悪循環」から脱し，経済を発展させることができるというものであった。即ち，それぞれの産業に従事する人々は自らの所得を他の業種の生産物に支払うことで相互に生産品への市場を提供し合うので，「広範囲の異種産業に多少とも同時的に資本を使用する」ことによって「貧困の悪循環」は解決するとヌルクセは考えたのである[134]。こうした考え方自体は，後述するように経済開発3カ年計画にも受容された。

ただ，ヌルクセが最も有名な著書である『後進諸国の資本形成』で主張している工業化とはあくまで労働集約型工業の育成であった。ヌルクセは無理のない経済発展を可能とするという理由で発展途上国の工業化が必要だと説いたのであり，発展途上国の主要な産業である農業と産業的な連関が弱く，また，発展途上国が調達することが難しい大量の資本を必要とする重化学工業の育成を想定したわけではなかった[135]。

産開委においてヌルクセの均衡発展論と同様の主張を行っていた最も重要な人物は，公企業担当委員で委員長代理も務めた朱源(チュウォン)であった。例えば，朱は1957年1月の『産業経済』誌上で以下のように述べている。

　　およそ産業規模は市場規模によって決定されるものであり，我が国のような後進国経済においての市場は不可避的に国内市場に限定されるだろうと思わ

---

134) ラグナー・ヌルクセ（土屋六郎訳）『後進諸国の資本形成』巌松堂出版, 1955年, 6-7, 17頁.
135) こうした，本来の均衡発展論と，産開委で採用された「均衡発展」のズレについては，鄭眞阿「제1공화국기 (1948–1960) 이승만정권의 경제정책론연구（第1共和国期 (1948–1960) 李承晩政権の経済政策論研究）」167頁がすでに指摘している。韓国国内にも1958年に翻訳・紹介されたインドの経済計画に関する論稿で，ヌルクセは消費財生産の機械化による機械の国内需要が生まれていない状況でのインドによる性急な製鋼工業・機械工業建設の試みを批判している。R・넉세（ラグナー・ヌルクセ）（金瑞鳳訳）「印度經濟發展計劃의反省（印度経済発展計画の反省）」『財政』1958年7月, 110–12頁. ローゼンシュタイン=ロダンも，1943年の論文においては，「東・南東ヨーロッパ」の工業化には「いくらかの重化学工業」の建設は避けられないとしながらも，均衡成長によって発展させる工業として基本的には「賃金財」を想定していた。P. N. Rosenstein-Rodan, "Problems of Industrialisation of Eastern and South-Eastern Europe," *The Economic Journal* 53 no.210/211 (Jun-Sep 1943): 205–06, 210.

れるので，産業発展の拠点を産業相関関連においての相互需要の拡大においてこれを何よりも第一次的に考察しなければならないだろう。また，これは産業の均衡的発展過程でのみ期待することができることは繰り返すまでもない。[136]

　そして朱はヌルクセと同様，農業と中小企業（つまり労働集約型工業）に重点を置いた均衡的な産業発展を主張したのであった。朱は基幹産業建設の重要性を否定したわけではなかったが，60年初めには従来の韓国における産業政策を「資本の小ささにもかかわらず，まず長期懐妊期間をもつ各種重工業に重きを置いてきた」とし，こうした傾向を「後進国の経済発展に見られる経済ナショナリズムの通弊」と批判している[137]。

　1950年代韓国で「産業の均衡」に付与されていた2つめの意味は，軽工業と重化学工業を韓国が併せ持つという，自立型経済建設のための輸入代替工業化である。これは，経済開発3ヵ年計画の工業部門担当委員として工業計画作成の中心となった黃炳埈に顕著であった[138]。例えば，56年の時点で黃は「生産財生産部門と消費財生産部門の発達が均衡し，経営規模の零細性が解決され，自立独歩することのできる工業にならなければならない」と主張している。ここで黃が育成すべき生産財生産部門として想定しているのは機械工場，製鉄，製鋼工場，大規模の化学工場等である[139]。また，黃は経済開発3ヵ年計画を作

136）　朱源「産業開發의 據點：産業界의 忍耐와 覺悟를 바라면서（産業開発の拠点：産業界の忍耐と覚悟を願いながら）」『産業經濟』通巻第53号，1958年1月，3頁。
137）　同上；『聯合新聞』1960年1月5日朝。
138）　計画の各部門担当委員たちが顧問会や総合検討会議でそれぞれの担当部門の計画の主旨について説明し，顧問や復興部の意見を聞いていた経緯からみて，各委員が中心となって各担当部門の計画を作成していたようである。産業開発委員會『第二次顧問會會議案』1959年，韓国開発研究院所蔵；同『經濟開發三個年計劃試案에關한總合檢討（経済開発3ヵ年計画試案に関する総合検討）』1959年，企画財政部図書室所蔵。ただ，顧問は計画作成過程自体にも，委員会での審議や，部門別会議での助言や部分的な直接執筆を通じて関わっていた。同『（第6次～第17次）委員會議案』1958年，韓国開発研究院所蔵；同『第三次顧問會會議案』1959年，同上，20–21頁；同『産業開發委員會第25次全體委員會議錄──經濟開發三個年計劃案審議』1959年，企画財政部図書室所蔵，4頁。
139）　黃炳埈「自主工業의進路（自主工業の進路）」『産業經濟』通巻第38号，1956年6月，16頁。

り終えた直後の60年5月にも『財政』誌上において以下のように述べている。

> 産業構造の均衡ある発展のためにも，あるいは製造業の畸形性（生産財に比べて消費財生産が優勢だという特質）及び零細性を克服するためにも韓国経済の近代化，言い換えれば工業化過程が，その将来の基本的方向にならなければならないというのである。[140]

　黄炳畯は1966年の著作でも，消費財工業の発展に対応する生産財工業を発展させることによって「工業部門の構造的不均衡」を是正するための合理的な経済計画と強力な工業化政策の必要性について述べている。ここでは黄は，ヌルクセの均衡発展論を「傾聴するところが多い」としながらも，資源や財源が不足する韓国では重工業建設を重視する「不均衡成長」が必要だと述べている。同書が書かれた時期は，経済開発3ヵ年計画を作成していた50年代後半から多少時を経ており，韓国の経済状況も変化している。しかし，50年代中盤の黄の主張の内容と同書における主張の内容との間に変化がないことを考慮すれば，この記述から黄が50年代に使用していた「均衡」という言葉は，ある意味で産業構造の均衡を目指したものではあるが，ヌルクセの議論から見れば「不均衡」を意味していたことが分かる[141]。

　なお，黄炳畯は元産銀調査役であり，1955年に産銀機関誌に寄稿した文章を見れば，ほぼ李承晩政権の重化学工業建設路線に忠実に従っている[142]。そのため，この工業部門担当委員への抜擢自体がそうした黄の思想的な背景を考慮してなされた可能性がある。よって，産開委の委員が政府外から登用されたとはいえ，李政権は長期計画の作成を政権の方針から完全に自由な知識人の議論に任せようとしたわけではないのではないかと思われる。

---

140) 黄炳畯「韓國工業化의基盤과計劃（韓国工業化の基盤と計画）」『財政』1960年5月，60頁。
141) 黄炳畯『韓國의 工業經濟 ── 그 歷史・構造 및 政策을 中心으로（韓国の工業経済 ── その歴史・構造及び政策を中心に）』高麗大學校亞細亞問題研究所，1966年，425-26，432頁。
142) 黄炳畯「우리工業의構成과再建（我が工業の構成と再建）」『産業銀行月報』第9号，1955年10月。

また，黄炳畯だけではなく，同じく産開委委員である安霖(アンリム)も国内生産過程における消費財と生産財を併せ持つ「単純再生産機構の均衡化」の必要性を主張している[143]。この主張も，言い回しは異なるが軽工業と重工業の均衡化を意味していることは明白である。

　以上，産開委における「均衡」という言葉の2つの用途について述べてきた。この2つの用途はどちらも経済発展・経済自立を目的とした産業建設を目指している。しかし，ヌルクセの均衡発展論を主張する人々は，無理のない，より現実的な経済発展を重視しているのに対し，重化学工業建設を含むより急進的な輸入代替を優先した人々もいたのである。

　朱源，黄炳畯，安霖以外で，最初の試案作成の中心となった委員たちの工業化に対する思考についても概観するならば，まず，元韓国銀行調査部企画課長で産開委では金融を担当した李冕錫(イミョンソク)は，基幹部門への積極的な財政投融資を主張しているが，黄ほど急進的な重化学工業化を主張してはいない[144]。これに対し，ソウル大教授の朴東昴(パクトンアン)は，農工併進を主張するが，主に農業育成論者であり，第2次産業に重点を置いた計画作成は困難だという立場であった。また，工業については最終的な輸出産業化まで見越し，労働集約型工業の重視を主張している[145]。

　このように，委員のなかには多様な意見が存在したが，結局，経済開発3カ年計画は工業部門を担当した黄炳畯の影響か，重化学工業建設を最優先するという性格を持つに至るのである。

　委員と共に計画作成過程に携わった工業担当の委員会顧問たちには，安東赫元商工部長官のように重工業建設推進論者もいたが，黄炳畯の重工業優先とは

---

143)　安霖「韓國經濟計劃作成의諸前提（三）——韓國經濟와 計劃上의 與件（韓国経済計画作成の諸前提（三）：韓国経済と計画上の与件）」『財政』1960年1月，41頁；『中央日報』1956年6月11日。
144)　李冕錫「韓國의長期經濟計劃（韓国の長期経済計画）」『法律經濟』第1号，1958年7月，62頁。
145)　朴東昴「農・工業의均衡發展（農・工業の均衡発展）」『考試界』3-4，1958年5月，150頁；同「經濟開發과 輸出産業（経済開発と輸出産業）」『貿易經濟』14号，1958年12月，11–12頁；『聯合新聞』1959年1月3日夕。

異なる考え方を持っている人々も多かった[146]。例えば，高承済顧問は重工業建設には慎重で軽工業の育成を優先することを主張している[147]。李廷煥顧問も，機械化による大規模経営方式が市場規模の狭小性によって制約を受け，資本が相対的に不足して労働力が相対的に過剰な後進国においては，労働集約的な産業が適合的だと述べている[148]。夫琓爀顧問は，計画作成よりも多少時期は下るが1960年7月の論稿で，大企業中心の投資は「一種の冒険」であるとし，労働力の吸収という観点からも中小企業重視を主張している。また，同年10月に発表した論稿で夫は，援助資金はまずインフラ整備に優先して配分し，それによって可能になる範囲で他の部門の工業化を進めることを主張している。こうした考え方を持っていたからか，実際に夫は産開委の委員会の席で，自立経済の基盤造成を目的とする計画の作成において謙虚さが見えないとして，委員側が指針として掲げた「基幹産業の重点的発展」を批判した[149]。また，工業担当以外でも重工業優先方針に慎重な顧問としては，例えば崔虎鎮顧問は農業と工業の均衡を重視したが，農業が経済の大きな割合を占める韓国においては，まずは農機具や農産物加工等，農業と密接にかかわる工業部門から発展させることを主張していた[150]。朱硯均は，中小規模の工業重視や基幹産業建設を否定はしなかったが，農産物増産を最優先に考えていた[151]。以上に概観した一部の

---

146) 안동혁（安東赫）「새해의상공시책（新年の商工施策）」『週報』No.87, 1954年, 21頁.
147) 高承濟「韓國經濟의 構造的要請（韓国経済の構造的要請）」『復興月報』第1巻第4号, 1956年11月, 29-31頁.
148) 李廷煥「後進國의 經濟發展（後進国の経済発展）」『國民大學學報』第7集, 1957年10月, 29頁; 同「美國의 外援政策變更과 韓國의 經濟成長問題（米国の外援政策変更と韓国の経済成長問題）」『思想界』第7巻第12号, 1959年12月, 222頁.
149) 夫琓爀「經濟援助의 反省——方式과 運營의 合理化를 爲하여（経済援助の反省——方式と運営の合理化の為に）」『思想界』第8巻第7号, 1960年7月, 74頁; 同「外援의 實績과 受惠國의 할일——韓國外援導入의 展望과 그에 따른 對備策（外援の実績と受恵国が行うこと——韓国外援導入の展望とそのための対備策）」『코메트（コメット）』第45号, 1960年10月, 58-59頁; 産業開發委員會『第十二次委員會議案』1958年, 10頁. 夫琓爀が批判している指針は，同『第十一次委員會議案』1958年に含まれている.
150) 崔虎鎮「韓國의農業과工業과의均衡問題（韓国の農業と工業との均衡問題）」『國會報』第28号, 1960年5月, 60頁.
151) 『서울신문（ソウル新聞）』1956年1月1日.

顧問の主張から分かる通り，特に工業担当を中心として顧問のなかでは委員に比べれば性急な重化学工業化に懐疑的な意見が多かったのである。

　一方，宋仁相委員長と復興部は，重化学工業の必要性を認めながらもその性急な建設に対しては慎重な立場をとっていた。宋自身はそもそも政権に参加する前は重化学工業建設には消極的であった。1955年，当時韓銀副総裁だった宋は均衡のとれた産業の発展が必要だとしつつも，「産業の均衡と言っても八方美人のように金属機械，化学等の重工業までも兼ね備えた完全な自給自足を望むのではない」と述べ，軽工業に集中しつつ重工業の生産品は輸入することを主張していた[152]。もちろん，李承晩政権に参加するにあたり，宋もさすがに政権の経済政策の中心であった自立型経済建設を無視することができなかったようで，製鉄等の重化学工業建設の優先を主張するようになっていった[153]。しかし，宋の産業政策の主眼はやはり中小企業による軽工業の発展にあった。復興部長官時代，宋は2年連続で『復興月報』1月号に復興政策方針に関する論稿を寄せたが，どちらの論稿においても，重化学工業建設にはあまり触れずに（「他部門の発展のために不可欠な産業」「自給度を高める産業」といった表現はある），中小工業の育成を主張した[154]。また，58年4月には『産業経済』誌上でも「我が国のように資本の貧弱な国においては小資本で運営することのできる中小企業が大資本を必要とする工業よりも有利だということは指摘したい」と述べている。さらに，前述した農業と軽工業の均衡的発展を主張するヌルクセの議論は，復興部の若手官僚に受容されていた[155]。

　以上のように，産開委や韓国政府のなかでは重化学工業建設をめぐって大きく意見が分かれていた。しかし，結局，3カ年計画試案には工業担当の黄炳唆

---

152)　宋仁相「均衡과擴大와再建（均衡と拡大と再建）」『産業經濟』通巻第27号，1955年2・3月，11頁。
153)　『聯合新聞』1959年1月4日夕；復興部『4290年度 復興白書』55頁。
154)　宋仁相「새해의復興政策（新年の復興政策）」『復興月報』第3巻第1号，1958年1月，6-8頁；同「새해의復興政策（新年の復興政策）」同上，第4巻第1号，1959年1月，6-7頁。
155)　宋仁相「復興計劃의展望（復興計画の展望）」『産業經濟』通巻第55号，1958年4月；鄭眞阿「제1공화국기（1948–1960）이승만정권의 경제정책론연구（第1共和国期（1948–1960）李承晩政権の経済政策論研究）」164-65頁。

らが提唱した重化学工業重視の目標が採用されることとなる。朱源の回想によれば，政府側は目標設定を産開委に一任したという[156]。

次に貿易について計画作成者たちの志向を分析する。商業交易担当の安霖は以下のように述べている。

> 当分はいずれにせよ農産物をはじめとする第1次商品と工芸品，紡織品等の輸出伸長が容易であると思われるので，農業およびこれらの関連産業を輸出増進を後ろ盾することができるよう補助育成することが工業発展に負けず重要なのである。

つまり，安の輸出に関する認識は韓国政府とほとんど同じものであったと言える。安はさらに輸出できるほどに工業が成長するまでは米穀のモノカルチャー化はやむを得ないとも述べている[157]。

他の委員の輸出品目に関する見解について概観するならば，農業担当委員である朴東昴は，「我が国現実上に照らし，工業品輸出発展も難しいので，輸出資源としては第1次生産物しか考えられない」と述べ，米穀輸出の緊要性を主張している[158]。黄炳晙は，輸出に関しては第2次産業からは鉱産物と工芸品を輸出品として挙げている。しかし，黄はこれらの品目が輸出をけん引する可能性についてかなり悲観的であり，やはり主要な輸出品目としては米穀を挙げ，その増産を主張している[159]。

委員だけでなく商易担当の顧問については，羅翼鎮(ナイクチン)は1960年の段階で「我が国の産品としては，多量にそして着実に輸出することのできるものは米穀し

---

156) 朱源『遯石敍誌』지구문화사（地球文化社），1995年，104頁。
157) 安霖「農産物輸出振興과 그 重要性：輸出振興에있어서의 農産物의 比重（農産物輸出振興とその重要性：輸出振興における農産物の比重）」『食糧과農業（食糧と農業）』第4巻第3号，1960年3月，25, 28–29頁。
158) 朴東昴「米穀輸出은해야되는가（米穀輸出はしなければならないか）」『貿易經濟』第12号，1958年8月，42, 45頁。
159) 黄炳晙「다우링氏와우－드氏의韓國經濟에対한見解（ダウリング氏とウッド氏の韓国経済に対する見解）」『産業經濟』通巻第41号，1956年9月，26頁；同「長期經濟計劃의 再檢討（長期経済計画の再検討）」『復興月報』第9号，1957年5月，34頁。

かないと見ています」と主張しており,劉鎮舜(ユ ジンスン)も韓国国民は雑穀で済ませ米穀を輸出することを主張している[160]。もう1人の商易担当顧問である李昌烈(イ チャンヨル)は,雇用増大等の目的達成を優先し,「国際市場では問題にもならない無理な輸出増大は控えなければならない我々の実情なので,『国際収支改善』は目的からは除外されることが適当だろう」と述べている[161]。李はそもそも計画作成においては輸出自体を重視しなかったのである。

復興部の輸出に対する姿勢は第2章第3節で述べたように積極的な工業製品輸出促進であったが,これは長期経済計画作成においても一貫していた。例えば,復興部企画局長の宋正範はドレイパー訪韓後に『貿易経済』誌に寄せた「長期経済計画の構想」と題した論稿で,韓国の達成すべき経済目標を「均衡的成長による自立」としつつ,そのための輸出振興の必要性を強調している。その上で宋は「農産物と水産物,鉱産物,そして工芸品,綿紡製品等の輸出が有利で,また,その輸出市場の確保が第1目標に挙げられる」と述べている[162]。

以上のように,委員と商易担当顧問のなかでは,輸出自体に悲観的な論者以外には米穀輸出を早急に促進すべきという考えは共有されている一方,工業製品輸出に関しては悲観論が強かった。しかし,結局完成した最初の案や復興部との協議を経た後の完成版で労働集約型工業製品の輸出増大が重視されたのは,工業部門の計画と同様に,担当委員である安霖の意見が通り,さらに,同じ考えをもつ復興部から異論が出なかったためだろうと思われる。

---

160) 羅翼鎮「國際收支改善에 關한"公聽會"(国際収支改善に関する公聴会)」『貿易經濟』20号,1960年1月,18頁;「〈座談會〉糧政의現況(〈座談会〉糧政の現況)」『財政』1957年6月,115頁。
161) 産業開發委員會『第十次委員會議案』1958年,11頁。李昌烈はこの数カ月後の論稿では,韓国経済の自立の条件として輸出拡大による国際収支の均衡化を挙げていることから,国際収支改善が必要だとは考えており,あくまで計画における優先的な目標にすることに反対したものと思われる。李昌烈「韓國經濟의自立에關하여──經濟에는奇蹟이있을수없다(韓国経済の自立に関して──経済に奇跡はあり得ない)」『企業經營』第2巻第2号,1959年1月,5頁。
162) 宋正範「輸出振興을 爲한 長期經濟計劃의構想──드레이퍼氏의來韓을契機로(輸出振興の為の長期経済計画の構想──ドレイパー氏の来韓を契機に)」『貿易經濟』16号,1959年3月,8-9頁。

以上，計画作成の背景にあった委員たちの思考について概観した。以下に，実際に経済開発3ヵ年計画が作成されていく過程について分析していきたい。まずは，1959年1月に完成した『経済開発3ヵ年計画試案（以下，「試案」）』について見ていく[163]。

　同試案は表のみの第3部を除けば2部構成であり，まず第1部で計画全体の性格を概観している。記述によれば，同試案は1959年から61年までを対象としており，目的となる自立経済体制の土台作りのためには全体的な生産力を増加させながら国際収支を改善することが必要だとした。また，同試案はこのような目的の達成のために，生産力の増強に重点を置き，雇用や生活水準の向上等はその後に漸次的に解決していくとも述べている。そして，同試案は目標達成のための5つの原則を列挙している。1つめは，生産力の拠点は第1次産業にあるという前提のもとに，農業発展に優先的に重点を置き農産物の需給均衡を実現することである。2つめは，中小企業を育成して生活必需品の自給を達成することである。同試案は，産業構造を高度化するために資本集約的投資が必要だとも指摘しているが，それは，電気，機械，金属，化学工業等，一部の基幹産業に限定し，中小企業に対する労働集約的投資を重視するとしている。3つめの原則は，原則2で述べたような生活必需品・消費財の自給による輸入代替と，輸出産業の育成による国際収支の改善である。4つめは，投資の計画的配分と民間資本の蓄積に努力することである。そして，最後の5つめは，社会間接資本の整備である。こうして見ると，農業と中小工業の育成によって生産を増強しつつ輸入代替を行って国際収支を改善していくことが同試案の目

---

163) 本書では，主に完成した各計画案を中心に扱うが，特に試案が出来上がるまでの産開委における審議内容については以下を参照。鄭眞阿「제1공화국기（1948-1960）이승만정권의 경제정책론연구（第1共和国期（1948-1960）李承晩政権の経済政策論研究）」192-98頁。産開委の議事録としては以下のものがある。産業開發委員會『産業開發委員會研究會錄』1959年，企画財政部図書室所蔵；同『經濟開發三個年計劃試案에關한總合檢討（経済開発3ヵ年計画試案に関する総合検討）』；同『産業開發委員會第25次全體委員會議綠──經濟開發三個年計劃案審議』；同『第一次，二次總合部門小委員會議狀況報告書』1959年，企画財政部図書室所蔵；同『（第1次～第3次）顧問會議案』1958～1959年，韓国開発研究院所蔵；同『第3次全體顧問會議錄』1959年，同上；同『（第6次～第17次）委員會議案』。

標であるように見える。ただ，原則の2つめで，重化学工業に代表される資本集約的投資を「一部の基幹産業」である機械，金属，化学に限ると述べられているが，これらの産業を建設することは，ほぼ重化学工業化そのものである。従って，必ずしも重化学工業建設を後回しにしているわけではないことは，この原則の時点ですでに明らかである[164]。要するに，同計画は冒頭の「目標達成のための原則」においては，かなり総花的な目標を掲げていることになる。

次に同試案が目標とした各産業部門の成長率に基づいて，具体的にどのような産業の建設を重視していたのかを考察する。まず，同計画は年間平均5％のGNP成長率を目標としたが，これは1953年から56年までの過去4年間の成長率が年平均4.9％であったことから導き出した数値であった。各産業別のGNP成長率内訳を見ると，第1次産業（農林水産業）は基準年度から年率2.6％，第2次産業（鉱業，工業および建設業）は年率11.2％，第3次産業（商業，サービス業，交通，通信業およびその他）は年率5.9％で成長することと見積られていた。これを産業全体において各産業部門が占める割合で示すと，第1次産業が39.6％から35.9％に低下し，第2次産業は17.0％から20.3％に，第3次産業は43.4％から43.8％に増加するとされている。この数値から判断すれば，同試案が最も成長させようとしたのは鉱工業部門であったということができる[165]。

実際に同試案は，他の箇所で計画の目標である生産力増進，国際収支改善は第2次産業を中心になされなければならないと明言している。さらに，同試案の第2部は，各産業に関する計画にあてられており，第2次産業に関してもより詳しい記述がみられる。ここで中小企業育成による生活必需品の自給を図る旨述べられていることについては，第1部の原則に関する記述と変わらない。しかし，第2部では，その後の記述で基幹産業（主に重化学工業）の建設を中小企業育成と並べて2大指針として，製造工業における育成の優先順位を化学，金属，繊維，機械，食品工業としている。さらには，計画開始前にはGNPの製造業部門における軽工業と重化学工業の比率が76.2対23.8であるのを，目

---

164) 産業開發委員會『經濟開發三個年計劃試案』1959年，企画財政部図書室所蔵，3-6頁。
165) 同上，17-21頁。

標年には62.5対37.5にするとも述べられている。つまり，第1部の原則に関する記述から受ける印象とは異なり，同計画が製造業において優先的に建設しようとしたのは重化学工業だったのである[166]。

もちろん，第1部の原則に関する記述に見られるように，同計画は最終的な目標として，韓国が農業，軽工業，重工業といったすべての産業を必要なだけバランスよく保持することを強調する。この点で，はっきりと重化学工業の建設に重点を置く，後の朴正熙政権の内包的工業化とはその基盤とする思想を異にする[167]。しかし，バランスのとれた産業構造を建設しようとすれば，計画が開始される前から比較的発展していた産業よりも，ほとんど存在しなかった産業をより重点的に育成せざるを得なくなる。そのため，結果として同計画は，当時韓国経済に最も足りなかった重化学工業育成を最優先するという性格をもつこととなったのであった[168]。これは，前述の通り，作成に携わった委員のなかでも特に工業部門担当の黄炳晙の考えが強く反映されたことによるものであったと思われる。

次に同試案が輸出をどのように計画していたのかについて考察する。従来，韓国の国際収支構造は，膨大な輸入需要を米国の援助資金と貿易外収支の黒字によって埋め合わせるという性格を持っていた。表7は，同試案が想定していた基準年と目標年の国際収支と，他の本節の内容に関係のある数値をまとめたものである。まず，民間の輸出入の数値のみ見るならば，目標年までに輸入を約半分へと減らし，輸出を約2倍に増やすことで貿易収支を赤字から黒字へと転換させることを目指している[169]。同試案は，輸入は輸入代替工業化によっ

---

166) 同上，95-100, 105頁。同計画が第2次産業，特に重化学工業の成長を最優先していたことはすでに以下の論文が指摘している。鄭眞阿「제1공화국기 (1948-1960) 이승만정권의 경제정책론연구 (第1共和国期 (1948-1960) 李承晩政権の経済政策論研究)」200-04, 214-15頁。

167) 기미야 (木宮)，前掲書，57頁。

168) 鄭眞阿「제1공화국기 (1948-1960) 이승만정권의 경제정책론연구 (第1共和国期 (1948-1960) 李承晩政権の経済政策論研究)」208頁。

169) 同試案は，消費財は韓国国内の輸入代替産業育成と米国の援助資金による輸入によってその国内需要を満たし，民間輸入における消費財の割合を引き下げて資本財の割合を増大させることを意図していた。この方針には，朝鮮戦争以降，米国の援助資金による輸入を資本財主体にしたいという韓国の要求を米国が聞き入れなかったことが関係して

て2000万ドル近くを削減することができるものとしている。他方で，輸出の拡大については，期間内の総成長率を79％と想定している。**表10**を見ると，輸出品目の主力となっているのは従来輸出の主力であった鉱産物を含む非食用原料である。ただ，その計画対象期間中の成長率は15％に抑えられ成長が頭打ちになることが予想されており，輸出全体に占める割合も，基準年度には73.3％であったものが目標年度には47.38％にまで下がることが想定されている。他方で，非食用原料の次に輸出をけん引することが期待されていたのは労働集約型工業製品を含む原料別製品と米穀を含む食料品である。輸出全体に占める割合も，食料品は基準年度の11.9％から目標年度には20％へ，原料別製品は13.9％から29.77％へと増大することとされた。要するに，同計画が輸出産業として重点的に育成しようとしたのはこの2項目であった。ここに前述した安霖の考えが強く反映されていることが分かる。

　以上のように同試案は民間貿易にはある程度指針を与えていたが，韓国に輸入のための外貨の大半を供給している米国援助の扱いはかなり杜撰であった。表7を見ると，援助は収入部門にのみ計上され，国際収支の大幅な黒字の原因となっている。しかし，この黒字には全く意味がない。なぜならば，事実上米国の援助資金はそのまま物資の輸入に使用されるからである。つまり，収入部門に記載された援助額はそのまま支出部門にも記載されなければならないのである。また援助額について同試案は，目標年度に受け取る米国援助を2億9000万ドルと計上していたが，後にみるようにこの額の大きさについても復興部官僚から疑問が呈されることとなる。

　以上，1959年1月に完成した経済開発3ヵ年計画の試案について考察した。同試案は重化学工業育成を最も重視しつつも，他の産業の生産増大も試み，多額の援助も計算に組み込んだ国際収支の黒字化を図るための開発計画と特徴づけることができる。

　　いる。結局，1950年代を通じて米国援助資金での輸入における資本財の割合は，36.8％だった55年を除き10〜20％台を推移した。要求が通らなかった韓国政府は，同試案において米国の援助資金による輸入は消費財主体と割り切って，民間輸入を資本財主体にして両者の分業を図ろうとしたのだと思われる。産業開發委員會『經濟開發三個年計劃試案』20, 239–41頁。朝鮮戦争停戦後に行われた米韓間の援助資金の用途をめぐる論争については以下を参照。李鍾元，前掲書，157–62頁。

表7　経済開発3カ年計画試案

項目	1957年 (基準年度)	1961年 (目標年度)	増加率 (%)
国民総生産 (10億圜)	1,045.0	1,274.0	21.9
鉱工業生産水準	100.0	152.8	52.8
農林水産業生産水準	100.0	119.8	19.8
国際収支 (千米ドル)			
(収入)　輸出	21,521	38,565	79.2
貿易外	50,755	60,496	19.2
贈与(借款含む)	411,153	290,000	−29.5
小計	483,428	389,061	−19.5
(支出)　輸入	48,872	24,399	−49.1
貿易外	21,044	25,326	20.3
小計	69,916	50,225	−28.2
(収支差額)	413,512	338,835	−18.1

出典：産業開發委員會『經濟開發三個年計劃試案』1959年，企画財政部図書室所蔵，74-76頁を筆者が加工して作成。

　先行研究の一部においては，1959年春には同計画は完成していたが，与党の強硬派を抑制できなかったため国務会議での審議が遅れたと述べている。こうした説が最初に示されたのは，計画作成当時財務部予算局長だった李漢彬の著作である『社会変動と行政』においてであろう。同書には，同計画は59年春に国務会議に提出されたが自由党が政権維持の手段にのみ全精力を注いだため採択が遅れたと書かれている[170]。しかし，おそらくこれは事実ではない。まず，李自身が他の著作では全く異なる証言をしている。『李漢彬回顧録』のなかで李は，同計画が出来上がった時期を59年末としている[171]。また，産開委で委員長代理を務めた朱源の回顧録においても，やはり計画草案が出来上がっ

---

170) Cheng, Haggard, and Kang, "Institutions and Growth in Korea and Taiwan: The Bureaucracy," 101; 李鍾元，前掲書，281-82頁; 이철순 (李哲淳)，前掲論文，283-84, 326頁; 이현진 (李眩珍)，前掲書，264-65頁; 李漢彬『社會變動과 行政 —— 解放後 韓国行政의 發展論的研究 (社会変動と行政 —— 解放後韓国行政の発展論的研究)』博英社，1968年，134-39頁。

171) 李漢彬『이한빈회고록 —— 일하며 생각하며 (李漢彬回顧録 —— 働き，考え)』조선일보사출판국 (朝鮮日報社出版局)，1996年，101頁。

表8　経済開発3カ年計画案

項目		1958年 (基準年度)	1962年 (目標年度)	増加率 (％)
国民総生産（10億圜）		1,099.6	1,347.7	22.6
鉱工業生産水準		100.0	152.5	52.5
農林水産業生産水準		100.0	115.4	15.4
国際収支（千米ドル）				
（収入）	輸出	17,094	63,590	272.0
	貿易外	76,019	83,880	10.3
	贈与(借款含む)	351,544	235,311	−33.1
	小計	444,657	382,781	−13.9
（支出）	輸入	376,892	345,521	−8.3
	貿易外	29,349	36,042	22.8
	小計	406,241	381,563	−6.1
（収支差額）		38,416	1,218	−96.8

出典：産業開發委員會『經濟開發三個年計劃案』1959年，企画財政部図書室所蔵，74-76頁を筆者が加工して作成。

表9　経済開発3カ年計画（完成版）

項目		1958年 (基準年度)	1962年 (目標年度)	増加率 (％)
国民総生産（10億圜）		1,099.6	1,348.5	22.6
鉱工業生産水準		100.0	152.5	52.5
農林水産業生産水準		100.0	115.4	15.4
国際収支（千米ドル）				
（収入）	輸出	17,094	63,590	272.0
	貿易外	76,019	83,880	10.3
	贈与(借款含む)	351,544	279,933	−20.4
	小計	444,657	427,403	−3.9
（支出）	輸入	376,892	345,521	−8.3
	貿易外	29,349	36,042	22.8
	小計	406,241	381,563	−6.1
（収支差額）		38,416	45,840	−19.3

出典：産業開發委員會『經濟開發三個年計劃』1960年，企画財政部図書室所蔵，70-72頁を筆者が加工して作成。

表10 経済開発3カ年計画試案における輸出計画 (単位:1000ドル)

	基準年度 1957	構成比	目標年度 1960	構成比	総成長率
1. 食料品	2,571.7	11.9%	7,713.4	20.0%	257.0%
2. 非食用原料	15,785.3	73.3	18,273.4	47.38	15.0
3. 鉱物性燃料			22.1	0.007	10.5
4. 動物性油脂	77.6	0.36	372.2	0.96	379.0
5. 薬品類	5.9	0.12	8.6	0.003	45.0
6. 原料別製品	2989.0	13.9	11,482.5	29.77	284.0
7. 雑製品	91.2	0.42	692.6	1.79	659.0
総計	21,520.7		38,564.8		79.0

出典:産業開發委員會『經濟開發三個年計劃試案』1959年,企画財政部図書室所蔵,248-49頁。

表11 経済開発3カ年計画(完成版)における輸出計画 (単位:1000ドル)

	基準年度	目標年度	総成長率
農産物	1,270	35,750 (23,750)	2715.0%
繊維品	2,015	5,980 (6,915)	196.7
水産物	3,613	7,420 (7,445)	105.4
鉱産物	9,428	12,540 (15,782)	33.0
其他工産物	9	1,000 (1,000)	1101.1
工芸品	205	600 (600)	192.7
其他雑品	126	300 (300)	138.1
総計	16,667	63,590 (55,792)	281.5

出典:産業開發委員會『經濟開發三個年計劃』1960年,企画財政部図書室所蔵,422,456-59頁を筆者が加工して作成。括弧内は調整計画の数値。括弧内以外は産業開發委員會『經濟開發三個年計劃案』1959年,企画財政部図書室所蔵,410頁の表と同じもの。

たのは59年末であり,その後国務会議に提出されたと書かれている[172]。そして,後述するように実際に59年12月までは産開委において同計画に関する修正は続いていた。そうした修正のなかには微修正とは呼ぶことのできない重要なものもあった。以下にその修正過程を見ていきたい。

---

172) 朱源,前掲書,108頁。

4月9日から，同試案は産開委の委員らと復興部官僚との間の「総合検討」会議にかけられた。ここで第一に注目すべきは，復興部が試案の重工業建設最重視に疑問を呈したことである。10日に鉱工業について協議が行われた際，復興部側の車均禧経済計画官，宋正範企画局長らが同試案の重化学工業を最重視する姿勢に疑問を呈した。基幹産業の建設の必要性を認めていた復興部当局者の目にも，ここまで明確な重化学工業重視は急進的に映ったのだと思われる。例えば，車は同試案が重工業に重点を置いていることと農村の購買力上昇を目標としていることが矛盾すると指摘した。これに対し，黄炳晙はその矛盾の存在を認めながらも，「（引用者注――米国の）援助が継続する間に自立の基盤を磨くためにはそうした背反は不可避」だと答えた。次に，宋が計画期間中に工業部門において重工業の占める比率が高まる一方で軽工業の比率が下がることを問題視し，軽工業の規模をより大きくすべきなのではないかと尋ねた。さらに宋は「ECAFE（引用者注――Economic Commission for Asia and the Far East，アジア極東経済委員会）地域後進国においては重工業化することは困難だ」という「一般論」にも言及した[173]。

　しかし，最終的に復興部の官僚は委員会側の重工業建設重視の方針を受け入れた。3ヵ月後の7月に復興部が作成した復興白書のなかに，この総合検討会議でなされた議論が反映されたような記述がみられる。同書は工業化に関する記述において，資本財を1としたときにそれに対する消費財の比率が2を超える状態を発展の第1段階，消費財と資本財の比率が2対1の状態を第2段階，両者が同率の状態を第3段階と定義している。ここで同書はECAFE地域で第3段階にあるのは日本だけだとし，韓国はインドとともに第2段階に達するところだと位置づける。そして同書は，韓国は重工業化の過程にあると結論付けているのである[174]。これはまさに，試案にあった，目標年度までに軽工業と重工業の割合を76.2対23.8から62.5対37.5にするという考え方と重なる。ま

173）　産業開發委員會『經濟開發三個年計劃試案에關한總合檢討（経済開発3ヵ年計画試案に関する総合検討）』27-30頁。
174）　復興部『단기4291년도 부흥백서（檀紀4291年度復興白書）』57頁。復興白書の原文では軽工業と重工業の比率が同率の状態を第1段階とし，重工業を1としたときにそれに対する軽工業の比率が2を超える状態を日本の属する第3段階としている。しかし，本書では文脈から考えてこれは誤記であると判断し修正した形で引用している。

た，韓国が重工業化の段階にあるという記述も，試案やその後の総合検討でなされた議論と軌を一にするものであろう。つまり，この復興白書に書かれている数値は3年間で重化学工業を最も成長させるという趣旨の経済計画から影響を受けたものである可能性が高い。前年の復興白書のこれに該当する部分の記述を見ると，工業において軽工業が大きな割合を占めることを問題視し，重化学工業の努力を「倍加」して工業構造の均衡的発展を図らなければならない旨述べられてはいるが，こうした数値は見られない[175]。復興部も産開委からのフィードバックを経て，重化学工業の建設をより重視し始めたのだと思われる。

総合検討会議において次に注目すべきは貿易に関する議論である。17日の会議で申鉉碻復興部長官は試案が目標年度までに輸入額が減ると想定している根拠について尋ねた。すると，朱源委員は「輸入の増大を免れないだろうと考慮されるのでこれからその方向に修正する」と，なぜか委員会側の主張を簡単に撤回してしまった。また，申は米国の援助を，試案で想定しているように2億9000万ドルも計上することは大きすぎるとも述べ，2億5000万を超すべきではないとした。朱は米国の援助についても，「若干大きく想定した」と認めた。他方で，少なくとも同会議においては輸出品目についてはほとんど議論されなかった。前述した通り，安霖の作成した試案の内容も復興部側の輸出に関する考え方も，工業製品輸出拡大重視であったため，復興部側に異論はなかったものと思われる[176]。

その後，試案を数度修正して1959年12月付で作成された『経済開発3ヵ年計画案（引：以下，「案」）』が作成された（**表8**）。同案は，その完成に試案の完成からさらに半年以上かかってしまったため，対象時期を試案よりも1年後倒しし，60年から62年までを扱うものとなった。

同案はまず，計算方法の変更もあり，GNPの年平均成長率を試案の5.0%から5.6%へと引き上げている。産業別の年毎の平均成長率を見ると，第1次産業は3.8%，第2次産業は11.2%，第三次産業は年平均3.7%となっており，試案と比べて第1次産業の成長率が増え，第3次産業の成長率が減っている（試

---

175)　復興部『4290年度 復興白書』55-56頁。
176)　産業開発委員會『經濟開發三個年計劃試案에關한總合檢討（経済開発3ヵ年計画試案に関する総合検討）』64-66頁。

案ではそれぞれ2.6％，11.2％，5.9％）。この第1次産業の増大の背景について同案はその後の記述で，「第1次産業の絶対的および相対的成長を可能な限り大きくするようにした」と述べている。これは「第2次産業を中心とした産業構造の近代化は投資誘因を必要とするので，このような誘因を農村市場の拡大によって解決し，それとともに均衡成長の目的を達成する」という考えに基づいていた。つまり，前述したように，総合検討会議で車均禧が指摘した重工業重視と農村購買力向上の「矛盾」という当然出てくる疑問を，両産業部門の成長が生む相乗効果を強調することで解決しようとしたのである。こうした点で，同計画はローゼンシュタイン＝ロダンやヌルクセ的な均衡成長の要素も含んでいたといえる。また，17日の総合検討会議で申鉉碻が「農業重点主義が大勢」の国会から批判を受けるのではないかと指摘したことに見られるように，試案の検討過程でなされた農業軽視傾向への批判も関係しているように思われる[177]。

次に，工業の内訳の変化をみると，試案では重工業と軽工業となっていたのが，生産財と消費財と言い換えられているが，両産業の割合の変化はそれほど変わらず，基準年度の生産財生産25％対消費財生産75％が目標年度には35対65になるものと想定された（試案では23.8対76.2から37.5対62.5へ）。このように，試案の第2次産業，特に重工業建設の重視は同案でもほとんど変化していないことがわかる[178]。

続いて，貿易を含む国際収支に関する計画について概観するが，ここには多少の変化が見られる。まず，収入で計上された援助資金がそのまま輸入のための支出として支出欄に計上されていることである。これによって，表8のように援助の動きも含む最終的な国際収支が表内で算出可能となった。次に注目すべきは，期待される輸出増大額が大幅に引き上げられたことである。試案では79.2％の増大であったものが，同案では272％の増大となった。しかし，この数値引き上げは試案作成時よりも韓国の輸出額増大の見通しが明るくなったためになされたものではなかった。同計画は必要な輸入額や貿易外支出を最初に

---

177) 産業開發委員會『經濟開發三個年計劃案』1959年，企画財政部図書室所蔵，27-41頁；同『經濟開發三個年計劃試案에關한總合檢討（経済開発3ヵ年計画試案に関する総合検討）』65頁。
178) 産業開發委員會『經濟開發三個年計劃案』41, 44頁。

算定した上で，それに必要な外貨を生み出すだけの輸出と貿易外収入を目標に据えている。そして，国際収支における総支出から援助を差し引いた額，要するに韓国が自前の外貨で支払わなければならない額は，単純計算で基準年度の5469万7000ドルから目標年度には1億4625万2000ドルへと増大することとされた。このような厳しい数値が出たのは，試案の検討過程で当初想定していたような期間内の輸入減少は非現実的で，輸入に充てることを想定していた援助額も過大だと認識されたからであった。そのため，その輸入を含む支出の数値を基準に国際収支がほぼ均衡するように輸出額を算出することとなり，急激な輸出額増大を計画する必要が生じてしまった。しかし，この急激な輸出額の増大を可能だと主張できるような確固たる根拠はなかった。要するに，同案の国際収支計画は，必要な輸入額を算定した以上の意味をほとんど持たなかったのである[179]。

　結局，同案で確定した輸出額は，後にそのまま完成版でも採用されることになる。表11でその内訳を見ると，試案とは異なる分類がなされており，各項目の目標額の変化について一概に比較はできない。ただ，最も顕著な特徴は，農産物輸出額の急増である。試案では農産物と水産物を含むと思われる食料品の目標年度の輸出額が7,713万ドルで総成長率が257.0であったのに対し，修正後は農産物のみで3億5750万ドルで総成長率は2715.0％と比べ物にならない程に増大している。これは，必要な支出額に合わせて非現実的に過大な輸出額を設定したため，その帳尻合わせに農産物の輸出額が増やされてしまった結果であろう。もちろん，試案の輸出計画も必要な輸入に合わせて輸出額を設定していたこともありその輸出計画としての実効性は疑問であったが，修正後はさらに非現実的な輸出計画となってしまったのである。それに対し，繊維品，其の他工産物，工芸品の輸出額とその成長率は試案の原料別製品と比べて抑えられており，非現実的な輸入額増大のしわ寄せを受けた農産物の項目とは比べるべくもないが，それでも大きく成長することが期待されている。

---

[179]　産業開發委員會『經濟開發三個年計劃案』76頁。同案を検討する産開委の第25次全体委員会において，朱源委員は，同計画の貿易に関する部分は本文で述べているような「輸入先行主義」アプローチによって作成したと説明している。同『産業開發委員會第25次全体委員會議錄』26頁。

以上，1959年12月に完成した経済開発3ヵ年計画案について考察した。同案はバランスのとれた産業構造建設のための重化学工業育成重視という点ではほとんど試案と変わらなかった。しかし，国際収支計画においては計画全体の遂行に必要と推定される莫大な輸入額を基準としたため，輸出に関する計画がかなり非現実的なものとなってしまったのである。

　そして，最終的に1960年4月15日に『経済開発3ヵ年計画（以下，「計画」，もしくは「完成版」）』が国務会議で採択された（表9）。この完成版についてみるならば，GNP，各産業部門の成長率については変わっておらず，そのため重化学工業建設の重視も変わらないが，国際収支計画が多少変更された。原因は不明だが，援助の計上額が「案」では2億3531万1000ドルであったのが，完成版では2億7993万3000ドルへと引き上げられている[180]。

　また，この完成版の輸出計画には，「案」の輸出計画の修正を意図した輸出調整計画が盛り込まれることとなった。これは，生産計画の一部調整と対日米穀輸出予想量の減少により輸出目標を引き下げざるを得なくなったためであった[181]。対日輸出の減少については，1959年に日本政府の在日朝鮮人の「北送」に抗議した韓国政府による対日通商断交が影響していると思われる。このような経緯を経て，完成版には「案」と同じ輸出計画とともに修正を施した輸出調整計画が盛り込まれた。表11に見られるように，調整計画では目標の総輸出額が引き下げられているが，これは米穀輸出目標の大幅な引き下げによるものである。そして，これを不充分ながらも埋め合わせるために繊維品と鉱産物の輸出目標が引き上げられている。

　同計画は，1960年3月9日の合経委において米韓間の協議にもかけられた。この日の会議で米国側は韓国側が作成した計画を容赦なく批判した。まず米国側は，ここ数年間の高かった平均成長率はおそらく将来維持できないとして，計画の想定する年間GNP成長率5.2％を4％に引き下げる方が安全だと述べた。また，米国側は輸出成長率についても，高い輸出目標を歓迎するといいながらも，計画された成長率について「あまりにも楽観的で危険」と述べた。そ

180）　産業開發委員會『經濟開發三個年計劃』72頁。
181）　同上，455頁。

して米国は想定されている輸出による外貨獲得が実現しない以上，想定されている輸入計画も実現しないだろうと結論付けたのである[182]。この輸入計画はそもそも重化学工業建設を想定していたものであったため，要するに，米国の意見は同計画の急激な重化学工業建設重視という方針自体の否定でもあった。

このように，同計画の骨子の部分について米国は大幅な見直しが必要と判断した。しかし，4月には李承晩政権が崩壊することとなる。

以上が経済開発3ヵ年計画の内容と作成過程についての分析である。要約するならば，まずその内容については，軽工業と重化学工業をバランスよく備えた上で国際収支を均衡させるというものであり，最も重視されたのは重化学工業建設であった。そして，目標達成のための主要な手段としては米国の援助が想定されていた。また，米国の援助額とともに必要な外貨獲得手段として輸出促進が重視されたが，輸出品目としては米穀に加え工業製品もかなり大きく数値が設定されていた。

次に，計画の作成過程については以下のことが言えるだろう。同計画は李承晩政権と知識人からの意見を広く集めて出来上がったものであった。そして，作成者たちの思考や実際の審議内容と出来上がった計画の内容の間にはほとんどずれがなく，さらに，作成者たちの思考自体も少なくとも特定の政党や企業の利益を優先する類のものではなかった。さらに，政治的混乱によって国務会議における同計画の採択が遅れたという通説も事実ではなかったことがある程度明らかにできたと考える。そのため，この産開委における長期的経済計画作成は権力闘争や社会的利害関係からはかなり独立して行われたものと結論付けることができるだろう。

米国は，韓国政府がすぐに計画を作成できるとは考えておらず，韓国現地の当局者たちが顧問団との契約のお膳立てを支援したが，台湾においてのケースのように迅速な経済計画の作成を促すことはなかった。そして，完成した計画

---

[182] "Excerpt from Minutes of the 195th CEB Meeting Held on Mar 9, 1960," Mar 9, 1960, Box.5, Entry1277DI, RG469, NA. USOMは，経済開発3ヵ年計画について「韓国は韓国経済の生産を増大させ貿易赤字を減らす能力に関して過度に楽観的」としながらも，総輸入需要想定については，「USOMのそれにかなり近い」と評価している。From Moyer to ICA, "ROK EDC Report," Apr 18, 1960, TOICA A-3352, Box.147, Entry422, RG469, NA.

についてはその重化学工業最優先の方針を間接的に批判することとなった。これ以降の米国政府内における韓国の長期経済計画をめぐる議論については次章の第2節で述べる。

第5節　為替レート自動調整をめぐる米韓の確執

　1959年下半期で物価が55年9月当初の130％を超え，500ホァン対1ドルレートを継続する条件の125％を上回った。そのため，ダウリングの後任であるマコノギー（Walter P. McConaughy）大使は650対1へと為替レートを再設定するよう韓国側に要求することとなる。経済調整官室がUSOMに改編され，59年8月20日に処長に任命されたモイヤーは，「もし，既存の為替レート合意が，健全な財政運営へのインセンティヴを提供すると認めたとしても，他の有害な結果は米韓の同レートに関する早期の再研究を正当化する」と考えていた[183]。モイヤーは赴任直後，公定レート改定や25％条項の変更こそ迫らなかったが，「旅行者レート」等，いくつかの為替制度改革を韓国側に主張するようになる。そして，60年に韓国の物価が55年9月と比べて25％以上上昇すると，公定レート変更も迫ることとなる。ただし，ここで注目すべきは，米国は当時市場で1ドルの価値は1000ホァンより高かったことを知りつつも実際にはそうした水準へのレート変更を強く求めなかったということである。米国が韓国に求めたのは25％条項の自動調整の規定に基づく，物価上昇分の平価切り下げであった。本項では，ホァンが対ドル公定レートを650対1へと切り下げられるまでの米韓の協議過程について扱う。その際，当時ともに議題となり，公定レートの切り下げと不可分の関係にある「旅行者レート」，「米国政府の公的支出への適用レート」，「国連軍用務契約拡大」をめぐる協議過程も扱う[184]。

　1959年3月19日，ダウリング駐韓米国大使は金顕哲財務部長官に書簡を送

---

183) From Warne to ICA, "Korean Evaluation Report," Jan 23, 1959, TOICA A-2306, Box.9, Entry478, RG469, NA. 経済調整官室からUSOMへの組織改編過程については，以下を参照。李鍾元，前掲書，248-54頁。
184) この1950年代末から張勉政権にかけての為替をめぐる米韓関係については以下を参照。高賢来「韓国輸出指向工業化の初期条件の形成――アイゼンハワー政権期米韓の為替改革をめぐる協議過程を中心に」『国際政治』第184号，2016年3月。

り，旅行者レート制度を韓国が採用することを提案した。ダウリングの提案した旅行者レートとは，「旅行者それ自体に加え，すべての外国軍事人員，外交使節団員，企業家，使節団，そしてほかの外国人居住者を含む，暫定的な韓国居住の外国人」の「個人的」なドル支出に適用される「特別」レートであった。また，ダウリングはこの時点では，後に問題となる外国軍事人員や外交使節団員の公的支出に特別レートを適用することは提案しないとした。レート水準については需要と供給による市場価格を適用することが提案されたが，当時の公定レートによらない民間におけるホァン・ドル取引の市場価格は大体において1000対1を超すものであった。同レートの設定の狙いは，それまで米国，日本，香港で物品を求めていた外国人に韓国産品を購入させ，特に手工芸品等の国内産業に刺激を与え，観光収入も増やし，非合理的な外貨取引を減らすこととされた[185]。

　また，米国側は他にも国連軍司令部の韓国人労働力の調達において，それまでの直接雇用と過大評価されたホァンによる給与支払が大半を占めていた状況を変え，労働者を提供する韓国企業にドルによって支払う契約を増やすことも要求した。これは明らかに米国側の支出削減を見込んだものであった。金顯哲の後任である宋仁相財務部長官は，旅行者レートの設定について李承晩大統領から承認を得たが，米国が韓国に有利な交換条件を呑むまで，その採用を延期するという戦略をとることにした[186]。1959年11月，宋は李が1年間試験的に旅行者レートを採用する意思があることを米国大使館側に伝える。しかし，その報告を受けた国務省は11月27日，旅行者レートを米国人員の韓国における個人的支出だけでなく，大使館が韓国政府に対し旅行者レートの範囲外と伝えていた公的支出（対韓援助資金は含まれず，米国が韓国に置く現地機関の支出等）

---

185) Walter Dowling 発 金顯哲宛, 1959年3月19日『換率關係書類綴』国家記録院, 管理番号 BA0587806, 97-98頁。米国当局者内では，前述した1957年末日までの500対1レートの延長が議論された56年8月にはすでにこうした「特別レート」が議論されていた。From Warne to ICA, Aug 31, 1956, TOICA.519, Box.9, Entry478, RG469, NA.
186) 宋仁相発 大統領宛, 1959年8月27日『換率關係書類綴』116-18頁；財務部長官発 大統領宛, 1959年12月2日「Recent Price Movements and Foreign Exchange Rate Problem」同上，106頁。

にも適用するよう大使館に指示した[187]。この大使館・韓国政府と国務省との考え方の違いはその後米韓の協議過程に大きく影響することとなる。

　他方で，1959 年下半期の物価水準が 55 年 9 月からみて 25％以上上昇することをほぼ確信した米当局者のなかでは，韓国の為替レートをめぐる議論が活発化し始めた[188]。こうしたなか，12 月 18 日にディロン国務次官から駐韓大使館に送られた文書は，60 年初頭の為替制度改革に関する米韓協議において事実上ポジション・ペーパーとして使用されることとなる。同文書において注目すべきは，為替制度改革を推進する第一の動機が従来とは異なることである。この時期にアイゼンハワー政権は，米国の援助や他の用途に使用するドルの価値を韓国で十分に生かすよう主張する議会の圧力下にあった。そのため，ディロンは次の会期で十分な対韓援助計画について議会から承認を得るには，為替レートの改革が必須だと認識したのである。ただ，為替レートの適正水準への変更といった大掛かりな改革は 60 年前半に行われることになっている韓国大統領選挙が終わるまでは困難だとディロンは理解していた。平価切り下げが経済に悪影響を与えた場合，選挙において与党に不利に働くと考えた韓国政府側の訴えが功を奏したのだと思われる。こうしてディロンは，当面は 25％条項に則って 60 年 1 月 20 日までに平価を切り下げることにその目標を設定した。

　同文書は他にも韓国と協議すべき為替レートの問題について指摘している。それは，韓国への旅行者や米国の公的支出（対韓援助は含まない）と米国政府現地職員の個人的な支出に，少なくともファンの価値をドルに対し 1000 対 1 より安くする特別レートを適用するということである。つまりこれは，従来韓国政府と大使館の間で合意された旅行者レートに，国連軍や米国当局の出先機関の公的支出を含ませるということであった。ディロンは 1 月 20 日より前に韓国がこのような米国を満足させる対応をすれば，自動調整は 6 ヵ月間延期してもよいが，満足いく回答を韓国から得るまではこの譲歩については秘密にしておくようにと大使館に伝えた[189]。

---

187) From Gilstrap to SecState, Nov 19, 1959, Embtel.362, Box.9, Entry478, RG469, NA; From DOS to the Embassy in Korea, Nov 27, 1959, Deptel.?（解読不能），ibid.
188) From Dowling to SecState, Oct 2, 1959, Embtel.243, ibid.
189) From Dillon to the Embassy in Korea, Dec 18, 1959, Deptel.423, ibid. 宋仁相の選挙後

1960年1月，駐韓大使館は宋仁相財務部長官に為替レート問題に関する覚書を手交した。同覚書は，59年下半期に物価が55年9月の数値から30％上昇したため30％平価を切り下げた650対1へと為替レートを再調整することを要求していた。しかし，同覚書のなかでも述べられている通り，この再調整は為替レート問題の「完全解決」ではなかった。米国側はこの再調整を「単一レートの確立を伴う大きな通貨改革へとつながる過渡的なもの」と規定し，大統領選挙が終わるだろう春には本格的に改革に着手するとした。さらに同覚書は，韓国における米国機関とその人員の支出には公的支出と個人的支出の区別なく1ドル当たり1200から1400ホァンのレートを適用することも要求している[190]。

　以上にみてわかるように，やはりここで注目すべきは，米国があくまで為替レートの変更を1955年8月以来の25％条項に則って行い，当時自由市場で使用されていたレートである1ドルに対して1000ホァン以下への平価切り下げという根本的な為替制度改革を迫らなかったことである。理由としては，前述した大統領選挙前に困難だということの他に，米国が従来と同様に韓国側の財政安定計画実行へのインセンティヴを維持しようとしたことが挙げられる。例えば，大使館から国務省への電文において以下のような記述がみられる。

　　韓国政府は安定を維持する重要性を理解しており，平価切り下げ以降の安定計画維持に全力を尽くすための財政と信用運営の分野における経験をもっていると考える。インフレーション再発に対抗する新レートを守りたいという望みが主要なインセンティヴとなるだろう。（中略）さらに，もし李大統領がまだ職に居続けるならば平価切り下げ以降の，物価安定の維持の可能性は望ましいものだろう。なぜならば，彼の安定化とさらなる平価切り下げの阻止への決意と，彼の効果的で高度に集権化された政府機構の支配は，成功裏

　　まで為替制度改革を延期する旨の訴えについてはたとえば以下を参照。From Dowling to SecState, Oct,2, 1959, Embtel.243, ibid.
190）　From the Embassy in Korea to DOS, "Hwan/Dollar Exchange Rate," Jan 7, 1960, Desp.336, ibid.

に新レートへの移行を達成する手段となるからだ。[191]

　しかし，韓国は米国の25％条項に基づいた要求に反対した。交渉の窓口となった宋仁相は12月末の会談で，旅行者レートと国連軍ドル契約の拡大については再調整を考慮中だとした上で，公定レートの650対1への調整と，米国政府の公的支出すべてへの特別レートの適用については反対した。そして宋は，米国が自動調整を主張するならば，旅行者レートや国連軍ドル契約について一切譲歩をしないと述べた[192]。実は，宋は政府内では在韓米軍へのホァン売却レートに特別レートを適用することを含む複数レート制に積極的に賛成する立場をとっていた。しかし，一度何らかの形で切り下げを許すと，その後為替レートの切り下げが米韓間の議論の俎上に上ることを容易にする契機となるのではないかと恐れた李承晩はこれに強硬に反対した[193]。

　1960年1月6日にマコノギー大使と会談した宋仁相は再度米国の要求に反対した。まず，55年9月の500対1レートの設定によってインフレーション率が大きく低下したことに言及し，宋は「インフレーションと切り下げのサイクルに戻ることをすべきではない」と述べた。つまり，平価切り下げがインフレーションの原因だという55年以前の韓国側の常套句を繰り返したのである。さらに，宋は平価切り下げを実行すれば，米国の援助額を当て込んで成立した予算が執行不能となるとした。宋はこのような「失敗」が来る大統領選挙で野党に利するとも述べている。また，物価変動に基づいたレートの定期的な自動調整は，レート変更の予測をしやすくするため投機を促進するだろうことも反対理由の1つに挙げられた。自動調整に一通り反対した後，宋は米国人の支出すべてに特別レートを適用することについても反対している。その後，宋はマコノギーに米韓が取り得る2つの選択肢を提示した。1つは，「やむを得ず合意を尊重して」自動調整条項に従って平価を切り下げるというものだった。ただし，その際には韓国政府は公式に「遺憾を表明」し，他のレートについて譲歩しないと宋は述べた。もう1つは，レートを500対1で維持しつつ旅行者

---

191) From McConaughy to SecState, Jan 8, 1960, G-57, ibid.
192) From McConaughy to SecState, Jan 2, 1960, Embtel.477, ibid.
193) 宋，前掲書，280-81頁。

レートと国連軍ドル契約について「継続協議」するというものであった。宋は，その場合に包括的な協議は6月に延期すべきと述べている[194]。これは，一見交換条件に見えるが，述べられているのはあくまで「継続協議」であり，実際には韓国側のどのような譲歩も約束するものではなかった。

　韓国政府が，米国務省が1959年12月以降考えていた要求（米国機関・民間人のすべての支出への特別レートの適用）に応じようとしなかったことで，米国側は圧力をかける方向へと舵を切った。1月13日，国務省は駐韓大使館への電文で，「宋との会談はさらなる成果を生まない」と述べ，1月20日に自動調整を実行する方向へと傾いていった[195]。しかし，交渉が膠着状態になると，宋は米国が望む水準に満たないいくらかの妥協案を提示した。その妥協案とは(1)以下の計画が4月15日までに実行に移されない場合は，4月15日に自動調整の規定通りレートを650対1へと切り下げる。(2)IMF使節団を招請し，為替レートの根本的な改革について研究させ，改革案を4月15日までに起案させる。(3)国連軍・米国政府職員と旅行者に1000対1に近いレートを1月末日までに適用する。(4)国連軍はドルで用務契約を自由に結ぶことができる等であった。要するに，宋の提案は650対1レートの施行を選挙後まで延期できるならば，国連軍と米国政府機関の公的支出に特別レートを適用する以外の米国の要求をすべてのむというものであった。それだけ韓国側は選挙前の為替レート変更を避けたかったのである。しかし，公的支出への特別レート適用の拒否に関しては，国連軍に対する公定レートでのホァン売却が政府の主要な外貨獲得源だったため譲歩ができなかった。この宋の提案は，まだ韓国政府内で決定されていないものであった。しかし，宋は米国との間の為替レート問題を何とか解決する必要があると感じており，この提案について米国側から好反応を得れば，それをテコに政府内で合意を求めるつもりだったようである[196]。

---

194)　From McConaughy to SecState, Jan 7, 1960, Embtel.489, Box.9, Entry478, RG469, NA.

195)　From Persons to the Embassy in Korea, Jan 13, 1960, Deptel.479, ibid.

196)　From McConaughy to SecState, Jan 19, 1960, Embtel.517, ibid.；宋仁相発 大統領宛，1959年8月27日『換率關係書類綴』116-18頁。朝鮮戦争後，1950年代を通じて韓国は貿易収支における大規模の赤字を，それに匹敵する額の貿易外収支によって賄っていた。そして，50年代を通じて貿易外収入において「政府取引」は平均79％を占めており，

大使館は国務省に対し宋仁相の提案の利点について次のように説明した。まず，650対1への切り下げを4月15日まで延期することによって，国連軍は推計200万ドルを失うだろうが，国連軍用務契約への1000対1の適用が1年で同額の節約をもたらすため問題はないだろうとした。つまり，米国は実質的に財政的な損失なく最低でも650対1レートへの切り下げプラスアルファの為替制度改革を韓国に実行させることができるということになる。さらに，ここで特に大使館が評価したのは，韓国がIMFの研究に基づいて為替レートの根本改革に向き合うとしたことであった。これをもって大使館は「もしわれわれがこの妥協に沿えば，現実的なレートを今年達成するという我々の基本目標の実現可能性がより高くなることは明らかである」と述べ，宋の提案について次のような評価を国務省に書き送った。

　　我々は，これが現状で我々が望むことのできる最大限のものだと確信した。これへの代案は，我々の政治的関係を一時的に損ない，現実的レートという最重要目標に向かっての前進を可能とするより，それを阻害するだろう自動レート調整への不本意な同意を強いるということとなるだろう。

　こうしてマコノギーは宋仁相の提案に関して韓国外務部と交換覚書を交わす権限を国務省に要求した。1月19日，さらに宋はIMF使節団招請以外の自らの提案について政権内で承認を受けたと大使館に伝える。その際，マコノギーは「ワシントンから返答を得ていないが」と前置きしながらも，ワシントンが承認するだろうことをほぼ既定事実として会談を続けた[197]。
　しかし，同じく19日，ハーターは宋仁相の申し出を受け入れられない旨を駐韓大使館に通知した。ハーターは電文のなかで，米国の公的支出以外の旅行者レートへの特別レート適用はすでに11月には李承晩に承認されていたもので新しい譲歩ではなく，公的支出に特別レートが適用されないので韓国の対応

　　そのほとんどが国連軍からの外貨収入であった。崔相伍「1950年代 外換制度와 換率政策에 관한 研究（1950年代為替制度と為替レート政策に関する研究）」37, 49–51頁。
197)　From McConaughy to SecState, Jan 19, 1960, Embtel.517, Box.9, Entry478, RG469, NA; From McConaughy to SecState, Jan 19, 1960, Embtel.520, ibid.

は不十分だとした。さらに,ハーターは宋の妥協案によって生じる米国側の損害について懸念していた。前述のように,宋の妥協案では4月15日まで650対1へとホァンを切り下げないことによる約3ヵ月間のタイムラグで生じる損失は,1月末に国連軍ドル用務契約に1000対1レートを適用することで12ヵ月かけて相殺されるとされていた。問題は,対韓援助政策に関する議会公聴会が2月中旬には始まり,そこで対韓支出について強い批判が起こると予想されることであった。もちろん,為替レートの自動調整延長によって生じる米国側の損失は1月末の国連用務契約への1000対1レートの適用と,4月15日に650対1へと公定レートを切り下げることの両方を確実に実行することで相殺可能だということを説明すれば,ある程度議会をなだめることはできただろう。しかし,4月の韓国における平価切り下げ予定を2月の時点で暴露することは投機行動へとつながるため不可能であると考えられた。そのため,ハーターは,宋の妥協案では政権内や議会からの批判への対処ができないと考えたのである。これが,ハーターが宋の妥協案を拒否した決定的な理由だった[198]。

妥協案を米国に拒否された宋仁相は,4月15日まで650対1レートへのホァン切り下げを延期してもらえるならば,1月20日から4月15日の外貨の取り引きには一旦500対1レートを適用するが,4月15日以降に平価切り下げをした際に遡及的に650対1を適用して差額分を埋め合わせると述べた。この提案は完全に大統領選挙に悪影響を与えないということだけを考慮したものであったが,このような約束を米議会で公開することが投機行動につながる以上,結局ハーターの懸念した問題への根本的な解決とはならなかった。しかし,マコノギーは韓国に強制的な平価切り下げを強いるよりは,宋の提案を受け入れる方が米国の利益になるだろうと国務省に書き送った。また,マコノギーはこの交渉の失敗が宋の経歴に悪影響を与えることを恐れた。マコノギーは「彼の辞任は,彼の代わりに米国との効率的な作業ができることが期待される人物がいないため,われわれの援助計画すべてに対する不利な影響によって米国への強い打撃となる」とした[199]。

---

198) From Herter to the Embassy in Korea, Jan 19, 1960, Deptel.490, ibid.
199) From McConaughy to SecState, Jan 20, 1960, Embtel.527, ibid.

しかし，ハーターは1月23日の大使館への電文でこれも拒否し，韓国政府を「この合意への違反は，国際的協定への深刻な違反である」と批判した。さらに，ハーターには上述した議会問題に加えて，ここで譲歩することに関する別の懸念があった。ハーターはこれまでのような強硬な立場をとった後で今韓国政府に屈することは，もし韓国が指定する4月15日に両国間で論争となった際，米国が再び屈服するだろうと韓国に思わせる前例を作るのみであると考えた。「譲歩は韓国のより極端な姿勢へとつながるだけ」だと考えたのである。こうして，ハーターは1月20日に650対1レートを施行するために行動する（つまり，すでに1月23日なので，切り下げたレートを遡及して適用する）ことを指示した。また，ハーターは「我々は650レートは韓国の経済開発と米国にとって全く不十分であると考え，そのため，われわれは韓国政府と重要な為替制度改革について，早期の実行という観点から選挙後迅速に協議することを意図していると韓国政府に明言すべきである」と付け加えた[200]。

　1月29日に米国側は大使館，USOM，軍の人員の保持するドルの交換レートを650ホァン対1ドルへと変更する。これを受けて同じく29日，李承晩は650対1レートへの変更を「原則的」に受け入れる旨の談話を発表した。しかし，韓国側はまだ，新レートの履行時期については旅行者レート施行と引き換えに後倒しにできるものと希望的観測をもっており，30日には宋ら関係閣僚と自由党幹部らが集まり，米国側のレート変更にかかわらず選挙後までは為替レートの全面変更を延期することを決定した[201]。

　韓国側がこのような希望をもった背景には，現地米国当局者による韓国側の主張への共感があった。駐韓米国大使館やUSOMは650対1レートを全面的に施行すること，つまり米国の援助物資や韓国民間人がドルを得る際のレートへの適用は即座には不可能だと考えた。また，大使館やUSOMは多少それらの実行の時期を後倒しにしても宋が提示しているような旅行者レート施行や根本的な為替制度改革の言質をとる方が得策だと本国に提言した。しかし，国務省の姿勢は強硬で，即座の650対1レートの全面的な施行を求め，現地から

---

200) From Herter to the Embassy in Korea, Jan 23, 1960, Deptel.511, ibid.
201) 『東亞日報』1960年1月30日朝；同上，1960年1月30日夕；宋，前掲書，287頁。

の提言を退けた。これを受け，2月5日にはクロンク参事官が宋や申鉉碻復興部長官に即座の650対1レート施行を要求することとなる。そして，2月22日には韓国政府内で650対1レートへの変更が決定され，23日には実際に施行された[202]。

以上のような過程を経て為替レートは650ホァン対1ドルへと変更されたが，ホァンの過大評価はこの25％条項の履行だけでは解消されず，根本的な為替制度改革は課題として残された。米国はそうした改革については韓国の大統領選挙後に取り組むことを考えており，選挙後に再び宋仁相らに為替制度改革を迫った[203]。しかし，その直後に不正選挙に抗議する蜂起が原因で李承晩政権は崩壊する。

以上，1950年代後半に始まった米韓間の為替レート変更に関する協議過程について述べた。この時期において重要なことは2つある。1つめは，米国に韓国に対し強硬な態度をとらせたのは，韓国国内の政治・経済的要因ではなく，米国議会の対韓援助に対する反発であったということである。2つめは，米国側が韓国政府の対応の仕方によっては，根本的な改革だけでなく自動調整さえ6ヵ月延期する意思をもっていたということである。ここには，政局に悪影響を与えないための考慮と，まだホァンの過大評価の承認と引き換えに物価を安定させようという思考が存在していた。しかし，韓国側が米国の提案を拒否することで自動調整が実行されることとなった。

小　結

1958年末の国家保安法改正により激化しつつあった与野党間の政治的対立を緩和するため，59年に入ると駐韓米国大使館は与野党間の調停を試みる。

---

202) From McConaughy to SecState, Jan 28,1960, Embtel.563, Box.9, Entry478, RG469, NA ; From McConaughy to SecState, Feb 1,1960, Deptel.572, *FRUS* Vol.17/18 Suppl.; From Herter to the Embassy in Korea, Feb 3,1960, ibid.; From Moyer to ICA, Feb 6, 1960, TOICA.1951, Box.9, Entry478, RG469, NA ;『東亞日報』1960年2月6日夕；同上, 1960年2月23日朝。

203) From the Embassy in Korea to SecState, Apr 19,1960, G-89, Box.9, Entry478, RG469, NA。

大使館の働きかけを受け，李起鵬ら与党自由党内穏健派と趙炳玉ら野党民主党内旧派は与野党間の緊張緩和に取り組む意思を見せた。しかし，民主党では張勉ら新派が強硬な姿勢を崩さず，結局，政権側による京郷新聞廃刊措置によって大使館の調停活動も失敗に終わる。その後，7月に曺奉岩の死刑が執行されると，大使館は韓国の政権・与党が明確に強硬路線に転じたと判断し，60年の大統領選挙での民主的手続きを守るために米国が韓国経済に混乱をきたす手段も含む積極的な圧力をかけることを本国に提言した。米国は何よりも政治的な混乱が極端な左右勢力に利用されることを恐れた。また，国際社会の手前，米国は李承晩政権の非民主主義的手段を容認していると解釈されることも懸念した。他方で，韓国政治において，与野党間の対立激化や政権と与党の非民主主義的な手段の使用による混乱は経済的争点を周縁へと追いやった。米国当局者は，先述したように，大衆の経済的不満を可視化し，そうした不満が韓国を米国が望まない方向へと推し進めていく可能性を示した56年の大統領選挙に直面して経済開発の必要性に着目し始めたが，その後それ以上に経済開発重視政策を推し進めるインセンティヴは働かなかったのである。

　他方で，この時期には，米国本国内の政治力学が韓国に対する経済開発重視政策実行を促す働きかけを生み出した。議会の要求に端を発した米国の対外援助見直しのためにドレイパーが韓国を訪れ，経済開発計画の作成や輸出振興を促した。このドレイパーの訪韓が契機となり，米韓合経委に輸出振興分科委が設立され，そこでの議論を経て輸出振興基金が創設されることとなる。同基金は米韓両政府が重視した中小企業の工業製品輸出への参加もその目的の1つとしていた。漸進的にではあるが，韓国において工業製品の輸出促進が実行に移されていったのである。

　1950年代後半には米国側の産銀に対する認識にも変化が表れ始めた。54年の設立前後の時期には，米国側は国家が金融システムに強く介入する手段である産銀の存在には批判的であった。さらに，57年以降は財政安定計画によって産銀の機能は強く制限されることとなる。しかし，他方で，国家監督下の産銀という存在の既成事実化と，経済開発における国家の役割をある程度評価する開発主義の浸透もあってか，米国当局者内で産銀の役割の再評価が行われることとなる。米国側に統一された意見があったわけではなく，融資を制限する

財政安定計画を覆したわけでもなかったが，そうした再評価の議論の一部は韓国側にも積極的に提示されており，5・16クーデタ後の産銀改革に影響を与えた可能性が高い。

　また，同じ時期に米国と協議しながら韓国政府が組織した産開委は，長期経済開発計画の作成に着手する。同計画が基盤とした経済的理念は一揃いの産業と国際収支均衡による自立型経済の建設であったが，そこで最も重視したのは重化学工業の輸入代替であった。そして，国際収支改善計画に関しては，当面の工業化に必要な輸入総額を算出することが重視され，輸入を含む莫大な支出額に合わせて輸出目標額が算出されたため，非現実的な計画となってしまった。ただ，同計画の作成過程は政治的な利害関係からはかなり自律的に行われていたことは確かである。一方で米国側に関しては，特に現地当局者が計画作成を韓国側と米国本国の両方に促しつつ，作成が決定すると産開委のための顧問団との契約をお膳立てした。しかし，韓国に即座に計画作成を促そうとはせず，また，作成が始まっても2年近く積極的に関与を行うようなことはなかった。計画が完成すると米国はその内容について批判したが，それは同計画の重化学工業建設を最も重視するという姿勢を間接的に否定するものであった。この批判に対応する前に李承晩政権は崩壊することとなる。

　他方で，物価安定に影響を及ぼす可能性のある為替制度改革は根本的な改革には至らなかった。この時期，米国が重視したのは1960年の時点で物価上昇が55年9月と比べて25％以上上昇したことに合わせた自動調整であり，レートの適正水準への根本的な改革はなされなかった。その要因の1つとしては，やはり25％条項が韓国政府に与えていた物価安定化へのインセンティヴが挙げられる。しかし，より重要な要因は60年3月に予定されていた正副大統領選挙で与党側に不利な影響を及ぼさないようにしようという韓国政府の抵抗と米国の配慮であった。他方で米国政府がこの時期に自動調整の決行に拘泥したのは，ドレイパー委員会と同様に米議会との関係を考慮してのものであった。

第 5 章

4月革命と米国の対韓政策

第1節 4月革命による李承晩政権の崩壊と米国の対韓政策の変化[1]

1．4月革命と米国の介入

　1960年3月15日に韓国で行われた正副大統領選挙では，政権・与党側における大々的な介入・不正行為が行われた。結果的に李承晩と李起鵬がそれぞれ正副大統領に選出されたが，選挙当日には馬山において抗議のための市民蜂起

---

1) 4・19の政治過程と関連して米韓関係の展開を扱った研究には以下のようなものがある。이재봉（李ジェボン）「4월혁명，제2공화국，그리고 한미관계（4月革命，第2共和国，そして韓米関係）」백영철（白栄哲）編『제2공화국과 한국 민주주의（第2共和国と韓国民主主義）』나남（ナナム），1996年；정용욱（鄭容郁）「이승만정부의 붕괴（3.15-4.26）── 이승만정부의 대응 및 미국의 역할과 관련하여（李承晩政権の崩壊（3.15-4.26）── 李承晩政権の対応及び米国の役割と関連して）」한국정신문화연구원 현대사연구소（韓国精神文化研究院 現代史研究所）編『한국현대사의 재인식 4（韓国現代史の再認識4）』；이철순（李哲淳），前掲論文，378-84頁；정일준（鄭一畯）「4월혁명과 미국 ── 한국정치변동과 미국의 개입양식（4月革命と米国 ── 韓国政治変動と米国の介入様式）」정근식（鄭根植）・이호룡（李浩龍）編『4월혁명과 한국민주주의（4月革命と韓国民主主義）』선인（ソニン），2010年。また，4・19に関する研究の代表的なものとしては，以下を参照。Quee-Young Kim, *The Fall of Syngman Rhee* (Berkeley: University of California, 1983); 강만길（姜万吉）・박현채（朴玄埰）・백낙청（白楽晴）『4월혁명론（4月革命論）』한길사（ハンギル社），1983年；韓完相・李祐宰・沈載澤『4・19革命論I』일월서각（日月書閣），1983年；사월혁명연구소（4月革命研究所）『한국사회변혁운동과 4월혁명（韓国社会変革運動と4月革命）』한길사（ハンギル社），1990年；정근식（鄭根植）・이호룡（李浩龍）編『4월혁명과 한국민주주의（4月革命と韓国民主主義）』선인（ソニン），2010年；岩田功吉「韓国の政治危機─1960年─」『歴史学研究』610号，1990年10月。

279

が起き，警察との衝突で市民側に死傷者が出た。その後，こうした蜂起が全国に広まっていくこととなる。

　選挙の翌日，ハーター国務長官は梁裕燦駐米韓国大使と会い，15日の選挙について抗議した[2]。また，マコノギー大使は，翌17日の国務省への電文で，米国の韓国における政策の目標が根本的に脅かされていると述べた[3]。

　その後も，3月15日の馬山蜂起に参加し，警察によって拷問死させられたと思われる学生金朱烈（キムジュヨル）の遺体が4月11日に海岸で発見され，同日に馬山で再び大規模のデモがおこると，政府はこれを暴力で鎮圧しようとした。さらに，4月19日には各大学の学生たちが総蜂起に転じ警察と衝突し，ここでも多数の死傷者が出た。こうした事態に対して政府は，同日午後にソウルをはじめとする全国各地に戒厳令を宣布する。マコノギーは19日に李承晩と会談し，今回の選挙を破棄し新たな大統領選挙を行うことを勧めた[4]。同日，米国本国でも，ハーター国務長官，グラハム・パーソンズ国務次官補らが梁裕燦大使と会談し，韓国側の行動を批判し，不正選挙についての調査と責任者の解雇，京郷新聞の活動再開等，これまでの非民主的な行動の清算を求める内容の覚書を読み上げた。そして，国務省は同覚書を駐韓米国大使館に送る際に添えた文章のなかで「国務省は，現在の流れの持続は，最終的に北からの表立った，そして不満をもつ地域への効果的な浸透による隠密の共産主義者の行動に極端に弱くなるような抑圧と暴力の螺旋へと韓国を引き込むだろうという考えを次第に強めている」と，北朝鮮の転覆活動について具体的で切迫した懸念を表明した[5]。しかし，結局，国務省は李に根本的な態度の改善は見られないと考え，「強硬手段を続けなければならないと確信」した。しかし，この時点で米国は李に退

---

2) "Memorandum of Conversation: Korean Election," Mar 16, 1960, *FRUS 1958–1960* Vol.18, 606–08.
3) "Telegram from the Embassy in Korea to the Department of State," Mar 17, 1960, ibid., 608–10.
4) "Telegram from the Embassy in Korea to the Department of State," April 19, 1960, ibid, 620–22; "Memorandum of Telephone Conversation between President Eisenhower and Secretary of State Herter," April 19, 1960, ibid., 623.
5) "Telegram from the Department of State to the Embassy in Korea," Apr 19, 1960, ibid., 624–26; "Memorandum of Conversation," April 19, 1960, ibid., 627–29.

陣を迫ろうとまでは考えていなかった[6]。

　4月25日には大学教授たちが李承晩の退陣を掲げてデモに加わった。こうして，戒厳令下で小康状態にあった抗争が再び活性化し，26日，ソウルで大規模なデモが起こると，李承晩は「(1)国民が望むならば大統領職を辞任する，(2)再選挙を施行する，(3)李起鵬を公職から完全に退かせる，(4)内閣責任制への改憲を行う」という大統領声明を発表する。同声明の発表直後にマコノギーは再び李承晩を訪問した。李承晩は，マコノギーに対し，4月25日になって初めて，3月15日の選挙が非合法的に行われたと知ったのであり，国民が彼に望むことは何であれ行うと述べた。これに対し，マコノギーは，声明のなかの「国民が望むならば大統領職を辞任する」という表現について，どのように国民の意思を特定するかを鋭く尋ね，ソウルは一触即発の状況にあり，これ以上の曖昧な言葉や態度は現状では危険だと付け加えた。そして，李承晩がはっきり答えられずにいると，マコノギーは，李承晩を尊敬を集めている真の国父であると十分に褒め讃えた後に，「長年多くの重荷を背負ってきた老政治家が，その責任から遠ざかり，尊敬される立場へと身を引き，特にこの複雑で困難な時期に，統治の重荷を若い人達へと引き継がせるべきと人々が考える時がやってきた」と述べた[7]。ここにきてマコノギーは，李承晩にはっきりと辞職を迫ったのである。翌27日，李承晩は即時大統領職から退くと発表し，28日に李起鵬は景武台で家族とともに自殺した。

　このように，1960年3月の選挙前後の時期には，米国の脅威認識において，国内の混乱に乗じた過激分子の勢力拡大が現実的な脅威となっていったのである。そうしたなかで，米国は李承晩に辞任を迫るレヴェルにまで介入を強めた。

2．4月革命後の米国対韓政策の変化

　4月革命に直面した米国は，その後の韓国における政局の進行を見守りつつ

---

6) "Telegram from the Department of State to the Embassy in Korea," April 23, 1960, ibid., 634–37.
7) "Telegram from the Embassy in Korea to the Department of State," April 26, 1960, ibid., 640–44.

状況の変化に政策を適応させていかなければならなかった。この時期に米国が韓国において想定した最悪の事態は，共産主義者の煽動による革命と軍部のクーデタであった。そして，他にも，自陣営に韓国を引きとめておく上で韓国の政界や社会が朝鮮半島の中立化統一へと向かう傾向については警戒していた。こうした事態を引き起こし得るのは，政局が混乱して特に経済に関する国民の期待に政治が応えられない時だと考えられた。4月革命が韓国にもたらした大きな変化は，韓国国民にそれまで以上の政治改革や経済成長への期待を持たせたのである。この時期，米国が特に想定していた政局の混乱とは，政権をとる民主党の派閥争い激化と分裂によって引き起こされるであろうものだった。もし民主党政権が国民の期待に応えることに失敗すれば，共産主義に利用されやすい革新政党が勢力を伸ばし，反米的な傾向すら見せる学生が再び国内状況を紛糾させる可能性があった。もちろん，こうした状況に共産主義者による民衆の煽動や軍部のクーデタに直結し得るものであった。さらに，北朝鮮がこの時期に韓国に積極的に統一を持ちかけ，また自国の経済発展を誇示するなか，北朝鮮の状況や提案が韓国国民に持つ魅力を低減させつつ国際社会に共産主義の代案としての自由主義・資本主義体制下での成長を誇示するためにも，米国は韓国を経済発展させる必要があった。以下に，こうした米国の状況認識とそれに基づく政策の変化を詳しく見ていく。

　李承晩政権崩壊後，許政（ホジョン）過渡政権が成立し，1960年7月29日に民議院と参議院の2院同時選挙を開催することが決まった。4月革命以降の米国の対韓政策における基本的な問題意識は，選挙の直前である7月3日，駐韓米国大使館が国務省に送った電文によく表れている。電文によれば，韓国における長期の政治的安定は，(1)経験豊富で責任感ある指導者が政府と政党内で育つこと，(2)実現可能な国民の望みを，高水準の誠実さと効率をもって健全な国家政策へと移すことへの，政府と与党内でのさらなる考慮，(3)「自立経済」に向けての適度の前進の達成にかかっているとされた[8]。つまり，経済状況の改善を含む国民の期待を責任をもって実現していく政権が必要だと米国は考えたのである。

---

8) "Telegram from the Embassy in Korea to the Department of State," July 3, 1960, ibid., 674–75.

そして，この指導力のある政府という観点から最も米国側が懸念したのは，選挙で与党になるであろう民主党内の派閥争いであった。グラハム・パーソンズ極東問題担当国務次官補は大使館への 7 月 11 日の電文で「短期的な状況に関してはわれわれの注意は民主党の派閥の領袖と，新政府の指導者の問題に集中されるべきである」と述べ，大使館が民主党両派指導者に会い積極的に調停し，国民の要望に献身的になるよう促すことを指示している[9]。

　さらに 21 日の大使館への電文においてグラハム・パーソンズは民主党が政権を獲得した後で分裂することによりもたらされる結果について分析している。パーソンズは選挙後に民主党が分裂すれば，国民からの支持を得ることよりも近視眼的な権力闘争が優先されるだろうと分析した。そして，このような民主党の分裂によって引き起こされる政治的不安定，非効率的な指導，民主的手続への国民の幻滅は，結果として共産主義者に煽動の機会を提供することになると予測された[10]。

　米国国務省はこの時点では韓国国内での共産主義者の影響力そのものについてはかなり低く見積もっていた。グラハム・パーソンズは 4 月革命は共産主義者が煽ったものではないと明言しており，他の国務省官僚や大使館も類似した報告を行っていた[11]。しかし，国務省は実際に共産主義者の煽動が影響力を持ってしまうような状況がつくり出されることを恐れたのである。

　7 月 29 日に両院同時選挙が行われると，民主党は民議院では 233 議席中 175 議席を，参議院では 58 議席中 31 議席を獲得した。民主党の圧勝だった。しかし，選挙直後から，国会によって選出される大統領と大統領が指名する国務総理を誰にするかで，民主党新旧両派間の派閥争いが激化する。旧派は 8 月 3 日，それぞれのポストにどちらの人物を就けるかまでは決めていなかったが，

---

9) "Telegram from the Department of State to the Embassy in Korea," July 11, 1960, ibid., 676–78.
10) "Telegram from the Department of State to the Embassy in Korea," July 21, 1960, ibid., 679–80.
11) "Discussions with French of Situation in ROK and Japan," June 2, 1960, 795B.00/6-260, CDF, RG59, NA; From Berry to the Acting Secretary, "Intelligence Note: Communist Activities in the ROK － Many Allegations, Little Evidence," May 19, 1960, 795B.00/5-1960, ibid.; From Green to SecState, Oct 7, 1960, Embtel.432, 795B.00/10-760, ibid.

これらのポストに尹譜善(ユンボソン)と金度演(キムドヨン)を就けることで,両ポストを旧派で独占しようとした。また,旧派が党の公式推薦から落選したため無所属で出馬して当選した国会議員の民主党復党を主張し,新派がこれに反対したことも対立の要因となった。その後,旧派は8月4日,「健全野党なしにこの政局であまりにも肥大している民主党は,2つの政党に分かれなければならならない」という「分党宣言」を発表した。そして8月11日,旧派は大統領候補に尹を,国務総理に金を推薦することを決定し,翌12日には,民参両院合同会議で尹が大統領に選出されることとなる。尹は前もって決めていた通り金を国務総理に指名したが,新派が反対に回ったため,17日に国会でその認准同意要請は否決された。結局,尹は新派の張勉を国務総理に指名し,8月19日に国会は認准要請に同意した。こうして,張政権が成立した[12]。

以上のように,予想通り民主党内の派閥間争いが激化するなか,やはり国務省は懸念を示した。まず,グラハム・パーソンズは8月12日の大使館への電文で,「民主党の分裂を防ぐことはおそらく不可能」と書き,このような「派閥主義,内閣責任制における政治家の言い争いと利己主義」は韓国政治における「最大の危険」となるだろうと述べた。そしてパーソンズは,そうした政治的状況を背景に生じる「幻滅した雰囲気や冷笑的な政治的利己主義」によって,「韓国人の反共熱は国家の問題へのよりよい社会的な答えを見つけたいという望み

---

12) 『東亞日報』1960年8月4日朝;同上,1960年8月4日夕;同上,1960年8月12日夕;同上,1960年8月13日朝;同上,1960年8月16日号外;同上,1960年8月18日朝;同上,1960年8月20日朝。張勉政権に関する代表的な研究としては以下を参照。Sungjoo Han, *The Failure of Democracy in South Korea* (Berkley, Los Angeles, and London: University of California, 1974); Satterwhite, "*The Politics of Economic Development,*"; 한승주 (韓昇洲)『제2공화국과 한국의 민주주의 (第2共和国と韓国の民主主義)』종로서적 (鍾路書籍),1983年;백영철 (白栄哲) 편『제2공화국과 한국 민주주의 (第2共和国と韓国民主主義)』나남 (ナナム),1996年;조광 (趙珖) 他『장면총리와 제2공화국 (張勉総理と第2共和国)』경인문화사,2003年;한국정신문화연구원 현대사연구소 (韓国精神文化研究院 現代史研究所) 편『한국현대사의 재인식 5——1960년대의 전환적 상황과 장면정권 (韓国現代史の再認識 5——1960年代の転換的状況と張勉政権)』오름 (オルム),1998年;유광호 (兪光浩) 他『한국제1・2공화국의 경제정책 (韓国第1・2共和国の経済政策)』한국정신문화연구원 (韓国精神文化研究院),1999年;한국민족운동사학회 (韓国民族運動史学会)『장면과 제2공화국 (張勉と第2共和国)』국학자료원 (国学資料院),2003年。

のなかで，何か新たなことを試みようという誘惑に耐えうるに十分な強さをなくすだろう」と述べている。また，マーチャント（Livingston T. Merchant）国務次官も9月3日の大使館への電文でこの民主党の分裂について言及している。ここでマーチャントは，民主党両派が分裂したことにより国会で安定した多数議席をもつ勢力がいなくなり，また，これらの派閥は党派的な優位を追求し，韓国や米国，自由世界の利益に関連する諸問題は無責任に扱うだろうと述べた[13]。

以上のような米国当局者による民主党の分裂への懸念は，保守政権が国民の不満に応えられなかった際に影響力を発揮し得る3つの勢力への懸念と表裏一体にあった。1つめの勢力は革新政党である。4月革命後の韓国では，社会大衆党，革新党といった革新政党が相次いで結成されたが，そのなかには社会主義的政策を掲げる政党もあった[14]。選挙の直前である27日，大使館は国務省に電文を送り，そのなかで「革新主義者たちは，今のところ韓国の保守勢力を本質的に脅かしているようには見えない」としつつも，以下のように述べている。

> 彼ら（引用者注——革新諸政党）の将来は次の政権を支配するだろう穏健保守がどれほど効果的に，もしくは非効果的に差し迫った経済問題に対処するかにかかっているように見える。転覆活動勢力がこれらの革新主義者たちに影響を与えている証拠は今のところほとんどないが，彼らは極端主義的煽動に理想的な部分を提供する。[15]

結局，革新諸政党は7月29日の総選挙で惨敗したが，それでも，11月27日付の米国政府内最高レヴェルの省間報告書である国家情報評価書では「もし現保守政党への不満が広範に広まれば，彼らは国民の結集点となるいくらかの

---

13) "Letter from the Assistant Secretary of State for Far Eastern Affairs (Persons) to the Ambassador to Korea (McConaughy)," Aug 12,1960, *FRUS 1958–1960* Vol.18, 685–86; From Merchant to the Embassy in Korea, Deptel.195, 795B.00/9–160, CDF, RG59, NA.
14) 当時の韓国の革新政党については以下を参照。鄭太榮『韓國 社會民主主義 政黨史』世明書館，1995年，533–78頁；同『한국 사회민주주의 정당의 역사적 기원（韓国社会民主主義政党の歴史的起源）』후마니타스（フマニタス），2007年，287–315頁。
15) From the Embassy in Korea to DOS, "The Reformist Parties in the 1960 ROK National Assembly Election Campaign," Jul 27, 1960, Desp.52, 795B.00/7–2760, CDF, RG59, NA.

潜在能力を持っている」と述べられている[16]。

　米国が懸念を持った2つめの勢力は4月革命で中心的な役割を果たした学生・教授であった。1960年10月7日に大使館は国務省への電文で以下のように述べている。

> 学生は政治に積極的な関心を示し続けているが，利用可能な情報では，未だ学生団体と教授たちのなかで政治的目的のための大きな組織的な動きは示されていない。政党がそれらのグループの中に支持組織を展開する試みは，限られた成果しか挙げていない。転覆活動分子がこれらの領域に浸透しているという信頼できる証拠もない。しかし，学生と韓国の大学機関の影響力ある部分は，もし政権の穏健保守勢力が不十分と判断すれば再び重要な政治勢力となり得る混乱と不安を永続させることのできる不安分子であり続けている。[17]

米国にとってたとえ共産主義者が浸透していなくとも，既存の価値をラディカルに否定するその傾向から学生団体は怖い存在であった。マコノギーは12月20日にグラハム・パーソンズに宛てた電文で「とても自然に『革命』によって解放された，知識人やいくらかの大学の学生団体のなかで顕著な，因習打破と朝鮮問題の『新たな』解決の模索に向かう傾向」への警戒について述べている。ここでマコノギーは学生や知識人のなかで取沙汰されているオーストリア式の朝鮮中立化統一論について李承晩政権崩壊後の言論の自由が作り出した「最も否定的な側面」だと述べている。さらにマコノギーは同電文で，そうした学生や知識人の懐疑が，反共思想や，李政権と結託してきた米国にも向けら

---

16) "Prospect for the Republic of Korea," Nov 22, 1960, NIE42.1-2-60, *FRUS 1958-1960* Vol.17/18, Suppl. 国家情報評価書は情報諮問委員会を構成する関係省庁によって起草され，同委員会によって承認される。そのなかの政治分析のすべてと経済分析の一部は国務省が担当している。情報諮問委員会は，CIAを中心に，国務，陸軍，海軍，空軍の各省及び統合参謀本部の情報部門の代表によって構成される。李鍾元「50年代東アジア冷戦の変容と米韓関係――『マグサイサイ現象』と李承晩」『法学』第59巻第6号，1996年1月，1060頁。

17) From Green to SecState, Oct 7, 1960, Embtel.432, 795B.00/10-760, CDF, RG59, NA.

れていることを指摘している[18]）。

　米国が懸念を持った3つめの勢力は軍部であった。マーチャント国務次官は総選挙後の民主党内の派閥争いを目の当たりにし，以下のように，学生とともに軍部に対しても懸念を示している。

　　（引用者注──民主党の）両派間の仲違いが強まり，両派による効率的な政府を損なう行き詰まりを長引かせれば，若い学生と青年将校に依存した，強く，道徳観念のない指導者が成功裏のクーデタをやってのけるために利用できるような国民の幻滅が熟していくのに舞台を提供する結果となるだろう。[19]

11月27日の国家情報評価書によれば，米国政府は少なくとも当時の状況ではクーデタが起こる可能性はほとんどないだろうと考えていた。しかし，同評価書は，もし韓国軍が，文民政府が国内を安定化させる能力がなく「国民が次第に極左や極右の訴えに影響を受けやすくなってきている」と確信すれば，実力行使に出るだろうとも述べている[20]。

　以上に，米国が韓国の混乱によって力を持つことを警戒した3つの勢力について述べた。そして，米国は強い指導力を持つ韓国政府が民主主義的な政治改革とともに経済状況の改善を推進することで，国民の不満に対処でき，革新政党・学生・軍部が力を得るような混乱を抑えることができると考えた[21]。例えば，張勉政権成立後の1960年10月7日付で駐韓米国大使館のグリーン（Marshall Green）参事官からハーターに送られた文書では以下のよう述べられている。

---

18)　From McConaughy to Parsons, Dec 20, 1960, Box.15, Entry2846A, RG84, NA.
19)　From Merchant to the Embassy in Korea, Sep 3, 1960, Deptel.195, 795B.00/9–160, CDF, RG59, NA.
20)　"Prospect for the Republic of Korea," Nov 22, 1960, NIE42.1-2-60, *FRUS 1958–1960* Vol.17/18, Suppl.
21)　国務省は，改良され合理化された経済政策，警察の改革，行政の効率の改善と腐敗の除去，そして，政党や言論への弾圧の根拠として悪用される軍政法令55や88のような問題への立法的対処，国家保安法と地方自治法の改正等を望ましい改革として挙げている。"Telegram from the Department of State to the Embassy in Korea," May 4, 1960, *FRUS 1968–1960* Vol.18, 653–56.

韓国が悩んでいる経済諸問題，特に深刻なインフレーションを避け，同時に，生活水準，特に地方経済におけるそれを適度に改善することへの対処におけるいくらかの進展を見せる能力は，間違いなく新政権の政治生命と保守勢力の長期的な力に影響を与える主要な要素となるだろう。[22]

なぜこの時期に従来よりも経済状況の改善が重視されたのかといえば，理由の1つとして，4月革命が李承晩政権を倒したことで国民のなかで変化への期待が高まったと米国が認識したことが挙げられる。この期待を裏切ることは，韓国の政治的な状況にもかなりの悪影響を与えることが懸念されると駐韓当局者たちは国務省に報告した。駐韓米国大使館は，過渡政権で大統領代行を務めた許政と館員との11月25日の会談について報告するために国務省に送った電文においてこうした懸念を表明している。許は4月革命後すぐに経済が改善されるという国民の誇張された期待は，特に学生団体においては「既存の秩序と指導層への拒絶」や「韓国における米国の役割へのいくらかの嫌悪」へとつながる幻滅と失望に変わっていると述べた。これを重く受け止めた大使館は，「一般人の要望の結集点と，前進しているという感覚を与えるために，韓国政府の劇的な諸政策が緊急に必要である」と書き送っている[23]。

また，12月24日，マコノギーは国務省に電文を送っているが，そこでもこの4月革命以降の経済発展に対する期待とその危険性に言及している。マコノギーは電文のなかで，「革命（引用者注──4月革命）は，ゆっくりとした生活水準の向上を伴っていた時であったにもかかわらず，権威主義支配と反共主義スローガン以上の何かを韓国人が期待していることを示した」と述べている。そして，経済に関しては，期待が成長を上回っているため経済成長のさらなる証拠が必要だと述べているのである。こうした報告を受けた米国本国においても，貧困を最重要問題として挙げている11月27日の情報評価書には，「ソウルの政府が国民の願いに全く対応できなければ，権威主義者ないし革命の指導

---

22) From Green to SecState, Oct 7, 1960, Embtel.432, 795B.00/10-760, CDF, RG59, NA.
23) From the Embassy in Korea to DOS, "Negative Trend in Public Opinion in the ROK," Dec 1, 1960, Desp.259, 795B.00/12-1-60, ibid.

者によって利用され得る」といった記述が盛り込まれることとなる[24]。

　実際に，4月革命を先導したのは学生であったが当時の経済的状況に不満を抱いていた多くの都市貧民層も参加していた。1950年代に韓国国民が経済的に困窮した状況にあったことは先述したが，特に57年以降は米国の援助も削減され，財政安定計画による緊縮財政も成長率を急速に鈍化させた[25]。さらに，先述した通り，59年には為替レートの自動調整が必要になるほどに物価が上昇していた。こうした物価上昇傾向は4月革命直前にも顕著であった。例えば，4月革命が本格化する直前の3月25日に日本への米穀輸出の再開が決定すると，国内の米穀の値段が暴騰しその前の週よりも物価指数が3.7％増大したという[26]。この物価上昇も4月革命への都市貧民層の参加に一定の影響を与えたと考えられる。

　以上のように，1956年の大統領選挙以来，再び韓国国民の経済的不満が米国の戦略を阻害するような韓国国内の混乱へと結びつく可能性が米国当局者に対して明示されたのであった。さらに，4月革命には，強い影響力を持つラディカルな政治主体としての学生の登場，経済的不満もその一因とする（と大使館は認識した）民衆の蜂起による政権の崩壊といった56年の選挙にはない要素が存在した。これは，選挙結果から国内の左傾化を懸念する程度であった56年の選挙よりも強い危機感を米国に抱かせるものであり，米国政府が経済開発重視政策を対韓政策に反映させるにあたり，56年よりも強いインセンティヴになった。

　この時期に韓国の経済状況改善が米国政府内で重視された理由はもう1つあった。以下に概観するグラハム・パーソンズの覚書やNSC6018/1を見ると，国務省をはじめとする米国本国政府は4月革命よりもこちらの要因により大き

---

24)　From McConaughy to SecState, Dec 24, 1960, Embtel.742, 795B.00/12-2460, ibid.;
 "Prospect for the Republic of Korea," Nov 22, 1960, NIE42.1-2-60, *FRUS 1958–1960* Vol.17/18, Suppl.
25)　정용욱（鄭容郁），前掲論文，250-51頁；전철환（全哲煥）「4・19 혁명의 사회 경제적 배경 —— 파행적 경제구조에 신음하던 민중적 요구 대변（4・19革命の社会経済的背景 —— 跛行的経済構造に呻吟した民衆的要求代弁）」韓・李・沈，前掲書；金東昱，前掲論文，160頁。
26)　『東亞日報』1960年3月25日夕；同上，1960年3月29日夕。

な影響を受けたように見える。それは,北朝鮮との経済競争の激化であった。北朝鮮はこの時期には自国の経済発展が韓国より進んでいることを誇示するようになっていた。例えば,1960年11月27日付の米国政府内の国家情報評価書では北朝鮮の経済成長が韓国のそれと比べて急速で力強いとし,「北朝鮮体制は不満を煽動する試みのなかで,これらの進歩を公に示し,韓国のそれとの対照性を強調し続けている」と指摘している[27]。第3章第1節第3項では,北朝鮮の経済発展が韓国に与える悪影響について指摘した最初期のものである58年3月31日のハワード・パーソンズによるロバートソン宛の覚書について述べた。この覚書は,訪朝した日本の起業家の報告書から北朝鮮の状況を予測したものであった。また,第4章第2節で述べた,ウォーンがドレイパーのために作成した文書では共産主義陣営の経済攻勢が韓国に与える影響について説明されているが,そこには南北の経済競争に関する記述はなかった。しかし,この時期になって北朝鮮は直接米国に脅威と認識させるほどにその経済成長を強調し始めたのである。

　グラハム・パーソンズは両院同時選挙後の8月12日に大使館に次のように書き送っている。

> 当然,われわれ双方にとって出発点は,少なくとも朝鮮民衆の基本的な物質的・精神的欲求を満たすに当たって共産主義者ができることに対して有利に比較されるような,そしてできることならば最大限,韓国を自由世界の理想が経済的福利と社会正義の実現によってアジアにもたらしえるもののショーケースとすることのできるような,自由で安定した韓国社会と経済という基本的な米国の目標である。(中略)我々は,存在し続ける社会の崩壊,革命の広がり,もしくは転覆活動の危険を避け,韓国をロストウによって名づけられた「離陸点」の段階まで持っていくための指導,激励,そして支援を与えなければならない。もし,我々がこのようにできなければ,共産主義の競争者が彼らのやり方を試みる機会を与えられることとなるだろう。[28]

---

27) "Prospect for the Republic of Korea," Nov 22, 1960, NIE42.1-2-60, *FRUS 1958–1960* Vol.17/18, Suppl.

28) "Letter from the Assistant Secretary of State for Far Eastern Affairs (Parsons) to the

ここでは米国政府内で発展途上地域における共産主義ではない経済発展の形を提示するという観点から南北朝鮮の経済競争が語られていることが分かる。1958年3月31日のハワード・パーソンズの覚書が北朝鮮の経済発展が韓国に与える悪影響を強調していたことを考えると，こうした積極的な南北間の経済競争という発想は新しいものに見える。共産主義によらない経済発展の方法を低開発国に提示するというロストウらの開発主義的理念に立脚したこうした記述は，NSC6018/1 へと反映されていくこととなる。

同時に，北朝鮮が1960年に南北朝鮮連邦案と中立化案を発表したことも，韓国における中立化統一論の広まりを米国に警戒させた。この時期，マンスフィールド（Mike Mansfield）米上院議員が韓国の中立化統一案を主張したこともあって，韓国国内では中立化統一案が注目を浴びていた。アイゼンハワー政権の任期が終了する直前の60年12月24日，駐韓米国大使館は，韓国人が「力強い赤い隣国である北からの増大する転覆活動の挑戦と対峙する自由世界の前哨地であり続けている」ことを米国は対韓政策において考慮に入れなければならないと国務省に提言している。そして，大使館は同じ電文の他の箇所で，北朝鮮が「印象的な工業発展」をしつつ韓国における混乱を利用して転覆を試みていると述べている。大使館は，この北朝鮮の経済発展に対し，韓国が政治的安定や，経済的進歩，転覆活動への対応能力の強化といった成果を上げられなければ，幻滅した韓国国民が北朝鮮からの統一の呼びかけに屈する危険があるとも認識していた。米国は朝鮮半島統一自体は政策目標にしていたが，もちろん中立化統一は受け入れられるものではなく，あくまで自由主義的な条件による統一が前提であった[29]。

　　Ambassador to Korea（McConaughy），" Aug 12, 1960, *FRUS 1958–1960* Vol.18, 682–83.
29)　尹景徹，前掲書，220–21頁；홍석률（洪錫律）『통일문제와 정치・사회적 갈등——1953～1961（統一問題と政治・社会的葛藤——1953～1961）』서울대학교출판부（ソウル大学校出版部），2001年，126–29頁；From McConaughy to SecState, Embtel.742, 795B.00/12-2460, CDF, RG59, NA. 他にも，この時期の統一に関する南北の議論については以下を参照。金學俊『反外国勢의 統一理論——정치발전의 현 단계（反外国勢力の統一理論——政治発展の現段階）』형성사（形成社），1980年；노중선（盧重善）『4・19와 통일논의（4・19と統一論議）』사계절（四季節），1989年；서중석（徐仲錫）「1950

以上，4月革命以降の対韓政策の基盤となった米国の認識について述べてきた。次に，こうした認識に基づいて作成され，アイゼンハワーの任期終了2日前の1961年1月18日に承認された同政権最後の対韓政策文書であるNSC6018/1の内容について概観する[30]。同文書には明確に開発主義の影響がみられる。まず，その目的の1つに，韓国の「自立的に成長する経済」の建設が据えられた（第1パラグラフ）。さらに理念の面で注目すべきは第12パラグラフの以下のような文章である。

　　共産主義者が主張する非現実的で近視眼的な物質的成功と対照させる形で，自由主義世界の政治的，経済的，文化的理念が，韓国国民の物質的・精神的熱望を実現する際の有効な基盤であることへの韓国の指導者たちと国民の理解を促進する。

これはまさに共産主義的発展への代案の提示という開発主義の理念の根幹が対韓政策に公式に反映されたことを示していた。また，同文書では，歴代対韓政策文書では初めて「経済開発」という個別の章が立てられ，4つのパラグラフが割かれている。具体的な経済政策としても，例えば，同文書で初めて「為替システムを，輸入を減らし，輸出・国内需要両方のための国内生産を刺激するように改善する」と，為替レートに関する言及がなされた。さらに，「韓国が更なる経済発展と安定のための計画と政策を準備・実行する」よう促すことや「韓国の経済発展への国内外資本の参加を促進する」ことも述べられている。ただ，同文書が完成するまでには，為替制度改革も経済開発計画の作成も米国政府内や韓国現地の米国当局者によってすでに進められており，同文書はむしろそれを追認する形になった。また，従来通り，経済発展のための投資はあくまで経済的な安定と両立する限り行うものであるということも「経済安定と調

　　년대와 4월혁명기의 통일론（1950年代と4月革命期の統一論）」『통일시론（統一試論）』 통권 2호, 1999년 3월；강광식（姜光植）「1960년대의 남북관계와 통일정책（1960年代の南北関係と統一政策）」한국정신문화연구원（韓国精神文化研究院）『한국현대사의 재인식 11 —— 1960년대의 대외관계와 남북문제（韓国現代史の再認識 11 —— 1960年代の対外関係と南北問題）』백산서당（ペクサン書堂），1999年．
30) "NSC6018/1," Jan 18, 1961, RG273, NA.

和する限り最大限に，工業生産を増大させる」（第17パラグラフのc）という文章によって示されている。

　南北統一に関しては，第8パラグラフに「米国の安全保障の利益に一致する条件による朝鮮統一への前進」という記述がみられ，さらに第13パラグラフにも以下のような記述がある。

> 韓国人指導者が自由主義世界の原則と調和する適切な国家目標を練り上げることと，特に学生，知識人，労働者の指導者らのなかで成長している韓国の民族主義感情を改革と開発の計画に向けさせ，全体主義的イデオロギー，マルクス主義，そして中立主義へと向かう傾向を思いとどまらせる。

このように，ここでもやはり，学生や知識人の主導によって韓国が共産主義や中立化統一へと向かうことへの警戒が強調されている。

　さらに，同文書は米国が警戒していたクーデタや共産主義者の転覆活動にも言及している。同文書では短期的目標の1つに「共産主義の膨張や，転覆活動に対する，朝鮮半島における大韓民国統治下の部分の領土的・政治的統合性の保持」を据えている（第6パラグラフ）。また，クーデタに関しては，軍に政治的中立性を保ち文民政府を支持することが適切だという理解を促進させるという対策方針が第33パラグラフで述べられている。

　最後に，同文書で注目すべき点がもう1つある。「全体的考察（General Consideration）」と題された同文書の付属文書は朝鮮半島をめぐる国際状況を分析しているが，そのなかに北朝鮮の経済状況について扱っている部分がある。全文は以下のとおりである。

> 北朝鮮の政権は韓国に対して転覆のための絶え間ない圧力を維持している。北の生活水準は南のそれに劣るにもかかわらず，共産主義者は建設と経済開発，特に重工業において大きな進歩をし，成果の持続についての印象的な量的主張を行っている。

この記述は，付属文書ではあるが対韓政策のNSC文書が初めて北朝鮮経済に

触れたものである。同付属文書は状況分析のみで終わっており，この状況にどのように対処するのかや，NSC6018/1 の各政策とこの状況分析がどのように関係しているのかまでは述べていない。しかし，この付属文書によって，米国政府当局者が誇示された北朝鮮の経済発展のイメージに対抗する必要性を感じていたことが分かる。こうした認識から，米国政府は共産主義によらない経済発展のヴィジョンを提示する開発主義的理念を NSC6018/1 に反映させたものと推測できる。

このように，同文書は4月革命以降の米国政府による対韓認識の総決算であり，開発主義を積極的に対韓政策に組み込むものであった。しかし，同文書が承認されたのはアイゼンハワーの任期終了2日前であり，その後の政権交代を考えると，その意義は必ずしも文章の字義どおりに評価できないだろう。

以上，本書では4月革命以降のアイゼンハワー政権による韓国に対する認識について述べてきた。米国は，1956年5月の選挙以降の一時期を除き，4月革命以前までは，共産主義者に利用される状況を引き起こす原因として，主に李承晩の死や政権の野党に対する強硬な措置といった与野党間調停等の政局への対処が必要な事態を想定していた。しかし，4月革命以降の米国の脅威認識に特徴的なのは，共産主義者の煽動やクーデタに利用される状況を引き起こす原因としての経済的停滞の強調であった。この脅威認識の背景には，4月革命によって生じた国民の期待と，北朝鮮が仕掛けてくる経済攻勢や中立化統一の議論があった。また，56年のケースとは異なり，この時期の韓国における経済停滞への懸念は，韓国現地の米国当局者だけでなく国務省を含む米国本国政府も共有していた。さらに，この4月革命後の時期には，国際社会における自由主義的経済発展のショーケースとしての韓国による北朝鮮との経済発展をめぐる競争が強調されることが増えた。こうして，実際に対韓政策に開発主義の理念が適用されることとなったのである。

もちろん，このような米国側の政策の変化が起こったのはアイゼンハワー退任直前であり，政策が変化したとはいえ同政権がそれを完遂することはできなかった。例えば，韓国で新政権が樹立されるにあたり，日韓国交正常化に関してもマコノギーとマッカーサー（Douglas MacArthur II）駐日米国大使の間で舞台裏の調停が展開された。ただ，張勉政権期の日韓国交正常化への米国の関与

はそれほど目立つものではなかった。理由としては，以前から強調された「不介入政策」の原則や，やはり米国が政権交代直前で本格的な政策の展開を開始するには時間が残されていなかったこと，張勉が対日国交正常化に積極的な姿勢を取っていたため圧力をかける必要がなかったこと等が挙げられる[31]。結局，アイゼンハワー政権の任期は1961年初頭に終了し，日韓交渉が同政権中に前進することはなかった。

　以上のように，アイゼンハワー政権は韓国における経済開発重視政策の必要性を認識したものの，退任直前であったためそれを十分に推進することができなかった。ただ，為替制度改革のようにアイゼンハワー政権と張勉政権の協議のもとに実行に漕ぎ着けた経済改革も存在した。

第2節　新たな長期経済開発計画作成の動き[32]

　4月革命によって中断された韓国の長期経済開発計画作成であったが，張勉政権が成立してしばらくすると，米韓双方に推進の動きが見られ始めた。

　張勉政権は発足当初から計画作成には積極的であった。張勉政権が成立して

---

31)　李鍾元「韓日国交正常化の成立とアメリカ―1960〜65―」『近代日本研究』16, 1994年，274頁; From DOS to the Embassy in Korea, Oct 25,1960, Deptel.382, *FRUS 1958-1960* Vol.17/18, Suppl. 張勉が対日交渉に積極的であった背景には，張自身の「韓国人たちは日本或は共産主義に対してよりも『不安と貧困という2つの危機』に関心を持たなければならない」という思考があったとされる。허동현 (許東賢)『장면――건국・외교・민주의 선구자 (張勉――建国・外交・民主の先駆者)』분도출판사 (ブンド出版社), 1999年, 163頁。

32)　張勉政権の経済政策については以下を参照。高賢来「李承晩・張勉政権の対東アジア経済外交」; Satterwhite, "The Politics of Economic Development"; 유광호 (兪光浩)「장면정권기 경제정책 (張勉政権期経済政策)」한국정신문화연구원 현대사연구소 (韓国精神文化研究院現代史研究所) 編『한국현대사의 재인식 5 (韓国現代史の再認識 5)』; 朴鎮希「민주당 정권의 '경제제일주의'와 경제개발 5개년계획 (民主党政権の『経済第一主義』と経済開発5ヵ年計画)」; 김기승 (金基承)「민주당 정권의 경제정책에 관한 연구 (民主党政権の経済政策に関する研究)」조광 (趙珖) 他『장면총리와 제2공화국 (張勉総理と第2共和国)』; 기미야 (木宮), 前掲書; 鄭眞阿「장면 정권의 경제정책 구상과 경제개발 5개년계획 (張勉政権の経済政策構想と経済開発5ヵ年計画)」『韓國史研究』176, 2017年3月。

最初の合経委において，朱耀翰復興部長官は米国側に対し，社会主義的計画経済を作る意図はないとしつつも，計画作成は不可欠であり，彼らの政策は「計画された自由経済」のスローガンによって最適に定義できると述べている[33]。

　他方で，張勉政権成立後には，米国務省の中にも韓国における長期経済計画作成に向けた積極的な動きがみられた。ハーターは1960年12月23日に大使館に電文を送り，「3カ年計画の欠点を認める」としながらも，同計画が米韓による迅速な計画作成・実行のための出発点となりえるかどうか尋ね，また，韓国の動きについても報告するよう指示を出した[34]。これに対し，マコノギー大使は「大使館とUSOMは3カ年計画は韓国政府との長期的経済計画協議のための基礎としてさえ利用することは非実用的で望ましくないと考える」とし，同計画を「非専門的な力量によるもので，計画者は不当に前政権の政治的考慮に影響されている」と批判した。そして，マコノギーは，張勉政権が3カ年計画を公式には認めていないことや，経済計画を作成するための新たな顧問団の支援を求めてきていることを報告した[35]。

　長期経済計画作成の顧問団としてはオレゴン大学のチームがすでにあったが，そのパフォーマンスは米韓両当局者に不評であり，契約を延長せず1961年5月14日の期限で終了させることが，すでに60年12月20日には米国から復興部へと通知されていた。こうして，USOMは新たな顧問を探し始めることとなったが，その候補としては，ロストウ，ミリカンの他に，53年に韓国の経済復興計画を作成したネイサン（Robert R. Nathan）の名前が挙がっていた[36]。

33）"CEB Minutes," Aug 31, 1960, CEB-Min-60-28, Box.16, Entry1277DH, RG469, NA.
34）From Herter to the Embassy in Korea, Dec 23, 1960, Deptel.630, Box.147, Entry422, RG469, NA.
35）From McConaughy to SecState, Dec 30, 1960, Embtel.769, ibid.
36）From Moyer to ICA, "Oregon Contract, ICAc 1101 Project 72-493," Feb 3, 1961, TOICA A-2641, ibid.; From Moyer to ICA, "Advisory Services on Economic Planning," Dec 31, 1960, TOCA A-2310, ibid. 張勉政権の長期経済計画作成の顧問は最終的にランド社のウルフ（Charles Wolf, Jr.）に決定される。From USOM to ICA, "Korean Long Lange Economic Development Planning," Apr 3, 1961, TOICA 1620, ibid. オレゴン大学顧問団の作成した報告については以下を参照。The Oregon Advisory Group in Korea, *A Report on the University of Oregon Advisory Mission to the Korean Economic Development Council 1959-1961*（1961）.

以上のように，従来韓国政府主導で韓国現地の米国当局者が主体となって支援してきた長期経済計画作成に，4月革命後には米国本国も積極的な姿勢を見せるようになった。これは，韓国が経験不足だった産開委設立当時とは異なり，経済開発3カ年計画を完成させたことや，それを基礎にして新たな計画を作成できる可能性があったからというのもあるが，やはり米国本国が4月革命後に韓国の経済開発の必要性を認識したことも重要だろう。ただ，アイゼンハワー政権はすでに退任直前であり，新たな顧問との契約を含む計画再作成の試みは次の政権に持ち越されることとなった。

第3節　為替レートの適正化

　4月革命以降米国は韓国の経済状況改善を重視し始めた。そうしたなかで急速に進行した経済改革の1つが為替レートの適正化・単一化であった。本節では，4月革命以降経済開発重視の性格を強めた米国の対韓政策の具体例として，そして，本書でここまで述べてきたアイゼンハワー政権期の米韓間における為替制度をめぐる交渉の締めくくりとして，1961年2月に改革が完遂されるまでの過程を分析する。

　李承晩が失脚し，外相であった許政が大統領代行として過渡政権を担うと，ディロン国務次官は経済改革について「国民が政治と経済の改革を要求している現在の流動的な時期の間により容易に合意することができるだろう」と考えた。そして，ディロンは大使館に電文を送り，韓国政府に為替問題に関する予備会談を米国側が望んでいると伝えるように指示した。その後，ハーター国務長官も大使館に電文を送り，そのなかでディロンの電文に言及しつつ，為替制度改革について「韓国における，健全で安定しており拡大する経済システムの発展のための広範な政策の不可欠で不可分な一部」であり「効果的で現実的な為替レートシステムと財政安定の組み合わせは韓国の経済発展と成長の根本」であると述べた[37]。

---

37) From Dillon to the Embassy in Korea, May 3, 1960, Deptel.926, Box.22, Entry2846A, RG84, NA; From Herter to the Embassy in Korea, May 23, 1960, Deptel.1014, ibid.

ディロンの電文を受けて，5月23日にマコノギー大使とモイヤーUSOM処長は許政を含む閣僚らと会談し，旅行者レートや国連軍ドル契約の拡大等についての立場を再度説明した。その後，マコノギーは，暫定政府，大使館，USOMが全面的な為替レート改革の予備研究を行い，夏までにIMFの人員を招き，協力して詳細な研究を行うことを提案した。許らはこれに合意し，まずは旅行者レートと国連軍ドル契約について，そしてその後に根本的な改革について協議を始めることとなった[38]。

　しかし6月7日に，ハーターは再び大使館に電文を送り，根本的な為替制度改革を阻害するのであれば旅行者レートと国連軍ドル契約についての協議は進めないようにと方針の変更を指示する。これはハーターが「米側のすべての公的支出に適用されない旅行者レートや国連軍契約レート」を採用することは米議会の手前難しいと判断したからだという。第4章第5節で扱った1959年から60年にかけての米韓交渉に明らかなように，旅行者レートの採用や国連軍契約への特別レートの適用を韓国政府に受け入れさせようとすればこうした条件付きになる可能性が高かった。そしてハーターは，根本的な為替制度改革が見越せないなかでは，中途半端な改革は逆に韓国への支出に厳格な米議会に批判を浴びることになるだろうと考えたのだと思われる。おそらくハーターは，そうした面倒な手間を1つ余計に増やすよりも，後述するように追加援助と引き換えに韓国の譲歩を引き出し，一度の改革で現実的な水準の単一レートを設定することを目指した方が賢明だと考えたのであろう。そしてハーターは，韓国政府に改革の性格と重要性を説明し，その望ましさと実行可能性への関心と理解を獲得し，次にできる韓国の新政権で行うだろう改革の準備をIMFに要求するように韓国政府を説得することを大使館に指示した。ハーターは，正式な新政権が発足するまでにできる限り改革の準備を進めたかったのである[39]。

　こうして，6月15日には尹 㻽 炳（ユン ホ ビョン）財務部長官がIMFに書簡を送り支援を要請することとなった[40]。しかし，実際に訪韓したIMF使節団との協議を参考に

---

38) From McConaughy to SecState, May 24, 1960, Embtel.1203, ibid.
39) From Herter to Seoul, June 7, 1960, Deptel.1108, ibid.
40) From McConaughy to SecState, June 23, 1960, Embtel.1400, ibid.

して韓国政府が出した結論は3つのレートを設定するという複数レート制であった。ハーターはこれに不満を示し，韓国政府に直接単一レートが好ましいと伝えるよう大使館に書き送っている。さらに，ハーターは為替レート単一化の過程で韓国が追加援助を要求してくるならば調査をすると伝えるように指示している[41]。

そして，8月には張勉が国務総理に就任する。張は野党時代から米国の主張する為替制度改革を支持し，4月革命直前である1960年2月8日には駐韓米国大使館のレイナード（Donald L. Ranard）1等書記官に向かって，現実的な為替レートを採用するよう促してさえいる。そして，国務総理就任後の8月27日，張は国会における施政方針演説で為替レートを現実化すると述べた[42]。

張勉の国務総理就任直後の8月26日，マコノギーは朱耀翰復興部長官との会談で，3つのレートによって構成されている複数レートが韓国政府内で考慮されていることに言及し，最終的に単一レートにすることが望ましいと伝えた[43]。このように，米国が張政権に根本的な為替制度改革を迫るなか，韓国政府側では平価切り下げが韓国経済にもたらす混乱が問題になった。当時の韓国経済は大量の輸入によって成り立っており，また，国家予算も米国の援助によって成り立っていたので，外貨に対する自国通貨の価値の切り下げは大きな混乱をもたらすと予想されたのである。張は世銀・IMFの総会に出席するために訪米する全禮鎔韓銀総裁に，非公式に米国と特別財政援助に関して交渉を行う権限を与えた。訪米した全は9月23日に国務省を訪問し，為替制度改革に必要な特別財政援助の供与を求めた[44]。

---

41) From Dillon to the Embassy in Korea, Aug 24, 1960, Deptel.162, ibid.
42) From the Embassy in Korea to DOS, "Vice President Chang Myon's Views on Democratic Prospects in the Forthcoming Election," Mar 10, 1960, Desp.435, *FRUS1958–1960* Vol.17/18, Suppl.；民議院事務處『第36回國會 民議院速記録』第12号，1960年8月27日，4頁．
43) "Farewell Visit of Ambassador McConaughy to Minister CHU; Discussion of Exchange Rate Revision," Aug 26, 1960, Attached to, From the Embassy in Korea to DOS, "Discussion of Ambassador McConaughy with Minister of Reconstruction Chu on Exchange Rate Revision; the Chungju Fertilizer Plant; and Private Foreign Investment," Aug 29, 1960, Desp.100, Box.22, Entry2846A, RG84, NA.
44) From Green to SecState, Sep 27, 1960, Embtel.390, ibid.; From Dillon to the Embassy

1960年10月，車均禧復興部次官は張勉がハーターに宛てた書簡をもって訪米し，全禮鎔とともに援助増額を要求するために米国との交渉に臨むことになる[45]。10月12日，ディロン国務次官との会談の席で車は張の書簡を米国側に手交する。同書簡は新政権が考えている経済改革を説明し，米国の援助増額を要請するためのものであった。ここで車は以下の2つの形での援助増額を米国に要求することとなる。

　　A．為替制度改革，公共料金引き上げ，赤字予算，軍事・民政の給料拡大から生まれるインフレーション圧力に対応し，失業を軽減するための5000万ドルの安定化贈与。
　　B．長期的開発援助。

これに対し，ディロンは5000万ドルは「我々の能力を超える」としながらも援助の検討に前向きな態度を示した[46]。

　為替制度改革については，車均禧が訪米中に米国政府に提示したのは，国連軍司令部が必要とするホァンと米国援助資金に不利なレートを割り当てる複数レート制であった。しかし，米国は為替レートの単一化を求めた。米国政府は韓国政府が十分に為替制度改革を実行しなければ，米国議会や世論の対韓政策への態度に影響すると考えていた。レートの単一化を求められ，車は要求している5000万ドルの援助が手に入るならば，「あなたの提案を丸のみする」意思が韓国にはあると述べたという。

　その後，ハーターは，交渉のために韓国の財務長官の訪米を模索するよう大使館に伝えた。大使館からこうした提案を受け，張勉は同意する[47]。10月17日，

---

　　in Korea, Sep 27, 1960, Deptel.264, ibid.; "Korean Exchange Rate Reform," Sep 28, 1960, ibid.
45)　『東亞日報』1960年10月7日朝。
46)　「韓國의 經濟改革方策에 關한 覺書（韓国の経済改革方策に関する覚書）」『復興月報』第5巻第9号，1960年9・10月; "Korean Aid Program; Discussions with Korean Vice Minister of Reconstruction," Oct 12, 1960, *FRUS1958–1960* Vol.17/18, Suppl.
47)　From Herter to the Embassy in Korea, Oct 13, 1960, Deptel.329, Box.9, Entry478, RG469, NA; From McConaughy to SecState, Oct 15, 1960, Embtel.468, ibid.

訪米を前にした金永善財務部長官は駐韓米国大使館のグリーン（Marshall Green）参事官と会談した。金は米国がワシントンにおいて韓国側当局者に1300ホァン対1ドルの単一レートの採用を求めたという報告を受け取っていた。この要求に対し，金はグリーンとの会談の場でその妥当性を認めながらも，「敵対的な野党と批判的な新聞という現実と向き合わなければならなくなる」ため，現実的な水準の単一レートへと段階的に移行することを提案した。そして金は，第1段階として1961年1月1日に均一1000ホァン対1ドルレートに移行することを提案したのである。なぜ韓国が段階を分けることを提案したかというと，61年初頭に国会の審議に付されることになっている61年度予算案が1000対1レートに基づいて準備されたものだからであった。そのため，予算案が通る前に，追加援助もなしに1ドル当たり1000ホァン以下に平価を切り下げるわけにはいかなかったのである[48]。

　ディロン次官は10月25日，訪米した金永善に対し張勉宛ての書簡を提示する。同書簡は，米国が韓国への追加経済援助を供与する準備があるとし，その条件である「韓国の経済的進歩に大きな利益となり，米国の援助をより効果的にするだろう」経済諸改革について述べたものだった。もちろん，その改革のなかには為替レートの現実的な水準での単一化が含まれていた。さらに，その付属文書では，恒久的に固定できるレートの水準を選択することが困難だという理由で，変動レート制にすることも要求された。具体的には，1200ホァン対1ドルという基本レートに，例えば100ホァンになる「証書レート」価格を加え，1300ホァン対1ドルの実効レートにするというものであった。そして，証書の価格は中央銀行によって根本的な経済条件を反映するために変更されるものとされた。その経済条件としては，国際的な価格とコストの動き，国際収支の展望，ドルの需要と供給等が挙げられている。

　また，このディロンの書簡は韓国政府に物価安定化についての方策も要求していた。ディロンは，為替制度改革と抱き合わせで，韓国経済の安定を維持するための，予算，金融，そして信用政策実行に書面で合意することも追加援助

---

[48] From McConaughy to SecState, Oct 17, 1960, Embtel.474, ibid.; From Herter to the Embassy in Korea, Oct 26, 1960, Deptel.401, ibid.

の条件とした。同覚書で主張されている為替制度は1955年以来の25％条項を廃止することが前提であり，米国側は韓国政府に物価安定政策を実行させるための25％条項に代わる保証を得ようとしたのである[49]。

そして12月1日，車均禧は駐韓米国大使館員に「韓国政府は1月1日に公定レートを1000ホァン対1ドルに移行しその後，2月1日に『おそらく1200ぐらい』の現実的レートを発表することを計画している」と述べた。一度1000対1にレートを変更してしまうと，その後の真に現実的な水準へのレート変更が困難になるのではないかという米国側の懸念はありつつも，韓国政府のこの方針によって為替制度改革のスケジュールがほぼ確定した[50]。そして1961年1月1日には実際に1000ホァン対1ドルへと平価切り下げが行われることとなる。

その後，次の平価切り下げに関する詰めの協議が1961年1月にソウルにおいて米韓両当局者間で行われることとなる。その際に，米韓間では主に3つの問題が話し合われた。即ち，設定するレート，物価安定化，輸入特別物品税・輸出補助金である。

まず，レートについて述べる。1月14日，この協議のために訪韓したピーターソン（Avery F. Peterson）国務副次官補と会談した金容甲財務部次官は，最終的な為替レートの水準について3つの選択肢を提示したが，最も推したのは1ドルを1200ホァンの基本レートと100ホァンの証書レートの計1300ホァンと対応させるというものであった。これは1960年10月25日のディロンの書簡が提案したレートであった。これに対し，ピーターソンは，最終的に決めるのは韓国政府としながらも，「助言」として1ドルに対し1300ホァンの基本レートと50ホァンの証書レートの計1350ホァンを提案した。ピーターソンは新たな提案をした理由として，(1)すでに輸出業者は1350よりもホァンが安いレートでその利益を受け取っているので輸出促進に必要，(2)輸入需

---

49) From DOS to the Embassy in Korea, Oct 25, 1960, Deptel.382, *FRUS 1958–1960* Vol.17/18, Suppl.
50) From McConaughy to SecState, Dec 2, 1960, Embtel.662, Box.9, Entry478, RG469, NA; From McConaughy to SecState, Dec 14, 1960, Embtel.704, Box.22, Entry2846A, RG84, NA.

要をより減らすので政府が輸入を統制する必要がなくなる，(3)国民と企業の信頼を得られるだけの適切なレートである必要があるといった3つを挙げている[51]。

しかし，1月21日，マコノギーと金永善財務部長官の会談では，米国側は「金長官は直接的には言わなかったが，1350対1レートは10月25日のディロン書簡に記されたワシントンの合意からの決別であるという含意がそこにはあった」という印象を持った。韓国側の不満を感じ取ったからか，米国側は，1350対1レートについてIMFが最近の韓国の経済データに基づいて見積もった数値を伝えたのであり，最終決定は韓国政府が行うものであり，米国側はその決定を受け入れる用意があると強調した[52]。

結局，2月1日に韓国政府は，2月2日から基本レートを1ドルに対し1250ホァンとし，そこに1ドルにつき証書レート50ホァンを上乗せし，全体のレートを1300ホァン対1ドルとすると公式に発表した[53]。全体としてのレートは韓国政府が当初考えていた数値から変更されなかったが，基本レートでは米国側が主張した1250ホァンを受け入れた形となったのである。そして，基本レートは政府が決定し，政府予算編成にのみ適用し，証書レートは経済情勢の変動によって金融通貨委員会が決定することとなった。つまり，米国が提案した変動レート制が採用されたのである。

次に物価安定化政策について述べる。1960年10月25日にディロンが金永善に手交した書簡のなかで物価安定化政策が要求されていたことは前述した。米国務省は，為替制度改革の際に物価安定のためにとる方策について米韓間で覚書を交換することで，韓国側の言質をとろうと考えた[54]。そして，国務省は韓国側が国務総理か財務部長官の名義で米国側に送るべき覚書の文案を作成した。同文案において韓国政府は以下のように述べることとされている。

---

51) "United States Comments upon ROKG Exchange Rate Proposals," Jan 20, 1961, Box.29, Entry2846A, RG84, NA.
52) "ROKG Economic Reform Program," Jan 21, 1961, ibid.; "ROKG Exchange Reform," Jan 24, 1961, ibid.
53) 『東亞日報』1961年2月2日朝。
54) From Merchant to the Embassy in Korea, Dec 27, 1960, Deptel.647, Box.9, Entry478, RG469, NA.

韓国政府は国家の生産力の強化に取り組み続けるだろう。しかし，それらの取り組みは韓国経済が競争力を得ることができる部門，特に輸出を増大させることに向けられるだろう。大きな補助や，保護政策もしくは過剰な量の輸入品を必要とする活動を伴う事業は着手されないだろう。韓国政府の政策は使用可能な資源の制限のなかで不可欠な最優先のものを保証するために投資を調整するものとなるだろう。

さらに同文案は，61年度に通貨供給量が増大しないように，公的部門と民間部門にそれぞれ金融機関による貸出金額のシーリング（上限）を設けるとした。
国務省は同文案を大使館に送付して検討させた[55]。これに対し，まず，マコノギーは1月3日の国務省への電文で，文案に書かれている方策がインフレーションではなくデフレーションをもたらすのではないかという懸念を表明した[56]。さらに，1月6日の国務省への電文で，マコノギーはこの金融シーリングが「過度に抑制的であるように思え，韓国経済に深刻な悪影響を与え，米国の韓国における経済的目的と両立しない可能性がある」とし，以下のように述べている。

過去4ヵ月間，既存の金融規制は経済活動と成長を抑制するという韓国政府の主張がいくらかの妥当性を示す兆候の増大が注目される。USOMの産業専門家と民間貿易業者は操業資本の不十分さと，紡織，金属，ゴム，皮，機械産業におけるかなりの遊休生産力を強調した。上述の経済的考慮（これはまた，主要な政治的考慮も伴う）から，大使館・USOMは1961年におけるいくらかの穏やかな通貨供給の増大は望ましく，不可欠だと考える。

そしてマコノギーは，国務省側が提案したように公的部門と民間部門に別々

---

55) From Merchant to the Embassy in Korea, Dec 31, 1960, Deptel.672, Box.22, Entry2846A, RG84, NA.
56) From McConaughy to SecState, Jan 3, 1961, Embtel.784, Box.29, Entry2846A, RG84, NA.

にシーリングを設定するのではなく，通貨供給量そのものに10%の増大という上限を設けることを提案した。マコノギーはこの数値はとても保守的であると考えながらも，1959年と60年の通貨供給量の増加率がそれぞれ9%だったことも勘案し，この提案が「経済成長と財政安定化の最善なバランスに役立つ」と考えたのである[57]。ただ，この10%という数値が59年と60年の通貨供給量の増加率とほとんど変わらないことからも分かるように，マコノギーもそれまでの財政安定化方針を放棄したわけではなかった。

また，マコノギーは韓国政府が米国政府に送る財政安定化政策に関する書簡を米国側が作成するということについても疑問を呈した。マコノギーは国務省への電文で，米国の提案した書簡の内容をすべて受け入れるにしても，「米国の圧力に韓国政府が屈した」，「張勉政権は米国の道具」といった新聞や国民の非難から身を守るために，韓国政府は自らの手で書簡を作り上げることを好むだろうと述べている[58]。

1960年1月10日，ハーターはこうしたマコノギーの提言に関してコメントを大使館に送った。ハーターは，当初の提案を修正し，公的部門でも民間部門でも信用の供与を増大させることを認めた。しかし，マコノギーの言うように，上限を部門ごとではなく通貨供給量全体に対して設けることには反対だった。その理由は，通貨供給量全体の統計収集が困難であることと，通貨供給量全体を対象としてしまうと通貨量の増大を経済の最も望ましい部門で起こすことが難しいということであった[59]。ハーターは米韓合意のための書簡に関しては米国側ではなく韓国側が作成することに合意し，すでに作成した文案は韓国側に提示せず，米国が望む韓国との約束の内容について韓国に提示する際に文案の内容を参考とするように述べた[60]。ハーターから指示を受け，部門ごとのシーリングについて協議すべく大使館員とUSOM処員は韓国政府の復興部官僚たちと会合する。しかし，マコノギーらの感想としては復興部の官僚たちは単一化したレートが金融に及ぼす影響について協議する準備ができていなかったと

---

57) From McConaughy to SecState, Jan 6, 1961, Embtel.802, ibid.
58) From McConaughy to SecState, Jan 3, 1961, Embtel.784, ibid.
59) From SecState to the Embassy in Korea, Jan 10, 1961, Deptel.708, ibid.
60) From Herter to the Embassy in Korea, Jan 6, 1961, Deptel.699, ibid.

いう[61]。

　1月20日にアイゼンハワーの任期が終了しケネディ政権が発足すると，1月30日，ラスク国務長官は大使館に送った電文のなかで，韓国の為替制度改革の際に米国側が表明する予定の公式声明に言及した。ラスクは韓国側から安定化方策に関する書簡を為替制度改革の実行までに米国に送ることはできないだろうと判断したが，為替制度改革をこれ以上遅らせることも望ましくないとした。こうして，ラスクは大使館が提言するように，安定化方策に関する韓国の書簡を受け取る前に声明を発表することに同意したのであった。ただ，ラスクは先に援助を供与すると発表してしまい，その後に安定化の方策を韓国に実行させる交渉力を失うことを恐れたため，追加援助について声明で言及しないように提案した[62]。しかし，さすがにこの提案は採用されなかった。

　そして，2月2日，1ドル対1300ファンの新レートが施行される。2月2日にマコノギーは声明を発表し，約束していた2000万ドルにPL480に基づいた2370万ドルの援助を加えた4370万ドルを韓国に供与することについても積極的に考慮していると述べた[63]。その後，2月28日に金永善財務部長官はとるべき物価安定化政策の内容について書かれた書簡をマコノギーに送っている。同書簡は，公的セクターと民間セクターの2部門に分けてそれぞれシーリングを設定するという手法こそ当初の国務省案と変わらなかったが，公的セクターでは19億ファン，民間セクターでは355億ファンの通貨供給の増大を認めた。当初の国務省案はこの増大を認めていなかったため，多少緊縮目標が緩和されたこととなる。また，同案は全体の通貨供給量の増加率としては10.9％と，以前にマコノギーが提案した数値と似通った数値を提示したことになる[64]。

　次に，特別輸入税（資料によっては特別物品税とされている）と輸出補助金をめぐる米韓協議について述べる。韓国政府は米国政府に平価切り下げとともに

---

61) From McConaughy to SecState, Jan 17, 1961, Embtel.845, ibid.; From McConaughy to SecState, Jan 23, 1961, Embtel.879, ibid.
62) From Rusk to the Embassy in Korea, Jan 30, 1961, Deptel.798, ibid.
63) 『東亞日報』1961年2月2日夕。
64) From Kim to McConaughy, Feb 28, 1961, Attached to, From the Embassy in Korea to DOS, "ROKG Financial Stabilization Plan for 1961," Mar 3, 1961, Desp.390, Box.9, Entry478, RG469, NA.

特定の品目の輸入に特別物品税をかけることを提案した。特別物品税とは，国内と国外の価格差のせいで一定水準以上に高い利潤を得られる品目の輸入を抑制するためにかける税金ということである。逆に，輸出補助金は，国内と国外の価格差のせいで輸出で利益を得られない，つまり新レートが十分に輸出のインセンティヴを与えない品目の輸出を促進するための補助金である[65]。

　これらの制度を創設することに関して，米国務省が特別輸入税にあまり好意的でなく，輸出補助金も品目ごとではなく一律のものを好んだこと等，米韓間の意見の違いはいくつかあった[66]。しかし，最も大きな問題は，IMFがこれらの制度のせいで韓国の新為替制度を単一為替レート制と呼ぶことができないと考えていると駐韓米国大使館が認識していたことであった。駐韓米国大使館員からIMFがこうした見解を持っていると告げられた申秉鉉(シンビョンヒョン)韓銀調査部長は「韓国は単純に，提案された改革への『完全な単一レートへの移行』という同基金の称号なしに実行せざるを得ない」と述べた。しかし，大使館側はもしIMFの承認無しに改革を行えば「『正規加盟国の資格』が無期限に停止される」と述べている。

　大使館員と申秉鉉との会合の後，マコノギーは特別輸入税や輸出補助金のような短期的な措置がなければ韓国は「真正」の単一為替レートは不可能だと考え，これに賛成すると国務省に書き送った。そしてマコノギーはIMFの教条主義的な姿勢が韓国のディロン書簡で示された条件の履行に関するワシントンの意見に与える影響への懸念を述べた。マコノギーはディロン書簡の提示している為替制度改革について「『完璧には満たない』単一為替レートの採用」と解釈しており，この見解は韓国政府にも共有されていると述べた[67]。

---

65) From McConaughy to SecState, Jan 7, 1961, Embtel.809, Box.29, Entry2846A, RG84, NA；From McConaughy to SecState, Jan 28, 1961, Embtel.919, ibid.；From McConaughy to SecState, Embtel.832, Jan 14, 1961, ibid. この課税の基準については，最終的に国会に提出された法案を読めば理解し易い。民議院事務處『第38回國會 民議院速記録』第40号（付録其2），65-66頁。

66) From Herter to the Embassy in Korea, Jan 9, 1961, Deptel.700, Box.29, Entry2846A, RG84, NA.

67) From McConaughy to SecState, Jan 30, 1961, Embtel.926, ibid. ここでいう「正規加盟国の資格の停止」とは，国際通貨基金協定第4条第6節の「基金の加盟国が基金の異議にも拘らず，その通貨の評価を変更するときには，その加盟国は基金の資本を使用する

このマコノギーの電文に対し，ラスクは，IMF が反対しているのは韓国の為替制度改革に複数レート的な性格をもたらしている，特別輸入税の徴収が韓銀によって行われ輸出補助金の支給が外貨の売買の一部として行われるという手続きに関してであるとした。そしてラスクは，これらの手続きが変更されるならば，IMF は態度を修正するだろうと述べた[68]。

　これを受けて韓国側は特別輸入税と輸出補助金の構想に修正を加える。全禮鎔韓銀総裁はその内容を記した書簡を IMF のコクラン（H. Merle Cochran）副専務理事に送付した。その書簡では，特別輸入税は「特別関税」と名前を変え，韓銀ではなく関税当局が扱うものとし，また，輸出補助金も外貨売買の際ではなく船荷証券が発行された後で支給することとされた。これらの対処によって特別輸入税と輸出補助金の問題は解決した[69]。

　こうして，韓国では 1961 年初頭に単一変動レート制が採用されることとなった。しかし，その後，5・16 クーデタによって成立した革命政府が 1300 対 1 レートを維持するために証書レート制度を廃止したことで為替レートは 1300 対 1 で固定されることとなる[70]。そもそも，米国側も交渉中に示唆していた通り，1300 対 1 レートは，60 年に市場で取引されていた輸出ドルのレートよりは過大評価のままであった。それに加えて，朴正熙政権の重化学工業建設の試みは急激なインフレーションをもたらし，1300 対 1 レートもすぐに実効性を大幅に減じることとなった[71]。

　　資格を喪失する」という規定を指していると思われる。IMF 協定の条文については以下の日本外務省 HP を参照（最終アクセス日 2018 年 1 月 12 日）。http://www.mofa.go.jp/mofaj/gaiko/treaty/pdfs/B-S38-E1-001_1.pdf

68）　From Rusk to the Embassy in Korea, Jan 30, 1961, Deptel.796, Box.29, Entry 2846A, RG84, NA.
69）　From McConaughy to SecState, Feb 1, 1961, Deptel.947, ibid.
70）　韓國貿易協會，前掲書，1962 年，63 頁。
71）　Seung Hee Kim, *Foreign Capital for Economic Development: A Korean Case Study*（New York, Washington, and London: Praeger Publishers, inc., 1970），121–24; 金・웨스트괄（ウェストパル），前掲書，67–68 頁。

小　結

　1960年3月15日の正副大統領選挙における大々的な不正に対する抗議が激化すると，米国務省・駐韓大使館は，これが北朝鮮の転覆活動に利用される政治的混乱へと発展することを恐れ，断固たる対応をとった。こうして，最終的にマコノギー大使は李承晩に辞職を迫ることとなる。

　4月革命後，米国が韓国において想定した最悪の事態は，共産主義者の煽動による革命と軍部のクーデタであった。そして，他にも，自陣営に韓国を引きとどめておく上で韓国の政界や社会が朝鮮半島の中立化統一へと向かう傾向については注視していた。これらの事態を引き起こし得るのは，政局が混乱して政治・経済的変化に対する国民の期待に政治が応えられない場合だとされた。米国大使館は4月革命自体に韓国国民の経済状況改善への欲求を感じ取っていた。さらに，4月革命が韓国にもたらした大きな変化は，韓国国民にそれまで以上の経済成長への期待を持たせたとも認識した。こうした脅威認識は駐韓当局者から米国本国へと伝えられ，受け入れられた。以上のように，韓国国民の経済的不満が韓国の政治的混乱へとつながる可能性が1956年の大統領選の時よりも強く示されたことによって，大使館は従来以上に経済開発の必要性を深刻にとらえ，本国に提言するに至ったのである。

　さらに，この時期，米国の認識にはもう1つ大きな変化があった。北朝鮮が韓国に積極的に統一を持ちかけ，また自国の経済発展を誇示し始めたことで，北朝鮮の状況や提案が韓国国民に持つ魅力を低減させるためにも韓国の経済発展が必要だという思考から，米国は韓国の経済開発の必要性を認めることとなったのである。

　そしてアイゼンハワー政権最後の対韓政策文書であるNSC6018/1では，やはり中立化統一論の広まりや共産主義者の転覆活動，そしてクーデタに警鐘が鳴らされ，開発主義がある程度採用され，為替制度改革の実行や経済開発計画作成も盛り込まれた。また，付属文書としてではあるが同文書がNSCの対韓政策文書として初めて北朝鮮の経済発展についても分析を行っていることは，朝鮮半島における南北の経済競争が本格化したことを示していた。

以上のように，この4月革命以降の米国の対韓政策における特徴は，韓国の経済状況が改善されないことが韓国を自陣営に引き留めることへの深刻な脅威となると政権全体で認識したことであった。

　こうしたアイゼンハワー政権の政策転換の過程で，それまで韓国政府主導で駐韓現地当局者が支援を主張していた長期経済計画作成に米国本国が積極的な姿勢を見せるようになっていった。これは，韓国が経験不足だった産開委設立当時とは異なり一度は経済開発3カ年計画を完成させたことや，それを基礎にして新たな計画を作成できる可能性があったからというのもあるが，やはり米国本国が4月革命後に韓国の経済開発の必要性を認識したことも重要であろう。ただ，アイゼンハワー政権はすでに任期終了直前であり，新たな顧問の模索を含む計画再作成の試みは次の政権に持ち越されることとなった。

　他方で，4月革命後，韓国現地で顕著に進行したのが為替制度改革であった。張勉政権が平価切り下げに積極的であったこともあり，米韓の協議を経てアイゼンハワー政権任期終了直後の1961年2月2日には為替レートの現実化と従来よりも柔軟な変動相場の制度化が実行されることとなる。同時に，米国は25％条項に代わる新たな財政安定化の言質を韓国から取り付けた。その際，国務省は通貨供給量の増大をかなり厳格に抑え込もうとしたが，大使館の提言により，その姿勢を軟化させた。しかし，大使館も多少緊縮政策と経済成長との関係性を見直す必要性を感じたにせよ，従来財政安定計画で維持してきた緊縮政策を大幅に緩和することまでは考えなかった。

　4月革命を受けて，米国本国は韓国の状況に従来以上に危機感を持つようになり，その対策としては経済発展が必要だと強く認識するようになった。そうしたなかで，対韓政策にも近代化論的価値観が反映されていき，さらには長期経済計画は時間切れとなったが，為替制度改革は進められ，アイゼンハワー政権中にお膳立てはほぼなされた。

第6章

アイゼンハワー政権の台湾に対する経済開発重視政策

　米国政府において経済開発重視政策は1957年にはすでに基本方針になっていたが，韓国では，56年には現地の米国当局者たちにその必要性が認識され始めてはいたものの，本格的に本国がその必要性を認識するのは60年であった。そしてこの間，為替制度改革は行われず，長期経済開発計画の作成も不徹底に終わった。アイゼンハワー政権は韓国において4月革命後の時期まで経済開発重視政策に本格的には乗り出さなかったのである。本書は，その理由を米国の経済開発重視政策の実現までには政府内での基本方針化の他にも必要な条件があったからであったと考える。本書はそれを，「経済開発を対策として必要とする脅威の認識」と「現地の指導者の同意」，そして「経済開発の実行を可能とする経済条件」であったと考える。本章では，同じく米国の同盟国，被援助国であり，韓国より一足先に50年代後半に輸出指向工業化へとその経済戦略を転換した台湾において米国の経済開発重視政策がどのように実行されていったのかを分析し，韓国の事例と比較する。その際，本書では，特に米国が積極的であった為替制度改革，外資導入，長期経済計画作成に焦点を当てて比較する。

第1節　第2次台湾危機と経済開発

　米国NSCは1955年1月，台湾に関する政策文書としてNSC5503を作成した。同文書によると，米国の台湾における目標は(1)台湾と澎湖諸島の安全の

維持，(2)民主主義政府の確立，(3)自由主義的な中国人の結集する，共産主義への代案となるより有能な国民党政府の確立，(4)自衛と極東における非共産主義諸国への貢献のための軍事力強化，(5)経済開発，(6)非共産主義諸国との関係改善，(7)国際機関における唯一の中国の代表としての承認と支持の継続的獲得，(8)東南アジア等在外華僑への支援であった[1]。同文書は特に経済開発に関してその方策として，非共産主義アジア諸国や他の自由世界諸国との均衡のとれた貿易の発展や，外資を含む投資の促進に言及している。しかし，実際に同文書に示されている具体的な経済政策が本格的に実行に移されるのは58年の台湾危機を前後してであった。以下にその経緯を見ていく。

1958年8月23日に中国による金門島への砲撃によって第2次台湾危機が始まり，アイゼンハワー政権は台湾防衛のために台湾海峡に第7艦隊を派遣した。そして，事態を収めるために57年以来中断されていた米中大使級会談が9月11日にワルシャワで再開された。会談が続くなか，ダレスは金門島問題で中国が「軍事的決着をつけることに熱心ではない」と判断し，中国側の態度に会談継続の意思を見てとった。9月30日，ダレスは記者会見を開き，危機終結後に金門島の兵力を削減し，沿岸島嶼防衛のために法的コミットメントをすることはないと述べた。そして，ダレスはこれを「事実上の停戦」だとも述べた。中国はダレスに呼応して砲撃を中止した。こうして，その後中国の形式的な砲撃は続いたものの危機は終息した[2]。

---

1) "National Security Council Report," Jan 15, 1955, *FRUS 1955-1957* Vol.2 (Washington: United States Government Printing Office,1986), 30-34; 前田直樹「第2次台湾海峡危機をめぐる米台関係——大陸武力反攻と『ショーケース化』」『現代台湾研究』第23号, 2002年7月, 139頁.

2) 前田直樹「1958年米中ワルシャワ会談と米国による台湾単独行動の抑制」『広島法学』28巻2号, 2003年1月, 339-43, 348頁. この時期の米中, 米台関係に関しては, 以下を参照. 湯浅成大「アイゼンハワー政権期の対中政策」『国際政治』105号, 1994年1月; David A. Mayers, *Cracking the Monolith: U.S. Policy against the Sino-Soviet Alliance, 1949-1955* (Baton Rouge: Lousiana State University Press,1986); Harry Harding and Yuang Ming, eds., *Sino-American Relations, 1945-1955: A Joint Reassessment of a Critical Decade* (Wilmington: Scholarly Resources Inc., 1989); Gordon H. Chang, *Friends and Enemies: the United States, China, and Soviet Union, 1948-1972* (Stanford: Stanford University Press, 1990); Nancy Bernkopf Tacker, *Taiwan, Hong Kong, and the United States, 1945-1992: Uncertain Friendships* (New York: Twayne Publishers, 1994); Rose-

このように，米国は中国に対しその意図を見極めつつ対応する一方，大陸への報復攻撃を主張することで全面戦争へと紛争を拡大して自国を巻き込みかねない蔣介石の行動にも適切に対処する必要があった[3]。危機中の8月27日，蔣はアイゼンハワーに送った書簡のなかで，金門を守るために，(1)米台共同での軍事力の誇示によって共産主義者の攻撃行動の継続・拡大を抑止する，(2)敵の攻撃能力を破壊するために対岸にある共産主義者の海軍・空軍基地と砲撃基地を一度に爆撃する国民党政府の単独行動に合意するという2つの提案をしている。また，同書簡は米国に，もし共産主義者が金門への攻撃を続けるか馬祖への攻撃に乗り出した場合，両島嶼の防衛のために軍事力を使用することや，両島嶼有事の際に米軍が迅速に反応できるように米軍台湾防衛司令官の権限を強化することなどを要求した[4]。

　その後，8月28日に国務省高官と国防省高官の間で行われた会議でハーター国務次官は蔣介石の書簡に言及し，国民党政府は米軍の関与を引き出すために好戦的に行動しているのではないかと尋ねた。バーク（Arleigh A. Burke）海軍作戦本部長やクォールズ（Donald A. Quarles）国防副長官もこの点について同意した。また，9月12日に行われた国防省や軍部の高官との会議で，ダレスも国民党政府が米国を巻き込むための「相当に複雑な計画」に従事しているのではないかという疑念を表明している[5]。

　8月31日にはスムート（Ronald N. Smoot）米軍台湾防衛最高司令官が蔣介石と会談したが，蔣は大陸にある航空基地への空爆報復等にアイゼンハワーが賛同しなかったことに深い失望を示している[6]。さらに9月1日朝のブラッカ

---

mary Foot, *The Practice of Power: US Relations with China since 1949* (Oxford: Clarendon Press, 1995).
3)　前田「第2次台湾海峡危機をめぐる米台関係」140頁；同「1958年米中ワルシャワ会談と米国による台湾単独行動の抑制」333頁。米国政府はこうした懸念を第1次台湾危機の時から持っていた。湯浅成大「対中強硬政策形成への道──アイゼンハワー・ダレスと中国・台湾，1953–1955」『アメリカ研究』第26号，1992年，211頁。
4)　"Telegram from the Embassy in the Republic of China to the Department of State," Aug 27, 1958, *FRUS 1958–1960* Vol.19, 83–86.
5)　"Memorandum of Conversation," Aug 28, 1958, ibid., 89-90; "Memorandum of Conversation," Sep 12, 1958, ibid., 173.
6)　"Telegram from the Embassy in the Republic of China to the Department of State," Aug

一（Wilber M. Brucker）陸軍長官との会談においても，蔣は大陸中国への報復行動の必要性を強調することに時間のほとんどを費やしていた[7]。こうした蔣の態度は米国を戦争へと巻き込むものであり，米国は蔣の主張と距離をとる必要に迫られた。

しかし，同時に米国には政権内や議会内の親蔣介石的な人々の反発とは別に，沿岸島嶼を失うことのできない理由があった。それは，沿岸島嶼を喪失することが東アジアの非共産主義諸国にもたらす国際的な影響だった。ダレスは9月4日に国務省や統合参謀本部とともに台湾情勢に関する覚書を作成し，国防長官と統合参謀本部議長にも賛同を得た。その覚書は，沿岸島嶼の喪失は台湾を中国共産党の転覆活動や軍事的脅威にさらすことになるとした後で，以下のように述べている。

> もし，上述の事態が起きれば，西太平洋において，例えば，日本，大韓民国，中華民国，フィリピン共和国，タイ，ヴェトナムといった島嶼と半島の並びによって形成されている反共障壁を深刻に危険にさらすであろう。インドネシア，マラヤ，カンボジア，ラオス，そしてビルマといった他の東南アジアにおける政権も，おそらく，完全に共産主義の影響下に置かれるようになるだろう。同地域での米国の立場は，おそらく沖縄においてさえ擁護できない，思い通りにならないものとなり，大きな工業的潜在能力をもつ日本は中ソの影響下に落ちるだろう。[8]

つまり，ダレスをはじめとする政権高官は，省庁の違いを超えて，沿岸島嶼の喪失が東アジア全体の喪失につながることを懸念したのである。特にダレスに関していえば，同月12日にも同様の主張をキャッシア（Harold Caccia）駐米英国大使に行っており，こうした脅威を深刻なものと認識していたことが分かる[9]。

31, 1958, ibid., 107–08.

7) "Telegram from the Embassy in the Republic of China to the Department of State," Sep 1, 1958, ibid., 109.
8) "Memorandum Prepared by Secretary of State Dulles," Sep 4, 1958, ibid., 131–33.
9) "Memorandum of Conversation," Sep 12, 1958, ibid., 170.

危機が収束に向かうなか，10月10日の国務省・国防省合同会議で，沿岸島嶼の国民党軍を削減させること等が合意されると，ダレスは米国政府の意思を蔣介石に伝えるために訪台することとなった[10]。そして，10月13日，ダレスは米国が国民党政府に担わせたい役割についてトーキング・ペーパーを作成した。同文書が挙げたその役割とは，集団安全保障に参加して共産主義者の攻撃に耐えられる反中国共産党の政府となること，大陸の中国人民の不満が組織されて機会が訪れた際にはその解放を助ける準備をすること，そうした機会を得るために大陸中国と対照的で有望な政治的・経済的・社会福祉的見本を提示し，大陸人民の組織化を促進すること，海外の華僑に影響力を行使すること，国連の議席を保持すること，共産党によって抑圧されている中国文化を保全することといったものであった。要するに，最低限生存に必要な防衛を行いつつも，国連や在外華僑を含む国際社会，そして大陸の人民に対する国民党政府の正統な中国としての地位の確立が最も重視されたということになる[11]。

　ダレスが再度準備した10月21日のトーキング・ペーパーでも，米国は同様の認識を見せた。ダレスは国民党政府が直面している危険は軍事的なものではなく政治的なものだとした。そして，ダレスは国民党政府が「限られた寿命しか与えられていない」と広く考えられている理由として(1)中国の軍事手段とプロパガンダによる脅威，(2)中国との戦争を望まない本省人への国民党政府の依存，(3)全面戦争の危機をはらむ「内戦」の清算を望む自由世界の世論の3つを挙げている。そして，ダレスはここで再び国民党政府に，軍事によってではなく文化の体現者として国際社会で中国の正統な代表に認められることをその役割として担わせようとした。ダレスは「おそらくこの方法のみによって，国民党政府自体が，現在受けているさまざまな圧力の下で解体することを避けられるだろう」と考えた。ダレスは，そのためには国民党政府に大陸への軍事的手段の使用を放棄させることが必要だと主張した。もちろん，それに伴

---

10)　前田「第2次台湾海峡危機をめぐる米台関係」143頁。
11)　"Draft Talking Paper Prepared by Secretary of State Dulles," Oct 13, 1958, *FRUS 1958–1960* Vol.19, 399–401. アイゼンハワーとダレスはアジア各地に居住する華僑は「潜在的な第5列」として共産主義陣営に利用され得ると考えていた。Chang, *Friends and Enemies*, 150.

う軍備削減は台湾経済に利するものだとも考えられていた。そしてこうした方針を実行した際に期待される結果として、ダレスは以下のように述べている。

> そうすれば、中華民国政府は大陸の中華人民共和国の唯物論的な取り組みをより効果的に頓挫させることができ、大陸の中国人が注視し、うらやむような象徴となり得、台湾に対するより持続的支持を引きつけることができ、さらなる海外の華僑からの忠誠を得ることができ、そして、自身を米国だけでなく、世界中の自由な国民が維持し、大切にしたいと思うものへと作りかえることができるだろう。[12]

さらに同文書は、国民党政府軍の性格と規模を、より少ない人員数で台湾人民の負担を軽減しつつ機動性を高める試みのなかで再検討すべきとも述べている。しかし、同文書は、これらの調整は「戦時下」では順調に行うことができないとも述べている。

このような方針を携えて、ダレスは台湾を訪問して蒋介石と会談することとなる。10月22日の会談でダレスは、分断されている中国、朝鮮、ヴェトナム、ドイツのうち、中国以外は戦争が再発しないと安心できる方法で対処されていると述べた。そして、中国共産党は停戦を受け入れないだろうとしつつも、国民党政府も他の分断国家と同等の状況を受け入れるように迫った。しかし、ダレスは平和的手段の採用が大陸への帰還を放棄することにはならないと付け加えることを忘れなかった。ダレスによれば、大陸で不可避的に反乱が起り、その時に国民党政府は決定的な役割を演じることができるという。そしてダレスは、「中華民国が自由世界に支持されつつ中国の象徴として生き続けるには、世界戦争を挑発しない立場に自身を位置づけなければならない」と述べた。そして、ダレスは前述した訪台前の10月21日のトーキング・ペーパーとほとんど同じ内容の声明を蒋介石に対して示した[13]。その後、10月23日に発表さ

---

12) "Talking Paper Prepared by Secretary of State Dulles," Oct 21,1958, *FRUS 1958–1960* Vol.19, 413–17.

13) "Memorandum of Conversation," Oct 22, 1958, ibid., 421–23; "Memorandum of Conversation," Oct 22, 1958, ibid., 424–26.

れたダレスと蔣介石の共同声明は以下のような文章を含んでいた。

> 中華民国政府は，大陸人民の自由の回復をその神聖な使命であると考える。同政府は，この使命の基盤は中国人民の精神と心の中に存在しており，この使命を成功裏に達成するための主な手段は孫逸仙博士の三民主義（民族主義，民主主義，民生主義）であり武力使用ではないと考える。[14]

ダレスはその日のうちにアイゼンハワーに電文を送った。その電文には「中国国民党に中国大陸の人々の解放のために，彼らが武力ではなく政治理念に依拠すると宣言させた」ことや，蔣介石から軍事力削減の言質をとったことを含め会談が「とても価値があるもの」だったと記されていた[15]。その後，ダレスは各国に駐在する米国大使に電報を打ち，共同声明が武力ではなく「三民主義」によって大陸を解放すると述べていることに対し，各国政府の関心を喚起することを求めた。その後のダレスの評価によれば友好諸国の反応はすべてよいものだったという[16]。

こうして米国の対台湾政策において重要となった三民主義には人民の生活への配慮を意味する「民生主義」が含まれていた。つまり，大陸復帰において使用する手段の変化が台湾における経済開発の促進につながる素地が用意されたのである[17]。

以上のように，第2次台湾危機後の，米国による蔣介石の対中国戦略を軍事

---

14) "Joint Communique," Oct 23, 1958, ibid., 443–44. この共同声明については以下も参照。石川誠人「『ダレス・蔣共同コミュニケ』再考」『日本台湾学会報』第3号，2001年5月。
15) "Telegram from Secretary of State Dulles to the Department of State," Oct 23, 1958, *FRUS 1958–1960* Vol.19, 444. 民生主義と台湾の経済発展との関係については以下を参照。A. James Gregor, Maria Hsia Chang, and Andrew B. Zimmerman, *Ideology and Development: Sun Yat-sen and the Economic History of Taiwan* (Berkeley: University of California, Institute of East Asian Studies, 1981).
16) "Circular Telegram from the Department of State to All Diplomatic Missions," Oct 25, 1958, *FRUS 1958–1960* Vol.19, 451–52; "Telegram from the Department of State to the Embassy in the Republic of China," Oct 29, 1958, ibid., 468.
17) 前田「第2次台湾海峡危機をめぐる米台関係」147–48頁。

的なものから政治・経済的なものへと転換させようとする試みが転機となり，米国は経済開発重視へと舵を切った。そして，さらにこの時期には他にも米国にそうした手段の実行を必要だと感じさせるような3つの事態が生じていた。

1つめは，前述した1958年10月13日付でダレスが作成したトーキング・ペーパーでも述べられている，国連における国民党政府の地位の不安定性に対する懸念の増大である。ダレスは，国際社会が蔣介石の好戦的な行動による世界戦争勃発を恐れていることは中国の国連加盟を防ぐためには望ましくないと考えた。ダレスは中国がソ連以上にアジア・アフリカ諸国に影響力を持っていると認識し，中国が国連で議席を得れば共産主義が国連を支配するとさえ考えたのである。米国は，国連における50年代中盤から後半にかけての空気の変化を防ぐことができなかった。米国は51年以降，所謂「モラトリアム」決議を使って，中国の代表権問題に関する国連の議論を妨げていた。しかし，モラトリアム決議に対する反対票はゆっくりとだが確実に増えていった。20票というラテンアメリカグループの忠実な助けがなければ，米国はいつでも少数派になる可能性があった。58年の投票では，12のアジア諸国のうち5ヵ国，14の中東諸国のうち4ヵ国，非共産主義欧州加盟の7ヵ国，NATOの友好国の13ヵ国中8ヵ国しか決議の投票において米国の立場を支持しなかった。そして60年だけでも，アフリカの15ヵ国に加えキプロスが国連に加入したが，これらの国々が中国代表権の現状維持への支持に納得するとは思えなかった。米国はこれらの新興国の支持を得ようと努力したが，60年の投票は僅差になることが予想された。こうした状況下で，ダレスは台湾海峡に実質的な停戦状態を作り出した上で，主に政治的，経済的手段によって国民党政府を正統な中国政府として国際社会に提示しようとしたのである[18]。

2つめは，中国による大躍進政策の推進である。米国が台湾を中国に経済的に対決させようと考えていたことも，ダレスが10月13日のトーキング・ペーパーで述べたとおりである。このような考え方は以前から米国政府内に存在した。例えば，国務省中国担当部署のマーティン（Edwin W. Martin）は1954年4月12日に全米キリスト教会協議会における演説で以下のように述べてい

---

18) Foot, *The Practice of Power*, 23, 35-36.

る。

> 台北が統治したこの4年と半年の間,中国政府(引用者注──国民党政府)が成長と改善のための,そして厳しく統制され抑圧された大陸の社会と次第に好対照になっていくような自由中国社会を台湾に発展させ続けるだろうという信頼を提供するための能力を持っていると証明するような,経済と行政の領域での重要な前進があった。[19]

55年には国務省は,台湾は日本を除けば極東において最も高い生活水準を維持していると考えていた[20]。そのためもあってか,台湾を経済的に中国と対決させていくという発想が登場してくることとなったのである。そして,50年代後半,このような試みをより強力に推進しなければならない状況が訪れる。

　米国はこの時期,中国の工業化を注視していた。1959年2月10日に国務省の情報調査局が作成した国家情報評価書は,第2次台湾危機後,米国,国民党政府,国際世論の反応を見た中国共産党が,中国のアジアにおける目標と政策の「平和的」で「理性的」な特徴をより強調し始めたと述べている。そして,同評価書は中国の経済政策に注目した。同評価書の記述によれば,中国共産党が進めている大躍進政策や人民公社の設立はその社会的犠牲からアジアでは反応が悪く,失敗すれば中国のアジアにおける信用と影響力は低下するという。しかし,もし成功したならば,アジアにおける中国の脅威は増大し,その要求をカンボジアやタイといった小さな近隣諸国が断ることは難しくなるだろうと同評価書は指摘している[21]。また,59年3月5日のNSCにおいて,アレン・ダレスCIA長官は同評価書について以下のようにコメントしている。

> 共産主義中国の「大躍進」の1年目における成果はかなりのものになると,

---

19) Edwin W. Martin, "Considerations Underlying U.S.-China Policy," *the Department of State Bulletin* 30 no.772（Apr 12, 1954）: 546.
20) 例えば1955年12月には国務省内経済担当官僚がそのように述べている。Thorsten V. Kalijarvi, "A Review of the World Economic Situation," ibid. 33 No.861（Dec 26, 1955）: 1059.
21) "National Intelligence Estimate," Feb 10, 1959, *FRUS 1958–1960* Vol.19, 522.

同評価は示している。(引用者注——農地の)集団化問題は未だ大きな疑問符が付いているにもかかわらず,中国共産党は経済が高度の成長率を維持できると自信をもって期待している。[22]

このように,中国の経済発展がいくらかの疑問符が付けられながらも注目されているなかで,米国当局者内で台湾の経済発展によって対抗しようとする動きが強まっていくこととなる。例えば,第2次台湾危機直前である1958年7月26日に駐台米国大使館から国務省に送られた報告書には,以下のような文章がある。

敵である中国共産党と,すべてではないにせよ近隣のアジア諸国のほとんどに,行政,経済成長,軍事的な訓練と組織,科学研究と高い教育の分野で勝つことで,台湾の中国人は自信を増大させ,その国際的立場を改善し,中国の将来に関する彼らの主張の説得力ある証拠を提供することができる。[23]

さらに,中国の大躍進について情報調査局やアレン・ダレスが懸念を示した後である1959年10月21日,経済援助政策を任されていたディロン国務次官は台北で蔣介石と会談した。ここでディロンは,1年前に彼がインドを訪問した際,共産主義者の大きな経済的進歩がインド国民への誘惑となるという懸念がされていたと述べた。ディロンによれば,インド人は今でも中国の急速な経済的進歩にいくらかの脅威感をもっているという。そしてディロンは,「米国が国民党政府と親密に行動して,より早くより大きな進歩が大陸の奴隷制よりも自由な中で実現できると証明する」ことを米国は望んでいると述べた[24]。

---

22) "Editorial Note," ibid., 543.
23) From the Embassy in Taiwan to DOS, "Basic Considerations Affecting the Mutual Security Program in China in FY 1960," Jul 26, 1958, Desp.45, 793.5MSP/7-2658, CDF, RG59, NA.
24) "Memorandum of Conversation," Oct 21,1959, *FRUS 1958-1960* Vol.19, 618. このような米国側の思考について指摘しているものとして以下を参照。Neil H. Jacoby, *U.S. Aid to Taiwan: Study of Foreign Aid, Self-Help, and Development* (New York, Washington, and London: Frederick A. Praeger, Inc., 1966), 34-36; エズラ・F・ヴォーゲル(渡辺利

さらに，2 カ月後の 12 月に訪台したグラント（James P. Grant）ICA 計画作成担当副長官も，駐台米国大使館員に対し，「米国政府はさらなる経済的進歩は中国大陸の抑圧的体制においてよりも自由なアジアの環境において可能だと証明する必要性について気にかけている」と述べている[25]。その他にも 1959 年以降には，アイゼンハワーに加え，ディロン，グラハム・パーソンズ，リドルバーガー（James W. Riddleberger）ICA 長官といった高級官僚たちが，台湾を中国に経済的に対抗させることや他の第三世界への経済発展の見本とすることを相次いで公然と主張するようになっていく[26]。このような事実から，この時期までには台湾を中国の経済的代案とするという考え方が米国政府の中に定着していたとみていいだろう。

　米国が台湾の経済発展を重視し始めた 3 つめの理由は，米国による台湾の国内事情に関する懸念である。前述した 1958 年 10 月 13 日にダレスが作成したトーキング・ペーパーは国民党政府の重点が軍事的な大陸反攻からこうした経済・政治的発展へと転換することを期待しつつ，以下のように述べている。

> 　そうしなければ，台湾を母国と見なす中国人と最近到着した大陸を母国と見なす中国人との間においてのような台湾における分裂の原因となる可能性がある。「台湾人」は，彼らが感情的な関心をまったく持っていない沿岸島嶼防衛のために多くの彼らの死を必要とする可能性のある現在の作戦計画にあまり熱狂的ではないといういくらかの証拠がある。[27]

　　　夫訳）『アジア四小龍』中央公論社，1993 年，35-36 頁；前田「第 2 次台湾海峡危機をめぐる米台関係」。
25）　From the Embassy in Taiwan to DOS, "Discussions of Future of Economic Aid Program during Visit of Deputy Director of ICA, December 3 and 4,1959," Dec 4, 1959, Desp.293, 793.5MSP/12-459, CDF, RG59, NA.
26）　例えば，以下を参照。C. Douglas Dillon, "Cooperating with Free Asia for Social and Economic Progress," *The Department of State Bulletin* 41 no.1066（Nov 30, 1959）: 779; James W. Riddleberger, "The Economic Assistance Program for Fiscal Year 1961," ibid. 42 no.1082（Mar 21, 1960）: 447; J. Graham Parsons, "The Mutual Security Program in the Far East," ibid.42 no.1084（Apr 4, 1960）: 536-37; "The Mutual Security Program for Fiscal Year 1961," ibid.42 no.1085（April 11, 1960）: 570, 573-74.
27）　"Draft Talking Paper Prepared by Secretary of State Dulles," Oct 13, 1958, *FRUS*

つまり，ダレスは国民党とともに台湾に移動してきた支配層である外省人と，従来台湾に住んでおり抑圧されていた本省人との大陸反攻をめぐる不協和音という国内要因も懸念材料とみなしていたのである。ダレスは，経済発展を志向することに伴う国民党政府の穏健化によってそうした衝突を防ごうとしたのである。

　さらに米国は，国民党政府に軍事的冒険をやめさせて経済発展に集中させることによってそれに対する台湾国内の不満を抑えるだけでなく，国民党政府自体の正統性も強化しようと考えていた。省籍矛盾[28]に関して，米国政府は国民党政府を経済発展に集中させることは大陸反攻方針の穏健化以上の意味を持っていたのである。

　米国政府内の米国情報諮問委員会において1959年11月17日に承認された国家情報評価書は，「中華民国政府は少なくとも消極的には（引用者注――passively），アジアのなかでも最高の生活水準を享受し続ける台湾住民のほとんどに支持されている」と述べている。しかし，同文書は国民党政府が軍事的な大陸反攻を重視し，そちらに資源を回し続け経済発展をおろそかにすれば，生活水準の低下とともに政治的困難が待ち受けていると予測している。このように，米国政府は軍事に駆り出されることの不満だけでなく，経済的不満によっても省籍矛盾が顕在化すると考えていたようである[29]。

　時代は下るが，1960年にこの省籍矛盾の問題は国務省内で再浮上した。それは，韓国において民衆が李承晩政権を崩壊させたことが契機であった。そうした時期に，台湾において民主化を主張し，本省人を糾合して野党を結成しようとした雷震が政府当局によって逮捕されると，国務省内では台湾内政に対しどのような姿勢をとるべきかが議論された。10月7日，大使館は国務省に以下のように書き送っている。

　　1958–1960 Vol.19, 401.
28)　省籍矛盾とは，戦前から台湾に住んでいた本省人と，戦後国民党とともに大陸から台湾に渡ってきた外省人との間の亀裂を意味する。台湾を支配した国民党は外省人に政治的なポストを独占させ，本省人は政治的・経済的に周縁化された。
29)　"National Intelligence," Nov 17,1959, *FRUS 1958–1960* Vol.19, 632–33.

もし効果的な政治的反対派が組織されれば，これは国民党に直接的な脅威を課すだろう。そのような政党は，不可避的に台湾人（引用者注──本省人）に直接的に訴えかける台湾人の組織となるだろう。もしそうした組織が国民党の政治的代案として登場し，公正な選挙においてその政策を自由に述べることができれば，国民党はほぼ確実に破滅するだろう。

　大使館は国民党がこの「消滅」を受け入れることは「悲惨な結果」をもたらすとした。これは本省人政治家に政治的経験がないという認識に基づいており，大使館はそうした人々が政府を組織すれば「混沌」が訪れるだろうと予想した。また，大使館は本省人政治家が「台湾独立」方針を採用することも恐れた。大使館は「台湾なしには，われわれの太平洋における軍事的立場は重度に損なわれる」と考えた。そして，結局大使館は「蔣と国民党と協働するというこの10年の政策を持続する以外に代案をもっていない」とした。
　しかし，大使館は韓国と台湾を比較して台湾で韓国のような事態は起きないとし，その理由を2つ挙げている。1つめは，台湾が韓国よりも経済的に大幅に発展しているということである。大使館は経済計画の推進がさらにこの安定に貢献するだろうと考えた。また，大使館は台湾における人権の側面でも漸進的な進歩が見られると述べ，経済計画の加速化がさらなる自由の拡大をもたらすことにも期待した。2つめの理由は，国民党の警察等を利用した統治であった[30]。

---

30) "Telegram from the Embassy in the Republic of China to the Department of State," Oct 7, 1960, ibid., 724-27. 雷震事件や当時の省籍矛盾と米国の対応に関しては以下を参照。前田直樹「台湾における政治的自由化と米国の冷戦政策──雷震事件への対応をめぐって」『現代台湾研究』第30・31号，2006年11月；同「在台米国大使館と台湾統治体制評価──省籍矛盾をめぐって」『社会システム研究』第15号，2007年9月。この時期までに，蔣介石は徹底的に台湾における支配者代替の可能性を封じていた。まず，本省人による国民党支配への不満を徹底的な弾圧によって抑え込んだ1947年の2・28事件によって，本省人エリートに系統的に打撃を与えかつ住民一般に「恐怖による政治教育」を施し，さらに「農地改革」を成功させて土着の地主階級を弱体化させた。こうして国民党が中国における内戦で敗北するころには，台湾に蔣の権威に挑戦し得る土着勢力はすでに存在しなくなっていた。また，蔣は台湾敗走を機に軍や党を整理し，蔣による「領

以上のように，台湾国内の民族問題は米国の同国に対する経済開発重視政策の採用に多大なる影響を与えたと言える。

　こうして，米国は経済開発政策の実行を国民党政府に促すようになる。1959年2月11日にはドレイパー委員会の使節団が台湾を訪れた[31]。ドレイパーはこの訪台の際，ドラムライト（Everett F. Drumright）大使に台湾の経済についてブリーフィングを受けた。そのなかで，大使館側からドレイパーに輸出に関する現状説明がなされた。イエーガー（Joseph A.Yager）大使館参事官は，米国の対台湾援助を減らすためには輸出拡大が不可欠だとしつつ，さらに，台湾の経済について「貿易拡大なしにこれ以上大きく成長できるかどうかにはかなり懐疑的である」と述べた。そして，イエーガーは台湾の輸出を妨害している要素の1つとして民間企業への「ハンディキャップ」に言及した。当時国民党政府は孫文の「私的資本を抑制し，国家資本を発展させる」という指導理念に従い官業優先政策を採っていたのである。しかし，次項で述べるように，この時期にすでに台湾の米糖輸出は減少しており，それを埋め合わせていたのは民

　袖独裁」の「党国体制」を作り上げた。同体制下で，体制を直接支える外省人移民に対しては集中的管理と手厚い保護により「領袖」の下に団結させ，本省人勢力に関しては「中核から排除して過度な発展を抑制する一方，周辺領域で彼らを懐柔する」巧妙な体制を築いた。さらに，蔣は体制に対立する可能性のある勢力の形成を警察によって押さえ込んだ。国民党政府の台湾移転前の49年5月に，台湾省で戒厳令が施行され共産党摘発キャンペーンが始まった。これはいわゆる「白色テロ」であり，そのピークは50年代半ばまでであった。その間に，政治的に意見を異にする人々を効率的に監視し威嚇し抑圧するシステムが築かれた。戒厳執行機関である台湾警備総司令部をはじめとする相互に重複する政治警察の膨大かつ周密な網の目が形成されたのである。こうして確立された党国体制は，権威主義体制に対するオルタナティヴを提起し政治的反抗を組織し得るイデオロギー（社会主義と台湾独立思想）をその担い手ごと物理的に排除（投獄，処刑，海外亡命）するとともに，政治的自己規制の姿勢を内面化させることに成功した。若林正丈『台湾の政治――中華民国台湾化の戦後史』東京大学出版会，2008年，67-69，81-83頁；松田康博『台湾における一党独裁体制の成立』慶応義塾大学出版会，2006年；陳建仁『台湾自由民主化史論』御茶の水書房，2004年。

31) United States Embassy, Taiwan, "Transcript of Embassy and ICA Briefing of the Far Eastern Sub-Committee of the President's Committee to Study the United States Military Assistance Program," Feb 11, 1959, Attached to, From the Embassy in Taiwan to DOS, "Visit of the Draper Committee to Taiwan," Feb 23, 1959, Desp.435, 793.5MSP/2-2359, CDF, RG59, NA.

間による工業製品の輸出の伸びであった。つまり，この輸出の文脈における米国の民間企業という言葉が指しているのは主に工業製品であった。そして，ハンディキャップとは設備拡張制限等であった[32]。さらに，このブリーフィングにおいてドラムライトはドレイパーに「いくらかの軽工業製品は，特に我々が促せば輸出の可能性を持っている」と述べている。

大使館員にブリーフィングを受けたドレイパーは13日に蔣介石ら国民党政府当局者との会談で，経済政策に関していくらかの提言を行った。輸出拡大に関しては，ドレイパーは韓国においてと同様に，工業製品輸出によって経済復興と発展を実現したドイツと日本の例を挙げた。また，ドレイパーは蔣らに民間企業の育成も促した[33]。

さらに，12月3日にはサッシオ（Lenard J. Saccio）ICA副長官が台湾を訪れ，経済開発計画を作成して提出することを求めた。こうして，米国援助の用途を管理する米台両当局者による美援運用委員会（美援会）は第3次4カ年計画の草案を作成し，ハラルドソン（Wesley C. Haraldson）駐台ICA使節団長に提出することとなる。しかし，ハラルドソンはそれを「最大限の自立」を目標に作り直すよう言って差し戻した。12月24日，美援会は修正した計画を再びハラルドソンに手交する。しかし，ハラルドソンはまだ計画には具体的手段が足りないとして，29日には陳誠副総統に修正のための指針を提示した。その指針には米国が国民党政府に投資促進のために望む方策として，軍事に年間に注ぎ

---

32) 輸出指向工業化転換後，急速に付加価値において民間部門の占める割合が伸長することとなるが，それは成長の担い手であり輸出拡大をけん引した繊維と電子・電器産業が民間企業を中心としていたからであった。ただ，繊維が輸入代替工業化の時期に発展した分野であるのに対し，電子・電器は輸出指向工業化転換後に発展した分野であった。佐藤幸人「戦後台湾経済の発展過程」坂井秀吉編『香港 台湾の経済変動―― 成長と循環の分析』アジア経済出版会，1988年，34，37–40頁；From the Embassy in Taiwan to DOS, "Weekly Economic Review," Sep 27, 1957, Desp.185, 893.00/9–2757, CDF, RG59, NA; From the Embassy in Taiwan to DOS, "Semi-Annual Assessment of the Economy of Taiwan," May 20, 1959, Desp.661, 893.00/5–2059, ibid.；劉進慶「産業 ―― 官民共棲の構図」隅谷三喜男・劉進慶・涂照彦『台湾の経済 ―― 典型NIESの光と影』東京大学出版会，1992年，105，120頁．

33) "Telegram from the Embassy in the Republic of China to the Department of State," Feb 13, 1959, *FRUS 1958–1960* Vol.19, 529.

込む資源の量の限定，インフレーション的でない金融信用政策，税制改革，現実的な単一通貨レートの設定，為替統制の自由化，民間企業と競合し民間企業によってよりよく操業できる事業からの政府の撤退等が含まれていた。

翌30日，陳誠副総統は提案された問題について協議するためにハラルドソンとイエーガーを招いた。米国側に説得され，陳はこれらの提案を受け入れ，「提案された計画はダレス・蔣共同声明からの自然な帰結である」と理解を示した[34]。そして，1月7日にはドラムライトやハラルドソンが蔣介石と会談し，協議後，蔣は陳が12月30日に米国側と合意した開発のための合意すべてと経済開発計画案を支持した。その後，国民党政府の経済開発における中心的な官僚であった尹仲容美援会副主任からハラルドソンに，経済成長促進のための方策実行を国民党政府が決定したことを保証する書簡が送られている。尹の書簡には行政院で承認された「19項目財政経済改革措置」を掲載した文書が添付されており，書簡はこれらが蔣によって原則的に承認されたと述べている。この「19項目」とはハラルドソンの12月29日の経済開発計画に関する提案に基づいて美援会が作成したものであった。その内容には，「経済発展加速」のための措置としての8項目（貯蓄奨励，資本市場の準備，民間投資環境の整備等），予算関連の6項目（国防費を固定額とし暫定的に現在の数値を維持，租税・税務制度の改革，予算制度の改革等），金融の3項目（中央銀行の業務再開，銀行業務の整備等），外国為替・貿易管理の2項目（単一レート制度の確立，貿易管制の緩和）が含まれた。こうして改革の推進が正式に決定した[35]。

国民党政府が改革に大きく舵を切るなかで，為替制度改革も進行することとなる。従来国民党政府がとっていた台湾の通貨である台湾ドルの過大評価レートを含む複数レート制は，行政の過大な負担や輸出の減少，レントシーキングの原因となっていた。そのため，米国は以前から投資や輸出を促進する上で台

---

34) "Telegram from the Embassy in the Republic of China to the Department of State," Dec 31, 1959, ibid., 643–46;前田直樹「台湾・輸出主導型経済政策の胎動とアメリカ援助政策の転換」『広島東洋史学法』第5号，2000年，10頁。

35) "Telegram from the Embassy in the Republic of China to the Department of State," Jan 8, 1960, *FRUS 1958–1960* Vol.19, 648–49;前田「台湾・輸出主導型経済政策の胎動とアメリカ援助政策の転換」11頁。

湾の為替レートの単一化と適正水準化の必要性を認識していた[36]。台湾において開発にいっそうの重点が置かれていくなかで，1958年4月には為替制度改革は前進し始め，10あった為替レートが2つに統合され，59年8月には単一化された。そして，「19項目」発表後の60年3月には，さらに平価が切り下げられた[37]。

第2節　国民党政府の開発諸政策

1. 第3次4カ年経済開発計画

台湾では，すでに1953年から，経済計画機構である経済安定委員会が作成した2次にわたる4カ年計画が実行されていた[38]。しかし，米国政府内ではこの計画についてはあまり高く評価されていなかったようである。例えば，第1次4カ年経済開発計画の遂行中である54年12月15日，ノルティング相互安全保障問題担当国務長官特別顧問がフーヴァー国務次官に米国の援助相手国に国家経済開発計画を作成させることの重要性について書き送った。そこで，ノ

---

36) From the Embassy in Taiwan to DOS, "Annual Economic Review-Taiwan," Feb 23, 1956, Desp.473, 893.00/2-2356, CDF, RG59, NA.

37) 台湾の為替制度改革に関しては以下を参照。Kuo-Ting Li, *The Evolution of Policy behind Taiwan's Development Success* (Singapore, New Jersey, London and Hong Kong: World Scientific, 1995), 109–12; S. C. Tsiang, "Exchange Rate, Interest Rate, and Economic Development: The Experience of Taiwan," in *Quantitative Economics and Development: Essays in Memory of Ta-Chung Liu,* eds. L. R. Klein, M. Nerlove, and S. C. Tsiang (New York: Academic Press, 1980); Tsiang, "Foreign Trade and Investment as Boosters for Take Off: The Experience of Taiwan," in *Export-Oriented Development Strategies,* eds. Vittorio Corbo, Anne O. Krueger, and Fernando Ossa；朝元照雄『開発経済学と台湾の経験──アジア経済の発展メカニズム』勁草書房，2004年，126–30頁。韓国においては，1965年の為替の変動相場制移行をもって輸出指向工業化のための為替制度改革が一段落したとみる。それに対し，台湾では変動相場制は1978年まで導入されていない。しかし，常にインフレ傾向にあった韓国と異なり，台湾は「工業先進諸国のように」物価が安定していたので，固定レート制でも時として台湾ドルは輸出に有利な過小評価となった。Li, *The Evolution of Policy behind Taiwan's Development Success,* 101, 234–37.

38) 最初に計画が作成された経緯については以下を参照。Nick Cullather, ""Fuel for the Good Dragon": The United States and Industrial Policy in Taiwan, 1950–1965," *Diplomatic History* 20 Issue.1（Jan 1996）.

ルティングはすでにそうした計画を持っている国として,台湾には言及せず,インドとパキスタンを挙げた。また,プロクノウ率いる省間委員会の報告書においても「米国が促して1952年に作成された4カ年経済開発計画は,中央政府の支援の欠如のせいで実質的な価値はほとんどなかった」と述べられている[39]。このような評価を背景に米国政府内では台湾に有効な長期計画を作成させようという動きがみられ始める。例えば,57年4月16日には,当時中国課長であったマコノギーからロバートソン国務次官補への覚書のなかで,ランキン駐台大使の「可能な限り最速の段階で長期計画の導入をすべきである」という提言が引用されている[40]。

しかし,1959年に入っても国民党政府側の経済計画への関心は高まらなかった。ハラルドソンは,「彼ら(引用者注──国民党政府)は台湾を暫定的な拠点として保持しており,ここに留まるのは一時的だと考えている。彼らは彼らが行うべき長期的な計画作成に注意と関心を見せない」と述べている[41]。しかし,第2次台湾危機を経て米国が台湾における経済開発重視政策を本格的に試み始めると,前述したサッシオやハラルドソンと国民党政府との間のやりとりのように,米国は国民党側の作成した経済開発計画案に厳しく注文を付けて修正させ,自らが容認できるものを作らせた。

当時,計画と統計の専門知識の欠如のせいで,国民党政府の1次と2次の4カ年経済計画は事業を列挙する単純なアプローチを採用していた。しかし,経済安定委員会の後身である美援会による第3次計画作成時までには,従来以上

---

39) "Memorandum by Frederick E. Nolting, Jr., Special Assistant to the Secretary for Mutual Security Affairs, to the Under Secretary of State (Hoover)," Dec 15, 1954, *FRUS 1952-1954* Vol.12 pt.1, 1042; "Report by the Interdepartmental Committee on Certain U.S. Aid Programs," Jul 6, 1956, *FRUS 1955-57* Vol.3, 391.

40) "Memorandum from the Director of the Office of Chinese Affairs (McConaughy) to the Assistant Secretary of State for Far Eastern Affairs (Robertson)," Apr 16, 1957, ibid., 519-20.

41) Unite States Embassy, Taiwan, "Transcript of Embassy and ICA Briefing of the Far Eastern Sub-Committee of the President's Committee to Study the United States Military Assistance Program," Feb 11, 1959, Attached to, From the Embassy in Taiwan to DOS, "Visit of the Draper Committee to Taiwan," Feb 23, 1959, Desp.435, 793.5MSP/2-2359, CDF, RG59, NA.

の統計データによる経済学的モデルに則った計画作成が可能になった[42]。また，第3次計画は労働集約型工業製品輸出をその主要な特徴の1つとした。

　米国は実際にはそれ以前からすでに国民党政府側に輸出促進のために労働集約型工業製品を育成することを促していた。1956年の台湾におけるICAの活動に関する報告では，ICA当局者が国民党政府側に，現地の原料を使用し，輸入需要を減らし，輸出による獲得外貨を増やす工業の発展を促したとされている[43]。そして，その後，米台間で第3次計画作成に関する協議が行われる59年に至るまでに，台湾においては米糖輸出が停滞するなか，紙・パルプ製品，織物，材木，金属製品等の輸出が急激に伸長していった[44]。また，尹仲容をはじめとする経済官僚はこの時期にはすでに労働集約型工業製品の輸出促進が経済発展の最適な手段だということを認識していた[45]。そのため，労働集約型工業製品輸出がこの時期に計画の中心に据えられたことは当然の帰結であった。

　計画に即して具体的に述べるならば，第3次計画は，開発の目標に，低収入，失業，国際収支の不均衡といった低開発経済の3つの基本的な問題の解決を据えている。そして，これら3つの目標のために，小額の資本で迅速に結果を生む軽工業が優先されるべきであると述べている。つまりは，輸出促進も見越した労働集約型工業製品重視である。一方で，重工業の開発については大規模の投資が必要で結果がでるのも遅いとしつつ「怠るべきではない」と述べるに止

---

42) Kwoh-Ting Li, *Economic Transformation of Taiwan, ROC* (London: Shepheard-Walwyn (Publishers) Ltd., 1988), 38-40. 国民党政府における経済計画機構の変遷については，朝元，前掲書，107-13頁；董安琪（朝元訳）「経済計画機構と政府の役割」朝元・劉文甫編『台湾の経済開発政策』勁草書房，2001年。

43) "Detailed Development of Major ICA Actions Relating to NSC5503 from September 1, 1955 through Mar 7, 1956," Attached to, From Hodge to McConaughy, "OCB Report Submitted by ICA on Major ICA Actions Relating to NSC5503 from September 1, 1955 through March 7, 1956," Feb 13, 1956, 793.5MSP/2-1356, CDF, RG59, NA.

44) From the Embassy in Taiwan to DOS, "Economic Summary, Third Quarter 1959," Oct 22, 1959, Desp.213, 893.00/10-2259, ibid.

45) From the Embassy in Taiwan to DOS, "Views of Mr. K. Y. Yin, Secretary General of the Economic Stabilization Board," Sep 20, 1957, Desp.171, 893.00/9-2057, ibid.; From the Embassy in Taiwan to DOS, "Weekly Economic Review," Sep 27, 1957, Desp.185, 893.00/9-2757, ibid.

めている[46]。また，計画の文章において明示されてはいないが，第3次計画のための具体的な手段として実行された為替レートの合理化等の輸出促進に役立つ経済改革は，その前と後の輸出政策の間に一線を画すものであった。

このように，第3次4カ年経済開発計画は，その前の2次にわたる計画と異なり，台湾の輸出指向工業化の端緒となるものであった。

2. 外資誘致

前述したNSC5503で述べられていたように，国民党政府に外資誘致を促進させることは米国の台湾における経済開発重視政策の主要な要素であり，米国は実際に国民党政府に対してそれを主張し続けた[47]。

その後，台湾では1959年から60年にかけて，「19項目財政経済改革措置」に従って外資誘致のための法整備が行われた。まず59年12月14日に改正された外国人投資条例であるが，同法には韓国の外資導入促進法のような国籍条項はなく，また，外資と認める資本の割合についても最低限度を決めていなかった[48]。改正における重要な変更点としては，12月9日に同法が立法院を通過した際，楊継曽経済部長が，(1)許可を受けた投資計画完成後満2年経過後に毎年投資元本の100分の15に相当する金額の外貨割り当てを申請し，送金することができる送金制限の緩和，(2)投資範囲の拡大，(3)政府に収用されない

---

46) Ministry of Economic Affairs, Republic of China, *Taiwan's Third Four-Year Economic Development Plan: Abridged* (1961), 29. このような，重工業に関する1960年代初めの国民党政府の姿勢については当時の経済官僚であった李国鼎も以下のように述べている。「政府は労働集約型工業製品輸出を促進し，それらの輸出生産に使用される投入財への国内需要が，採算の取れる規模の重化学工業建設のために一分に増大するまで待つことを決定した」。Li, *Economic Transformation of Taiwan, ROC*, 44.

47) From the Embassy in Taiwan to DOS, "Annual Economic Review-Taiwan," Feb 23, 1956, Desp.473, 893.00/2-2356, CDF, RG59, NA ; From the Embassy in Taiwan to DOS, "Weekly Economic Review," May 3, 1957, Desp.477, 893.00/5-357, ibid ; From the Embassy in Taiwan to DOS, "Economic Summary, Third Quarter 1959," Oct 22, 1959, Desp.213, 893.00/10-2259, ibid.

48) 国民党政府の「外国人投資条例」「投資奨励条例」の全文は以下を参照。アジア協会『東南アジア経済協力関係法令集7 中華民国』アジア協会，1960年，15-19，21-30頁。

と保証される期限の20年への延長を挙げている。また，楊は「今後政府はなお積極的に投資環境の改善に努め，外国人の投資事業が順調に推進できることを図る」と述べている[49]。

駐台米国大使館は12月19日付の国務省への電文において，「改正された投資法は賞賛に値する中華民国政府側の成果であり，外資誘致の重要な問題の解決の模索にあたって政府が指導力を提供することができるよい証拠である」と述べた。さらに，大使館は同文書において改定前の法自体は「それほど悪くなかった」としつつも，新法に関しては台湾への投資を模索する米国人投資家の「必要とされた以上によい」という言葉を引用している[50]。

また，1960年3月19日には改正華僑帰国投資条例が立法院で可決された。楊継曽によれば，改正の主要な内容は2点であり，1つめは投資範囲の拡大で，公営，民営を問わず華僑が投資に参加できるようになったこと，2つめは投資者がその所得する純利や利息を毎年国外に送金する権利を有するようになったことであった[51]。こうした規定によって，華僑の投資の誘致を狙ったのである。

さらに，1960年9月に施行された投資奨励条例でも，投資へのさまざまなインセンティヴが規定されている。同法によって，奨励対象となる各産業への投資は5年間営利所得税の納入を免除されることとなった。また，そのように投資された事業の事業所得税及び付加税総額は，無期限に年ごとの総所得額の18％を超えないことも規定された。

これらの一連の改革や1966年の輸出加工区の設立によって台湾の外資投資額は飛躍的に増大した。61～70年の期間の外資投資額は5億2358万ドルであり，52～60年の投資額と比べて13.7倍の増加となった[52]。

---

49) 同上，37-38頁。
50) From the Embassy in Taiwan to DOS, "Weekly Economic Review No.50," Dec 11, 1959, Desp.307, 893.00/12–1159, CDF, RG59, NA.
51) アジア協会，前掲書，39-41頁。
52) 顧瑩華・陳添枝（朝元照雄訳）「海外直接投資と外資導入政策」，劉進慶・朝元『台湾の産業政策』勁草書房，2003年，120頁。

3. 国民党政府と輸出促進

米国の輸出促進政策は国民党政府側にも比較的順調に受け入れられた。

1950年代前半，国民党政府は輸入代替工業化政策をとっていた。しかし，50年代半ばには米国の現地当局者が国民党政府に輸入の需要を減らすとともに外貨を獲得できる工業の発展を促すようになっていた。これに対して国民党政府側もその必要性を強く感じていたことは先述したとおりである[53]。こうしたなかで，労働集約型工業製品の輸出が国民党政府の経済政策の中心に据えられていく。前述したように，米国は主に台湾を含む東アジア諸国に労働集約型工業製品を輸出させようと考えていた。しかし，50年代後半には米国の働きかけを待つまでもなく国民党政府側は労働集約型工業製品輸出に積極的になっていった。

輸出指向工業化への転換過程で国民党政府の経済政策決定を担ったのは，政府要職を歴任した尹仲容を中心とする経済官僚であった。最高権力者である蔣介石は，自らを経済財政問題に関して素人だと認めており，台湾に逃れてきて以来，経済政策は陳誠や経済官僚に任せていた。また，陳誠も専門的な経済の知識があるわけではなかったためその権限を経済官僚に委託していた。こうして経済政策を実行する権限を託された尹は，経済政策立案に関して特定の理論に固執しておらず，状況によって最も自国の経済的な利益にかなう政策を選択するという姿勢をとっていた。そのため，尹は国民党政府の輸入代替工業化の促進において政府内の中心人物であったが，1954年には工業製品の輸出こそが台湾の経済を発展させる唯一の方法だと強調するようになっていた。しかし，55年7月に尹は一時政府の要職から退いたため，そうした経済政策は57年8月に政府に復帰して以降に実行されることとなった[54]。政府に復帰した尹は，その直後の9月17日に駐台米国大使館員との会談で織物のような輸出のため

---

53) "Detailed Development of Major ICA Actions Relating to NSC5503 from September 1, 1955 through Mar 7, 1956," Attached to, From Hodge to McConaughy, "OCB Report Submitted by ICA on Major ICA Actions Relating to NSC5503 from September 1, 1955 through March 7, 1956," Feb 13, 1956, 793.5MSP/2-1356, CDF, RG59, NA.

54) Chien-Kuo Pang, *The State and Economic Transformation: The Taiwan Case* (New York: Garland Publishing Inc., 1992), 82, 87, 96-97, 168-69.

の工業に重点を置く必要性について述べ，9月25日の公式声明では，台湾はその国内市場の狭隘さから国際貿易の成長なしには工業発展は不可能だと指摘している[55]。

実際に，1950年代後半には国民党政府が労働集約型工業製品輸出に乗り出すことができ，また，そうせざるを得ない経済的な状況が生じていた。台湾も韓国と同様，米国援助によって軽工業が成長したが，この時期には一部の産業においては国内市場の飽和が起こった[56]。そのため，台湾に駐在する米国大使館員やICA代表，そして国民党政府側の経済官僚らは57年には綿織物生産が国内市場を超過して拡大し続けていると感じた[57]。その供給を消化するためには輸出が必要であった。

さらに，国民党政府の工業製品輸出の試みには，当時の輸出の主流であった農産物輸出における問題点が関係していた。国内で必要となる農産物の輸出はインフレーションにつながる可能性があった。そのため，尹仲容は「輸出によって消費物価水準を押し上げる傾向にある農産物よりも，工業生産品に頼るべきである」と述べている[58]。また，当時，台湾の輸出額の大部分は国営企業による砂糖と米穀の輸出が占めていたが，国際市場において農産物の輸出はあまり期待できなくなってきていた。実際に1959年には台湾の輸出する砂糖と米

---

55) From the Embassy in Taiwan to DOS, "Views of Mr. K. Y. Yin, Secretary General of the Economic Stabilization Board," Sep 20, 1957, Desp.171, 893.00/9–2057, CDF, RG59, NA; From the Embassy in Taiwan to DOS, "Weekly Economic Review," Sep 27, 1957, Desp.185, 893.00/9–2757, ibid.

56) 米国の援助と台湾経済との関係については以下を参照。劉進慶『戦後台湾経済分析』東京大学出版会，1975年; Jacoby, *U.S. Aid to Taiwan*; Wei-Chen Lee and I-Min Chang, "US Aid and Taiwan"; Min-Hua Chiang, "The U.S. Aid and Taiwan's Post-war Economic Development, 1961–1965," *African and Asian Studies* 13 Issue.1-2（May 2014）.

57) 前田「台湾・輸出主導型経済政策の胎動とアメリカ援助政策の転換」7頁; From the Embassy in Taiwan to DOS, "Weekly Economic Review," Oct 24, 1957, Desp.299, 893.00/10–24 57, CDF, RG59, NA.

58) From the Embassy in Taiwan to DOS, "Weekly Economic Review No.45," Nov 6, 1959, Desp.247, 893.00/11–659, ibid. インフレーションの弊害はさまざまだが尹仲容が強調していたことがあるのは，インフレーションでは外資が台湾に入ってこないということだった。From the Embassy in Taiwan to DOS, "Weekly Economic Review No.50," Dec 11, 1959, Desp.307, 893.00/12–1159, ibid.

表12 台湾の総輸出額と砂糖・米穀の輸出額（1956-1962） （単位：千米ドル）

年	輸出総額	砂糖輸出額	米穀輸出額
1956	118,281	61,784	16,626
1957	148,305	92,494	17,918
1958	155,811	80,751	26,352
1959	156,899	63,711	23,364
1960	163,991	72,183	5,058
1961	195,154	56,301	9,368
1962	218,211	45,592	16,070

出典：K.T.Li, *The Experience of Dynamic Economic Growth on Taiwan* (Taipei: Mei Ya Publications, Inc., 1976), 525 から，筆者が作成。

穀は減少し始めた。表12はこの時期の台湾における総輸出額と砂糖と米穀の輸出額を示したものである。ここから，58年に砂糖の輸出額が減少し始めたことがわかる。世界的な砂糖価格の下落が台湾の貿易収支に影響を与えたのである。そして，59年初頭には国民党政府は，米穀主要輸出先の日本が国内生産とスペインからの輸入の増大により台湾からの輸入を削減すると予想しており，実際にその通りとなった。このような状況にあって台湾では，米糖以外の，民間が担う輸出を増大させる必要が生じたのである[59]。

こうして工業製品輸出の必要性が認識されるなか，尹仲容は台湾の潜在的な輸出能力を十分に発展させるための6つの主要な障害の除去を主張した。それは，(1)輸出製品の低品質，(2)資本の不足，(3)対外貿易経験の不足と，海外市場の状況への一般的な無関心，(4)輸出手続きの複雑さ，(5)原料の国内調達の費用の高さ，(6)輸出業者に不利な複数為替レート制度等である。こうした考えは，特に為替制度改革に見られるように，ここまで述べてきた米国側の輸出促進志向と一致している。しかも，駐台米国大使館によれば，尹は裏では「現在の為替レートシステムに公式声明においてよりも強く反対していた」という[60]。

---

59) From the Embassy in Taiwan to DOS, "Weekly Economic Review No.6," Feb 7, 1958, Desp.441, 893.00/2-758, ibid.; From the Embassy in Taiwan to DOS, "Weekly Economic Review No.7," Feb 13, 1959, Desp.415, 893.00/2-1359, ibid.; From the Embassy in Taiwan to DOS, "Weekly Economic Review No.41," Oct 9, 1958, Desp.181, 893.00/10-958, ibid.

60) From the Embassy in Taiwan to DOS, "Weekly Economic Review," Sep 27, 1957,

こうした認識のもとに尹は為替レートの単一化を推し進め,「19 項目」が発表されるよりも前の 1958 年 4 月 11 日にすでに「為替貿易改革方策」を公布し,多数あり複雑だった為替レートを 2 つに統合した。そして尹は,その後の輸出の伸びを政府による為替制度改革の成果として「誇らしげに発表した」という。この輸出の伸びは,従来のように政府が統制していた米穀,砂糖,塩からもたらされたものではなく,民間輸出の急増によるものであった。その後,国民党政府は 11 月 21 日に 2 つのレートを 1 つに統合したが,これは駐台米国大使館員からすれば,「中国政府（引用者注——国民党政府）が長く望んでいた」ことであった。米国の現地当局者たちは単一レート設定を国民党政府に働きかけてきたが,大使館の報告において,この 58 年の改革に関しては国民党政府側の自発性が強調されている[61]。

そして,実際の輸出増大を受けて,1958 年の為替制度改革が民間輸出を増大させ経済発展の原動力となったという認識が,59 年初頭には国民党政府の中に定着していた。例えば,駐台米国大使館は 2 月 20 日に陳誠が行政院において「国家の福利は大部分,単一レートの確立によって促進されている対外貿易に依存しているため,政府は,輸入と輸出の手続きを単純化してきており,対外交易を促進するそのほかの方策を採用した」と述べたと国務省に報告した。そして,大使館は同じ報告書で「行政院長によってなされている台湾発展の主因は対外貿易促進であるという主張に沿って,政府は民間輸出業者の活動を促進するための輸出向け借款の自由化を計画している」とも述べている。このように,民間輸出促進による経済成長という成果がすでに表れていたため,国民

Desp.185, 893. 00/9–2757, ibid.

61) From the Embassy in Taiwan to DOS, "Weekly Economic Review No.41," Oct 9, 1958, Desp.181, 893.00/10–958, ibid.; From the Embassy in Taiwan to DOS, "Weekly Economic Review No.47," Nov 21, 1958, Desp.245, 893.00/11–2158, ibid.; From the Embassy in Taiwan to DOS, "Comments by ICA/Taipei on Embassy Despatch No.72, Entitled "Greater Responsibility for the Chinese in Economic Fields"," Jul 30, 1957, Desp.149, 893.00/7–3057, ibid. この「長く望んでいた」というのは,1956 年の国民党全党大会において「財政・経済的発展によって可能になった際には,単一為替レートが現在の複数レートシステムに代わって確立されることが決議された」こと等が念頭にあるのではないかと思われる。From the Embassy in Taiwan to DOS, "WEEKA No.9-Economic Section," Feb 28, 1957, Desp.377, 893.00/2–2857, ibid.

党政府は50年代後半の改革には比較的抵抗感がなかったのだと思われる[62]。

第3節　韓国と台湾の比較

　以上のように，米国の台湾に対する経済開発重視政策は1958年以降本格化していったが，その契機は第2次台湾危機であった。アイゼンハワー政権は米国を中国との戦争に巻き込みかねず，また，省籍矛盾による国内対立を激化させる可能性のある蔣介石の軍事的大陸反攻の試みに直面した。そこで，ダレスら政権高官は蔣の大陸反攻を軍事によるものでなく，政治・経済的なものへと転換させることでこれに対処しようとした。さらには，国連における中国代表権問題をめぐって国民党政府が劣勢に追いやられていたことや，大躍進政策が成功すればアジアに広域にわたって影響を与えるだろう可能性があったことは，国民党政府の優位性を国際社会で誇示する必要性を米国に認識させた。米国は50年代中盤には大陸の体制の代案にしようという問題意識のもとに，台湾の経済開発と貿易促進・外資導入を重視する方針を定めていた。しかし，それが実際に具体的な政策として実行に移されていったのは，以上のような状況が米国に台湾に対する経済開発重視政策の必要性を強く認識させた50年代後半であった。こうして，米国との協議を経て国民党政府は輸出指向工業化を採用していくこととなる。

　このような，米国の対台湾政策に経済開発重視政策が反映されていく過程と，台湾における輸出指向工業化の開始の密接な関係は，韓国の事例において重要な意味を持ついくつかの知見を提供する。まず1つめに，アイゼンハワー政権の為替制度改革，貿易促進，外資導入，経済開発計画作成を促す経済開発重視政策は，輸出指向工業化そのものを目標にしたものではないにせよ，そうした方向へと国民党政府を後押しし，その開始の条件形勢に一役買った。もちろん，この経済開発重視政策がアイゼンハワー政権からケネディ政権にどのように引き継がれたのかについては，また詳細な検討が必要になる。しかし，少なくと

---

62)　From the Embassy in Taiwan to DOS, "Weekly Economic Review No.9," Feb 27, 1959, Desp.450, 893.00/2-2759, ibid.

もアイゼンハワー政権期から米国がこのような政策を採用していたこと，そして，対台湾政策だけでなく，対韓政策にも反映させようと試みていたことは重要であろう。

次に，アイゼンハワー政権は1954年以降，57年までには第三世界諸国に対する経済開発重視政策を政策の基本方針に取り入れていたが，それが即座に各地域・各国に対する政策に反映され，実行されていったわけではないということが明らかになった。この点，アイゼンハワー政権はあまり積極的ではなく，同政権によって各地域・各国に対する経済開発重視政策が本格的に採用され実行に移されていったのは，そうした政策が必要だと認識させるような事態が起こってからであった。これは，やはりアイゼンハワー政権が自国の安全保障や冷戦戦略に資するかどうかという観点から経済開発重視政策の必要性を認識したためであろう。韓国や台湾に対してとはかなり政策の内容は異なるが，ラテンアメリカに対する米国の経済開発重視政策も，58年にニクソンが各地で反米感情の噴出を目の当たりにし，59年にキューバで革命が起こったことがその契機となった。台湾では50年代中盤には経済開発の重要性が指摘されていたにもかかわらず，結局実行されたのは上述したように58年以降に米国にとって脅威となる状況への対処にそうした政策が必要だと認識されてからであった。こうして，労働集約型工業製品の輸出促進，為替制度改革，外資導入，長期計画の作成が米国の後押しのもとに台湾で急速に進められていくこととなった。

当然，台湾のケースで見られるようなアイゼンハワー政権の第三世界政策に対する経済開発重視政策の特徴は，その対韓政策にも影響を及ぼした。しかし，韓国では台湾ほどその影響は大きくなかった。1956年の大統領選挙における野党の善戦から生じた脅威は，経済開発の必要性を韓国現地の米国当局者に認識させた。こうして，韓国現地の米国当局者によって本国に経済開発重視政策の重要性が提言され，実行され始めた。特にここで実行が試みられたのは，労働集約型工業製品の輸出促進，外資導入法の制定，長期経済開発計画の作成である。しかし，長期経済開発計画については，例えば台湾において米国がすぐに厳しくその作成を監修したことと比べると，韓国においてはしばらくは米国本国の関心をあまり引かなかった。また，為替制度改革も先延ばしにされた。

米国本国が長期経済開発計画作成や為替制度改革等の実行を必要と感じたの

は，1960年の4月革命と北朝鮮の本格的な経済攻勢が韓国における米国の利益を本格的に脅かし始めてからであった。しかし，韓国で政権交代に時間がかかったこともあり，アイゼンハワー政権にはほとんど時間が残されておらず次の政権へと持ち越しとなったのである。それでも為替制度改革はアイゼンハワー政権がお膳立てをほぼ済ませた形となった。

　本書のここまでの分析からも明らかなように，他にも2つ，米国の経済開発重視政策の実行を阻害した要素が存在する。1つめは，米国の経済開発重視政策の対象国政府の経済的な目標がどのようなものであったのかということである。例えば，蔣介石は経済政策を官僚に任せており，尹仲容ら官僚は工業製品輸出に積極的であり，また，特定の理論に固執しているわけでもなかった。そのため，米国の政策要求を比較的容易に受け入れ，実行していった。これに対し，李承晩政権期の韓国の経済政策決定者が重化学工業を含む自立型経済建設を志向し外資を警戒する経済的ナショナリズムを強く持っていたことは，現実的な経済開発計画の作成や外資導入，そして為替制度改革を阻害した。米国が1960年に対韓政策に開発主義を反映させ始めた直接の要因は4月革命や北朝鮮による経済的成功の誇示であったが，その後為替制度改革が急速に進んだ背景には，韓国政府側が李ほど通貨の過大評価に拘らない張勉政権であったことも大きく関係していたことは言うまでもない。

　2つめには，やはり韓国と台湾の経済発展段階の差が挙げられるだろう。例えば，労働集約型工業製品の輸出促進は李承晩政権も蔣介石政権も模索していた。外資導入立法も国民党政府のものの方が積極的であったが，韓国政府の立法も米国がある程度評価できるものであった。効果に差が出たのはやはり両国の経済的な発展段階の差も影響したからであろう。また，韓国ではまず物価を安定化させなければならない段階であったため，米国は韓国政府の物価安定化への取り組みと引き換えに認めていたホァン過大評価の解消を強く迫ることができなかった。

　こうして，アイゼンハワー政権の発展途上国に対する経済開発重視政策は，対韓政策においてその必要性が本格的に認識され反映されるまでに時間がかかり，実行も不十分に終わり，効果も即座に目に見えるほどのものにはならなかったと言える。

結　論

　本書では(1)経済開発をめぐる米韓両政府の協議のなかで1960年代以降の韓国経済発展の初期条件がどのように形作られていったのか，(2)アイゼンハワー政権の近代化論に立脚した発展途上国に対する経済開発重視政策はなぜ韓国においてその実行が不十分に終わったのかという2点に留意しつつ，李承晩政権・アイゼンハワー政権期の米韓関係を時系列で分析した。以下に本書の内容を要約する。

　1953年にスターリンが死ぬと，共産主義陣営が第三世界に対する経済的な影響力行使を開始し，冷戦は経済競争という新たな性質を帯び始める。そして，米国の同盟国に対する共産主義の脅威は軍事的なものから政治・経済的なものへと変化していった。このような国際的な環境変化のなかで，米国は発展途上国に対し共産主義という経済発展の手法に代わる新たな資本主義側のヴィジョンを提示せざるを得なくなった。こうして，54年にロストウらが提示した開発主義が米国政府の政策に徐々に反映されていくこととなる。それは，長期的な視野のもとで経済開発へと資源を動員することで，国際分業のなかで西側陣営や中立主義諸国の経済成長を達成させていこうというものであった。57年までには，開発援助，長期経済開発計画，被援助国の兵力削減といった，開発主義に影響を受けた諸政策が政権の基本方針となっていった。政権発足当初から対外援助削減のために基本方針とされていた貿易と民間投資の促進にも，共産主義陣営との経済競争における発展途上国の経済開発の主要な手段という新たな意味が付与されることとなる。

　しかし，李承晩政権は米国が貿易促進等を通じて目指すような日本を中心とする東アジア国際分業体制に編入されることを拒否し，農業，軽工業，重工業といった国家経済に必要なすべての産業を備えた上で国際収支を均衡させるという自立型経済の建設を目指した。そのため，日韓関係改善をはじめとするさ

まざまな問題をめぐって米韓間に葛藤が生じることとなる。

　朝鮮戦争が停戦となり，韓国に対する共産主義陣営の軍事的脅威が大幅に縮小すると，米国政府の視線は韓国国内の脅威へと向かい始めた。潜在的な脅威である韓国国内での共産主義者による転覆活動や煽動が効果を持ち得る政治的・経済的な混乱を警戒したのである。特に米国は，政治的な混乱が李承晩死後の権力移行過程で起こり得ると予測したが，与党指導者の李起鵬が権力を継承してそうした事態を収拾することを期待していた。しかし，1956年5月の大統領選挙で，李承晩は社会民主主義的政策と平和統一論を掲げる曺奉岩に善戦を許し，副大統領選挙では米国が李承晩死後の混乱の唯一といっていい切り札と見做していた李起鵬が落選する。

　大統領選挙直後，韓国現地の米国当局者は，経済状況への不満の広がりが韓国国内を左傾化させることを懸念し，経済発展の必要性を認識するようになる。現地当局者らは本国に，(1)韓国の兵力削減によって経済開発に動員可能な資源を増大させる，(2)国際収支の均衡，黒字を目的として輸入代替と輸出を促進する，(3)中小規模製造業者の育成とその輸出への参加を促進する，(4)外資導入を促進する，(5)政府の干渉を排する産銀改革を行うといった提言を行った。ただ，米国本国政府は駐韓当局者からのこうした提言を政策にそのまま反映させたわけではなかった。例えば，韓国軍の兵力水準削減に関しては米国本国政府内で議論こそされたが，米国の世界規模の威信に対する悪影響等を考慮して実行に移されることはなかった。ただ，これ以降1950年代後半には，韓国現地の米国当局者の後押しのもとに韓国の大企業と中小企業の両方による輸出の促進，通商外交，長期経済開発計画の作成，外資導入法の制定等が不十分ではあるが進められていくこととなる。また，ロストウらの開発主義におけるニューディール的な要素の影響もあり，米国側も国家主導型工業化に重要な役割を果たす産銀の役割やその機能強化のための改革の必要性を認識していくことになる。さらには，米国がDLFを設立したことで韓国の開発借款の導入も始まることとなり，そのなかで，韓国政府が借款導入を一元的に管理するという方式が確立されていくこととなる。

　一方，韓国国内の政局においては，1956年の大統領選挙以降与野党間の政治的対立が激化していく。米国はそうした対立が韓国国内で政治的混乱を招き

共産主義者の転覆活動につながることを恐れた。他方で米国は，経済に関しては韓国では経済開発よりも物価の安定を重視し，57年には財政安定計画を米韓合意のもとに実行することとなる。同計画によって，産銀の財源は非インフレ的財源へと限定され，米国が使途に影響力を行使できる援助の見返り資金が融資の主要財源となっていったが，米国は韓国経済に不可欠と容易に判断できる肥料工場を例外として，インフラ整備以外への融資にはかなり厳しかった。また，より重要なこととして，為替制度改革については25％条項による為替レートの固定と引き換えに韓国が採用した物価安定政策が功を奏したため，米国は輸出に適した為替レートへの変更を韓国にそれほど強くは迫らなかった。これは，米国がインフレーションは政権の崩壊へとつながるという認識を40年代以降ずっと持ち続けていたことに加え，インフレーションを抑制することで健全な経済活動の環境を整えようとしたからであった。このような仕組みが出来上がったことで，輸入代替に有利な自国通貨の過大評価を維持することを望んだ李承晩政権は米国の平価切り下げ要求に反対しつつ，インフレーション抑制に努めることとなる。そうしたなか，韓国の根本的な為替制度改革への着手は61年まで先延ばしになる。米国は56年の正副大統領選挙において示されたような韓国国民の経済的な改善が欠如することへの不満によって引き起こされる政治的混乱よりも，インフレーションによって引き起こされる政治的混乱の方を警戒し，経済開発ではなく物価安定を選択したのであった。

　韓国で1958年に行われた総選挙では，野党の民主党が勢力を伸ばすこととなった。同選挙は自由党の勢力を弱めたにもかかわらず，駐韓米国当局者に56年の正副大統領選挙以上に経済開発による対処の必要性を認識させることはなかった。その理由としては，民主党の政権を担い得る政党としての成長，社会民主主義的経済政策を掲げる曺奉岩と進歩党の政治勢力としての瓦解，選挙において経済政策よりも重要な争点が複数存在したこと，民主党よりも自由党の経済政策の方が有権者への訴求力があったこと，米穀の豊作やインフレーション抑制の成功等の相対的な経済状況の改善があげられる。つまり，58年の選挙は56年の選挙ほどに韓国国民の経済的不満を可視化せず，そうした不満が自国の冷戦戦略を阻害するような深刻な混乱を韓国において引き起こすという危機意識を米国に抱かせるようなものでもなかったのである。

そして，1958年の国会議員選挙以降，政権・与党が対野党強硬路線に傾き，12月に国家保安法改正を強行すると，韓国国内政治は同法やそれ以降の京郷新聞廃刊をめぐる与野党間の対立に収斂されていく。前述したように，56年の大統領選挙は，多少米国政府，特に現地当局者に韓国に対する経済開発重視政策の実行の必要性を認識させた。しかし，その後，60年まではそれ以上にこの認識を強化する，即ち韓国国民の経済発展の不振への不満が深刻な混乱を引き起こすという認識を米国に抱かせるような事態は起こらなかった。そうした状況で，米国は激化していく政治的混乱に対処を迫られる一方で，経済開発重視政策は現状維持ともいえる物価安定化の取り組みに抑え込まれた。さらには，米国が李承晩政権の強硬化を防ぐために考慮した圧力手段のなかには援助停止のような経済的安定を犠牲にするものまでも含まれていた。

　他方で，1950年代後半には，米国議会から米国政府に援助運用見直しを迫る圧力がかけられ，平価切り下げ協議とドレイパーの訪韓が行われることとなる。ただ，これらはあくまで議会の圧力に強いられたものであり，米国政府が積極的に韓国において経済開発重視政策を必要と考えて実行したものではなく，米国の対韓政策に本質的な変化をもたらすものではなかった。例えば，60年に物価上昇に伴って米国が韓国に実行させた平価切り下げは，あくまで議会内の批判に気を遣って25％条項に従ったもので，適正な為替レートの設定とはいえなかった。ただ，ドレイパーの訪韓にも影響を受け設立された輸出振興基金は，小さな規模にとどまったが，後の韓国の輸出指向工業化につながる諸要素を含んでいた。また，米韓の協議によって長期経済開発計画作成が開始され完成へとこぎつけたことは重要である。しかし，完成までに2年かかった上に，重化学工業の輸入代替が前面に押し出され，輸出を軽視した非現実的な計画となった。米国は経済調整官室の提言もあり支援はしたが，作成過程では強い介入はせず，計画の完成後これを批判したが詳細に協議する時間もなく李承晩政権は崩壊した。

　1960年3月15日の正副大統領選挙における政権・与党の不正が国内で大規模の蜂起を引き起こすと，共産主義者の転覆活動に利用されることを恐れた米国政府は李承晩に辞任を迫ることとなる。李政権崩壊後，米国大使館は4月革命が起こった理由自体に韓国国民の経済的不満が含まれており，また，4月革

命によって韓国国民のなかに生まれた経済発展への期待を満たすことができなければ，転覆活動やクーデタへと道を開くだろうと考えた。4月革命によって韓国国民の経済的不満が可視化され，また，その不満が米国の冷戦戦略に深刻な悪影響を与える混乱を韓国において引き起こすという認識を米国が持つに至ったのである。4月革命は政治的影響力とラディカルな思想をもつ学生という新たな勢力を登場させ，さらに，韓国国民が実際に一度は政権を崩壊させたという点で，56年の正副大統領選挙以上に事態の深刻さを見せつけるものであった。こうして駐韓米国当局者は米国本国に向けて経済開発の必要性を提言し，米国本国もこれを受容することとなる。この時，米国本国が韓国における経済開発の必要性を認識した背景には，韓国が北朝鮮との本格的な経済競争の時期に入ったというもう1つの要因があった。

　その後，アイゼンハワー退任直前の1961年に採択された対韓政策方針であるNSC6018/1は本格的にアイゼンハワー政権の経済開発重視政策を反映したものであった。また，国務省も韓国の長期経済開発計画作成に積極的に携わろうとするようになる。すでにアイゼンハワー政権退任直前だったこともあり，そのための諸政策が実行に移されることはほとんどなかったが，平価切り下げと従来よりも柔軟な変動レート制の採用といった本格的な為替制度改革は実行されることとなった。この為替制度改革の完遂には，李承晩政権と異なり張勉政権が為替制度改革に柔軟な態度をとっていたことも強く影響した。

　以上のように1950年代には，60年代以降の輸出指向工業化において重要な為替制度改革，輸出促進政策，国家主導型工業化において重要な金融，外資，官僚機構と長期経済計画作成，財閥といった各分野において，米国の韓国に対する経済開発重視政策との関連でさまざまな初期条件が形成されていった。

　しかし，アイゼンハワー政権は後の韓国の輸出指向工業化への転換にもつながるような経済開発重視政策を1957年までには政権の基本方針としたにもかかわらず，対韓政策への本格的な反映や実行は遅々として進まなかった。その理由としては，韓国が経済的に発展しないことが自国の冷戦戦略や安全保障といった米国の国益に深刻な悪影響を与えるという米国の脅威認識が60年の4月革命まで希薄だったことと，一部の実行しようとした政策に関しても自立型経済を志向する李承晩政権の抵抗に遭ったこと，それらの政策の実行のための

経済的条件が整っていなかったことが挙げられる。こうした点は，台湾の事例との比較でより明確となる。

　以上が本書の要約である。以下に本書において明らかになった知見について改めて整理する。
　まず，米国の外交史研究における新たな知見について述べる。従来の米国外交史研究は，1950年代中盤以降のアイゼンハワー政権の政策における開発主義の浸透と韓国の経済発展との関係性について説明してこなかった。本書は，その関係性を明らかにすることを試みた。発足以来「援助より貿易」という立場をとっていたアイゼンハワー政権であったが，54年以降は発展途上国に対する経済開発重視政策を徐々に採用していった。開発援助が導入され，従来は主に援助削減のための手段に位置づけられていた貿易や民間投資も明確に経済発展の手段として位置づけられた。また，ニューディール的な国家による経済への介入の概念が取り入れられる形で，公的開発借款や被援助国に長期経済開発計画を作成させることも同政権の方針とされた。米国のこうした発展途上国に対する経済開発重視政策が採用されていくなかで，韓国においても労働集約型工業製品輸出や為替制度改革といった輸出指向工業化への進展に不可欠な分野において60年代以降につながるような進展があった。さらに，後の国家主導型工業化の初期条件のなかにも，こうした米国の政策の影響，もしくは米国の支援を米国の方針とは違う方向に李承晩政権が利用したことによってその形成が促進されていったものがあった。以上のように，アイゼンハワー政権が54年以降に採用していった経済開発重視政策は，韓国の輸出指向工業化と国家主導型工業化の初期条件の形成に少なからぬ影響を与えたと言える。特に，台湾が輸出指向工業化へと転換することに貢献し，韓国においても後の転換への初期条件の不可欠な一部を形成していったという点で，こうした政策は輸出指向工業化と強い親和性があったと言える。他方で，アイゼンハワー政権の経済開発重視政策にみられる，ニューディールの系譜にある国家の介入を多少は容認する姿勢は，それだけで韓国の国家主導型工業化を後押しすることはあまりなかった。むしろ，アイゼンハワー政権は韓国に対しては市場原理に則って行動するよう主張することが多かった。ただ，それでも発展途上国に対する長

期経済計画を作成させる米国の方針は韓国の最初の経済開発計画作成を後押しし，また，公的借款の国家による一元的管理や産銀改革のように，韓国側の国家資本主義的試みのいくらかを受け入れる基盤とはなっていた。

次に，米韓関係史について得られた知見について述べる。先行研究においてはアイゼンハワー政権期には韓国に対する経済開発重視政策が十分に実行されなかったという合意がある。しかし，それがなぜなのかについては十分に明らかにされてこなかった。当然，アイゼンハワー政権の発展途上国に対する経済開発重視政策はケネディ政権ほど徹底したものではなかった。しかし，本書は，台湾と比較しつつアイゼンハワー政権が基本方針に据えていた経済開発重視政策の内容さえ対韓政策には十分に反映されなかったことを明らかにした。同政権の韓国に対する経済開発重視政策の実行が不十分に終わった要因を，本書は3つ挙げた。

1つめの要因として挙げたのは，アイゼンハワー政権の開発主義が持つ傾向である。同政権は自国の冷戦戦略や安全保障等の国益への脅威を認識し，その脅威が経済開発重視政策によってよりよく対処できると認識した時にそうした政策の実行に積極的になるが，韓国においてのようにそうでない場合にはそれほど積極的にならない傾向があった。開発主義的な政策を前面に掲げ積極的に推進しようとしていたケネディ政権とはこの点で異なると言える。

台湾の事例には，アイゼンハワー政権における経済開発重視政策と国益への脅威との関係が顕著に表れている。韓国と同様輸出指向工業化で発展した台湾に関して，米国は，第2次台湾危機前後から，蔣介石の中国に対する好戦的な姿勢を抑え，台湾国内の民族間の葛藤を緩和し，中国との経済発展競争を優位に運ぶためにも，為替制度改革，輸出に重点を置いた長期経済開発計画の作成，外資導入立法の整備等，経済発展のための諸政策の実行を国民党政府に強く促していくことになる。

本書は，このようなアイゼンハワー政権における経済開発重視政策と国益への脅威との関係という観点から米国の対韓経済開発重視政策を分析するならば，2度の画期があったと考える。まず，1度めの画期は，多くの先行研究が指摘する通り，韓国における正副大統領選挙で野党が躍進したことにより，現地の米国当局者が本国政府に韓国の経済発展の必要性を提言した1956年である。

この時期，大使館や経済調整官室は韓国の左傾化を恐れ，それを防ぐために経済発展が必要だと考えた。実際に，米国政府内での輸出促進のために為替制度改革が必要だという議論はこの時期以降に現地当局者内で始まっている。さらに，韓国政府と大使館・経済調整官室の間で長期経済開発計画の作成に向けた動きが始まったのもこの時期であった。また，労働集約型工業製品の輸出の試みもこの時期以降に始まっている。ただ，為替制度改革そのものが積極的に進められることはなく，長期経済開発計画もすぐに韓国に作成を迫るほどに米国側は積極的ではなかった。大使館や経済調整官室は比較的積極的であったが，国務省があまり関心を示さなかったのである。

2度めの画期は，4月革命が起こり，また北朝鮮の経済攻勢も本格化した1960年である。こうした状況下で，親米的な保守政権が国民の経済的不満を解決し経済発展という変化への期待を満たさなければ，左右のより極端な勢力が力を得てしまうことを米国は懸念した。そのため，米国は張勉政権が成立すると為替制度改革の実行へと本格的に乗り出した。また，長期経済開発計画は，任期が残り少なかったためにアイゼンハワー政権中に完成には至らなかったが，国務省がその必要性を認識して大使館へと積極的に指示を出し，対韓政策文書にも明記されることとなった。さらに，米国はこの時期韓国に国際収支改善のための対日関係改善も促している。このように，韓国では最終的にアイゼンハワー政権が経済開発重視の政策をとるべきと判断するような脅威を認識したのは60年に入ってからであり，その後任期がほとんど残っていなかったため実行は十分にはなされなかったが，為替制度改革に関してはお膳立てをほぼ済ませ，ケネディ政権は韓国政府の実行を見守るだけでよかった。

以上のように，本書はアイゼンハワー政権が韓国に対する経済開発重視政策を十分に実行しなかった要因の1つとして，それを実行することを必要と思わせるような安全保障等の国益に対する脅威が少なくとも1960年までは深刻に認識されなかったことを挙げた。

2つめの要因は李承晩政権の経済政策と米国の経済的な方針の衝突である。1950年代前半に米韓間の経済的な方向性をめぐる対立があったことは，すでに李鍾元によって明らかにされているが，本書ではそうした対立が50年代後半にも続き，米国の韓国に対する経済開発重視政策の実行との葛藤を生み出し

たことを明らかにした[1]。特に，李承晩政権の軽工業と重工業を備えた自立型経済建設の方針と，新興国のアウタルキー的経済建設の試みを否定する米国側の方針は激しく対立した。例えば，経済開発3カ年計画は性急な重工業建設に重点を置いたこともあり米国にとって受け入れられるものではなかった。また，為替レートも輸入代替工業化に必要な米国援助のドル建ての額を引き下げないためにも，李承晩政権はその変更に反対した。また，本書ではあまり扱っていないが，日本との関係改善をめぐる米韓対立も重要だろう。李承晩政権の日本との間の確執は，日韓が国際的な分業を行うことによって相互の産業構造を補完するという米国の思惑を阻害した。

韓国に対するアイゼンハワー政権の経済開発重視政策実行が遅れた3つめの理由は，韓国経済の発展の度合いが，米国が望む政策を実行できる段階には至っていなかったということである。例えば，外資導入は，韓国の政治的状況の不安定さや経済の後進性から思い通りには進まなかった。また，米国は韓国の激しいインフレーションを防ぐためには為替制度改革を犠牲にしても財政安定計画を韓国政府に実行させるしかなかった。

以上が，本書が明らかにした，アイゼンハワー政権が韓国に対する経済開発重視政策を十分に実行しなかった諸要因である。

次に，開発経済学・政治経済学的枠組みを援用しつつ，この時期に韓国の経済政策・制度やそれらをめぐる米韓関係において起こった変化と，1960年以降の韓国の経済成長が具体的にどのように連続しているのかについて述べる。その際，輸出指向工業化との関連でこの時期に重要な変化のあった為替制度改革，輸出促進政策，そして国家主導工業化において重要である金融，外資導入，独立した官僚機構と長期経済開発計画作成，財閥といった諸要素に分けて記述する。

まず，為替制度改革であるが，1955年の時点では米国は韓国との為替レート交渉の際には，市場からの通貨回収や物価安定を最も重視していた。しかし，米国は50年代後半には為替レートの設定において輸出促進を重視するようになっていく。60年に入ると，米国議会からの圧力，4月革命による韓国国民

---

1) 李鍾元，前掲書，152頁。

の経済発展に関する期待や不満の可視化，北朝鮮の経済攻勢，そして張勉政権という為替制度改革に積極的な政権の成立によって，米国は韓国に為替制度改革を行うように促していくこととなる。その結果，多少ケネディ政権にずれ込んだが，より柔軟な変動制を採用した適正水準に近い為替レートの採用という改革がなされることとなった。5・16 クーデタ後にはこのレートは固定され，朴正熙の内包的工業化方針が引き起こした物価上昇によって再び不適正になっていく。しかし，米国が韓国において輸出促進のための為替レート設定が重要だと認識したことや，改革実行の経験は，60年代中盤の輸出指向工業化への転換の際に再度為替制度改革を実行するにあたって重要であったと思われる。

次に韓国の労働集約型工業製品の輸出促進であるが，1950年代中盤には米韓双方がその必要性とそれが可能であることを認識していた。韓国は輸出 5 ヵ年計画を立て，いくつもの振興策を立案し，経済開発 3 ヵ年計画においても工業製品輸出の拡大を図り，米国の支援を得て綿紡織製品輸出や輸出振興基金の創設を行った。労働集約型工業製品輸出の重要性を認識し，促進したという点で，李承晩政権期は 60 年代中盤の輸出指向工業化転換以降の時期との連続性を持っているといっていい。他方で，李政権の重工業建設を最優先課題とする自立型経済建設の方針もあって，輸出は 60 年代中盤の輸出指向工業化転換以降ほど重視されず，両時期の間には全体的な経済戦略とそのなかでの輸出の位置づけという点で大きな断絶がある。

次に，開発国家の初期条件が李承晩政権期にどのように形成されたのかであるが，そもそも李政権期の韓国は経済発展そのものよりも重工業建設といった当時は非現実的であった民族主義的な経済建設方針に固執し，また，韓国経済にとって重要な国である日本との関係改善を政治的な理由で停滞させたりと，経済発展を最優先する開発国家であったとは言えない。そうした意味で，李政権期と，一般に韓国が開発国家であったとされる経済発展本格化以降の時期との間には，大きな断絶があると言ってよい。他方で，李政権の経済政策の国家資本主義的性格が後の開発国家へとつながっていくさまざまな初期条件を生みだしたことも無視できない。

開発国家の重要な要素である金融については，李承晩政権においてすでに政権側の産業政策を補助する産銀が創設されていた。内橋賢悟が指摘しているよ

うに，そもそも米国は市場原理に則った銀行制度を韓国に確立しようとしており，政治的にも利用されかねない産銀の創設には反対であった。このように，米国は国家主導の産業政策に関して自由主義経済を重視する立場から批判的であったが，特にロストウらの開発主義の影響が広まったと思われる1950年代後半には，資源配分のための経済開発計画の作成を被援助国政府に促すなど，かなり両義的な態度をとるようになった。こうしたなかで，米国側の産銀に対する態度も一枚岩ではなくなっていった。そして，韓国現地の米国当局者による産銀の機能を強化するための提言は，5・16クーデタ後の61年12月の産銀法大幅改正へとつながる韓国側の産銀改革の議論にも影響を与えたと思われる。他方，小規模であったが，米国との協議のもとに米国の援助を財源として工業製品の輸出促進のための金融制度が創設されたのも50年代後半であった。

次に外資であるが，外国資本の活用は米国の発展途上国に対する経済開発重視政策の重要な要素であった。こうして韓国でも1960年には米国の支援を得て，米国からも「自由主義的」と評価される外資導入立法が成立した。その内容はまだ不十分な点も多く，実際には，韓国経済自体が外資にとって魅力がなかったこともあってか同法の効果はほとんどなかったが，66年の再改定へとつながる一定の進展であったとはいえるだろう。また，後に60年以降に借款に対して行使される国家の統制の片鱗は，既に李承晩政権期におけるDLF援助受け入れの際の議論に垣間見える。李政権は借款の用途を国家が統制することに強く固執した。こうした韓国政府の拘りは後に5・16クーデタ後に制度化されていくこととなる。

ある程度独立した官僚機構の形成とその長期経済開発計画作成についても進展があった。これらも韓国政府主導ではあったが米国の支援を得て進められたものであった。まず，後に経済政策立案の中心となる経済企画院の前身の産開委は，予算編成権限や外資を管理する権限はなかった。また，構成員のほとんどは政府内部の官僚ではなく外部の学者であった。しかし，韓国政府が自由党にその権限をかなり浸食されていたにもかかわらず，米国に提示する前までの経済開発3カ年計画の作成過程は，政治的な圧力からはかなり独立したものであった。同計画の内容は，後の張勉政権や5・16クーデタ後の朴正煕の政策に2つの含意を残したと思われる。1つめは輸出指向工業化に不可欠な工業製

品輸出の重視である。同計画が輸出で最も重視したのに米穀でありそれに鉱産物が続いたが，工業製品輸出は急速に増大してそれらに次ぐ外貨獲得源になる分野として重視されていた。2つめは重化学工業建設の重視である。続く張勉政権によって作成された第1次5ヵ年計画草案においても重点育成産業分野としてやはり重化学工業建設が重視されたが，この流れは60年代に朴正熙政権の内包的工業化による急進的な工業化の試みにおいて頂点に達することとなる[2]。

最後に，財閥の形成にはさまざまな要因がありその多くに米国がかかわっているが，本書では特に米国の韓国に対する経済開発重視政策との関連で，大企業の綿製品輸出の開始について考察してきた。まず，米国は韓国においては大企業よりも中小企業を中心に育成し，輸出にも中小企業を積極的に参加させようとした。1959年に設立された輸出振興基金は中小企業に配慮した制度となっており，また，DLFでも，主に大企業育成に重要な役割をはたしていた産銀に中小企業育成を担わせるための事業が優先して承認された。米国が韓国の輸出において重視していた品目も，手工芸品といった家内手工業で賄えるようなものであった。このような方針をとる米国に対し，韓国政府の側から李承晩大統領の肝煎りで綿紡織製品輸出が提案されることとなる。李が大企業の輸出参加を重視していたかどうかは定かではないが，結局のところ，綿紡織輸出とはそれまでに育ててきた大企業を輸出に参加させることを意味していた。米国は当初あまり綿製品の輸出は想定していなかったものの，結局韓国側の輸出に協力するようになっていく。こうして，大企業によって後の主要な輸出製品である綿製品の輸出が担われる端緒が築かれることとなった。

以上のように，米国の韓国に対する経済開発重視政策は，特に為替制度改革や長期経済開発計画，外資導入立法，中小企業輸出促進，開発借款活用については，積極的に韓国に実行を促すものであった。

他方で，長期経済開発計画作成以外の国家主導型工業化の初期条件について

---

[2] 張勉政権の作成した計画は，電力，石炭，肥料，セメント，化学繊維，製油，鉄鋼，農業を重点部門に定めている。農業も含んでいるものの，かなり重化学工業建設を意識していることがわかる。建設部『第一次五個年經濟開發計劃（試案）』84頁。内包的工業化戦略については，기미야（木宮），前掲書を参照。

は，必ずしも米国の積極支持のもとに形成が促進されたわけではない。大企業の創出や産銀の設立・運営・改革は，米国はあまり積極的ではなく，むしろ米国側の方針と齟齬をきたす部分があるなかで，韓国が巧妙に米国の援助を利用して推進したものであった。また，開発借款の国家による一元管理にしても，米国は快諾したが，これは韓国側から問題提起をしたからこそであった。李承晩政権はそもそも国家資本主義的な志向を持っており，米国の政策で利用できるものは自らの国家主導型の経済政策に利用していったのである。結局，大企業の輸出や産銀改革に関しては，李政権は米国から後付けで支持を取り付けることもできた。

　李承晩・アイゼンハワー政権期に，韓国において1960年代以降の経済成長の初期条件は以上のようにして米国の経済開発重視政策との関係の下に形成されていったと言える。

　以上に見てきた1950年代における韓国の経済発展の初期条件の形成に関して，やはり重要であるのは，そこに現在韓国が向き合っているさまざまな問題の萌芽が見られることだろう。韓国経済の国外市場への依存へとつながっていく輸出の重視は，この時期に米国の政策のなかで韓国に対して従来以上に強く推奨されることが決定されていき，李承晩政権による抵抗はありつつも，そのための政策は徐々に実行に移されていった。また，財閥のような大企業集団の形成を伴う国家主導の重化学工業建設は李政権期にすでに試みられ，失敗はしたものの後の朴正煕政権へとつながるようなさまざまな変化が起こっていた。

　他方で，1950年代には，その後も今日にいたるまで継続していく，韓国の経済路線に米国が強い影響を及ぼすという構図が見られた。こうした構図は，米国外交の伝統的な特徴と無関係ではない。その特徴とは，米国が自己イメージを投影した最終地点に後続の国々を導こうとする傾向であり，このような傾向は冷戦期以前から米国政府内に存在した[3]。

　レイサムによれば，ロストウら冷戦期の近代化論者の言う近代化とは，即ち

3）　例えば，20世紀前半における米国のフィリピンやキューバ支配において，すでにそうした近代化論的価値観に則った開発が見られる。Latham, *The Right Kind of Revolution*, 16.

ある種の米国化であった。近代化によって世界が向かうべき最終地点は米国のような社会であり，彼らにとってこの社会像は普遍的に妥当な性質を持っていた[4]。こうして近代化論者の関心は低開発国の社会全体を米国社会のように作り変えることに注がれていったが，当然，社会の在り方と不可分な経済にも影響は及んだ。韓国の輸出指向工業化は，米国が完全に意図した結果というわけではなく，米韓関係とその時韓国が置かれた状況の相互作用のなかで生まれた結果であったが，そこに，米国の信条である自由な経済活動を可能とする方向へと韓国を向かわせる圧力が強く作用したことは疑いない。ただ，この時期の米国の低開発国に対する政策は，単なる自由放任とはまた異なるニューディール的な性格も持っており，韓国に与えた影響はかなりアンビヴァレントなものとなった。そのため，米国の経済開発重視政策は韓国をただ単に自由化へと向かわせるものとはならなかったが，同時に，やはり自由貿易も開発の一手段として確固たる位置を占めており，韓国を国際市場へと導いていった。

　米国が自由主義的経済体制も含む自己イメージを投影した理想へと他国を向かわせようとする傾向は，近代化論が過去のものとなったあとも存続した。そして，新自由主義もその系譜に位置づけられるであろう。ニューディール的価値観に異を唱える形で登場した新自由主義は，米国の外交通商政策による後押しもあり，世界に拡散していった[5]。それはやはり近代化論と同様に，米国の自己イメージを投影した最終地点へと他国を向かわせるものであった[6]。ただ，新自由主義は国家による経済への介入に対する憎悪を反映した結果，冷戦期の近代化論に内包された経済政策よりもさらに露骨に市場の力を信奉するものとなった。こうした世界的潮流と米国の影響のなかで，1980年代以降，韓国経済に再び新たな方向性が与えられることとなるのである。また，この米国の影響力行使が北朝鮮と対峙する韓国の安全を保障する米韓同盟と複雑に絡み合って可能となっていることからも，50年代の示唆するところは大きいと言える。

---

4) Ibid., 61.
5) デヴィッド・ハーヴェイ（渡辺治監訳）『新自由主義——その歴史的展開と現在』作品社，2007年。
6) Latham, *The Right Kind of Revolution*, 175–216.

参考文献

＊未公刊史料

・National Archives and Records Administration, College Park, Maryland, U. S.（NA と略す）

 Record Group 59: General Records of the Department of State.
  Headquarters Decentralized Files（Lot Files, LF）.
  Department of State Central Files（Central Decimal Files 1910-1963, CDF）.
 RG84: Records of Foreign Service Posts of the Department of State.
 RG273: Records of the National Security Council.
 RG469: Records of U.S. Foreign Assistance Agencies.

・Dwight D. Eisenhower Library, Abilene, Kansas, U.S.（DDEL と略す）

 U.S. Council on Foreign Economic Policy: Office of the Chairman:（Joseph M. Dodge and Clarence B. Randall) Records 1954-1961: Dodge Series: Subject Subseries.
 Dulles, John Foster: Papers, 1951-59: JFD Chronological Series.
 NSC Series, Policy Paper Subseries.
 OCB Series, Subject Series.

・Princeton University Library, Princeton, New Jersey, U.S.

 John Foster Dulles Paper.
 John Foster Dulles Oral History Collection.

・延世大学学術情報院国学資料室（韓国，ソウル特別市）

 The Syngman Rhee President Papers（SRPP と略す。この李承晩大統領文書原本はソウルの延世大学李承晩研究所が所蔵しており非公開である。ただ，写本は延世大学学術情報院国学資料室内の雩南史料室で閲覧が可能である）.

・韓国国家記録院（韓国，京畿道）

353

『국무회의상정안건철（国務会議上程案件綴）』管理番号 BA0084207
『국무회의록（1-126）（国務会議録（1-126））』BA0000078
『국무회의록（제 1 회－제 127 회）（国務会議録（第 1 回－第 127 回））』BG0000070
『국무회의록（제 101 회－제 120 회）（国務会議録（第 101 回－第 120 回））』BG0000097
『대한민국 정부와 월남정부간의 관세협정（大韓民国政府とヴェトナム政府間の関税協定）』CA0001906
『換率關係書類綴』BA0587806

・韓国外交史料館（韓国，ソウル特別市）

『외무부의 경무대 보고문서 V.1（外務部の景武台報告文書 V.1）』登録番号 5
『외무부의 경무대 보고문서 V.1（外務部の景武台報告文書 V.1）』登録番号 8
『한중화민국간의 무역협정 1961（韓・中華民国間の貿易協定 1961）』登録番号 1171
『한 필리핀간의 무역협정 전 2 권（V.1 교섭철）（韓国・フィリピン間の貿易協定全 2 巻（V.1 交渉綴））』登録番号 1175

・企画財政部図書室（韓国，世宗特別自治市）

建設部『第一次五個年經濟開發計劃（試案）』1961 年
産業開發委員會『經濟開發三個年計劃』1960 年
――『經濟開發三個年計劃試案』1959 年
――『經濟開發三個年計劃試案에關한總合檢討（経済開発三個年計画試案に関する総合検討）』1959 年
――『經濟開發三個年計劃案』1959 年
――『産業開發委員會研究會錄』1959 年
――『産業開發委員會第 25 次全體委員會錄――經濟開發三個年計劃案審議』1959 年
――『第一次，第二次總合部門小委員會議狀況報告書』1959 年

・韓国開発研究院（韓国，ソウル特別市）

産業開發委員會『（第 6 次～第 17 次）委員會議案』1958 年
――『（第 1 次～第 3 次）顧問會議案』1958 ～ 1959 年
――『第 3 次全體顧問會議錄』1959 年

・大韓民国国会ホームページ会議録システム
（http://likms.assembly.go.kr/record/index.html）

『國會速記錄』

＊公刊資料

・資料集

アジア協会『東南アジア経済協力関係法令集 7 中華民国』1960 年

Foreign Relations of the United States 1949 Vol.7 pt.2. Washington: United States Government Printing Office, 1976.
Foreign Relations of the United States 1950 Vol.7. Washington: United States Government Printing Office, 1976.
Foreign Relations of the United States 1952–1954 Vol.2 pt.1. Washington: United States Government Printing Office, 1979.
Foreign Relations of the United States 1952–1954 Vol.12 pt.1. Washington: United States Government Printing Office, 1984.
Foreign Relations of the United States 1952–1954 Vol.15 pt.2. Washington: United States Government Printing Office, 1984.
Foreign Relations of the United States 1955–1957 Vol.2. Washington: United States Government Printing Office, 1986.
Foreign Relations of the United States 1955–1957 Vol.3. Washington: United States Government Printing Office, 1986.
Foreign Relations of the United States 1955–1957 Vol.9. Washington: United States Government Printing Office, 1989.
Foreign Relations of the United States 1955–1957 Vol.10. Washington: United States Government Printing Office, 1989.
Foreign Relations of the United States 1955–1957 Vol.19. Washington: United States Government Printing Office, 1990.
Foreign Relations of the United States 1955–1957 Vol.23 pt.2. Washington: United States Government Printing Office, 1993.
Foreign Relations of the United States 1958–1960 Vol.5. Microfiche Supplement. Washington: United States Government Printing Office, 1991.
Foreign Relations of the United States 1958–1960 Vol.14. Washington: United States Government Printing Office, 1996.
Foreign Relations of the United States 1958–1960 Vol.18. Washington: United States Government Printing Office, 1994.
Foreign Relations of the United States 1958–1960 Vol.17/18 Microfiche Supplement. Washington: U.S. Government Printing Office, 1994.
Foreign Relations of the United States 1958–1960 Vol.19. Washington: United States Government Printing Office, 1996.

Public Papers of the Presidents of the United States: Dwight D. Eisenhower, 1955. Washington, D.C.: U.S. Government Printing Office, 1959.
Public Papers of the Presidents of the United States: Dwight D. Eisenhower, 1957. Washington, D.C.: U.S. Government Printing Office, 1958.

・政府刊行物

The Department of State. *The Department of State Bulletin*. Washington,D.C.: United States Government Printing Office.
Ministry of Economic Affairs, Republic of China. *Taiwan's Third Four-Year Economic Development Plan: Abridged*. 1961.
The President's Committee to Study the United States Military Assistance Program. *Composite Report of the President's Committee to Study the United States Military Assistance Program*. Vol.1. Washington, D.C.: 1959.

공보실（公報室）編『대통령리승만박사담화집 제 3 집（大統領李承晩博士談話集 第 3 集）』공보실（公報室），1959 年
公報處編『大統領李承晩博士談話輯 第 2 輯』1956 年
부흥부（復興部）『단기 4291 년도 부흥백서（檀紀 4291 年度復興白書）』1959 年
──『4290 年度 復興白書』1958 年
──『外資導入促進法의 解說（外資導入促進法の解説）』1960 年
상공부（商工部）『상공행정개관（商工行政概観）』1959 年
『復興月報』各月版
『週報』各週版

・回顧録・日記・同時代当事者著作

アイゼンハワー，ドワイト・D（仲晃他訳）『アイゼンハワー回顧録Ⅰ──転換への負託』みすず書房，1965 年
──『アイゼンハワー回顧録Ⅱ──平和への戦い』みすず書房，1968 年

Ferrell, Robert H., ed. *The Eisenhower Diaries*. New York and London: W・W・Norton & Company, 1981.
──, ed. *The Diary of James C. Hagerty: Eisenhower in Mid-course, 1954–1955*. Bloomington: Indiana University Press,1983.
Jacoby, Neil H. *U.S. Aid to Taiwan: Study of Foreign Aid Self-Help, and Development*. New York, Washington, and London: Frederick A. Praeger, Inc., 1966.
Li, Kuo-Ting. *The Experience of Dynamic Economic Growth on Taiwan*. Taipei: Mei Ya Publications, Inc., 1976.
──. *Economic Transformation of Taiwan, ROC*. London: Shepheard-Walwyn（Publis-

hers) Ltd., 1988.
——. *The Evolution of Policy behind Taiwan's Development Success*. Singapore, New Jersey, London, and Hong Kong: World Scientific, 1995.
Macdonald, Donald Stone. *U.S.-Korean Relations from Liberation to Self-reliance: The Twenty Year Record*. Boulder: Westview Press, 1992.
Millikan, Max F., and Walt W. Rostow. "Note on Foreign Economic Policy." in *Universities and Empire: Money and Politics in the Social Sciences during the Cold War*, edited by Christopher Simpson. New York: The New Press, 1998.
The Oregon Advisory Group in Korea. *A Report on the University of Oregon Advisory Mission to the Korean Economic Development Council 1959-1961*. 1961.
Rostow, Walt. W. *The Diffusion of Power: A Essay in Recent History*. New York: The Macmillan Company, 1972.
——. *Eisenhower, Kennedy, and Foreign Aid*. Austin: University of Texas Press, 1985.
Rostow, Walt W., and Richard W. Hatch. *An American Policy in Asia*. New York: Technology Press of M.I.T., 1955.

高承濟『經濟學者의 回顧 —— 回想의 學問과 人生 (経済学者の回顧 —— 回想の学問と人生)』經研社, 1979年
郭尙勳他『事實의 全部를 記述한다 : 歷代 主役들이 實吐한　未公開 政治裏面 秘史 (事実の全部を記述する —— 歴代主役たちが述べた未公開政治裏面秘史)』希望出版社, 1966年
大韓紡織協會『紡協二十年史』1968年
——『紡協三十年史』1977年
白斗鎭『白斗鎭回顧錄』大韓公論社, 1975年
宋仁相『淮南 宋仁相 回顧錄 —— 復興과 成長 (淮南宋仁相回顧録 —— 復興と成長)』21세기북수 (21世紀ブックス), 1994年
운석기념회 (雲石記念会)『한알의 밀이 죽지 않고는 —— 張勉 博士 回顧錄 (增補版) (一粒の麦もし死なずば —— 張勉博士回顧録 (増補版))』카톨릭출판사 (カトリック出版社), 1999年
이기홍 (李起鴻)『경제 근대화의 숨은 이야기 (経済近代化の隠れた話)』보이스사 (ボイス社), 1999年
李英石『野黨30年』人間, 1981年
李漢彬『社會變動과 行政 : 解放後 韓國行政의 發展論的研究 (社会変動と行政 —— 解放後韓国行政の発展論的研究)』博英社, 1968年
——『이한빈회고록 —— 일하며 생각하며 (李漢彬回顧録 —— 働き, 考え)』조선일보사출판국 (朝鮮日報社出版局), 1996年
趙炳玉『나의회고록 (私の回顧録)』民教社, 1959年
朱源『遜石敍誌』지구문화사 (地球文化社), 1995年
韓國産業銀行十年史編纂委員會編『産業銀行十年史』1964年
韓國産業銀行調査部『經濟政策의 構想 (経済政策の構想)』1956年

한국일보사（韓国日報社）編『財界回顧 第 8 巻』한국일보사（韓国日報社），1981 年
黃炳峻『韓國의 工業經濟：그 歷史・構造 및 政策을 中心으로（韓国の工業経済──その歴史・構造及び政策を中心に）』高麗大學校亞細亞問題研究所，1966 年

・雑誌・定期刊行物

韓國貿易協會『貿易年鑑』
韓國銀行調査部『經濟年鑑』
───『調査月報』
『考試界』
『國民大學學報』
『國會報』
『企業經營』
『貿易經濟』
『法律經濟』
『思想界』
『産業經濟』
『産業銀行月報』
『食糧과農業（食糧と農業）』
『財政』
『코메트（コメット）』
『現代公論』

・新聞

『京郷新聞』
『國際新報』
『東亞日報』
『産業經濟新聞』
『서울신문（ソウル新聞）』
『世界日報』
『聯合新聞』
『自由新聞』
『朝鮮日報』
『中央日報』
『平和新聞』
『한겨레（ハンギョレ）』
『한국일보（韓国日報）』

* 研究書・論文

・単行本

　朝元照雄『開発経済学と台湾の経験──アジア経済の発展メカニズム』勁草書房，2004 年
　五十嵐武士『戦後日米関係の形成──講和・安保と冷戦後の視点に立って』講談社，1995 年
　ウェスタッド，O・A（佐々木雄太監訳）『グローバル冷戦史──第三世界への介入と第三世界の形成』名古屋大学出版会，2010 年
　ウェード，ロバート（長尾真一他訳）『東アジア資本主義の政治経済学』同文舘出版，2000 年
　ヴォーゲル，エズラ・F（渡辺利夫訳）『アジア四小龍』中央公論社，1993 年
　内橋賢悟『50-60 年代の韓国金融改革と財閥形成』新評論，2008 年
　絵所秀紀『開発経済学──形成と展開』法政大学出版局，1991 年
　太田修『日韓交渉──請求権問題の研究』クレイン，2003 年
　小川裕子『国際開発協力の政治過程──国際規範の制度化とアメリカ対外援助政策の変容』東信堂，2011 年
　川口融『アメリカの対外援助政策──その理念と政策形成』アジア経済出版会，1980 年
　木宮正史『国際政治のなかの韓国現代史』山川出版社，2012 年
　木村幹『韓国における「権威主義的」体制の成立』ミネルヴァ書房，2003 年
　九州経済調査協会編『韓国の工業』アジア経済研究所，1967 年
　キンザー，スティーブン（渡辺惣樹訳）『ダレス兄弟──国務長官と CIA 長官の秘密の戦争』草思社，2015 年
　コルコ，ガブリエル（岡崎維徳訳）『第三世界との対決──アメリカ対外戦略の論理と行動』筑摩書房，1992 年
　シャラー，マイケル（五味俊樹監訳）『アジアにおける冷戦の起源──アメリカの対日占領』木鐸社，1996 年
　ジョンソン，チャーマーズ（矢野俊比古監訳）『通産省と日本の奇跡』TBS ブリタニカ，1982 年
　隅谷三喜男『韓国の経済』岩波書店，1976 年
　世界銀行『世界開発報告』オックスフォード出版部，1983 年
　── （白鳥正喜監訳）『東アジアの奇跡──経済成長と政府の役割』東洋経済新報社，1994 年
　ダワー，ジョン（大窪愿二訳）『吉田茂とその時代 下』TBS ブリタニカ，1981 年
　崔章集（中村福治訳）『現代韓国の政治変動──近代化と民主主義の歴史的条件』木鐸社，1997 年
　── （中村福治訳）『韓国現代政治の条件』法政大学出版局，1999 年
　陳建仁『台湾自由民主化史論』御茶の水書房，2004 年

中北浩爾『経済復興と戦後政治──日本社会党 1945-1951』東京大学出版会, 1998 年
西川賢『分極化するアメリカとその起源──共和党中道路線の盛衰』千倉書房, 2015 年
ヌルクセ, ラグナー (土屋六郎訳)『後進諸国の資本形成』巌松堂出版, 1955 年
ハーヴェイ, デヴィッド (渡辺治監訳)『新自由主義──その歴史的展開と現在』作品社, 2007 年
服部民夫・佐藤幸人編『韓国・台湾の発展メカニズム』アジア経済研究所, 1996 年
原朗・宣在源編『韓国経済発展への経路──解放・戦争・復興』日本経済評論社, 2013 年
ハルバースタム, デイヴィッド (山田耕介・山田侑平訳)『ザ・コールデスト・ウィンター──朝鮮戦争 上』文藝春秋, 2009 年
保城広至『アジア地域主義外交の行方──1952-1966』木鐸社, 2008 年
松岡完『ダレス外交とインドシナ』同文舘, 1988 年
松田康博『台湾における一党独裁体制の成立』慶応義塾大学出版会, 2006 年
尹景徹『分断後の韓国政治──1945〜1986』木鐸社, 1986 年
吉澤文寿『戦後日韓関係──国交正常化交渉をめぐって』クレイン, 2005 年
李鍾元『東アジア冷戦と韓米日関係』東京大学出版会, 1996 年
李鍾元・木宮正史・浅野豊美『歴史としての日韓国交正常化 I ──東アジア冷戦編』法政大学出版局, 2011 年
──『歴史としての日韓国交正常化 II ──脱植民地化編』法政大学出版局, 2011 年
劉進慶『戦後台湾経済分析』東京大学出版会, 1975 年
若林正丈『台湾の政治──中華民国台湾化の戦後史』東京大学出版会, 2008 年
渡辺利夫『現代韓国経済分析──開発経済学と現代アジア』勁草書房, 1982 年
──『開発経済学──経済学と現代アジア』日本評論社, 1986 年

Ambrose, Stephen E. *Soldier, General of the Army, President-elect, 1890-1952*. Vol.1 of *Eisenhower*. London and Sydney: George Allen & unwin, 1984.

──. *The President, 1952-1969*. Vol.2 of *Eisenhower*. London and Sydney: George Allen & unwin, 1984.

Amsden, Alice H. *Asia's Next Giant: South Korea and Late Industrialization*. New York and Oxford: Oxford University Press, 1989.

Baldwin, David A. *Foreign Aid and American Foreign Policy: Documentary Analysis*. New York, Washington, and London: FREDERICK A. PRAEGER Publishers, 1966.

Borden, William S. *The Pacific Alliance: United States Foreign Economic Policy and Japanese Trade Recovery, 1947-1955*. Madison: The University of Wisconsin Press, 1984.

Boyd, Richard, Benno Galjart, and Tak-Wing Ngo, eds. *Political Conflict and Development in East Asia and Latin America*. London and New York: Routledge, 2006.

Bowie, Robert R., and Richard H. Immerman. *Waging Peace: How Eisenhower Shaped an Enduring Cold War Strategy*. New York and Oxford: Oxford University Press,

1998.

Brands, H. W. *The Specter of Neutralism: The United States and the Emergence of the Third World, 1947–1960*. New York: Columbia University Press, 1989.

Brazinsky, Gregg. *Nation Building in South Korea: Koreans, Americans, and the Making of a Democracy*. Chapel Hill: The University of North Carolina Press, 2007.

Brown, Gilbert T. *Korean Pricing Policies & Economic Development in the 1960s*. Baltimore and London: The Johns Hopkins University Press, 1973.

Caiden, Naomi, and Aaron Wildavsky. *Planning and Budgeting in Poor Countries.* New York, London, Sydney, and Toronto: A Wiley-Interscience Publication, 1974.

Chang, Gordon H. *Friends and Enemies: the United States, China, and Soviet Union, 1948–1972*. Stanford: Stanford University Press, 1990.

Chang, Ha-Joon. *The Political Economy of Industrial Policy*. New York: St.Martin's Press, 1994.

Choi, Jang Jip. *Labor and the Authoritarian State: Labor Unions in South Korean Manufacturing Industries, 1961–1980*. Seoul: Korea University Press, 1989.

Clarfield, Gerard. *Security with Solvency: Dwight D. Eisenhower and the Shaping of the American Military Establishment*. Westport: Praeger, 1999.

Cole, David C., and Princeton N. Lyman. *Korean Development, The Interplay of Politics and Economics*. Cambridge: Harvard University Press, 1971.

Cole, David C., and Yung Chul Park. *Financial Development in Korea,1945–1978*. Cambridge, Massachusetts, and London: Harvard University Press, 1983.

Cox, Ronald W. *Power and Profits: U.S. Policy in Central America*. Lexington: The University Press of Kentucky, 1994.

Cumings, Bruce. *The Roaring of the Cataract 1947–1950.* Vol.2 of *The Origins of the Korean War*. Princeton: Princeton University Press, 1990.

Deyo, Frederic. *Beneath the Miracle: Labor Subordination in the New Asian Industrialism.* Berkeley and London: University of California Press, 1989.

———, ed. *The Political Economy of the New Asian Industrialism*. Ithaca and New York: Cornell University Press, 1987.

Divine, Robert. *Eisenhower and the Cold War*. New York and Oxford: Oxford University Press, 1981.

Dockrill, Saki. *Eisenhower's New-Look National Security Policy, 1953–61*. Basingstoke and London: Macmillan Press LTD, 1996.

Ekbladh, David. *The Great American Mission: Modernization and the Construction of an American World Order*. Princeton and Oxford: Princeton University Press, 2010.

Engerman David C., Nils Gilman, Mark H. Haefele, and Michael E. Latham eds. *Staging Growth: Modernization, Development, and the Global Cold War*. Amherst and Boston: University of Massachusetts Press, 2003.

Evans, Peter. *Embedded Autonomy: State and Industrial Transformation*. Princeton: Princeton University Press, 1995.

Evans Peter B., Dietrich Rueschemeyer, and Theda Skocpol eds. *Bringing the State Back In*. Cambridge: Cambridge University Press, 1985.

Foot, Rosemary. *The Practice of Power: US Relations with China since 1949*. Oxford: Clarendon Press, 1995.

Gaddis, John L. *Strategies of Containment: A Critical Appraisal of American National Security Policy during the Cold War*. Revised and Expended Edition. New York: Oxford University Press, 2005.

Gereffi, Gary, and Donald L. Wyman, eds. *Manufacturing Miracles: Paths of Industrialization in Latin America and East Asia*. Princeton: Princeton University Press, 1990.

Gilman, Nils. *Mandarins of the Future: Modernization Theory in Cold War*. Baltimore and London: The John Hopkins University Press, 2003.

Greenstein, Fred I. *The Hidden-Hand Presidency: Eisenhower as Leader*. Baltimore and London: Johns Hopkins University Press, 1982.

Gregor, A. James, Maria Hsia Chang, and Andrew B. Zimmerman. *Ideology and Development: Sun Yat-sen and the Economic History of Taiwan*. Berkeley: University of California, Institute of East Asian Studies, 1981.

Haggard, Stephan. *Pathways from the Periphery: The Politics of Growth in the Newly Industrializing Countries*. Ithaca and New York: Cornell University Press, 1990.

Han, Sungjoo, *The Failure of Democracy in South Korea*. Berkley, Los Angeles, and London: University of California, 1974.

Harding, Harry, and Yuang Ming, eds. *Sino-American Relations, 1945-1955: A Joint Reassessment of a Critical Decade*. Wilmington: Scholarly Resources Inc., 1989.

Hasan, Parvez. *Korea: Problems and Issues in a Rapidly Growing Economy*. Baltimore: Johns Hopkins University Press, 1976.

Hong, Yong-Pyo. *State Security and Regime Security: President Syngman Rhee and the Insecurity Dilemma in South Korea 1953-60*. New York: St. Martin's Press, 2000.

Hosono, Akio, and Neantro Saavedra-Rivano, eds. *Development Strategies in East Asia and Latin America*. Basingstoke: Macmillan Press LTD, 1998.

Immerman, Richard H. *John Foster Dulles: Piety, Pragmatism, and Power in U.S. Foreign Policy*. Wilmington: A Scholarly Resources Inc., 1999.

——, ed. *John Foster Dulles and the Diplomacy of the Cold War*. Princeton: Princeton University Press, 1990.

Kang, David C. *Crony Capitalism: Corruption and Development in South Korea and the Philippines*. Cambridge: Cambridge University Press, 2002.

Karabell, Zachary. *Architects of Intervention: The United States, the Third World, and the Cold War, 1946-1962*. Baton Rouge: Louisiana State University Press, 1999.

Kaufman, Burton I. *Trade and Aid: Eisenhower's Foreign Economic Policy 1953-1961*. Baltimore and London: The Johns Hopkins University Press, 1982.

Kim, Quee-Young. *The Fall of Syngman Rhee*. Berkeley: University of California, 1983.

Kim, Seung Hee. *Foreign Capital for Economic Development: A Korean Case Study*. New York, Washington, and London: Praeger Publishers, inc., 1970.

Kim, Stephen Jin-Woo. *Master of Manipulation: Syngman Rhee and the Seoul-Washington Alliance 1953–1960*. Korea: Yonsei University Press, 2001.

Kim, Suk Joon. *The State Public Policy & NIC Development*. Seoul: Dae Young Moonwhasa, 1988.

Kohli, Atul. *State-Directed Development: Political Power and Industrialization in the Global Periphery*. New York: Cambridge University Press, 2004.

Krueger, Anne O. *The Developmental Role of the Foreign Sector and Aid*. Cambridge: Harvard University Press, 1979.

Kunz, Diane B. *Butter and Guns: America's Cold War Economic Diplomacy*. New York, London, Toronto, Sydney, and Singapore: Free Press, 1997.

Latham, Michael E. *Modernization as Ideology: American Social Science and "Nation Building" in the Kennedy Era*. Chapel Hill and London: The University of North Carolina Press, 2000.

——. *The Right Kind of Revolution: Modernization, Development, and U.S. Foreign Policy from the Cold War to the Present*. Ithaca and London: Cornell University Press, 2011.

Lew, Young Ick, Sangchul Cha, and Francesca Minah Hong. *The Syngman Rhee Presidential Papers: A Catalogue*. Korea: Yonsei University Press, 2005.

Marks III, Frederick W. *Power and Peace: The Diplomacy of John Foster Dulles*. Westport and London: Praeger, 1993.

Mason, Edward S., Mahn Je Kim, Dwight H. Perkins, Kwang Suk Kim, and David C. Cole. *The Economic and Social Modernization of the Republic Korea*. Cambridge: Harvard University Press, 1980.

Mayers, David A. *Cracking the Monolith: U.S. Policy against the Sino-Soviet Alliance, 1949–1955*. Baton Rouge: Lousiana State University Press, 1986.

McClenahan Jr., William M. and William H. Becker. *Eisenhower and the Cold War Economy*. Baltimore: The Johns Hopkins University Press, 2011.

Morgan, Iwan W. *Eisenhower Versus 'The Spenders': The Eisenhower Administration, The Democrats and the Budget, 1953–60*. London: Pinter Publishers, 1990.

Packenham, Robert A. *Liberal America and the Third World: Political Development Ideas in Foreign Aid and Social Science*. Princeton: Princeton University Press, 1973.

Pang, Chien-Kuo. *The State and Economic Transformation: The Taiwan Case*. New York: Garland Publishing Inc., 1992.

Pearce, Kimber Charles. *Rostow, Kennedy, and the Rhetoric of Foreign Aid*. East Lansing: Michigan State University Press, 2001.

Qayum, Abdul. *Techniques of National Economic Planning*. Bloomington and London: Indiana University Press, 1975.

Rabe, Stephen G. *Eisenhower and Latin America: The Foreign Policy of Anticommunism*. Chapel Hill and London: The University of North Carolina Press, 1988.

Rhee, Yung Whee, Bruce Ross-Larson, and Garry Pursell. *Korea's Competitive Edge: Managing the Entry into World Market*. Baltimore and London: The Johns Hopkins University Press, 1984.

Ruttan, Vernon W. *United States Development Assistance Policy: The Domestic Politics of Foreign Economic Aid*. Baltimore and London: The Johns Hopkins University Press, 1996.

Schmitter, Phillipe C. *Interest Conflict and Political Change in Brazil*. Stanford: Stanford University Press, 1971.

Shenin, Sergey Y. *America's Helping Hand: Paving the Way to Globalization (Eisenhower's Foreign Aid Policy and Politics)*. New York: Nova Science Publishers, Inc., 2005.

Shimizu, Sayuri. *Creating People of Plenty: The United States and Japan's Economic Alternatives, 1950–1960*. Kent, Ohio, and London: The Kent State University Press, 2001.

Sloan, John W. *Eisenhower and the Management of Prosperity*. Kansas: University Press of Kansas, 1991.

Statler, Katharyn C., and Andrew L. Johns, eds. *The Eisenhower Administration, the Third World, and the Globalization of the Cold War*. Lanbam, Boulder, New York, Toronto, and Oxford: Rowan & Littlefield Publishers, Inc., 2006.

Stebenne, David l. *Modern Republican: Arthur Larson and the Eisenhower Years*. Bloomington and Indianapolis: Indiana University Press, 2006.

Tacker, Nancy Bernkopf. *Taiwan, Hong Kong, and the United States, 1945–1992: Uncertain Friendships*. New York: Twayne Publishers, 1994.

Valdes, Juan Gabriel. *Pinochet's Economists: The Chicago School in Chile*. Cambridge: Cambridge University Press, 1995.

Wagner, Steven. *Eisenhower Republicanism: Pursuing the Middle Way*. Dekalb: Northern Illinois University Press, 2006.

Woo, Jung-en (Woo-Cumings, Meredith). *Race to the Swift: State and Finance in Korean Industrialization*. New York and Oxford: Columbia University Press, 1991.

———, ed. *The Developmental State*. Ithaca and London: Cornell University Press, 1999.

강만길 (姜万吉)・박현채 (朴玄埰)・백낙청 (白楽晴) 『4월혁명론 (4月革命論)』 한길사 (ハンギル社), 1983年

공제욱 (孔提郁) 『1950년대 한국의 자본가연구 (1950年代韓国の資本家研究)』 백산서당 (ペクサン書堂), 1993年

기미야다다시 (木宮正史) 『박정희 정부의 선택──1960년대 수출지향형 공업화와 냉전체제 (朴正熙政権の選択──1960年代輸出志向型工業化と冷戦体制)』 후마니

タス (フマニタス), 2008年
金光錫・래리・E・웨스트팔 (ラリー E. ウェストパル)『韓國의 外換・貿易政策 (韓国の為替・貿易政策)』韓國開發研究院, 1976年
金洛中『韓國勞動運動史 —— 解放後篇』青史, 1982年
金命潤『韓國財政의 構造 (韓国財政の構造)』亞細亞問題研究所, 1967年
金雲泰他『韓國政治論 (全訂版)』博英社, 1982年
金學俊『反外勢의 統一理論 —— 정치발전의 현 단계 (反外国勢力の統一理論 —— 政治発展の現段階)』형성사 (形成社), 1980年
노중선 (盧重善)『4・19와 통일논의 (4・19と統一論議)』사계절 (四季節), 1989年
박원순 (朴元淳)『국가보안법연구 1 —— 국가보안법변천사 (증보판) (国家保安法研究 1 —— 国家保安法変遷史 (増補版))』역사비평사 (歴史批評社), 1992年
박태균 (朴泰均)『조봉암 연구 (曺奉岩研究)』창작과비평사 (創作と批評社), 1995年
—— 『우방과 제국, 한미관계의 두 신화: 8・15에서 5・18까지 (友邦と帝国, 韓米関係の 2 つの神話 —— 8・15から 5・18まで)』창비 (創批), 2006年
—— 『원형과 변용 —— 한국 경제개발계획의 기원 (原型と変容 —— 韓国経済開発計画の起源)』서울대학교출판 (ソウル大学校出版), 2007年
백영철 (白栄哲) 編『제 2 공화국과 한국 민주주의 (第 2 共和国と韓国民主主義)』나남 (ナナム), 1996年
司空壹・L・P・존스 (L. P. ジョーンズ)『經濟開發과 政府 및 企業家의 役割 (経済開発と政府及び企業家の役割)』韓國開發研究院, 1981年
사월혁명연구소 (4月革命研究所)『한국사회변혁운동과 4 월혁명 (韓国社会変革運動と 4 月革命)』한길사 (ハンギル社), 1990年
서중석 (徐仲錫)『한국현대민족운동연구 2 —— 1948〜1950 민주주의・민족주의 그리고 반공주의 (韓国現代民族運動研究 2 —— 1948〜1950, 民主主義, 民族主義, そして反共主義)』역사비평사 (歴史批評社), 1996年
沈之淵『韓國民主黨硏究 I —— 정치적 성장과정과 정치이념 및 관계자료 (韓国民主党研究 I —— 政治的成長過程と政治理念及び関係資料)』풀빛 (プルピッ), 1982年.
유광호 (兪光浩) 他『한국제 1・2 공화국의 경제정책 (韓国第 1・2 共和国の経済政策)』한국정신문화연구원 (韓国精神文化研究院), 1999年
李敬儀『경제발전과 중소기업 (経済発展と中小企業)』創作社, 1986年
李起夏『韓國政黨發達史』議會政治社, 1961年
李大根『韓國戰爭과 1950 年代의 資本蓄積 (朝鮮戦争と 1950 年代の資本蓄積)』까치 (カチ), 1987年
—— 『解放後-1950 年代의 經濟 —— 工業化의 史的 背景 研究 (解放後-1950 年代の経済 —— 工業化の史的背景の研究)』삼성경제연구소 (三星経済研究書), 2002年
이완범 (李完範)『박정희와 '한강의 기적' —— 1 차 5 개년계획과 무역입국 (朴正熙と「漢江の奇跡」—— 1 次 5 個年計画と貿易立国)』선인 (ソニン), 2006年
이원덕 (李元德)『한일 과거사 처리의 원점 —— 일본 전후처리 외교와 한일회담 (韓日

過去史処理の原点――日本戦後処理外交と韓日会談)』서울대학교출판부(ソウル大学校出版部), 1996年
이현진(李眩珍)『미국의 대한경제원조정책 1948〜1960(米国の対韓経済援助政策, 1948〜1960)』혜안(ヘアン), 2009年
정근식(鄭根植)・이호룡(李浩龍)編『4월혁명과 한국민주주의(4月革命と韓国民主主義)』선인(ソニン), 2010年
鄭太榮『韓國 社會民主主義 政黨史』世明書館, 1995年
――『한국 사회민주주의 정당의 역사적 기원(韓国社会民主主義政党の歴史的起源)』후마니타스(フマニタス), 2007年
조광(趙珖)他『장면총리와 제2공화국(張勉総理と第2共和国)』景仁文化社, 2003年
지주형(池柱馨)『한국 신자유주의의 기원과 형성(韓国新自由主義の起源と形成)』책세상(チェクセサン), 2011年
한국민족운동사학회(韓国民族運動史学会)『장면과 제2공화국(張勉と第2共和国)』국학자료원(国学資料院), 2003年
한국정신문화연구원 현대사연구소(韓国精神文化研究院 現代史研究所)編『한국현대사의 재인식 5――1960년대의 전환적 상황과 장면정권(韓国現代史の再認識 5――1960年代の転換的状況と張勉政権)』오름(オルム), 1998年
한승주(韓昇洲)『제2공화국과 한국의 민주주의(第2共和国と韓国の民主主義)』종로서적(鍾路書籍), 1983年
韓完相・李祐宰・沈載澤『4・19革命論Ⅰ』일월서각(日月書閣), 1983年
허동현(許東賢)『장면――건국・외교・민주의 선구자(張勉――建国・外交・民主の先駆者)』분도출판사(ブンド出版社), 1999年
허은(許殷)『미국의헤게모니와 한국 민족주의――냉전시대(1945-1965)문화적 경계의 구축과 균열의 동반(米国のヘゲモニーと韓国の民族主義――冷戦時代(1945-1965)文化的境界の構築と亀裂の同伴)』高麗大學校民族文化研究院, 2008年
홍석률(洪錫律)『통일문제와 정치・사회적 갈등――1953〜1961(統一問題と政治・社会的葛藤――1953〜1961)』서울대학교출판부(ソウル大学校出版部), 2001年
洪性囿『韓國經濟와 美國援助(韓国経済と米国援助)』博英社, 1962年

・論文

浅井良夫「ドッジラインの歴史的意義」『土地制度史学』第135号, 1992年4月
五十嵐武士「アイゼンハワー政権の対外政策の解剖――その構造的条件と主要な要因に関連させて」『国際政治』第105号, 1994年1月
石井修「『政治経済戦争』としての米国対外経済政策――アイゼンハワー期」『国際政治』第70号, 1982年5月
――「冷戦・アメリカ・日本(三)――アイゼンハワー時代初期における米国の通商

政策と日本」『広島法学』第 9 巻 4 号，1986 年 3 月
石川誠人「『ダレス・蔣共同コミュニケ』再考」『日本台湾学会報』第 3 号，2001 年 5 月
今岡日出紀・大野幸一・横山久「複線型成長の論理と背景」今岡日出紀・大野幸一・横山久編『中進国の工業発展』アジア経済研究所，1985 年
李明輝（林采成訳）「金融制度と金融市場──フォーマルとインフォーマルの二重金融構造の視点から」原朗・宣在源編『韓国経済発展への経路──解放・戦争・復興』日本経済評論社，2013 年
岩田功吉「韓国の政治危機─ 1960 年─」『歴史学研究』610 号，1990 年 10 月
江原裕美「アイゼンハワー第二期対ラテンアメリカ援助政策と開発観の変化」『帝京大学外国語外国文化』第 5 号，2012 年 3 月
太田修「大韓民国樹立と日本」『朝鮮学報』第 173 号，1999 年 10 月
木宮正史「韓国における内包的工業化戦略の挫折── 5.16 軍事政府の国家自律性の構造的限界」『法学志林』第 91 巻第 3 号，1994 年
金元重「第 1 次経済開発 5 ヵ年計画と経済開発体制の成立」小林謙一・川上忠雄編『韓国の経済開発と労使関係──計画と政策』法政大学出版局，1991 年
高賢来「1950 年代の米国の対北東アジア政策と韓国経済の諸問題──輸出と為替レートを中心に」『アジア研究』第 58 号第 1・2 号，2012 年 2 月
──「1950 年代の韓国・沖縄関係──反帝国主義，独立，そして米軍基地」『琉球・沖縄研究』第 4 号，2013 年
──「李承晩・張勉政権の対東アジア経済外交──フィリピン，中華民国との貿易協定締結過程を中心に」『歴史評論』781 号，2015 年 5 月
──「韓国輸出指向工業化の初期条件の形成──アイゼンハワー政権期米韓の為替改革をめぐる協議過程を中心に」『国際政治』第 184 号，2016 年 3 月
高時天「韓国の企業と経営の特質」隅谷三喜男編『韓国の企業経営』アジア経済出版会，1977 年
顧瑩華・陳添枝（朝元照雄訳）「海外直接投資と外資導入政策」朝元照雄・劉進慶『台湾の産業政策』勁草書房，2003 年
佐藤幸人「戦後台湾経済の発展過程」坂井秀吉編『香港 台湾の経済変動──成長と循環の分析』アジア経済出版会，1988 年
篠原三代平「戦後わが国工業の構造的変化」篠原三代平・藤野正三郎編『日本の経済成長』日本経済新聞社，1967 年
徐文錫（呂寅満訳）「綿紡織業」原朗・宣在源編『韓国経済発展への経路──解放・戦争・復興』日本経済評論社，2013 年
ションバーガー，ハワード「ウィリアム・ドレイパー将軍，第 80 連邦議会，および日本の『逆コース』の起源」レイ・ムーア編『天皇がバイブルを読んだ日』講談社，1982 年
圖左篤樹「1950 年代の台湾綿紡織業の発展──輸入代替政策に関する考察を中心に」『社会システム研究』第 15 号，2007 年 9 月
趙潤済（Cho Yoon Je）「韓国の政府介入，レント配分と経済発展」青木昌彦・金瀅基・

奥野正寛（白鳥正喜監訳）『東アジアの経済発展と政府の役割』日本経済新聞社，1997年

董安琪（朝元照雄訳）「経済計画機構と政府の役割」朝元照雄・劉文甫編『台湾の経済開発政策』勁草書房，2001年

中尾美知子「1950・60年代，労使関係と労働争議の展開」小林謙一・川上忠雄編『韓国の経済開発と労使関係――計画と政策』法政大学出版局，1991年

中逵啓示「アイゼンハワー，ダレス外交の評価と冷戦観」『立教法学』27号，1986年

花房征夫「韓国綿工業の展開過程――1950年代を中心にして」山田三郎編『韓国工業化の課題』アジア経済研究所，1971年

裵錫満「計画造船と大韓造船公社」原朗・宣在源編『韓国経済発展への経路――解放・戦争・復興』日本経済評論社，2013年

前田直樹「台湾・輸出主導型経済政策の胎動とアメリカ援助政策の転換」『広島東洋史学法』第5号，2000年

――「第2次台湾海峡危機をめぐる米台関係――大陸武力反攻と『ショーケース化』」『現代台湾研究』第23号，2002年7月

――「1958年米中ワルシャワ会談と米国による台湾単独行動の抑制」『広島法学』28巻2号，2003年1月

――「台湾における政治的自由化と米国の冷戦政策――雷震事件への対応をめぐって」『現代台湾研究』第30・31号，2006年11月

――「在台米国大使館と台湾統治体制評価――省籍矛盾をめぐって」『社会システム研究』第15号，2007年9月

湯浅成大「アイゼンハワー政権期の対中政策」『国際政治』105号，1994年1月

――「対中強硬政策形成への道――アイゼンハワー・ダレスと中国・台湾，1953-1955」『アメリカ研究』第26号，1992年

兪和「韓国における財政安定計画の成立」『朝鮮史研究会論文集』通号29，1991年10月

李鍾元「戦後米国の極東政策と韓国の脱植民地化」大江志乃夫編『岩波講座 近代日本と植民地8――アジア冷戦と脱植民地化』岩波書店，1993年

――「東アジアにおける冷戦と地域主義――アメリカの政策を中心に」鴨武彦編『講座 世紀間の世界政治3――アジアの国際秩序』日本評論社，1993年

――「韓日会談とアメリカ――『不介入政策』の成立を中心に」『国際政治』第105号，1994年1月

――「韓日国交正常化の成立とアメリカ―1960～65―」『近代日本研究』16，1994年11月

――「米韓関係における介入の原型（一）――『エヴァーレディ計画』再考」『法学』第58巻第1号，1994年4月

――「米韓関係における介入の原型（二）――『エヴァーレディ計画』再考」『法学』第59巻第1号，1995年4月

――「50年代東アジア冷戦の変容と米韓関係――『マグサイサイ現象』と李承晩」『法学』第59巻第6号，1996年1月

劉進慶「産業――官民共棲の構図」隅谷三喜男・劉進慶・涂照彦『台湾の経済――典型 NIES の光と影』東京大学出版会，1992 年

林栄成「1950 年代韓国経済の復興と安定化――合同経済委員会を中心に」『歴史と経済』第 231 号，2016 年 4 月

Adamson, Michael R. " 'The Most Important Single Aspect of Our Foreign Policy' ?." in *The Eisenhower Administration, the Third World, and the Globalization of the Cold War*, edited by Katharyn C. Statler and Andrew L. Johns. Lanbam, Boulder, New York, Toronto, and Oxford: Rowan & Littlefield Publishers, Inc., 2006.

Armstrong, Charles. " 'Fraternal Socialism' : The International Reconstruction of North Korea, 1953–62." *Cold War History* 5（May 2005）.

Balassa, Bela. "Industrial Policies in Taiwan and Korea." *Weltwirtshaftliches Archiev* 106 heft.1（1971）.

――. "Export Incentives and Export Performance in Developing Countries: A Comparative Analysis." *Weltwortshaftliches Archiev* 114 heft.1（1978）.

Brands, Henry W. "The Dwight D. Eisenhower Administration, Syngman Rhee, and the "Other" Geneva Conference of 1954." *Pacific Historical Review* 56 no.1（Feb 1987）.

Cheng, Tun-Jen, Stephan Haggard, and David Kang. "Institutions and Growth in Korea and Taiwan: The Bureaucracy." *Journal of Development Studies* 34 no.6（1998）.

Chiang, Min-Hua. "The U.S. Aid and Taiwan's Post-War Economic Development, 1961-1965." *African and Asian Studies* 13 Issue.1・2（May 2014）.

Choi, Jong-Tae. "Business Climate and Industrialization of the Korean Fiber Industry." in *The Textile Industry and Its Business Climate*, edited by Akio Okochi and Shin-Ichi Yonekawa. Japan: University of Tokyo Press, 1982.

Cole, David C., and Young Woo Nam. "The Pattern and Significance of Economic Planning in Korea." in *Practical Approaches to Development Planning: Korea's Second Five-Year Plan*, edited by Irma Adelman. Baltimore: The Johns Hopkins Press, 1969.

Cullather, Nick. ""Fuel for the Good Dragon": The United States and Industrial Policy in Taiwan,1950–1965." *Diplomatic History* 20 Issue.1（Jan 1996）.

Datta-Chaudhuri, M. K. "Industrialisation and Foreign Trade: The Development Experiences of South Korea and the Philippines." in *Export-led Industrialisation & Development*, edited by Eddy Lee. Singapore: Asian Employment Programme, 1981.

DeSantis, Vincent P. "Eisenhower Revisionism." *Review of Politics* 38（April 1976）.

Deyo, Frederic. "Coalitions, Institutions, and Linkage Sequencing." in *The Political Economy of the New Asian Industrialism*, edited by Frederic Deyo. Ithaca and New York: Cornell University Press, 1987.

――. "State and Labor: Modes of Political Exclusion in East Asian Development." in *The Political Economy of the New Asian Industrialism*, edited by Frederic Deyo.

Ithaca and New York: Cornell University Press, 1987.

Engerman, David. "The Romance of Economic Development and New Histories of the Cold War." *Diplomatic History* 28 (Jan 2004).

Fields, Karl. "Strong States and Business Organization in Korea and Taiwan." in *Business and the State in Developing Countries*, edited by Sylvia Maxfield and Ben Ross Schneider. Ithaca and London: Cornell University, 1997.

Haggard, Stephan, and Chung-in Moon. "The Politics and Economic Development in Postwar South Korea." in *State and Society in Contemporary Korea*, edited by Hagen Koo. Ithaca and London: Cornell University Press, 1993.

Hong, Wontack, and Yung Chul Park. "The Financing of Export-oriented Growth in Korea." in *Pacific Growth and Financial Interdependence*, edited by Augustine H. H. Tan & Basant Kapur. Sydney, London, and Boston: ALLEN and UNWIN, 1986.

Immerman, Richard H. "Confessions of an Eisenhower Revisionist: An Agonizing Reappraisal." *Diplomatic History* 14 no.3 (Summer 1990).

Jenkins, Rhys. "Learning from the Gang: Are There Lessons for Latin America from East Asia?." *Bulletin of Latin American Research* 10 no.1 (1991).

Johnson, Chalmers. "Political Institutions and Economic Performance: the Government-Business Relationship in Japan, South Korea and Taiwan." in *The Political Economy of the New Asian Industrialism*, edited by Frederic Deyo. Ithaca and New York: Cornell University Press, 1987.

Kay, Cristóbal. "East Asia's Success and Latin America's Failure: Agrarian Reform, Industrial Policy and State Capacity." in *Political Conflict and Development in East Asia and Latin America*, edited by Richard Boyd, Benno Galjart, and Tak-Wing Ngo. London and New York: Routledge, 2006.

Kim, Kwang-Suk. "Lessons from South Korea's Experience with Industrialization." in *Export-oriented Development Strategies: The Success of Five Newly Industrializing Countries*, edited by Vittorio Corbo, Anne O. Krueger, and Fernando Ossa. Boulder and London: Westview Press, 1985.

Koo, Hagen. "The Irony of Labor Strength and Income Inequality: A Comparison of Brazil and South Korea." in *Political Conflict and Development in East Asia and Latin America*, edited by Richard Boyd, Benno Galjart, and Tak-Wing Ngo. London and New York: Routledge, 2006.

Kruger, Anne O. "Trade Policy as an Input to Development." *The American Economic Review* 70 no.2 (May 1980).

Lee, Wei-chen and I-min Chang. "US Aid and Taiwan." *Asian Review of World Histories* 2 Issue.1 (Jan 2014).

Lindblom, Charles E. "The Sociology of Planning Thought and Social Interaction." in *Economic Planning, East and West*, edited by Morris Bornstein. Cambridge: Ballinger Publishing Company, 1975.

Lodewijks, John. "Rostow, Developing Economies, and National Security Policy." in

Economic and National Security: A History of Their Interaction, edited by Craufurd D. Goodwin. Durham and London: Duke University Press, 1991.

McGlothlen, Ronald. "Acheson Economics, and the American Commitment in Korea, 1947-1950." *Pacific Historical Review* 58 pt.1 (Feb 1989).

McMahon, Robert J. "Eisenhower and Third World Nationalism: A Critique of the Revisionists." *Political Science Quarterly* 10 no.3 (1986).

Moon, Chung-in, and Sang-young Ryu. "'Overdeveloped' State and the Political Economy of Development in the 1950s: A Reinterpretation." *Asian Perspective* 23 no.1 (1999).

Needell, Allan A. "Project Troy and the Cold War Annexation of Social Sciences." in *Universities and Empire: Money and Politics in the Social Sciences during the Cold War*, edited by Christopher Simpson. New York: The New Press, 1998.

Rabe, Stephan G. "Eisenhower Revisionism: A Decade of Scholarship." *Diplomatic History* 17 no.1 (Jan 1993).

Rosenstein-Rodan, P. N. "Problems of Industrialisation of Eastern and South-Eastern Europe." *The Economic Journal* 53 no.210/211 (Jun-Sep 1943).

Satterwhite, David H. "The Politics of Economic Development: Coup, State, and the Republic of Korea's First Five-Year Economic Development Plan (1962-1966)." Ph.D. dissertation. University of Washington, 1994.

Schmiz, Hubert. "Industrialization Strategies in Less Developed Countries: Some Lessons of Historical Experience." *Journal of Development Studies* 21 no.1 (Oct 1984).

Seibel, Claude. "Planning in France." in *Economic Planning, East and West*, edited by Morris Bornstein. Cambrigde: Ballinger Publishing Company, 1975.

Silva, Patricio. "Government-Business Relations and Economic Performance in South Korea and Chile: A Political Perspective." in *Political Conflict and Development in East Asia and Latin America*, edited by Richard Boyd, Benno Galjart and Tak-Wing Ngo. London and New York: Routledge, 2006.

Taylor, Lance, and Persio Arida. "Long-Run Income Distribution and Growth." in Vol.2 of *Handbook of Development Economics*, edited by Horris Chenery and T. N. Srinivasan. North Holland: Elsevier Science Publishers B.V., 1988.

Tsiang, S.C. "Exchange Rate, Interest Rate, and Economic Development: The Experience of Taiwan." in *Quantitative Economics and Development: Essays in Memory of Ta-Chung Liu*, edited by L. R. Klein, M. Nerlove, and S. C. Tsiang. New York: Academic Press, 1980.

――. "Foreign Trade and Investment as Boosters for Take Off: The Experience of Taiwan." in *Export-oriented Development Strategies: The Success of Five Newly Industrializing Countries*, edited by Vittorio Corbo, Anne O. Krueger, and Fernando Ossa. Boulder and London: Westview Press, 1985.

Westphal, Larry E. "The Republic of Korea's Experience with Export-led Industrial

Development." *World Development* 6 No.3 (1978).

―――. "Korea." in *Development Strategies in Semi-industrial Economies*, edited by Bela Balassa. Baltimore and London: The Johns Hopkins University Press, 1982.

Woo-Cumings, Meredith. "Introduction: Chalmers Johnson and the Politics of Nationalism and Development." in *The Developmental State*, edited by Meredith Woo-Cumings. Ithaca and London: Cornell University Press, 1999.

강광식（姜光植）「1960년대의 남북관계와 통일정책（1960年代の南北関係と統一政策）」한국정신문화연구원（韓国精神文化研究院）『한국현대사의 재인식 11――1960년대의 대외관계와 남북문제（韓国現代史の再認識 11――1960年代の対外関係と南北問題）』백산서당（ペクサン書堂），1999年

공제욱（孔提郁）「1950년대 국가의 재정-금융정책과 대기업의 성장（1950年代国家の財政・金融政策と大企業の成長）」한국사회사연구회（韓国社会史研究会）編『한국 자본주의와 재벌（韓国資本主義と財閥）』文學과知性社（文学と知性社），1992年

김기승（金基承）「민주당 정권의 경제정책에 관한 연구（民主党政権の経済政策に関する研究）」조광（趙珖）他『장면총리와 제2공화국（張勉総理と第2共和国）』景仁文化社，2003年

김낙년（金洛年）「1950년대의 외환정책과 한국경제（1950年代の為替政策と韓国経済）」문정인（文正仁）・김세중（金世中）編『1950년대 한국사의 재조명（1950年代韓国史の再照明）』선인（ソニン），2004年

金大煥「1950년대 韓國經濟의 연구――工業을 중심으로（1950年代韓国経済の研究――工業を中心に）」陳徳奎他『1950년대의 認識（1950年代の認識）』한길사（ハンギル社），1981年

金東昱「1940-1950년대 韓國의 인플레이션과 安定化政策（1940-1950年代韓国のインフレーションと安定化政策）」延世大學校博士論文，1994年

金錫俊「국가능력과 산업화정책의 변동；한국과 대만의 비교（国家能力と産業化政策の変動――韓国と台湾の比較）」『한국정치학회보（韓国政治学会報）』第23集第2号，1989年

金勝錫「韓國에 있어서 國家資本의 役割에 관한 연구――韓國産業銀行을 중심으로（韓国における国家資本の役割に関する研究――韓国産業銀行を中心に）」서울大學校博士論文（ソウル大学校博士論文），1992年

金洋和「1950年代製造業의 大資本의 資本蓄積에 관한 研究――綿紡，梳毛紡，製粉工業을 中心으로（1950年代製造業の大資本による資本蓄積に関する研究――綿紡，梳毛紡，製粉工業を中心に）」서울大學校博士論文（ソウル大学博士論文），1990年

金泳謨「해방후 大資本家의 社會移動에 관한 연구（解放後，大資本家の社会移動に関する研究）」陳徳奎他『1950年代의 認識（1950年代の認識）』한길사（ハンギル社），1981年

김일영（金一栄）「농지개혁을 둘러싼 신화의 해체（農地改革をめぐる神話の解体）」

김유남（金裕南）編『한국정치연구의 쟁점과 과제（韓国政治研究の争点と課題）』한울（ハンウル），2001 年

柳東吉「1950 年代 韓國外換政策의 分析과 評價（1950 年代韓国為替政策の分析と評価）」韓國外國語大學校博士論文，1987 年

류상윤（柳尚潤）「이승만 정부의 환율정책 재론——안정화 프로그램과 영구 환율（李承晩政権の為替政策再論——安定化プログラムと永久為替レート）」『경제사학（経済史学）』第 53 号，2012 年 12 月

문정인（文正仁）・류상영（柳相栄）「자유당과 경무대——정치사회의 출현과 붕괴의 정치학（自由党と景武台——政治社会の出現と崩壊の政治学）」문정인（文正仁）・김세중（金世中）編『1950 년대 한국사의 재조명（1950 年代韓国史の再照明）』선인（ソニン），2004 年

朴承載「民國黨의 反李承晩鬪爭研究（民国党の反李承晩闘争研究）」『漢陽大 社會科學論叢』第 6 集，1987 年 12 月

朴承載・安成護「民主黨 新・舊派 政治엘리뜨 比較分析（民主党新・旧派の政治エリート比較分析）」『漢陽大 社會科學論叢』第 5 集，1986 年 12 月

朴鍾喆「韓國의 産業化政策과 國家의 役割，1948〜1982——1 공화국과 3 공화국의 比較研究（韓国の産業化政策と国家の役割，1948〜1982——第 1 共和国と第 3 共和国の比較研究）」高麗大學校博士論文，1987 年

朴鎭希「민주당 정권의 '경제제일주의'와 경제개발 5 개년계획（民主党政権の『経済第一主義』と経済開発 5 ヵ年計画）」『國史館論叢』第 84 集，1999 年 6 月

——「제 1 공화국의 對日政策과 韓日會談 연구（第 1 共和国の対日政策と韓日会談研究）」梨花女子大學校博士論文，2005 年

배석만（裴錫満）「1930〜50 년대 조선공업 정책과 조선회사의 경영（1930〜50 年代造船工業政策と造船会社の経営）」부산대학교박사논문（釜山大学校博士論文），2005 年

서중석（徐仲錫）「1950 년대와 4 월혁명기의 통일론（1950 年代と 4 月革命期の統一論）」『통일시론（統一試論）』通巻 2 号，1999 年 3 月

신용옥（辛容玉）「이승만정권기 수산업계획의 추이에 관한 연구（李承晩政権期水産計画の推移に関する研究）」『해양정책연구（海洋政策研究）』第 28 巻第 1 号，2013 年 6 月

유광호（兪光浩）「장면정권기 경제정책（張勉政権期経済政策）」한국정신문화연구원 현대사연구소（韓国精神文化研究院 現代史研究所）編『한국현대사의 재인식 5——1960 년대의 전환적 상황과 장면정권（韓国現代史の再認識 5——1960 年代の転換的状況と張勉政権）』오름（オルム），1998 年

——「1950 년대『경제개발 3 개년계획』의 주요 내용과 그 특징（1950 年代『経済開発 3 ヵ年計画』の主要内容とその特徴）」유광호（兪光浩）他『한국제 1・2 공화국의 경제정책（韓国第 1・2 共和国の経済政策）』한국정신문화연구원（韓国精神文化研究院），1999 年

李閨基「韓國野黨의 派閥에 관한 研究——民主黨을 中心으로（1955-1961）（韓国野党の派閥に関する研究——民主党を中心に（1955-1961））」漢陽大學校博士論文，

1988年

이병천（李炳天）「박정희정권과 발전국가 모형의 형성―― 1960년대 초중엽의 정책 전환을 중심으로（朴正熙政権と発展国家モデルの形成―― 1960年代初頭・中盤の政策転換を中心に）」『經濟發展研究』第5巻第2号，1999年2月

이상철（李相哲）「중화학공업화 이전의 산업정책（重化学工業化以前の産業政策）」박기주（朴基炷）他『한국 중화학공업화와 사회의 변화（韓国重化学工業化と社会の変化）』역사박물관（歷史博物館），2014年

이완범（李完範）「1950년대 후반기의 정치위기와 미국의 대응―― 1958년의 국가보안법 개정 파동을 중심으로（1950年代後半期の政治危機と米国の対応―― 1958年の国家保安法改正波動を中心に）」한국정신문화연구원 현대사연구소（韓国精神文化研究院 現代史研究所）編『한국현대사의 재인식4―― 1950년대 후반기의 한국사회와 이승만정부의 붕괴（韓国現代史の再認識4―― 1950年代後半期の韓国社会と李承晩政権の崩壊）』오름（オルム），1998年

이재봉（李ジェボン）「4월혁명, 제2공화국, 그리고 한미관계（4月革命，第2共和国，そして韓米関係）」백영철（白栄哲）編『제2공화국과 한국 민주주의（第2共和国と韓国民主主義）』나남（ナナム），1996年

이철순（李哲淳）「이승만정권기의 미국의 대한정책 연구（1948-1960）（李承晩政権期の米国の対韓政策研究（1948-1960））」서울대학교박사논문（ソウル大学校博士論文），2000年

전철환（全哲煥）「4・19혁명의 사회 경제적 배경―― 파행적 경제구조에 신음하던 민중적 요구 대변（4・19革命の社会経済的背景―― 跛行的経済構造に呻吟した民衆的要求代弁）」韓完相・李祐宰・沈載澤『4・19革命論Ⅰ』일월서각（日月書閣），1983年

정용덕（鄭用徳）「이승만 정부의 관료제（李承晩政権の官僚制）」문정인（文正仁）・김세중（金世中）編『1950년대 한국사의 재조명（1950年代韓国史の再照明）』선인（ソニン），2004年

정용욱（鄭容郁）「이승만정부의 붕괴（3.15-4.26）―― 이승만정부의 대응 및 미국의 역할과 관련하여（李承晩政権の崩壊（3.15-4.26）―― 李承晩政権の対応及び米国の役割と関連して）」한국정신문화연구원 현대사연구소（韓国精神文化研究院 現代史研究所）編『한국 현대사의 재인식4―― 1950년대 후반기의 한국사회와 이승만정부의 붕괴（韓国現代史の再認識4―― 1950年代後半期の韓国社会と李承晩政権の崩壊）』오름（オルム），1998年

정일준（鄭一晙）「미국의 대한정책 변화와 한국 발전국가의 형성，1953-1968（米国の対韓政策変化と韓国の発展国家の形成，1953-1968）」서울대학교박사논문（ソウル大学校博士論文），2000年

――「4월혁명과 미국―― 한국정치변동과 미국의 개입양식（4月革命と米国―― 韓国政治変動と米国の介入様式）」정근식（鄭根植）・이호룡（李浩龍）編『4월혁명과 한국민주주의（4月革命と韓国民主主義）』선인（ソニン），2010年

정중재（鄭重宰）「제1・2공화국의 무역정책（第1・2共和国の貿易政策）」유광호（兪光浩）他『한국 제1・2공화국의 경제정책（韓国第1・2共和国の経済政策）』

한국정신문화연구원（韓国精神文化研究院），1999 年
鄭眞阿「제 1 공화국기（1948-1960）이승만정권의 경제정책론연구（第 1 共和国期（1948-1960）李承晩政権の経済政策論研究）」연세대학교박사논문（延世大学校博士論文），2007 年
―――「이승만정권기 경제개발 3 개년계획의 내용과 성격（李承晩政権期経済開発 3 カ年計画 の内容と性格）」『한국학연구（韓国学研究）』第 31 集，2009 年 11 月
―――「장면 정권의 경제정책 구상과 경제개발 5 개년계획（張勉政権の経済政策構想と経済開発 5 カ年計画）」『韓國史研究』176，2017 年 3 月
趙錫俊「美軍政 및 第一共和國의 中央部處機構의 變遷에 關한 研究（米軍政および第 1 共和国の中央部処機構の変遷に関する研究）」『行政論叢』Vol.5 No.1，1967 年 9 月
차상철（車相哲）「이승만과 1950 년대의 한미동맹（李承晩と 1950 年代の韓米同盟）」문정인（文正仁）・김세중（金世中）編『1950 년대 한국사의 재조명（1950 年代韓国史の再照明）』선인（ソニン），2004 年
車喆旭「李承晩政權期 貿易政策과 對日 民間貿易構造（李承晩政権期貿易政策と対日民間貿易構造）」釜山大學校博士論文，2002 年
―――「1950 년대 미국의 대한 원조정책 변화와 이승만정권의 수출정책（1950 年代米国の対韓援助政策の変化と李承晩政権の輸出政策）」『지역과 역사（地域と歴史）』第 11 号，2002 年 12 月
崔相伍「1950 年代 外換制度와 換率政策에 관한 研究（1950 年代為替制度と為替レート政策に関する研究）」成均館大學校博士論文，2000 年
―――「이승만 정부의 경제정책과 공업화 전략（李承晩政権の経済政策と工業化戦略）」『경제사학（経済史学）』第 35 号，2003 年 12 月
―――「1950-1960 년대 중반 무역・외환정책의 형성과 전환――수출정책을 중심으로（1950-1960 年代中盤における貿易・為替政策の形成と転換――輸出政策を中心に）」공제욱（孔提郁）・조석곤（趙錫坤）編『1950～1960 년대 한국형 발전모델의 원형과 그 병용과정――내부동원형 성장모델의 후퇴와 외부의존형 성장모델의 형성（1950～1960 年代韓国型発展モデルの原型とその変容過程――内部動員型成長モデルの後退と外部依存型成長モデルの形成）』한울아카데미（ハンウルアカデミー），2005 年
―――「한국의 경제개발과 미국，1948-1965――경제계획과 공업화정책을중심으로（韓国の経済開発と米国，1948-1965――経済計画と工業化政策を中心に）」『미국학논집（米国学論集）』第 37 集 3 号，2005 年 12 月
―――「한국에서 수출지향공업화정책의 형성과정（韓国における輸出志向工業化政策の形成過程）」『경영사학（経営史学）』第 25 集第 3 号，2010 年 9 月
―――「이승만의 경제구상――건국헌법 경제성장의 기원과 형성과정을 중심으로（李承晩の経済構想――建国憲法，経済成長の起源と形成過程を中心に）」최상오（崔相伍）・홍선표（洪善杓）他『이승만과 대한민국 건국（李承晩と大韓民国建国）』연세대학교출판부（延世大学校出版部），2010 年
―――「이승만정부의 경제정책 연구 쟁점과 평가（李承晩政権の経済政策研究の争点と

評価)」이주영（李柱郢）他『이승만 연구의 흐름과 쟁점（李承晩研究の流れと争点)』연세대학교대학출판문화원（延世大学校大学出版文化院），2012 年
崔漢秀「民主黨의 成立과 變遷過程에 關한 硏究 —— 政治的背景과 人物을 中心으로（民主党の成立と変遷過程に関する研究 —— 政治的背景と人物を中心に)」건국대학교 박사논문（建国大学校博士論文），1984 年
韓培浩「『京郷新聞』廢刊決定에 대한 연구（『京郷新聞』廃刊決定に関する研究)」陳德奎他『1950 年代의 認識（1950 年代の認識)』한길사〔ハンギル社〕，1981 年

あとがき

　本書は，2017年に東京大学総合文化研究科に提出した博士論文「1950年代における韓国経済発展の初期条件の形成 ── アイゼンハワー政権の同盟国に対する経済開発重視政策と米韓関係」を加筆修正したものである。出版準備中に，文在寅政権と米国トランプ政権による米韓FTAの再交渉が行われ，在韓米軍撤退の示唆が米国側の武器となるのを見て，その在り方は変わっても米韓同盟と韓国の経済的な方向性との間の密接な関係が今でも重要であることを再認識した。これからも，経済的なものも含めて多様な観点から戦後の米韓関係についてさらなる探究をしていきたい。また，その過程で，やはり西側の一員として冷戦時代を過ごし，今でも東アジアにおける米国の同盟国である日本にとっても有益な知見が得られればと思っている。

　本書は韓国の韓国学中央研究院による海外韓国学中核大学育成事業の一環である出版助成を受給することで出版が可能となった。また，本書の土台となった博士論文執筆の際には，韓国国際交流財団から2010年から2013年にかけて韓国研究大学院給付奨学生制度の支援を受けている。

　本書は多くの方々のご助力により完成させることができた。東京大学の木宮正史先生には，筆者が長い間満足な研究計画1つ書けず四苦八苦するなか，行き詰るたびに適切なご指導をいただいた。時間こそかかったが筆者がドロップアウトせずに何とか博論を提出し，出版にまでこぎつけることができたのは木宮先生のご指導の賜物である。この場を借りて心からお礼申し上げたい。

　また，筆者の拙い博士論文の審査をお引き受けくださった先生方にも感謝申し上げたい。東京大学の月脚達彦先生には東京大学大学院入学以来，授業での報告の仕方から，研究計画の書き方，博論審査まで多岐にわたってご指導をい

ただいた。外村大先生は，博論に関するご指導だけでなく，公私にわたり様々な機会にお声がけいただき，お世話くださった。米韓関係の研究とはいえ，どうしても韓国政治に重点を置いてものを見がちな筆者にとって，西崎文子先生からいただくアメリカ外交の観点からのご指導はとても貴重であった。1950年代米韓関係研究の泰斗である早稲田大学の李鍾元先生には，この分野の最新の議論について，論文の内容を飛躍的に向上させることのできるようなご助言をいくつもいただいた。それをすべて活かしきれなかったのは筆者の力不足によるものである。

また，筆者は修士課程までを早稲田大学で過ごし，博士課程から東京大学に移ったが，早稲田大学時代の恩師である多賀秀敏先生にお会いしなければ学問を志すことはなかったように思う。多賀先生は，最初に筆者に学問の道を示してくださった。筆者が早稲田を離れた後も様々な機会に薫陶を賜っている。学恩に心から感謝申し上げたい。

他にも様々な方々にご助力いただくことで本書を完成させることができた。この場で感謝の言葉を述べさせていただきたい。研究室の先輩で現在東京大学助教である金伯柱先生には研究に関して幾度となくご相談させていただいた。早稲田大学の田中孝彦先生には冷戦研究や外交史の何たるかをご教示いただいた。1950年代の韓国の経済政策について数々の論文を書かれている韓国建国大学の鄭真阿先生には，1950年代の米韓の一次史料についてご相談させていただいた。本書は韓国の機関の出版助成を東京大学韓国学研究センターを通じて受給することで出版が可能となったが，東京大学特任講師の長澤裕子先生はその過程で多くの便宜を図ってくださった。アジア政経学会では博論執筆の過程で2度にわたり報告の機会をいただき，小此木政夫先生，小針進先生，全載旭先生，安倍誠先生，郭四志先生から貴重なご意見やご指摘をいただいた。北東アジア学会での報告においても，宮島美花先生に有意義なコメントをいただいた。

また，法政大学出版局の郷間雅俊氏は，筆者が初めて単著を出版するにあたり，こちらの急な思い付きやわがままにも1つ1つ丁寧にご対応くださった。

感謝申し上げたい。

　最後に，この歳まで研究に没頭できたのは，支えてくれた家族のおかげである。父博光，母光子，妹清華に感謝したい。

2018年5月
駒場の研究室にて
高　賢来

이 책은 2014년 대한민국 교육부와 한국학중앙연구원 (한국학진흥사업단) 을 통해 해외한국학중핵대학육성사업의 지원을 받아 수행된 연구임 (AKS-2014- OLU-2250002)

本書は，2014年大韓民国教育部および韓国学中央研究院（韓国学振興事業団）から東京大学韓国学研究センターが受けた「海外韓国学中核大学育成事業」の支援を受け遂行した研究である（AKS-2014-OLU-2250002）。

人名索引

ア 行

アイゼンハワー，ドワイト D.（Dwight D. Eisenhower） 4–9, 11–26, 28, 39, 48, 51–59, 61, 64–67, 70, 76–78, 81–86, 88–97, 102–03, 118, 137, 161, 185, 187–88, 191, 213–14, 218, 240, 267, 269, 291–92, 294–95, 297, 306, 309–13, 315, 317, 321, 336–39, 343–47, 351

安東赫（アン・ドンヒョク） 98, 243, 249–50

安霖（アン・リム） 243, 249, 252, 254, 257, 262

李起鵬（イ・ギブン） 43, 106–08, 140, 143–46, 148–50, 152, 154–55, 159–62, 195, 200–01, 203–07, 277, 279, 281, 340

李在鶴（イ・ジェハク） 146, 204–06

李承晩（イ・スンマン） 4–5, 7–12, 14, 19, 25, 28, 31–32, 35–40, 42–46, 49–51, 53, 56, 97–102, 104–09, 117–18, 120, 126, 128–30, 133–37, 140, 143–50, 152–58, 161–62, 164, 166, 168, 170–71, 177, 179, 185, 189, 191, 193–95, 197, 199, 201–09, 220, 223, 225–26, 228, 232–34, 237, 240–42, 245, 248, 251, 266, 268, 271, 273, 275–82, 286, 288, 294, 297, 309, 322, 338–44, 346–51

李漢彬（イ・ハンビン） 242, 258

尹仲容 326, 329, 332–34, 338

印泰植（イン・テシク） 146, 179

ウォーン，ウィリアム E.（William E. Warne） 111–12, 114–15, 132–33, 135, 171, 179–81, 184, 187, 190–91, 212, 214–16, 230, 236, 241, 244, 290

元容奭（ウォン・ヨンソク） 98–99, 243

ウッド，C. タイラー（C. Tyler Wood） 168–70, 214

カ 行

岸信介 92, 102

金顕哲（キム・ヒョンチョル） 131–32, 178–79, 191, 216, 240–41, 267–68

金永善（キム・ヨンソン） 301, 303, 306

ギルストラップ，サム P.（Sam P. Gilstrap） 200

クロンク，エドウィン M.（Edwin M. Cronk） 218, 235–36, 242, 276

ケネディ，ジョン F.（John F. Kennedy） 5, 8–9, 14–15, 19, 21–22, 65, 91, 97, 306, 336, 345–46, 348

サ 行

ジャクソン，C. D.（C. D. Jackson） 59–60, 64–67, 69, 85

蒋介石 27, 102, 313–18, 320, 323, 325–26, 332, 336, 338, 345

申翼熙（シン・イッキ） 107, 202–03

申鉉碻（シン・ヒョンファク） 221, 262–63, 276

スタッセン，ハロルド E.（Harold E. Stassen） 60, 66, 69, 71, 73–74, 78, 89

スターリン，ヨシフ（Iosif Vissarionovich Stalin） 82, 103, 242, 339

宋仁相（ソン・インサン） 44, 123–25, 171, 189, 191, 194, 216, 220, 239, 242–43, 251, 268–71, 273–74, 276

宋正範（ソン・ジョンボム） 124, 253, 261

タ 行

ダウリング，ウォルター C.（Walter C. Dowling） 107, 109–11, 114–15, 118, 130, 149, 160–63, 168, 171, 180, 193, 199–201, 205, 208–11, 220, 241, 267–68

タスカ，ヘンリー J.（Henry J. Tasca） 186, 188
ダレス，アレン W.（Allen W. Dulles） 60, 319–20
ダレス，ジョン F.（John F. Dulles） 20–21, 48, 53, 58–60, 64–65, 67–69, 71, 78, 82–89, 91–93, 99, 106–07, 163, 171, 196, 200, 210, 213, 240, 312–18, 321–22, 326, 336
車均禧（チャ・ギュンヒ） 242, 261, 263, 300, 302
張暻根（チャン・ギョングン） 145, 200–01
張勉（チャン・ミョン） 5, 7, 10, 31, 107–09, 113, 134–35, 144, 146–47, 151, 156–57, 195, 200–03, 206–07, 245, 267, 277, 284, 287, 294–96, 299–301, 305, 310, 338, 343, 346, 348–50
朱源（チュ・ウォン） 243, 246–47, 249, 252, 258, 260, 262, 264
朱耀翰（チュ・ヨハン） 109, 159, 181, 296, 299
チョウナー，ローウェル J.（Lowell J. Chawner） 112, 114–15, 130, 179, 181–82, 184, 244
曹正煥（チョ・ジョンファン） 134, 178, 208
趙炳玉（チョ・ビョンオク） 150, 157, 200–01, 203–04, 206–07, 277
曹奉岩（チョ・ボンアム） 107, 109, 140, 151, 157, 196, 199, 208–09, 277, 340–41
全禮鎔（チョン・イェヨン） 299–300, 308
陳誠 325–26, 332, 335
ディロン，C. ダグラス（C. Douglas Dillon） 131–32, 163, 191, 214, 269, 297–98, 300–03, 307, 320–21
トルーマン，ハリー S.（Harry S. Truman） 18, 53–58, 61, 81, 185, 214
ドレイパー，ウィリアム H.（William H. Draper） 49, 57, 90, 165, 211–19, 221, 224, 253, 277–78, 290, 324–25, 342

ナ 行

ヌルクセ，ラグナー（Ragner Nurkse） 245–49, 251, 263
ノルティング，フレデリック E.（Frederick E. Nolting, Jr.） 79–80, 327-28

ハ 行

朴槿恵（パク・クネ） iii
朴正熙（パク・チョンヒ） 4–5, 11, 19, 29, 35, 36, 38, 40–43, 45–47, 124, 188, 224, 256, 308, 348–51
パーソンズ，J. グラハム（J. Graham Parsons） 209–11, 280, 283–84, 286, 289–90, 321
パーソンズ，ハワード L.（Howard L. Parsons） 149, 158, 164, 218–19, 290–91
ハーター，クリスチャン A.（Christian A. Herter） 86, 91, 210, 273–75, 280, 287, 296–300, 305, 313
ハラルドソン，ウェズレイ C.（Wesley C. Haraldson） 325–26, 328
ハンフリー，ジョージ M.（George M. Humphrey） 64, 66, 71, 73, 83, 85–86
黄炳畯（ファン・ビョンジュン） 226, 243, 247–49, 251–52, 256, 261
フィッツジェラルド，デニス A.（Dennis A Fitzgerald） 193
フィリップス，ラルフ（Ralph Phillips） 194
フーヴァー，ハーバート C.（Herbert C. Hoover, Jr.） 64, 66, 71–76, 79–80, 85–86, 144, 327
フルシチョフ，ニキータ（Nikita Sergeyevich Khurshchev） 82
フルブライト，J. ウィリアム（J. William Fulbright） 90–91, 212, 218
ブルームフィールド，アーサー I.（Arthur I. Bloomfield） 37, 226, 232–33
ブロクノウ，ハーバート V.（Herbert V. Prochnow） 89, 118, 328
白斗鎮（ペク・トゥジン） 98, 166, 168, 170, 172–75
ホイットコム，ロバート F. W.（Robert F. W. Whitcomb） 232–35
許政（ホ・ジョン） 282, 288, 297–98

ボールドウィン，チャールズ F.（Charles F. Baldwin） 66, 68–69, 71–76, 78, 80

マ 行

マコノギー，ウォルター P.（Walter P. McConaughy） 267, 271, 273–74, 280–81, 286, 288, 294, 296, 298–99, 303–09, 328

マーチャント，リヴィングストン T.（Livingston T. Merchant） 285, 287

マッカーサー2世，ダグラス（Douglas MacArthur II） 92, 294

マックラーキン，ロバート J. G.（Robert J. G. McClurkin） 78–79, 116

ミリカン，マックス F.（Max F. Milikan） 59–61, 64, 85–86, 244, 296

文在寅（ムン・ジェイン） iii

メイシィ，ロバート M.（Robert M. Macy） 113–15, 220

モイヤー，レイモンド（Raymond Moyer） 172–75, 184, 233, 267, 298

ヤ 行

梁裕燦（ヤン・ユチャン） 102, 116, 208, 280

ラ 行

ラスク，デヴィッド・ディーン（David Dean Rusk） 186, 306, 308

ランダル，クラレンス B.（Clarence B. Randall） 56, 63–64, 70, 76, 85, 92–93, 112, 115, 135

ルーズヴェルト，フランクリン D.（Franklin D. Roosevelt） 56, 67, 94, 236

ロストウ，ウォルト W.（Walt W. Rostow） 6, 9, 18–19, 22, 26, 59–67, 69–70, 74, 78, 80, 84–86, 90, 93–95, 103, 120, 236, 244, 290–91, 296, 339–40, 349, 351

ロバートソン，ウォルター S.（Walter S. Robertson） 79, 92, 116, 149, 158, 161, 164, 172, 178, 208–09, 219, 290, 328

事項索引

あ 行

アジア版マーシャルプラン　65-66, 68, 71-73, 75
「援助より貿易」　56, 59, 61, 63, 70, 103, 344
オレゴン大学　244, 296

か 行

外貨導入促進法　139
改憲　145-50, 152, 156-57, 195, 202-08, 281
外国人投資条例（台湾の）　330
改正華僑帰国投資条例　331
開発国家　iv-v, 8-10, 12, 29, 31-41, 43-45, 47, 348
開発借款基金（Development Loan Fund, DLF）　4, 9, 76, 78, 192
開発主義　4-6, 8-9, 13-20, 23-29, 39, 48, 50, 59, 61, 65, 67, 71, 74, 78-81, 83-86, 89-91, 94-95, 97, 103, 119-20, 217, 236-37, 244, 277, 291-92, 294, 309, 338-40, 344-45, 349
活動調整委員会（Operations Coordination Board, OCB）　79
韓国銀行（韓銀）　121, 128-29, 165-66, 182, 221, 223, 225-26, 229-31, 233, 235, 249, 251, 299, 307-08
キューバ革命　27, 96-97
京郷新聞　145, 199, 202, 208, 212, 277, 280, 342
共和党（米国の）　53, 61, 66-67, 91, 212
近代化論　13, 17-20, 24-25, 61, 310, 339, 351-52
経済開発3ヵ年計画　38-39, 226, 237-40, 244-49, 254, 257-63, 265-66, 297, 310, 347-49
経済協力局（Economic Cooperation Administration, ECA）　186
経済調整官室　112, 114-15, 117-18, 131, 133, 178, 180, 194, 197, 214-16, 218, 235, 241-43, 267, 342, 346
5・16クーデタ　10, 36-38, 225, 232, 235, 237, 278, 308, 348-49
公定レート　165-67, 169, 181-82, 215, 219, 267-68, 271-72, 274, 302
合同経済委員会（合経委）　111, 116, 130, 136, 166, 174, 179, 182, 189, 191-93, 195, 216, 219, 221-23, 228-29, 232-33, 239, 241-42, 265, 277, 296
購買力平価　167, 173, 175, 177, 180
国際学研究所（Center for International Studies, CENIS）　22
国際協力局（International Cooperation Administration, ICA）　90
国際金融に関する国家諮問委員会（National Advisory Council on International Monetary and Financial Problems, NAC）　182
国際通貨基金（International Monetary Fund, IMF）　68, 307
国際連合　5, 53, 82, 111, 121, 144, 149, 158, 160, 162, 165-67, 181, 187, 267-69, 271-74, 298, 300, 315, 318, 336
国務省（米国の）　14, 48, 58, 60, 66, 68-69, 71-74, 80, 86, 106-08, 110, 116, 118, 130-32, 139, 143-44, 149, 151, 154, 156, 158, 161, 163-64, 169-70, 178, 182-83, 186-87, 196, 200, 208-10, 212-13, 218-19, 226, 240, 268-70, 272-75, 280, 282-89, 291, 294, 296, 299, 303-07, 309-10, 313-15, 318-20, 322, 331, 335, 343, 346
国家安全保障会議（National Security

Council, NSC) 9, 48
国家資本主義 v, 8, 100, 104, 345, 348, 351
国家主導型工業化 3, 8-9, 12, 16, 20, 24, 29, 46, 100, 110, 197, 340, 343-44, 350
国家保安法 49, 159-62, 196, 199-201, 203-04, 206, 211, 276, 287, 342
コロンボ・プラン 71, 73, 75

さ 行

財閥（チェボル） iii, 6, 8, 10, 12, 31-32, 37, 39-40, 128, 225, 227, 343, 347, 350-51
財務省（米国の） 73, 183
財務部（韓国の） 98, 127, 137, 146, 174-75, 179, 191, 216, 230, 232, 242-43, 258, 267-68, 270, 298, 301-03, 306
産業開発委員会（産開委） 38-39, 44, 47-48, 237, 240, 242-46, 248-50, 252, 254, 258, 260-62, 264, 266, 278, 297, 310, 349
産業銀行（産銀） 36-37, 39, 44, 49, 111, 114, 128, 140, 193, 225-35, 237, 248, 277-78, 340-41, 345, 349-51
4月革命（4・19） 6-7, 27, 49-50, 164, 211, 232-33, 240, 279, 281-83, 285-86, 288-89, 292, 294-95, 297, 299, 309-11, 338, 342-43, 346-47
社会進歩信用基金 23, 96
19項目財政経済改革措置 326, 330
自由主義的制度主義的視角 41, 47
自由党（韓国の） 14, 43-45, 106, 143-50, 152, 154-58, 160-62, 195-96, 199-210, 230-32, 258, 275, 277, 341, 349
商工部（韓国の） 98, 122-28, 130, 136, 165, 179, 219, 221-22, 243, 249, 251
省籍矛盾 322-23, 336
自立型経済 4, 7, 29, 35, 49, 51, 97-101, 104, 117, 120-21, 137, 195, 247, 251, 278, 338-39, 343, 347-48
新自由主義 iii-iv, 244, 352
進歩のための同盟 17, 23, 97
選挙法 145, 147-48, 150-52, 195, 206
ソヴィエト社会主義共和国連邦 14, 21-22, 27, 34, 54, 60, 62, 78, 80-85, 87, 95, 97, 102, 118, 163, 237, 318

た 行

第1次経済開発5ヵ年計画 3, 8, 224
対外活動局（Foreign Operations Administration, FOA） 60, 66
対外経済政策会議（Council on Foreign Economic Policy, CFEP） 56, 64
第3次4ヵ年計画（台湾の） 325
大使館（駐韓米国大使館） 49, 79, 106-09, 114-17, 130-31, 135, 139, 141, 143-45, 148-49, 151-56, 158-65, 178, 182-83, 185, 195-96, 199-201, 203-04, 206, 208-09, 212, 214, 216, 218, 226, 231, 235-36, 242, 268-70, 272-73, 275-77, 280, 282-91, 296-302, 304-07, 309-10, 320-25, 331-35, 342, 346
第2次台湾危機 50, 118, 311-12, 317, 319-20, 328, 336, 345
大躍進 87, 318-20, 336
中華人民共和国 5, 27, 52, 71, 78, 80, 83, 87, 102, 163-64, 185-86, 215-16, 312-21, 323, 328, 335-36, 345
中米共同市場（中米経済統合一般条約） 96
投資奨励条例（台湾の） 330-31
ドミノ理論 48, 51-53, 59, 102

な 行

25％条項（自動調整条項） 31, 49-50, 165, 169, 176-78, 180, 184, 188, 196, 267, 269-72, 274, 276, 278, 289, 302, 310, 341-42
ニューディール 18, 94-95, 103, 236, 244, 340, 344, 352
ニュールック 8, 48, 51, 53-55, 59, 67, 69, 103

は 行

美援運用委員会（美援会） 325-26, 328
復興部 38, 100, 109, 124-25, 131, 178, 192, 216, 221, 239, 241-43, 245, 247, 251, 253-54, 257, 261-62, 276, 296, 299-300, 305
プリンストン会議 60-61, 69

米国援助使節団（U. S. Operations Mission, USOM）　172
米州開発銀行　23, 96
ポイント・フォア　18, 61
防衛支援　189–92, 197, 217
貿易法　126–27

ま 行

見返り資金　126, 128, 166–67, 179, 191, 221, 227–31, 233, 341
民主党（韓国の）　107–09, 113, 143–44, 146–48, 150–52, 154–62, 195–96, 200–08, 230–31, 277, 282–83, 285, 287, 341

や 行

輸出5カ年計画　121–23, 125, 127–28, 140, 348
輸出振興基金　32, 37
輸出振興のための当面の施策　126, 221
輸出振興要領　121–23, 125–27, 134, 140
輸入代替工業化　7, 29–31, 33, 44, 46–47, 56, 97, 100–01, 137, 194, 247, 256, 325, 332, 347

ら 行

ラテンアメリカ　6, 16–17, 27, 41, 45, 71, 73, 95–97, 118, 318, 337
旅行者レート　171, 215–16, 267–69, 271, 273, 275, 298

略　号

CENIS（→国際学研究所）　22, 59–61, 66, 68
CFEP（→対外経済政策会議）　56, 74, 92
DLF（→開発借款基金）　4, 49, 76, 86–87, 89, 91, 93, 162, 189, 191–94, 197, 217, 235, 340, 349–50
ECA（→経済協力局）　186
FOA（→対外活動局）　60, 68–69, 76, 89, 99, 168–69, 172
ICA（→国際協力局）　90, 114, 130, 178, 181, 183–84, 193, 221, 240, 244, 321, 325, 329, 333
IMF（→国際通貨基金）　iv, 68, 272–73, 298–99, 303, 307–08
NSC（→国家安全保障会議）　9, 64, 69–76, 79–80, 86–89, 106, 118–19, 135, 182, 186, 293, 309, 311, 319,
NSC68　55
NSC156　186
NSC162/2　55, 69, 80
NSC170/1　119
NSC5429/2　75
NSC5429/3　74
NSC5440　80–81, 83
NSC5501　77, 83–85
NSC5503　311, 329–30, 332
NSC5506　65, 74–79, 84–85, 93, 119
NSC5514　119
NSC5602/1　83–85, 87–88, 93
NSC5613/1　96
NSC5702/2　119, 135, 140
NSC5707/8　87–88, 93
NSC5902/1　96
NSC6018　9–10, 13,
NSC6018/1　120, 289, 291–92, 294, 309, 343
OCB（→活動調整委員会）　79–80, 93, 105, 163
PL480　82, 91, 153, 162–63, 306
USOM（→米国援助使節団）　172, 221–22, 233, 235–36, 266–67, 275, 296, 298, 304–05

●著者

高賢来（こう・けんらい、Kenrai Kou, Hyeonrae Koh）

1981年東京都生まれ。早稲田大学大学院社会科学研究科修士課程修了。東京大学大学院総合文化研究科博士課程修了。博士（学術）。現在、東京大学韓国学研究センター特任研究員。論文：「韓国輸出指向工業化の初期条件の形成──アイゼンハワー政権期米韓の為替改革をめぐる協議過程を中心に」（『国際政治』第184号、2016年3月）、訳書：金廣烈他（朴東誠監訳）『帝国日本の再編の二つの「在日」──戦前、戦後における在日朝鮮人と沖縄人』（明石書店、2010年）。

冷戦と開発
自立経済建設をめぐる1950年代米韓関係

2018年6月20日　初版第1刷発行

著　者　　高賢来

発行所　一般財団法人　法政大学出版局

〒102-0071 東京都千代田区富士見2-17-1
電話03（5214）5540　振替00160-6-95814
組版：HUP　印刷：平文社　製本：誠製本

© 2018　Kenrai Kou
Printed in Japan

ISBN978-4-588-64545-7